J.B.METZLER

Leonhard Herrmann / Silke Horstkotte

Gegenwartsliteratur

Eine Einführung

J. B. Metzler Verlag

Die Autor/innen

Leonhard Herrmann, Dr., ist wissenschaftlicher Mitarbeiter am Institut für Germanistik der Universität Leipzig.

Silke Horstkotte, PD Dr., ist Marie Curie Research Fellow an der School of Modern Languages and Cultures der University of Warwick.

Gedruckt auf chlorfrei gebleichtem, säurefreiem und alterungsbeständigem Papier

Bibliografische Information der Deutschen Nationalbibliothek
Die Deutsche Nationalbibliothek verzeichnet diese Publikation in der Deutschen Nationalbibliografie; detaillierte bibliografische Daten sind im Internet über http://dnb.d-nb.de abrufbar.

ISBN 978-3-476-02578-4
ISBN 978-3-476-05464-7 (eBook)

J. B. Metzler
© Springer-Verlag GmbH Deutschland, 2016

Einbandgestaltung: Finken & Bumiller, Stuttgart (Foto: fotolia.de, V. Zhuravlev)
Satz: primustype Hurler GmbH, Notzingen
Druck und Bindung: TenBrink, Meppel, Niederlande

J. B. Metzler ist Teil von Springer Nature
Die eingetragene Gesellschaft ist Springer-Verlag GmbH Deutschland
www.metzlerverlag.de
info@metzlerverlag.de

Inhaltsverzeichnis

1 Gegenwart – Gegenwärtigkeit – Gegenwartsliteratur

»Gegenwart. ein vielfach merkwürdiges wort« – mit dieser Feststellung beginnt der Artikel »Gegenwart« in Grimms *Deutschem Wörterbuch* aus dem Jahr 1897 (Bd. 5, Sp. 2282). An der ›Merkwürdigkeit‹ des Wortes hat sich bis heute nicht viel geändert. Was ›die Gegenwart‹ ist und auf welche Weise wir in der Lage sind, über sie etwas auszusagen, ist bis heute Gegenstand intensiver erkenntnistheoretischer Debatten. Was ist dann ›Gegenwartsliteratur‹? Und wie können wir uns wissenschaftlich mit ihr beschäftigen?

Problematische Gegenwart. Ursprünglich ein Adjektiv (›gegenwärtig‹), ist das Substantiv ›Gegenwart‹ erst relativ spät nachweisbar und hatte zunächst die Bedeutung von ›in Anwesenheit von‹ oder ›gegenüber von‹. Gegenwart meinte dabei auch etwas feindlich Begegnendes, das dem eigenen Zugriff entzogen ist – im Wort ›widerwärtig‹ steckt diese alte Bedeutung nach wie vor (Hennig 1974). Die heutige Bedeutung als »Zeit[punkt] zwischen Vergangenheit und Zukunft«, »Zeit, in der man gerade lebt«, oder »Jetztzeit« (Duden) hat das Wort ›Gegenwart‹ erst im ausgehenden 18. Jahrhunderts erhalten. Lange hatte es auch eine räumliche Komponente: Als ›gegenwärtig‹ galt etwas, das zeitlich und räumlich anwesend ist. Die Verwendung des Begriffs verlangte zudem die Angabe, wessen ›Gegenwart‹ denn gemeint war.

Für uns Heutige ist ›Gegenwart‹ hingegen jener »ausdehnungslose[] Punkt« (Stepath 2006, 42) zwischen Vergangenheit und Zukunft, der deshalb so schwer zu fassen ist, weil er im Moment des Sprechens über ihn schon wieder der Vergangenheit angehört. Strenggenommen kann es also gar kein Buch über Gegenwartsliteratur geben, sondern allenfalls eines über die Literatur der jüngsten Vergangenheit. Denn Gegenwart wäre für Leserinnen und Leser jener kurze Moment, in welchem sie zu diesem Buch greifen – die Gegenstände, die es behandelt, sind dagegen bereits Vergangenheit.

›Gegenwartsliteratur‹ ist damit zunächst ein relationaler Begriff, der die individuelle Beziehung einer einzelnen Person zu einem literarischen Text bezeichnet und kenntlich macht, dass ein Text als literarisches Produkt der je eigenen ›Jetztzeit‹ wahrgenommen wurde. Eine übergreifende Gegenwartsliteratur, die für viele oder gar alle Leserinnen und Leser gleichermaßen ›gegenwärtig‹ ist, wäre damit ein Phantasma.

Gegenwart als Epoche. Dennoch bietet dieses Buch eine Einführung in die ›Gegenwartsliteratur‹, und wir glauben, dass dieser Titel richtig ist – auch wenn es zum Teil literarische Texte behandelt, die entstanden sind, als die jüngsten unserer Leserinnen und Leser noch gar nicht geboren waren, und die daher rein zeitlich nicht zu deren ›Gegenwart‹ zu zählen wären. Doch mit ›Gegenwartsliteratur‹ beschreiben wir Konstellationen aus literarischen Texten, Diskursen und äußeren Rahmenbedingungen, die von Leserinnen und Lesern auch dann als ›gegenwärtig‹ empfunden (und nicht etwa der Vergangenheit zugerechnet) werden, wenn zwischen der eigenen ›Jetztzeit‹ und der Erstpublikation der Texte einige Jahre vergangen sind. Denn die Diskurse und Rahmenbedingungen, auf die sie verweisen, sind über einen längeren Zeitraum relativ stabil.

In diesem Sinne meint ›Gegenwart‹ eine literaturgeschichtliche Epoche, von der zwar ein Anfang, nicht aber ein Ende bestimmbar ist, weil wir selbst ihr noch angehören (vgl. Klappert 2010). Als Epoche wird in der Literaturwissenschaft ein Zeitraum bezeichnet, in dem ein bestimmtes ›Literatursystem‹ vorherrscht (Titzmann 2007). Damit sind äußere Rahmenbedingungen, aber auch poetologische Vorstellungen über den Sinn und die Funktion von Literatur, ihre Schreibweisen und Interaktionsmuster gemeint, die innerhalb einer Epoche mehr oder relevantere Gemeinsamkeiten besitzen als im Vergleich zu einem vorangegangenen Zeitraum.

Anfänge der Gegenwart. Wann beginnt die Epoche, die wir als unsere Gegenwart bezeichnen? Wann setzt jenes ›Literatursystem‹ ein, das auch für die Jetztzeit von Leserinnen und Lesern Gültigkeit besitzt? Wir datieren diese Anfänge auf die Ereignisse der Jahre 1989/90, die neue Rahmenbedingungen, Gegenstände und Funktionszuweisungen von Literatur zur Folge hatten. Die fundamentalen politischen Veränderungen und die hoch dynamischen ökonomischen und medialen Entwicklungen der Folgejahre warfen Probleme und Herausforderungen auf, die bis heute in literarischen Texten aufgegriffen und ästhetisch reflektiert werden. Neue Themen und Gegenstände, neue Schreibweisen, poetologische Überzeugungen und Selbstbestimmungen literarischen Schreibens entstanden. Damit unterscheidet sich Literatur nach 1989/90 von der Zeit oder Epoche davor, lässt sich aber (noch) nicht von einer auf sie folgenden Epoche abgrenzen.

Das bedeutet natürlich nicht, dass die Literatur seit 1990 keine Gemeinsamkeiten mit derjenigen der 1970er und 1980er Jahre aufweist – im Gegenteil sind viele Übergänge und Verbindungslinien erkennbar. Doch die fundamentalen Veränderungen, die sich seit den frühen 1990er Jahren politisch, gesellschaftlich, wirtschaftlich, kulturell und durch neue Entwicklungen in den Medien ergeben haben, rechtfertigen es, von einem neuen literaturgeschichtlichen Abschnitt zu sprechen.

Gegenwarts- und Nachkriegsliteratur. In der Literaturgeschichtsschreibung ist es bisher weitgehend üblich, die Literatur der Gegenwart im Zusammenhang mit der Nachkriegsliteratur darzustellen. Titel entsprechender Bücher lauten etwa *Geschichte der deutschen Literatur von 1945 bis zur Gegenwart* (Barner 2006) oder *Geschichte der deutschsprachigen Literatur seit 1945* (Schnell 2003). Dabei werden die Jahre 1989/90 durchaus als Epocheneinschnitt begriffen, weil sie das Selbstverständnis von Autorinnen und Autoren substantiell veränderten (vgl. ebd., 519); doch führt das nicht dazu, dass die Literatur seit 1989/90 in separaten literaturgeschichtlichen Monografien behandelt wird.

Anders sieht es in dezidiert auf die Gegenwartsliteratur bezogenen Einzeldarstellungen aus, die bislang überwiegend von Literaturkritikern stammen. Hier scheint sich die Epochenschwelle 1989/90 allmählich durchzusetzen: Helmut Böttiger beschreibt die 1990er Jahre als eine Zeit *Nach den Utopien*, in der eine neue Literatur mit neuen, gegenwartsbezogenen Schreibverfahren entstehe (Böttiger 2004). Richard Kämmerlings (2011) sieht im Jahr 1995 einen zentralen Einschnitt, weil seither eine besonders gegenwartsbezogene Literatur entstanden ist. Einen Epochenumbruch, der sich durch einen Generationswechsel innerhalb der Autorenschaft von Gegenwartsliteratur vollzieht, beschreibt Volker Hage (2007). Einen »Klimawechsel« in der Gegenwartsliteratur erkennt bereits der Literaturwissenschaftler Klaus-Michael Bogdal (1998).

Die wichtigsten literaturwissenschaftlichen Sammelbände zur deutschsprachigen Gegenwartsliteratur setzen ebenfalls mit den Jahren 1989/90 ein (Wehdeking/Corbin 2003; Kammler/Pflugmacher 2004; Eke/Elit 2012; Gansel 2012; Rhode/Schmidt-Bergmann 2013). Auch die Jahrtausendwende gilt als Einschnitt, dessen Auswirkungen auf literarische Texte beobachtenswert scheinen (Schöll/Bohley 2011; Zemanek/Krones 2008; Horstkotte/Herrmann 2013), wenngleich von einer neuen Epoche in diesem Zusammenhang seltener die Rede ist.

89/90 und die Folgen. Auf welche Weise die Umbruchjahre 1989/90 und die anschließenden Entwicklungen die Gegenstände und Poetiken, die formalen Strukturen und die medialen Grundlagen von Literatur verändern, ist der zentrale Gegenstand dieses Buchs. Die Darstellung folgt einer thematischen Ordnung: Jedes Kapitel ist einem jener Diskurse gewidmet, der seit 1989/90 von besonderer Brisanz waren und in literarischen Texten aufgegriffen und fortgeführt wurden. Der Einschnitt des Jahres 1989/90 ist dabei nicht allein durch äußere – politische, ökonomische oder mediale – Rahmenbedingungen markiert, sondern kennzeichnet die Literatur auch in ihrem Inneren, da sich Schreibweisen, Formen, Stoffe und Motive sowie der Umgang mit Traditionen erheblich verändern; gleiches gilt für den Literaturbetrieb, der sich seit den 1990er Jahren deutlich wandelt.

Mit den politischen Ereignissen der Jahre 1989/90 setzt eine Fülle literarisch-poetologischer Debatten (s. Kap. 2) ein, die bisherige Funktionsbestimmungen von Literatur hinterfragen und ihr andere Rollen und Aufgaben zuweisen als in den 1970er und 1980er Jahren. Insbesondere die Auseinandersetzung mit Geschichte und Erinnerung rückt dabei in den Fokus von Autorinnen und Autoren und schafft neue Formen erinnernden Erzählens (s. Kap. 5). Neue, dezidiert gegenwartsbezogene Erzählweisen (Kap. 4) kommen auf, die mit der Medienbranche interagieren und sich als Unterhaltung und Form von Kritik verstehen. Andere Formen literarischer Gegenwartskritik (Kap. 6, 8) beziehen sich auf neue politische, ökonomische und gesellschaftliche Entwicklungen und entwickeln Formen, um Literatur und Wirklichkeit in ein neues Verhältnis zu setzen. Zugleich greift Literatur Fragen nach der Bestimmung des Menschen auf (Kap. 5) und versucht, dessen komplexe Wirklichkeitsverhältnisse in literarische Formen zu fassen (Kap. 9). Diese Tendenzen zeigen sich nicht allein in Erzähltexten, sondern auch im Gedicht und im Drama; für beide Gattungen lassen sich noch einmal je spezifische Entwicklungen aufzeigen (Kap. 10, 11). Nicht zuletzt verändert sich auch die Verbreitung und Vermarktung von Literatur durch die rasante Entwicklung digitaler Medien erheblich (Kap. 12). Die technischen Möglichkeiten dieses Medienwandels werden bereits früher geschaffen, erreichen aber erst im Verlauf der 1990er Jahren eine breite Öffentlichkeit, verändern die Mediennutzung erheblich und führen nach der Jahrtausendwende zu einer Revolution des Kommunikationsverhaltens.

Gegenwartsliteratur – systematisch. Der Begriff ›Gegenwartsliteratur‹ beschreibt nicht nur eine noch unabgeschlossene Epoche, sondern lässt sich auch als systematische Kategorie der Literaturwissenschaft bestimmen, die das kontinuierliche Wechselverhältnis zwischen der Literatur und ihrer Umwelt in den Blick nimmt. Als Gegenwartsliteratur betrachtet diese Einführung deshalb nicht allein eine für Leserinnen und Leser zeitlich wie räumlich ›gegenwärtige‹ Literatur, sondern insbesondere literarische Texte, die sich mit ihrer eigenen Zeit, ihren Kontexten, Problemen und Herausforderungen auseinandersetzen. Seit der Antike, in Bezug auf die deutschsprachige Literatur insbesondere seit der Aufklärung, ist es das Ziel literarischer Autoren, Einfluss auf öffentliche Debatten zu nehmen (Braungart 2013, 9). Die Gegenwärtigkeit von Literatur ist in diesem Sinne ein »Wahrnehmungsmodus, eine Form der Aufmerksamkeit auf die Erscheinungen, Sprechweisen und Äußerungsformen der Zeit« (van Laak 2013, 122). Die entsprechenden Texte greifen ihre eigene Gegenwart nicht allein stofflich oder motivisch auf, indem sie eine Welt schildern, die der Gegenwart von Leserinnen und Lesern stark ähnelt. Die Gegenwärtigkeit literarischer Texte zeigt sich auch in ihren formalen Verfahren, durch die sie als Reaktionen auf die eigene Zeit begreifbar werden: Indem literarische Texte etwa den Status der erzählten Welt fraglich oder unsicher werden lassen, weisen sie ihre eigene Gegenwart als plural, dynamisch und heterogen aus. Auch der problematische Status von Gegenwart, die immer nur momenthaft fassbar ist, wird auf diese Weise ästhetisch reflektiert.

Herkömmlicherweise dienen Genrebegriffe wie ›Zeit‹- oder ›Gesellschaftsroman‹, ›Zeitgedicht‹ oder ›Dokumentartheater‹ zur Bezeichnung literarischer Texte, die sich dezidiert auf ihre äußere, unmittelbare Wirklichkeit beziehen. Der oben skizzierte, systematische Begriff von Gegenwartsliteratur ist dagegen weiter gefasst und weniger stark an konkreten Gestaltungsmustern orientiert: Mit ihm kann auch ein Text als Gegenwartsliteratur bezeichnet werden, dessen dargestellte Welt sich rein äußerlich nicht oder nur entfernt mit seiner eigenen Gegenwart berührt – etwa indem er ein historisches Sujet als zentralen Gegenstand wählt oder einen Stoff, der sich nach den Parametern geschichtlicher Wirklichkeiten nicht konkret einordnen lässt. Ein literarischer Text kann auch dann auf die eigene Zeit bezogen sein, wenn er deren Strukturen, Eigenschaften und Probleme an einem (oft nur scheinbar) entfernten Gegenstand deutlich macht.

Literarische Gegenwärtigkeit im systematischen Sinn – als strukturelle Bezogenheit auf die eigene Zeit – kann insbesondere durch spezifische narrative Strukturen erzeugt werden, sowie durch parabolische, allegorische oder symbolische Bedeutungsebenen. Braungart (2013, 14) bestimmt in diesem Sinne drei Formen der Gegenwärtigkeit von Literatur:

- eine »kontextbezogene Gegenwärtigkeit«, mit der der Text explizit auf seine eigene Zeit verweist,
- eine »ästhetische Gegenwärtigkeit«, die sich in poetischen Verfahren zeigt,
- und eine »existenzielle Gegenwärtigkeit«, mit der Literatur auf das »allgemein Menschliche« als permanent gegenwärtiger Konstante verweist.

Gegenwartsliteratur der Gegenwart. In einem zugleich historischen wie systematischen Sinn meint ›Gegenwartsliteratur‹ damit die Gegenwartsliteratur der Gegenwart – jene Literatur, die seit 1989/90 entstanden ist und sich mit neuen Voraussetzungen und Bedingungen poetisch auseinandersetzt. Gegenwartsliteratur ist damit nicht allein eine Epochenzuweisung, sondern eine Interpretationshypothese, die die unmittelbare Bezogenheit eines Textes auf Diskurse der eigenen Zeit unterstellt und die im Zuge einer wissenschaftlichen Auseinandersetzung zu überprüfen ist. Selbst bei zeitlich ›gegenwärtigen‹ Texten kann dieses Ergebnis negativ sein: »Nicht jeder zeitgenössische literarische Text ist gegenwärtig; nicht jeder gegenwärtige literarische Text ist zeitgenössisch« (Braungart 2013, 13).

1.1 | Gegenwartstheorien

Fragen von Gegenwärtigkeit und Gegenwart beschäftigen die aktuelle Literatur- und Kulturtheorie intensiv. Die wesentlichen Theorien, die aus der Debatte hervorgegangen sind, kreisen um zwei Leitthesen: die der »Schrumpfung« auf der einen und die der »Verbreiterung« von Gegenwart auf der anderen Seite (zur Gegenüberstellung vgl. Fulda 2013). Der Literatur wird in diesen Theorien eine zentrale Rolle zugemessen – und zwar als Vergegenwärtigungs- und Reflexionsmedium eines veränderten Verhältnisses von Vergangenheit, Gegenwart und Zukunft.

Schrumpfende Gegenwart. Der Soziologe Hermann Lübbe (2003) glaubt, dass die Gegenwart kontinuierlich schrumpft. Als Gegenwart definiert Lübbe die Zeitspanne, innerhalb derer technische, kulturelle und mediale Phänomene als ›aktuell‹ erlebt werden. Diese Zeitspanne wird, so Lübbe, immer kürzer. Grundlage dafür ist eine kontinuierlich zunehmende Dynamik, mit der sich gesellschaftliche Wirklichkeiten und ihre technologischen Grundlagen entwickeln. Aus einem Phänomen der Gegenwart – die Palette reicht von Smartphones über Kleidungsstile bis zu Fernsehsendungen – wird immer schneller eines der Vergangenheit, so dass die Zeitgenossen sich permanent auf etwas Neues einstellen müssen. Das gilt sowohl für den Beruf und das gesellschaftliche Leben als auch für das private Umfeld (Lübbe 2003, 402).

Beschleunigte Gegenwart. Der Soziologe Hartmut Rosa hält – auf Lübbes Thesen aufbauend – eine kontinuierliche Beschleunigungserfahrung für das zentrale Merkmal unserer Gegenwart. Beschleunigung ist für Rosa die »Mengenzunahme pro Zeiteinheit« (Rosa 2008, 3). In unserer Gegenwart werde in immer kürzerer Zeit immer mehr produziert, transportiert und kommuniziert als zuvor. Und obwohl uns neue technische Errungenschaften enorme Zeitgewinne versprechen, erleben wir diesen Wandel als permanenten Zeitverlust. Der Grund dafür ist, dass die verarbeitete Menge an Gütern und Informationen noch schneller zunimmt als die Zeitersparnis, die uns der technische Wandel eigentlich bringen könnte. Nicht der technische Wandel als solcher, sondern die Mengenzunahme bewirkt, dass wir immer weniger Zeit haben. Weil die »Halbwertszeit unseres Wissens sinkt« (11), müssen wir uns ständig bemühen, mit den Neuerungen Schritt zu halten – ein neuerlicher Zeitverlust ist die Folge. Mit der rasanten technischen Entwicklung beschleunigen sich auch der soziale Wandel und das individuelle Lebenstempo. Dieser permanenten Beschleunigung stehen jedoch Widerstände und Grenzen gegenüber. Literatur ist eine dieser »Entschleunigungsinseln« (13), die der Veranschaulichung und Reflexion, aber auch der phasenweisen Aussetzung dieser hoch dynamischen Prozesse dient, die sie in ihrem Umfeld beobachtet.

Verbreiterte Gegenwart. Der Theorie eines »verkürzten Aufenthaltes in der Gegenwart« (Lübbe 2003) steht die Annahme einer Ausdehnung von Gegenwart entgegen. Diese vollzieht sich auf Kosten der Vergangenheit einerseits und der Zukunft andererseits, die zugunsten der eigenen Zeit und ihrer Bedürfnisse in den Hintergrund rücken. Der Literaturwissenschaftler Andreas Huyssen hält bereits 1994 angesichts des allgegenwärtigen Erinnerungsdiskurses die Grenze zwischen Vergangenheit und Gegenwart für geschwächt, weil eine ausufernde Erinnerungskultur die Vergangenheit zum Bestandteil der Gegenwart mache. Historische Erinnerung wird für Huyssen von Bedürfnissen der Gegenwart gesteuert, die sich auf diese Weise auf die Vergangenheit ausdehnt.

Huyssens Thesen wurden von Hans-Ulrich Gumbrecht (2010) popularisiert und erweitert. Gegenwart dehnt sich für Gumbrecht nicht mehr allein auf die Vergangenheit, sondern auch auf die Zukunft aus, die für das Denken der Gegenwart keine besondere Bezugsgröße mehr darstellt. Entsprechend herrscht für Gumbrecht in der Gegenwart ein neues »Chronotop«: Zeit wird nicht mehr als chronologischer Verlauf von Vergangenheit, Gegenwart und Zukunft wahrgenommen, sondern als simultane Gegenwart verschiedener Vergangenheiten, die wir nicht mehr hinter uns lassen können. Alle »jüngeren Vergangenheiten« werden auf diese Weise zu Bestandteilen einer »sich verbreiternden Gegenwart«. Das gilt nicht allein für die Omnipräsenz von Erinnerungsdiskursen, sondern auch für popkulturelle Phänomene (Gumbrecht 2010, 16).

Im Unterschied zu der medial omnipräsenten Vergangenheit ist die Zukunft jedoch verschlossen. Aufgrund der hyperdynamischen Entwicklungen in der Gegenwart sind Aussagen über die Zukunft schlicht unmöglich – alles scheint gleichermaßen wahrscheinlich. Die Gegenwart besitzt damit keine »Richtungskontinuität« mehr in Bezug auf die Zukunft. Das hat zwei nur scheinbar paradoxe Folgen: das Bemühen um »Konkretheit, Körperlichkeit und Präsenz« auf der einen, und eine auf Transzendenz abzielende »Spiritualisierung« auf der anderen Seite. Zwischen beiden Polen entfaltet »unsere neue Gegenwart [...] ihre besondere Gestalt und ihre besondere Faszination« (17).

Multiple Gegenwart. Die These, dass es keinen chronologischen Verlauf aus Vergangenheit, Gegenwart und Zukunft mehr gibt, basiert auf einem Selbstwiderspruch: Wäre es zutreffend, dass es in der Gegenwart keine Grenzen zwischen Gegenwart und Vergangenheit mehr gibt, wäre auch keine Aussage mehr darüber möglich, dass es um deren Verhältnis ›früher‹ anders bestellt gewesen sei als ›heute‹. Allein um die These überhaupt feststellen zu können, muss irgendeine Form von Chronologie weiterbestehen.

Dass sich die eigene Gegenwart von derjenigen früherer Beobachter nicht nur historisch, sondern strukturell unterscheidet und die Zeit als solche »aus den Fugen« geraten ist (Assmann 2014), stellen dennoch viele Beobachterinnen und Beobachter fest. Gegenwart ist pluraler, dynamischer und vernetzter geworden – mit der Folge, dass mehr kulturelle Konzepte, Vorstellungen und Ausdrucksformen als räumlich wie zeitlich ›gegenwärtig‹ erlebt werden als zu früheren Zeiten. Insbesondere die Literatur rückt als Ausdrucksform dieser gewandelten Gegenwartskonzepte in den Fokus. In den erst in den Anfängen befindlichen Forschungen dazu, welche Konzepte von Gegenwärtigkeit Literatur verkörpern kann, zeigt sich ein Konzept multipler Gegenwart als spezifisch literarischer Beitrag: Durch eine »Aufspaltung der ›einen‹ (linearen) Zeit in verschiedene Zeitebenen« kann Literatur »Gegenwart vervielfältigen« (Stepath 2006, S. 153), hält ihrerseits jedoch an der Historizität dieser Gegenwart fest, indem sie ein grundlegend multiples ›Heute‹ zeitlich von einem weniger komplexen ›Gestern‹ unterscheidet.

Mediale Multiplikation von Gegenwart. Insbesondere neue mediale Phänomene tragen zur Pluralisierung von Gegenwartserfahrungen bei. Gumbrecht schildert die (im Jahr 2010 offenbar noch neue) Beobachtung einer Gruppe Jugendlicher, die um einen Kneipentisch sitzen und unentwegt auf ihre Smartphones starren, um mit jeweils anderen zu kommunizieren (Gumbrecht 2010, 43). Für Gumbrecht haben diese Jugendlichen kaum an einer gemeinsamen Gegenwart teil – ihre permanente Mediennutzung macht sie einander zu Abwesenden. Und dennoch bedingt die gemeinsame Anwesenheit der Jugendlichen zur selben Zeit am selben Ort eine gemeinsame, von allen geteilte Erfahrung. Und nicht nur eine gemeinsame Gegenwart, auch eine gemeinsame Vergangenheit und eine gemeinsame Zukunft verbindet die vier jungen Menschen: Voraussetzung für ihr Treffen waren Zukunftserwartungen, die zumindest in Teilen übereinstimmten – denn andernfalls wäre es zu dem gemeinsamen Abend gar nicht gekommen. Auch eine gemeinsame Vergangenheit – etwa Erinnerungen an das Zustandekommen der Verabredung oder an frühere Treffen – dürfte die vier verbinden.

Zugleich erweitert und individualisiert die Mediennutzung Vergangenheit, Gegenwart und Zukunft der vier Jugendlichen. In allen drei Zeitstufen sind nicht nur die jeweils anderen drei Freunde Teil der Gegenwart jedes Einzelnen, sondern auch Menschen, die von den übrigen nicht wahrgenommen werden, weil sie nur medial anwesend sind. Das alles spricht allerdings weder gegen die Fortexistenz eines chronologischen Zeitverlaufs noch gegen die Gemeinschaftlichkeit von Gegenwartserfahrungen. Alle vier verbindet eine partiell geteilte Gegenwart ebenso wie eine gemeinsame Vergangenheit und eine (erwartete) gemeinsame Zukunft, die ergänzt werden um individuelle Erfahrungen, die alle vier zeitgleich machen, ohne dass sie von den anderen geteilt werden können.

Simultane Gegenwart und Literatur. Die Vielgestaltigkeit von Gegenwart, die an diesem Alltagsphänomen deutlich wird, ist kein alleiniges Phänomen der Mediengesellschaft. Gegenwart ist zeitlich wie räumlich zunächst immer die Gegenwart eines Einzelnen. Sie besteht aus Vorstellungen und Empfindungen, die bewusst wie unbewusst wahrgenommen werden. Gegenwart im zeitlichen Sinne ist die Summe all dieser je individuellen Wahrnehmungshorizonte (Stepath 2006, 145) – ein äußerst plurales Phänomen. Und dennoch hat die Zunahme medialer Angebote die Tendenz zur Vervielfältigung von Gegenwart deutlich verschärft. Gegenwartsliteratur besitzt für diese simultane Existenz von je unterschiedlichen Wahrnehmungshorizonten spezifische Artikulationsweisen: Durch die gleichzeitige Darstellung unterschiedlicher Zeit-, Wahrnehmungs- oder Wirklichkeitsebenen wird die Pluralität von Gegenwart, ihre Erfahrbarkeit und Kommunizierbarkeit dargestellt, reflektiert und problematisiert.

1.2 | Methodologische Herausforderungen

Wenn schon für die Zeitgenossen selbst Gegenwart problematisch und kaum fassbar ist – wie lässt sich dann die Literatur der Gegenwart behandeln, und noch dazu mit einem wissenschaftlichen Anspruch? Lange galten der Literaturwissenschaft Texte der eigenen, unmittelbaren Gegenwart als ungeeignet für eine wissenschaftliche Auseinandersetzung. Es fehle, so der Vorwurf, der zeitliche Abstand, der Interpreten in die Lage versetze, die Relevanz und die Qualität literarischer Texte angemessen zu beurteilen (Schlaffer 2002). Damit einher geht der Vorwurf an Gegenwartsliteratur, im Vergleich zur etablierten Literatur früherer Tage qualitativ zurückzustehen.

Erbe der Hermeneutik. Die Reserviertheit der Literaturwissenschaft gegenüber Texten der eigenen Gegenwart ist ein Erbe der Hermeneutik, die Verfahren und Selbstverständnis der Literaturwissenschaft über einen langen Zeitraum bestimmt hat (und immer noch bestimmt). Die Hermeneutik begreift das Verstehen eines literarischen Textes als einen Vorgang der »Horizontverschmelzung« (Gadamer), bei dem der Erwartungshorizont des Lesers sukzessive mit eigenen Lektüreerfahrungen sowie denen vorheriger Lesergenerationen verschmilzt. Eine solche Verschmelzung ist für Hans-Georg Gadamer aber nur dann möglich, wenn zuvor eine »hermeneutische Differenz« zwischen Text und Leser besteht. Diese Differenz könne es in der Auseinandersetzung mit Literatur der eigenen Gegenwart nicht geben. Für eine hermeneutische Analyse sei ein Gegenstand deshalb nur geeignet, wenn uns der »Abstand der Zeiten sichere Maßstäbe anvertraut hat« (Gadamer 1990, 302, vgl. dazu Nickel 2010, 119–120). Dieser Tradition zufolge muss Literaturwissenschaft zwingend eine »Vergangenheitsliteraturwissenschaft« sein, die ihren eigenen Aussagen erst dann vertraut, wenn sie sich »in einem Abstand zur lebendigen Entwicklung der zeitgenössischen Literatur« bewegt (Porombka 2010, 74–75).

Forschungsstand. Insbesondere vor dem Hintergrund einer Neupositionierung der Literaturwissenschaft als Kulturwissenschaft sind diese Vorbehalte gegen eine

»Gegenwartsliteraturwissenschaft« (Brodowsky/Klupp 2010) im Verlauf der vergangenen Jahrzehnte allmählich gewichen. In den 1960er Jahren bestand für diejenigen, die sich mit Gegenwartsliteratur auseinandergesetzt haben, ein erheblicher Legitimationsbedarf. In den 1970er und 1980er Jahren nahm die Zahl literaturwissenschaftlicher Studien, die sich mit der eigenen Gegenwart befassten, jedoch allmählich zu; seit den 1990er Jahren wächst sie kontinuierlich. Seit der Jahrtausendwende ist Gegenwartsliteratur ein integraler Bestandteil der literaturwissenschaftlichen Forschung und Lehre. Die Online-Bibliografie der Deutschen Sprach- und Literaturwissenschaft (BDSL) verzeichnet für den Zeitraum von 2000 bis 2015 fast 17.000 Einträge zur Gegenwartsliteratur, für den Zeitraum 1985 bis 2000 dagegen ›nur‹ 2600. Gegenwartsliteratur liegt also offenbar im Trend.

Forschungsschwerpunkte. Der wichtigste Schwerpunkt gegenwartsbezogener Literaturwissenschaft ist die Erinnerungsliteratur, die sich mit der Rolle der schwierigen Geschichte des 20. Jahrhunderts für die Gegenwart befasst (s. Kap. 5). Fast alle Arbeiten zu diesem Thema gehen davon aus, dass sich Gedächtnisdebatten nach 1990 strukturell verändern und in neuen literarischen Formen reflektiert werden. Ferner beschäftigt sich die Gegenwartsliteraturwissenschaft schon seit längerem mit literarischen Rekursen auf Phänomene der Migration und Globalisierung, mit der Popliteratur sowie mit dem Literaturbetrieb der Gegenwart. Auch Schreibweisen und poetische Verfahren der Gegenwart stoßen auf ein wachsendes Interesse der Literaturwissenschaft (Horstkotte/Herrmann 2013).

Gegenwart als Chance. Für eine neue Generation von Forscherinnen und Forschern dominieren bei der Auseinandersetzung mit Gegenwartsliteratur nicht die Risiken, sondern die Chancen. Dass Gesamtwerke von Autorinnen und Autoren noch unabgeschlossen sind und ohne längere Deutungstraditionen vorliegen, steht für Gegenwartsliteraturwissenschaftler einer methodisch kontrollierten Analyse und Deutung nicht etwa im Weg, sondern macht diese vielmehr erforderlich. Literaturwissenschaft kann einen Blick auf literarische Texte in ihrem unmittelbaren Entstehungskontext werfen und macht Urteile möglich, die unbeeinflusst sind von Deutungen späterer Leserinnen und Leser. Der Literaturwissenschaft gilt das als Möglichkeit, die eigenen Lektüre- und Analyseverfahren zu erproben (Zanetti 2010).

Hermeneutik der Gegenwart. Die Abwesenheit einer längeren Deutungstradition, die die Hermeneutik als Hinderungsgrund für Gegenwartsliteraturforschung betrachtete, hat sich auf diese Weise zu einem Anlass für literaturwissenschaftliche Forschung gewandelt, die sich zumindest in Teilen in Übereinstimmung mit den Prinzipien hermeneutischen Vorgehens sieht. Die geforderte Distanz zum Gegenstand gilt heute nicht mehr als eine rein zeitliche Entfernung, sondern kann ebenso Effekt einer Lektüre von Texten sein, die nicht durch Wertungen, Deutungen und Deutungskriterien früherer Lesergenerationen überlagert sind. Das bedeutet freilich nicht, dass wir einem Text der Gegenwart vollkommen unvoreingenommen gegenüberstehen – vielmehr sind wir durch verschiedene, vor allem literaturbetriebliche Mechanismen beeinflusst; dieser Einfluss beginnt bereits bei der Textauswahl (s. u.). Aber im Vergleich zu kanonisierten Texten der Literaturgeschichte, deren Deutungen und Deutungsschemata heute omnipräsent sind, kann ein Text der Gegenwartsliteratur durchaus so etwas wie hermeneutische Distanz erzeugen – auch wenn er zeitlich in unmittelbarer Nähe zum Lektürevorgang entstanden ist. Zudem stiften Texte, die mit innovativen oder experimentellen Schreibverfahren arbeiten, gezielt Distanz, da sie gewohnte Lektüremodi außer Kraft setzen und sich überlieferten Wahrnehmungsschemata zu entziehen versuchen.

Methodologische Prämissen. Auch für die philologische Auseinandersetzung besitzen Texte der eigenen Gegenwart zuweilen eine größere Distanz als historische Texte. Durch Brief-, Tagebuch- und Nachlasseditionen sind uns kanonisierte Autorinnen und Autoren der Vergangenheit manchmal deutlich ›näher‹ als die der eigenen Gegenwart – auch wenn wir die Möglichkeit haben, letztere persönlich zu treffen. Textgenese und Schreibverfahren, mögliche Einflüsse durch Lektüren, Konversationspartner oder persönliche Erlebnisse sind bei Autoren wie Goethe und Schiller – dank der Arbeit ganzer Generationen von Neuphilologen – wesentlich präsenter als etwa bei Daniel Kehlmann oder Terézia Mora, deren diskursgeschichtliche Querverweise immer nur vermutet werden können – es sei denn, der Text selbst gibt explizite Hinweise. Diese Abwesenheit ›gesicherter‹ Kontexte und Deutungsparameter (deren Zuverlässigkeit auch bei historischen Texten immer nur relativ ist) verändert die Arbeit der Textinterpretation: Argumente und Hypothesen können in der Gegenwartsliteratur in den meisten Fällen nur am literarischen Text selbst plausibilisiert werden und müssen sich auf Merkmale und Eigenschaften beziehen, die durch eine methodengeleitete Auseinandersetzung sichtbar werden.

Die hermeneutische Differenz zu Texten der eigenen Gegenwart ist im Vergleich zu Texten der Literaturgeschichte also nicht zwingend geringer, sondern strukturell andersartig; sie besteht nicht in zeitlicher Hinsicht, sondern ergibt sich aus der Erwartungsoffenheit, mit der Leserinnen und Leser einem Text der eigenen Gegenwart begegnen. Im Vergleich zur Arbeit an historischen Textkorpora zieht die Arbeit mit Gegenwartsliteratur jedoch einige methodische Prämissen nach sich, die bei der wissenschaftlichen Auseinandersetzung zu berücksichtigen sind.

Befristete Gültigkeit. Insbesondere betrifft das die Gültigkeitsdauer von Deutungen und Argumenten. Jede Aussage – auch jede wissenschaftliche – über einen literarischen Text ist vom Standpunkt, der Perspektive und der Methode desjenigen geprägt, der sie trifft. Insofern ist jedes Argument in der Literaturwissenschaft – ungeachtet der Tatsache, dass es besser oder schlechter begründbare Argumente gibt – historisch. Dieses Problem verschärft sich in der Gegenwartsliteraturforschung. Hier befindet sich nicht allein die Deutungsperspektive, sondern auch der Gegenstand selbst in kontinuierlicher Dynamik.

Das gilt sowohl für die Epoche Gegenwart als ganze, von der wir – dies als Bestandteil der Definition von Gegenwart – nicht wissen, in welche Zukunft sie führt, als auch in Bezug auf unabgeschlossene Werkkomplexe und Gesamtwerke, die das Arbeiten mit Gegenwartsliteratur prägen. Vier Romane von Thomas Glavinic etwa haben einen Protagonisten namens Jonas, dessen Eigenschaften und Lebensgeschichten sich von Roman zu Roman stark ähneln: *Die Arbeit der Nacht* (2006), *Das Leben der Wünsche* (2009), *Das größere Wunder* (2013) und *Der Jonas-Komplex* (2016). Die Unsicherheit, wie viele dieser Jonas-Romane der 1972 geborene Autor noch schreiben und in welche Richtung sich ihr Protagonist entwickeln wird, darf nicht dazu führen, die bisherigen Texte aus einer wissenschaftlichen Analyse auszuklammern. Aber die entsprechenden Ergebnisse stehen unter dem Vorbehalt ihrer Vorläufigkeit: Es könnte ein weiterer Roman erscheinen, der die bisherigen Ergebnisse relativiert oder gar revidiert. Einen Anspruch auf Gültigkeit der eigenen Argumente kann Gegenwartsliteraturwissenschaft nur in Bezug auf dasjenige Textkorpus erheben, das bis zum Zeitpunkt der eigenen Aussage vorhanden war. Doch gesichert ist im Falle von Gegenwartsliteraturforschung letztlich nicht einmal der einzelne Text, der zwar im Sinne eines autorisierten Zeichengefüges abgeschlossen ist, jedoch potenziell umgearbeitet und revidiert werden könnte. Wirklich sicher sind nur die uns vorliegenden Auflagen und Bearbeitungsstufen eines Textes, nicht aber das Werk als solches.

Literaturwissenschaft und Literaturbetrieb. Eine methodologische Sonderstellung nimmt Gegenwartsliteraturforschung auch in Bezug auf ihr Verhältnis zum Literaturbetrieb der Gegenwart ein. Anders als bei Gegenständen, die als historisch abgeschlossen vorliegen, stehen eine gegenwartsbezogene Literaturwissenschaft und der Literaturbetrieb, der ihre Gegenstände hervorbringt, in einem kontinuierlichen Wechselverhältnis zueinander. Verlage, Literaturagenten und die Autorinnen und Autoren selbst haben Vorteile davon, wenn ein literarischer Text Gegenstand einer wissenschaftlichen Abhandlung ist und können versuchen, die wissenschaftliche Deutung zu beeinflussen. Diese Einflüsse bestehen wechselseitig und sind oft unbewusst. Die persönliche Anwesenheit eines Autors oder einer Autorin auf einer Konferenz zu seinem oder ihrem Werk verändert die Weise, mit der dieses behandelt wird. Forschungsergebnisse der Literaturwissenschaft wiederum können Schreibweisen von Autorinnen und Autoren beeinflussen, die dann wiederum Auswirkungen auf die Forschung haben.

Als Informationsquelle für Hintergründe und Kontexte eines literarischen Werks ist die gegenwartsbezogene Literaturwissenschaft jedoch auf Mitteilungen des Literaturbetriebs, von Verlagen, der Literaturkritik oder gar von Autorinnen und Autoren selbst angewiesen. Wie sollen wir sonst etwas über Biografien, Einflüsse und Motivationen erfahren? Dabei kommen Vermarktungsinteressen insbesondere dann ins Spiel, wenn nicht allein nach vergleichsweise objektiven Daten gefragt wird, sondern nach poetischen Programmen und Vorbildern, nach Intentionen und Wirkungsabsichten. Verlage, aber auch Autorinnen und Autoren selbst dürften dies nutzen, um wissenschaftliche Annahmen vor dem Hintergrund bestimmter Rezeptionssteuerungsinteressen zu beeinflussen. Insbesondere die ›Aktualität‹ (ein Kriterium, auf das auch dieses Buch immer wieder setzt) ist dabei eine von Verlagen wie Autorinnen und Autoren gewünschte Wirkung literarischer Texte.

Zeitzeugenschaft. Eine mögliche Beeinflussung des Urteils vor dem Hintergrund strategischer Interessen ist nur eine Facette dieser Schwierigkeit. Analog zur zeitgeschichtlichen Forschung stellt sich das Problem der Zeitzeugenschaft: Literarische Texte besitzen Innen- und Außenbezüge, die von ihren Autorinnen und Autoren nicht gesehen oder expliziert werden können und erst durch eine distanzierte Lektüre von außen deutlich werden. Läuft eine literaturwissenschaftliche Textdeutung einer Aussage der Autorin oder des Autors dieses Textes zuwider, dann spricht das nicht zwingend gegen das eigene Vorgehen und die Validität der These.

Abermals zeigt sich hier, dass Gegenwartsliteraturwissenschaft für ein ›gesichertes‹ Urteil auf den Text selbst zurückgeworfen ist – auf die hypothetischen Intentionen und Funktionen, die intertextuellen Verweise, Anspielungen oder Parallelen, die sich innerhalb eines Textes aufzeigen lassen. Das heißt natürlich nicht, dass Aussagen des Autors oder der Autorin nicht auch zur Stützung einer Interpretationshypothese zu Rate gezogen werden könnten. Doch dass man mit einer entsprechenden Aussage näher an eine vermeintliche Wahrheit herankommt als durch eine eigene, methodisch kontrollierte Analyse eines Textes, ist ein Fehlschluss, vor dem sich die Literaturwissenschaft insbesondere mit Blick auf die Gegenwart hüten sollte.

Zeitgenossenschaft. Nähe und Distanz zur eigenen Zeit in ein ausgewogenes Verhältnis zu bringen, ist daher eine zentrale methodologische Voraussetzung für die wissenschaftliche Beschäftigung mit Gegenwartsliteratur. Erforderlich scheint ein Verhältnis zur Gegenwart, wie es der italienische Philosoph Giorgio Agamben mit seiner Definition von »Zeitgenossenschaft« ausdrückt: Der ›Zeitgenosse‹ in Agambens Sinn gehört seiner eigenen Gegenwart zwar an, jedoch ohne vollkommen in ihr aufzugehen (Agamben 2010, 22). Zu Recht fordert der Literaturwissenschaftler Stephan Porombka, die Literaturwissenschaft müsse »in das Feld des gegenwärtigen Literatursystems eintreten«, indem sie dort »Akteure und Prozesse beobachtet, befragt, und analysiert« (Porombka 2010, 81). Zu ergänzen ist das durch den Hinweis, dass der Eintritt in dieses Feld nur phasenweise und mit dem Ziel eines schlussendlichen Wiederaustritts erfolgen sollte. Zum »integrale[n] Bestandteil« (ebd., 84) des Literaturbetriebs zu werden, würde bedeuten, sich auch pragmatisch dessen Bedingungen zu unterwerfen. In diesem Sinne Zeitgenosse von Gegenwartsliteratur zu sein, ohne von den Vermarktungsmechanismen und Verflechtungen ihres Betriebs abhängig zu sein, ist das strukturelle Alleinstellungsmerkmal einer akademischen Gegenwartsliteraturwissenschaft; hier gründet zugleich ihr wichtigster intellektueller Reiz: die heuristische Offenheit, die selten so groß ist wie in Bezug auf die eigene Gegenwart.

1.3 | Kanon der Gegenwart

Die methodologischen Herausforderungen von Nähe, Distanz und Urteilsvermögen, von Unabhängigkeit, Eingebundenheit und Einflussnahme kulminieren in der Frage der Textauswahl als zentralem methodologischen Problem von Gegenwartsliteraturwissenschaft. 14.000 belletristische Neuerscheinungen zählt der Börsenverein des Deutschen Buchhandels etwa für das Jahr 2014. Mit welchen dieser Texte soll man sich befassen, wenn man sich wissenschaftlich mit Gegenwartsliteratur beschäftigen will? Mit den Bestsellern, die von den meisten Leserinnen und Lesern gelesen werden? Mit denjenigen, die von der Literaturkritik, von Literaturpreisjurys oder den PR-Abteilungen der Verlage für ›die besten‹ gehalten werden? Oder mit jenen, die man selbst für am besten geeignet hält? Aber wie würden die entsprechenden Wertungskriterien lauten? ›Gut lesbar‹ und ›schön geschrieben‹? ›Anspruchsvoll‹ und ›selbstreflexiv‹? ›Kritisch‹ und ›engagiert‹?

Was sollen wir lesen? Deutlich wird hier: Eine ›objektive‹ Auswahl literarischer Texte, die als ›repräsentativ‹ für ihre eigene Zeit gelten können, ist unmöglich. Wie alle der bisher genannten Methodenprobleme betrifft auch dieses grundsätzlich das gesamte Fach, es besitzt jedoch in Bezug auf die Gegenwartsliteratur eine besondere Brisanz. Welche Texte bei der Rekonstruktion literaturgeschichtlicher Epochen als repräsentativ gelten können, ist Gegenstand intensiver Debatten, die niemals ganz abgeschlossen sind. Was etwa das jeweilige literarische Zentrum von ›Aufklärung‹, ›Klassik‹ oder ›Romantik‹ darstellt, welche Texte exemplarisch für den ›Realismus‹ oder die ›Klassische Moderne‹ sind, verändert sich laufend und in Abhängigkeit von den Kriterien, Perspektiven und Methoden, die der jeweiligen Literaturgeschichte zugrunde liegen. Deutlich ist jedoch: Allein die Auflagenhöhe oder die Reichweite eines literarischen Werks kann nicht ausschlaggebend sein. Würde sich Literaturwissenschaft primär mit den Bühnenstücken befassen, die zur Zeit Goethes und Schillers am häufigsten aufgeführt wurden, dann stünden eben gerade nicht Goethes und Schillers ›klassische Dramen‹ im Zentrum derjenigen Epoche, die heute ›Weimarer Klassik‹ heißt. Der Name des am meisten gespielten Dramatikers dieser Zeit ist vielmehr nur noch in der Literaturwissenschaft (und – aus anderen Gründen – in der Geschichtswissenschaft) bekannt. Er lautet August von Kotzebue.

Kanon: historisch, dynamisch, plural. Die Frage, welche Texte für welchen Zeitraum der Literaturgeschichte als relevant oder als repräsentativ gelten, zielt auf das Problem der literarischen Kanonbildung. Als literarischen Kanon bezeichnet die Literaturwissenschaft ein »Korpus von Texten [...], an dessen Überlieferung eine Gesellschaft oder Kultur interessiert ist« (Winko 2002, 9). Ein solcher Kanon erweist sich bei genauerem Blick als Gleichzeitigkeit je unterschiedlicher ›Kanones‹ unterschiedlicher Lesergruppen (Heydebrand 1998) und befindet sich in kontinuierlicher Dynamik. In Abhängigkeit von sich wandelnden Bedürfnissen innerhalb von Gesellschaften und Kulturen wandelt sich auch die Auswahl jener Texte, die für wertvoll gehalten werden. Kanon gilt in der Literaturwissenschaft heute als kontextbedingtes, dynamisches und plurales Phänomen, das aus zahllosen Wertungshandlungen einzelner Akteure besteht (Winko 2002) und am ehesten greifbar wird in den Debatten darüber, aus welchen Gründen welche Texte für wertvoller gelten als andere.

Gegenwartsliteratur – pragmatisch. Welche Texte soll man also für das Projekt einer medien- und diskursgeschichtlichen Darstellung der Gegenwart auswählen? Wir meinen: zunächst diejenigen, die von der Epoche und ihren Akteuren für wichtig gehalten werden. Wir behandeln Texte der Gegenwart, die in der Gegenwart öffentlich diskutiert und zum Bestandteil literarischer Kommunikation wurden – Texte also, die die Akteure der Gegenwart selbst für ihren Kanon hielten und halten. Damit wird ein Auswahlkriterium herangezogen, das anfällig für Kontingenzen ist. Denn dafür, dass ein Text diskutiert wird oder sich auf Empfehlungs-, Besten- und Nominierungslisten befindet, sind viele Gründe entscheidend – seine ästhetische Beschaffenheit ebenso wie die Durchsetzungsfähigkeiten der Marketing-Abteilung seines Verlags. Und doch glauben wir, auf diese Weise am ehesten zu einer angemessenen Darstellung der Gegenwartsliteratur zu gelangen.

Kanon und Diskursgeschichte. Ein weiteres, der Pragmatik literarischer Kommunikation nachgelagertes Auswahlkriterium liegt im diskursgeschichtlichen Ansatz begründet, den dieses Buch verfolgt. Wir wollen vor allem die Interaktionsweisen zwischen literarischen Texten und den Diskursen aufzeigen, die seit 1989/90 in der deutschsprachigen Öffentlichkeit geführt wurden. Natürlich hat unsere Annahme, dass es diese Bezüge gibt, zu einer entsprechenden Textauswahl geführt. Wir behandeln überwiegend Texte, in denen sich Verweise auf bestimmte Diskurse nachweisen lassen, von denen wir wiederum meinen, sie seien in der Gegenwart relevant. Zukünftige Leserinnen und Leser mögen zu anderen Urteilen kommen. Wir haben uns allerdings bemüht, Zirkelschlüsse zu vermeiden, indem wir nicht von den öffentlichen Diskursen auf die Gegenwartsliteratur schließen, sondern umgekehrt zunächst die Literatur selbst in den Blick nehmen, um von hier aus die Diskurse zu identifizieren, auf die literarische Texte verweisen. Unser Vorgehen ist also nicht ›top-down‹, sondern ›bottom-up‹.

Das Problem der Lücke. Trotz einer intensiven Auswertung von Verlagskatalogen, Literaturkritiken, Bestseller-, Nominierten- und Preisträgerlisten bleiben Lücken in unserem Textkorpus. Das betrifft zentrale Bereiche literarischen Schreibens – Literatur etwa, die primär unterhalten« will bzw. durch ihre Leserinnen und Leser überwiegend mit dem Ziel der Unterhaltung rezipiert wird (was nicht bedeutet, dass diskursbezogene Literatur nicht auch unterhaltsam sein kann). Auch der gesamte, derzeit sehr dynamische Bereich der Kinder- und Jugendliteratur bleibt unberücksichtigt, ebenso sämtliche nicht-fiktionalen Darstellungsformen wie populäre Sachbücher, Bio- und Autobiografien.

Einladung zum Weiterlesen. Und das sind nur einige der Lücken, die wir nicht füllen konnten. Unsere Leserinnen und Leser sind deshalb eingeladen, sich ihrerseits nicht mit den Pfaden zu bescheiden, die wir im unübersehbaren Feld der Gegenwartsliteratur zu erkennen glauben, sondern neue und eigene Beobachtungen anzustellen. Wie keine andere Literaturepoche bietet die Gegenwartsliteratur dafür die Möglichkeit. Mut zu eigenen Entdeckungen zu machen, praktische Tipps zu geben und erste Wegmarken aufzuzeigen: das ist das Ziel dieser Einführung.

Hilfsmittel

Die bisher einzige zusammenhängende Einführung in das Studium der Gegenwartsliteratur stammt von Michael Braun (2010). Monografische Überblicke über die Literatur seit 1989 haben ihre Wurzeln weitestgehend in der Literaturkritik (Böttiger 2004; Hage 2007; Kämmerlings 2011; Wittstock 2009). Literarhistorische Arbeiten, die die Gegenwartsliteratur einbeziehen, reichen derzeit nur bis in die frühen 2000er Jahre (Barner 2006; Schnell 2003). Die wichtigsten fachwissenschaftlichen Bücher zur Gegenwartsliteratur der jüngsten Zeit sind Aufsatzsammlungen, die ihr Forschungsfeld anhand von exemplarischen Einzelanalysen zu erfassen versuchen – die aktuellsten Titel sind Schöll/Bohley (2011), Eke/Elit (2012), Gansel (2012), Rhode/Schmidt-Bergmann (2013) und Horstkotte/Herrmann (2013).

Methodologische Fragen der ›Gegenwartsliteraturwissenschaft‹ erörtern die Beiträge in Brodowsky/Klupp (2011). Grundsätzliche Überlegungen zum Verhältnis von Literatur und Gegenwart finden sich in Stepath (2006) sowie Braungart/van Laak (2013).

2 Literaturdebatten 1990–2015

Literatur lebt von Debatten. Die Vorstellungen davon, was Literatur ist und welche Rollen und Funktionen sie besitzt, was ›gute‹ und ›schlechte‹, anspruchsvolle oder unterhaltsame, wertvolle oder alltägliche Texte sind, werden kontinuierlich neu ausgehandelt. Daran sind Autorinnen und Autoren ebenso beteiligt wie Leserinnen und Leser, die Literaturkritik und die Literaturwissenschaft, der Buchhandel und die Verlage, Literaturpreis-Jurys sowie zahllose weitere Vermittlungs- und Vermarktungsinstanzen im Literaturbetrieb der Gegenwart (s. Kap. 12). In diesem komplexen und vielschichtigen Geflecht werden literarische Normen permanent diskutiert, übertreten und neu definiert.

Diese Dynamik innerhalb der literarischen Kommunikation ist kein Phänomen der Gegenwart – sie besteht mindestens seit dem Ende der Regelpoetik im 18. Jahrhundert. Doch in den letzten 25 Jahren haben literarische Debatten an Zahl und Bedeutung erheblich zugenommen. Eine plurale Leserschaft sieht sich immer vielfältigeren Formen und Schreibweisen gegenüber, die in den unterschiedlichsten Kommunikationsmedien diskutiert werden. Oft geht es dabei nicht mehr um ›die‹ Literatur als solche, sondern um situationsabhängige Erwartungen, die mit verschiedenen literarischen Texten verbunden werden. Je nachdem, wer, wann, mit welchen Medien und in welchen Kontexten liest oder schreibt, dient Literatur als Unterhaltungsmedium oder zum Erkenntnisgewinn; wird moralischen Normen unterworfen, erhält kritische Funktionen oder gilt als autonomes Kunstwerk, das alles kann und darf, ohne mit weitergehenden Ansprüchen verbunden zu sein.

Skandal und Inszenierung. Trotz dieses Pluralismus innerhalb der literarischen Kommunikation der Gegenwart zeigen sich immer wieder Werte und Normen, die dauerhafter sind und von einer größeren Gruppe von Leserinnen und Lesern geteilt werden. Sie werden insbesondere dann deutlich, wenn sie durch ein als skandalös wahrgenommenes Ereignis verletzt werden (vgl. Dürr/Zemylas 2007, 75). Literaturskandale werden im Literaturbetrieb der Gegenwart bewusst erzeugt, um die Aufmerksamkeit für einen Text oder seinen Autor zu steigern. Oft werden nicht allein ästhetische Grenzen überschritten, sondern auch moralische oder politische Tabus gebrochen. So löste etwa Urs Allemanns Erzählung *Babyficker* (1991) beim Bachmann-Wettbewerb 1991 Entsetzen aus. Die bereits im Titel angekündigte Provokation wurde durch den ständig wiederholten Zentralsatz »Ich ficke Babys« immer weiter gesteigert. Aber die Aufregung währte nicht lange: Bereits im folgenden Jahr wurde »Babyficker« in der Zeit-Feuilletonreihe »Provokationen von gestern« als fast vergessener Literaturskandal präsentiert (Baumgart 1992). Auch Charlotte Roches Romandebüt *Feuchtgebiete* (2008) dringt, wie Rezensent Rainer Moritz schreibt, »in Ekelregionen« vor, um mit Themen wie Intimrasur und Analfissur »die letzten Tabus der Gegenwart auf[zu]brechen« (Moritz 2008). Doch solche Reaktionen machten den Text nicht etwa zu einer Randerscheinung, sondern steigerten die Neugier des Publikums. Das Buch wurde zum Bestseller.

Neue Zeit, neue Werte. Die wichtigsten Debatten und Skandale der letzten 25 Jahre entzündeten sich weniger an Fragen der Sexualmoral oder der Darstellungsästhetik als vielmehr an Werten und Normen, die die Gesellschaft als ganze in ihrem ethisch-moralischen, politischen und nationalen Selbstverständnis berührten. Am Anfang der literarischen Debatten der 1990er Jahre standen Äußerungen von Schriftstellern zu politischen und gesellschaftlichen Themen (Bluhm 2007, 570–571). Sie waren Ausdruck und Bestandteil der Suche nach neuen historischen und politischen, aber auch ästhetischen Deutungsmustern im Anschluss an die fundamentalen Umbrüche der Jahre 1989/90. In ihrem Hintergrund stand die Frage danach, wie sich Gesellschaften nach dem Ende der bipolaren Weltordnung neu verorten, selbst bestimmen und sich zu ihrer Vergangenheit in Beziehung setzen – und welche Rolle die Literatur bei dieser Selbstverortung spielen kann und soll.

Auf das vielfach beschworene ›Ende der Nachkriegszeit‹ folgte die Suche nach einer ›neuen Literatur‹ für eine ›neue Zeit‹, die eine als überkommen wahrgenommene literarische Ästhetik der 1970er und 1980er Jahre ablösen sollte. Zur Debatte standen vor allem das politische Engagement, die gesellschaftliche Relevanz und die Selbstbezüglichkeit von Literatur. Diese Fragen waren auch vor 1989 nicht unumstritten. Aber im Westdeutschland der 1970er und 80er Jahre hatten sie zu einem gewissen Konsens geführt; und die Realismusnorm des DDR-Literatursystems hatte für die staatlich lizenzierte Literatur eine klare (aber alles andere als unumstrittene) Antwort vorgegeben. Nach der deutschen Vereinigung entstand um diese Fragen eine erneute Diskussion, die bis heute nicht abgeschlossen ist.

2.1 | Der deutsch-deutsche Literaturstreit und das Ende der ›Gesinnungsästhetik‹

In den ersten Reaktionen der Literaturkritik auf die literarischen Herausforderungen der deutschen Einheit war von dem vielerorts beschworenen Einswerden der Nation – »Es wächst zusammen, was zusammen gehört« (Willy Brandt) – nicht viel zu spüren. Vielmehr zeigten sich scharfe Antagonismen zwischen West und Ost, die einher gingen mit unterschiedlichen politischen Positionen und gesellschaftlichen Vorstellungen. Kristallisationspunkt für diese Konflikte war der sog. deutsch-deutsche Literaturstreit. In einer offenbar konzertierten Aktion kritisierten Anfang Juni 1990 Ulrich Greiner in der *Zeit* und Frank Schirrmacher in der *Frankfurter Allgemeinen Zeitung* die ostdeutsche Schriftstellerin Christa Wolf auf das Schärfste.

Streit um Christa Wolf? Eine heftige, Jahre anhaltende Debatte war die Folge, die sich nur vordergründig um Christa Wolf oder ihre Rolle in der DDR und während der Wende drehte. Hintergrund war vielmehr – neben politischen Positionen in Bezug auf Wende und Einheit – die Forderung nach einer neuen, gesamtdeutschen Literatur und deren Ästhetik. Um diese aus einer explizit westdeutschen Perspektive vorgetragene Position durchzusetzen, galt es aus der Sicht der Akteure, eine zentrale Gestalt der DDR-Literatur öffentlich zu demontieren. Anlass der beiden westdeutschen Großkritiker – Greiner war zu diesem Zeitpunkt Leiter des Feuilletons der Wochenzeitung *Die Zeit*, Schirrmacher Literaturchef der *Frankfurter Allgemeinen Zeitung* – zu ihrer Fundamentalkritik war Christa Wolfs zum Zeitpunkt der Kritik noch unveröffentlichte Erzählung *Was bleibt* (1990).

Christa Wolf war zu diesem Zeitpunkt die in Westdeutschland wohl bekannteste Autorin der DDR. Sie zählte zur mittleren Generation von Autorinnen und Autoren, die die Anfangsjahre des sozialistischen Staates bewusst erlebt hatte und in den 1960er Jahren debütierte. Von 1963 bis 1967 war Christa Wolf Kandidatin des Zentralkomitees der SED, des höchsten Parteigremiums unterhalb des Parteitags, bis 1989 Parteimitglied der SED und von 1955 bis 1977 Mitglied im Vorstand des Schriftstellerverbandes der DDR. Dennoch war ihr Verhältnis zum real existierenden Sozialismus ein kritisches. Als Mitglied wichtiger Akademien in Ost- wie Westdeutschland wurde sie als gesamtdeutsche Autorin wahrgenommen. Ihre Werke erschienen sowohl in der Bundesrepublik als auch in der DDR, in beiden Staaten wurde sie mit den bedeutendsten Literaturpreisen ausgezeichnet.

Stein des Anstoßes. Christa Wolf: *Was bleibt* (1990)

Christa Wolfs Erzählung *Was bleibt* erschien im Juni 1990 im ostdeutschen Aufbau-Verlag und im westdeutschen Luchterhand-Verlag. Die Erzählung suggeriert eine enge Beziehung zu autobiografischen Erlebnissen ihrer Autorin – nur einer der Gründe für die Irritationen, die der Text auslöste. Eine weibliche Ich-Erzählerin, die sich selbst »Frau C.« nennt, berichtet über ihren von permanenter Überwachung geprägten Alltag als Schriftstellerin in Ost-Berlin. Die lückenlose, offen ausgeübte Spionage löst in ihr Misstrauen, Selbstzensur und eine permanente Angst vor persönlichen Konsequenzen aus. Zugleich hofft die Erzählerin, dass die unerwünschten Zustände und ihre psychischen Folgen – »[d]ie Unruhe. Die Schlaflosigkeit. Der Gewichtsverlust. Die Tabletten. Die Träume« (Wolf: *Was bleibt*, 19) – irgendwann ein Ende haben werden. Dieses Ende werde ihr, so die Hoffnung, eine »andere Sprache« (11) verleihen, in der sie »eines Tages«, »in zehn, zwanzig Jahren« (7) von ihrer Angst werde reden können. Die »neue[ ], freie[ ] Sprache« (19), die sich bereits in ihr entwickelt, aber noch nicht vollständig ausgeprägt ist, werde »härter sein« als die, in der sie zum Zeitpunkt der Handlung »immer noch denken mußte« (10), zugleich aber weniger äußerlich: Sie würde »aufhören, die Gegenstände durch ihr Aussehen zu beschreiben« und »gelassen das Sichtbare dem Unsichtbaren opfern«, um »das unsichtbare Wesentliche aufscheinen zu lassen« (13 f.). Die Erzählung endet mit dem Entschluss, diese neue Sprache Wirklichkeit werden zu lassen, nachdem die Ich-Erzählerin von einem Polizeieinsatz bei einer ihrer Lesungen erfährt.

Zwei Datierungen stehen am Schluss des Textes – eine verweist auf den Sommer 1979, die andere auf den November 1989. Insbesondere diese Daten ließen die Erzählung zum Skandalon werden, denn sie verweisen auf zentrale Ereignisse in der Biografie Christa Wolfs. Im Sommer 1979 protestierte Wolf gemeinsam mit anderen Autorinnen und Autoren gegen politisch motivierte Ausschlüsse aus dem Schriftstellerverband der DDR. Das erste Datum legt also nahe, hier die entsprechenden Entstehungskontexte zu vermuten. Das zweite Datum verweist auf Wolfs Rolle in der Friedlichen Revolution: Am 4. November 1989, fünf Tage vor der Öffnung der Grenzen, forderte sie auf einer Großdemonstration auf dem Berliner Alexanderplatz politische Reformen in der DDR. Wolfs Rede beginnt mit dem Satz: »Jede revolutionäre Bewegung befreit auch die Sprache« (Wolf: *Reden im Herbst*, 119) – die »neue[ ], freie[ ] Sprache« (19), die die Ich-Erzählerin in *Was bleibt* wünscht, findet hier eine direkte Entsprechung in einer politischen Forderung der Autorin Christa Wolf. In Verbindung mit der Erzählung kann diese Forderung als ein lang gehegter, in die 1970er Jahre zurückreichender Wunsch der Autorin verstanden werden, der aus eigenen Negativerfahrungen mit dem DDR-Regime erwächst und nun, im Jahr 1989, Wirklichkeit wird. Für Wolfs Kritiker waren diese biografischen Bezüge der Anlass, *Was bleibt* als gezielte Selbstinszenierung zu verstehen, mit der sich Christa Wolf als DDR-Oppositionelle schon der ausgehenden 1970er Jahre darstellen wollte.

Aber die Datierungen erlauben auch eine andere Deutung. Die Jahreszahl 1979 kann das erzählte Geschehen datieren, die Jahreszahl 1989 den Zeitpunkt des Erzählens angeben, von dem aus – in Form jener lang ersehnten ›neuen Sprache‹ – auf die zehn Jahre zurückliegenden Ereignisse geblickt wird. In Texten, die die

> Veröffentlichung der Erzählung begleiteten, hieß es dagegen, die gesamte Erzäh-
> lung sei bereits 1979 abgeschlossen gewesen und 1989 nur überarbeitet worden.
> Worin genau diese Überarbeitungen bestanden, blieb aber offen.

Greiner und Schirrmacher kritisieren die Erzählung als Versuch Christa Wolfs, sich
nach dem Ende der DDR als Opfer des Machtapparates und Oppositionelle zu positionieren, obwohl sie selbst große Privilegien genossen und durch ihr Engagement
letztlich systemstabilisierend gewirkt habe. Für Greiner spricht die Veröffentlichung
der Erzählung von einem »Mangel an Feingefühl gegenüber jenen, deren Leben der
SED-Staat zerstört hat« (in: Anz 1991, 70). Schirrmacher kritisiert eine Mischung aus
»Illusionsbereitschaft, Wunschdenken und bigotter Zustimmung« (79), mit der Wolf
die Augen verschlossen habe vor den Nöten der Menschen in ihrem Staat, zu welchem sie ein »familiäres, fast intimes Verhältnis« aufgebaut habe (80). *Was bleibt* sei
Dokument eines persönlichen Opportunismus: So, wie sich Wolf einem Leben in der
DDR angepasst habe, versuche sie nun, in gewandelten politischen Bedingungen
eine neue Rolle zu finden – die des Stasi-Opfers. Diese Strategie entspreche derjenigen, die die vom Nationalsozialismus belasteten Intellektuellen nach dem Ende des
Zweiten Weltkriegs angewandt hätten.

Beben zwischen Ost und West. Auf die Artikel Schirrmachers und Greiners folgte
ein beispielloses Beben im Feuilleton. Innerhalb des ersten Jahres nach Erscheinen
der Erzählung schwoll die Debatte auf weit über 100 Beiträge an und gewann einen
zunehmend polemischen Charakter. Viele Kritiker wiederholten die von Schirrmacher und Greiner geäußerten Vorwürfe. Die Fürsprecher Wolfs dagegen – neben dem
überwiegenden Teil der ostdeutschen Presse auch die *Frankfurter Rundschau* sowie
die *Süddeutsche Zeitung*, daneben Künstler, Schriftsteller und DDR-Dissidenten –
verwiesen auf das Problem der inneren Emigration: Weil Christa Wolf die DDR nicht
verlassen habe, sei sie zu Kompromissen gezwungen gewesen; anders als die aus der
DDR Geflohenen sei sie jedoch in der Lage gewesen, Einfluss auf die Verhältnisse des
Staates – und insbesondere ihrer Leserinnen und Leser – zu nehmen.

In Ostdeutschland stießen die Vorwürfe Greiners und Schirrmachers auch deshalb
auf erbitterten Widerstand, weil sich in ihnen eine Grundskepsis gegenüber jeder
Form von Engagement in der DDR artikulierte, dem nun automatisch eine Mitschuld
an den ostdeutschen Verhältnissen zugesprochen wurde. In der ostdeutschen Presse
dominierte zudem der Eindruck, dass die westdeutsche Literaturkritik sich ostdeutscher Kultur nicht mehr mit exotischer Neugierde, sondern im Bewusstsein eines historischen Siegs nähere (vgl. Anz 1991, 106 f.). Zudem zeuge die Kritik an Wolfs Text
von Ahnungslosigkeit und Naivität in Bezug auf das Leben in der DDR: »Ach, ihr sü-
ßen Wessis«, titelte etwa Martin Ahrends. Zwar erfülle Wolfs Text nicht die »Maßstäbe der westlichen Feuilletons« in Sachen Originalität, ästhetischer Raffinesse oder
Unterhaltsamkeit. Er sei aber »bloß wahr« und vermittle eine Lebenswirklichkeit, die
in Westdeutschland weithin ignoriert werde (in: Anz 1991, 138).

Politische Hintergründe. Dass es in dem Streit nicht allein um Christa Wolf ging,
war den Teilnehmern selbst bewusst. Günter Grass, der Wolf gegen ihre Kritiker ver-
teidigte, machte in einem langen Interview mit dem Nachrichtenmagazin *Der Spiegel*
deutlich, dass sich hier – stellvertretend für eine nicht stattfindende politische Debatte – alle zentralen politischen Probleme der Wendezeit artikulierten: die Frage
nach der Art und dem Zeitpunkt einer möglichen Einheit, nach der Qualität politischer Reformen in der DDR und nach dem Verhältnis zwischen Ost und West. Dass

der Streit an Wolfs kurzer Erzählung entbrannte, liegt für Grass in Wolfs politischer Haltung begründet. In dem von Wolf mitinitiierten Aufruf »Für unser Land« forderte sie gemeinsam mit zahlreichen weiteren Literaten, Künstlern und Wissenschaftlern demokratische Reformen in der DDR, lehnte aber die Einführung eines wirtschaftlichen und politischen Systems nach westdeutschem Vorbild ab und plädierte für einen späteren Zusammenschluss unter gänzlich neuen politischen Vorzeichen.

Die Diskussion um diese sogenannte ›Zweistaatenlösung‹ bestimmte die deutsch-deutsche Debatte zwischen dem Fall der Mauer und den Volkskammer-Wahlen in der DDR im März 1990 maßgeblich. Auch westdeutsche Befürworter Wolfs – allen voran Günter Grass – lehnten eine schnelle Wiedervereinigung ab und forderten eine ausführliche Debatte um gemeinsame Ziele, Werte und Vorstellungen für ein neues, wiedervereinigtes Deutschland (in: Mytze 1990, 2). Für die Kritiker Wolfs dagegen war eine schnelle Wiedervereinigung unter Beibehaltung der westlichen Strukturen das zentrale Gebot der Stunde (Anz 1991, 18 f.).

Als sich im Laufe des Jahres 1990 die schnelle Wiedervereinigung in Form eines Beitritts der DDR zur BRD als am ehesten gangbarer, von vielen Bürgerinnen und Bürgern der DDR gewünschter Weg abzeichnete, wandelte sich auch der deutsch-deutsche Literaturstreit. Er wurde zunehmend zu einer Abrechnung mit jenen Kritikern und Schriftstellern, die sich dieser ›schnellen‹ Lösung widersetzt hatten und deren als ›schädlich‹ markierter Einfluss nun beendet sei. »Eine Kaste wird entmachtet« titelte in diesem Sinne Jens Jessen in der *FAZ* und nannte neben Christa Wolf auch Günter Grass, Walter Jens, Günter Gaus, Stephan Hermlin und Max Frisch (in: Anz 1991, 166). Dieser »Linksintellektualismus« sei nun zu beerben durch ein neues politisches und ästhetisches Denken, das einem neuen Nationalstaat und einem marktwirtschaftlichen Wirtschaftssystem angemessen sei. Gegenstand des Streits war damit die Suche nach neuen, ästhetischen wie politischen Vorstellungen, Maßstäben und Idealen für ein wiedervereinigtes Deutschland. Sie sollten – so die Hoffnung vieler Kritiker – die als historisch überholt betrachteten, an Sozialkritik und ›gesellschaftlichen Alternativen‹ ausgerichteten literarischen Deutungsschemata beerben und eine neue, gesamtdeutsche Identität ausbilden, die sich – so der mal mehr, mal weniger deutlich ausgesprochene Hintergrund – auch zu westlicher Demokratie und Marktwirtschaft bekennt.

Ende der Gesinnungsästhetik? Unter dem Titel »Abschied von der Literatur der Bundesrepublik« erklärte Frank Schirrmacher – hoch symbolisch am 2. Oktober 1990 – nicht allein die Literatur der DDR, sondern auch die der BRD für historisch obsolet: »Nicht heute vielleicht, aber morgen« stehe auch ihr das Ende bevor (Schirrmacher 1990). Nicht nur in der DDR, sondern auch in der Bundesrepublik habe Literatur einen politischen Auftrag besessen: Sie solle »eine Gesellschaft legitimieren und ihr neue Traditionen zuweisen«. Gegen die ›engagierten‹ Schreibweisen der Autoren, die das literarische Leben in Westdeutschland seit 1960 bestimmt hatten – aufgeführt werden die bekanntesten westdeutschen Autoren der 1960er bis 1980er Jahre –, fordert Schirrmacher eine Literatur, die sich von gesellschaftlichen Kontexten löst und sich auf ihre ästhetische Autonomie besinnt. In einem vereinigten Deutschland solle Literatur »nichts als sie selber« sein und sich ihres langfristigen historischen Erbes bewusst werden, statt sich auf die vergleichsweise jüngere Geschichte von Nationalsozialismus und Zweitem Weltkrieg zu fokussieren.

Ulrich Greiner folgt dieser Kritik und bezeichnet wenig später die Literatur in Ost- wie Westdeutschland als »Gesinnungsästhetik«, die es im wiedervereinigten Deutschland zu beenden gelte. Die hohe Emotionalität, mit der der deutsch-deutsche Literaturstreit geführt wurde, resultiert für Greiner aus einem Tabubruch – nämlich zu bezweifeln, dass »die deutschen Schriftsteller (die linken, die engagierten, die kritischen) das Gute gewollt, gesagt und geschrieben haben« (in: Anz 1991, 216). Stattdessen hätten sie ein Unrechtsregime moralisch aufgewertet und die Autonomie des literarischen Kunstwerks vernachlässigt. Diese gelte es wieder ins Recht zu setzen, um die »Vernunftehe« aus Literatur und Moral zu beenden (211).

Krise der engagierten Literatur. Greiners und Schirrmachers Kritik war weniger Ursache als vielmehr Ausdruck für ein in die Krise geratenes Konzept engagierter Literatur, nach welchem ein Schriftsteller ein politisch denkender Intellektueller ist, der seine gesellschaftlichen Ideen in Form von literarischen Texten äußert. Sachlich sind die Positionen der beiden Kritiker kaum haltbar. Sie basieren auf unzulässigen Verallgemeinerungen, die alle Schreibweisen der Nachkriegsliteratur auf einen gemeinsamen Nenner reduzieren und ihre Unterschiede einebnen. Die Forderung nach einer neuen Autonomieästhetik beruht auf einem performativen Selbstwiderspruch: Eine autonome Literatur lässt sich kaum von ihren Kritikern vorschreiben, wie oder was sie zu sein hat; und viele der kritisierten Autoren fordern eine Autonomie, die eben auch politisches Engagement einschließt. Doch eine historisch wie systematisch korrekte Deutung der Literatur der Bundesrepublik ist nicht das Ziel der beiden Kritiker. Ihr eigentliches Anliegen ist es, Wende und Einheit als politischen wie ästhetischen Epochenbruch zu proklamieren, wobei ihnen eine »artistisch akzentuierte ›Literatur-Literatur‹« als neues Leitbild vorschwebt (Vogt 1991, 180). Dieses kulturpolitische Vorhaben steht vermutlich schon am Anfang des deutsch-deutschen Literaturstreits.

Der Glaubwürdigkeitsverlust engagierter Autorschaft geht nicht allein auf die Erfahrung zurück, dass die politischen Entwicklungen in den Jahren 1989/90 anders verlaufen waren, als sich dies die einflussreichsten Schriftsteller der Zeit vorgestellt hatten. Sie steht auch in Zusammenhang mit Erkenntnistheorien von Poststrukturalismus und Postmoderne, die in den 1980er Jahren im Westen Deutschlands stark rezipiert wurden. Michel Foucault, Jacques Derrida oder Jean-François Lyotard in Frankreich, Jonathan Culler oder Fredric Jameson in den USA zweifelten an der Glaubwürdigkeit subjektiver Erkenntnis und hinterfragten die Autonomie von Autorschaft. Für die poststrukturalistische Theorie geht ein Text nicht auf eine schaffende Instanz zurück, sondern ist ein letztlich kontingenter Zusammenfluss verschiedener Diskurse und Kontexte, die sich in ihn einschreiben. Warum gerade ein Schriftsteller, dessen Domäne die Fiktionalität ist, in politischen Belangen über hellsichtigere Einsichten verfügen sollte als andere Personen des öffentlichen Lebens, stand im Horizont dieser Theorien grundsätzlich in Frage. »Der engagierte Autor der sechziger Jahre: ein Anachronismus«, kommentierte in diesem Sinne etwa Volker Hage schon 1989, und betonte, es sei »richtig«, dass »repräsentative Figuren wie Böll, Frisch und Grass bisher keine Erben gefunden« hätten (in: Köhler/Moritz 1998, 30).

2.2 | Neuer Konservatismus?
Botho Strauß' »Anschwellender Bocksgesang«

Ein kulturkritischer Essay, den Botho Strauß im Februar 1993 unter dem Titel »Anschwellender Bocksgesang« im *Spiegel* veröffentlichte, führte zu einem zweiten schweren Beben im Feuilleton der frühen 1990er Jahre. Strauß, der in der Bundesrepublik der 1970er Jahre als Dramatiker bekannt geworden und häufig als politisch linker Autor wahrgenommen worden war, beklagt in seinem Essay eine geistige

Leere im vereinigten Deutschland und fordert, diese Leere mit einem neuen Denken zu füllen, das nicht auf Vernunft und Moral basiert, sondern auf Poesie und Imagination und die irrationale, dunkle Seite des Menschen anspricht. Mit seinem enigmatischen, assoziativen Argumentationsgang und seiner andeutungsreichen Diktion, die immer wieder Metaphern des Kampfes, der Auflehnung und des Untergangs nutzt, stellte sich Strauß' Essay in die Tradition konservativer Kulturkritik der 1920er Jahre.

Ein neues rechtes Denken soll für Strauß den Gegenpol bilden zur »linke[n], Heilsgeschichte parodierende[n] Phantasie« der Gegenwart und an ihrer Stelle den »Wiederanschluß an die lange Zeit« versuchen (Strauß: »Anschwellender Bocksgesang«, 204). Diese lange Zeit ist »Tiefenerinnerung« an eine kaum konkret bestimmbare poetisch-philosophische Tradition. Den aufklärerischen Gedanken der Emanzipation will Strauß ersetzen durch »Autorität« und »Meistertum«, die eine »höhere Entfaltung des Individuums« befördern sollten (207). Statt auf Diskurs, Vermittlung und Kompromiss zu setzen, fordert Strauß, das Tragische und Unversöhnliche im Menschen wieder zuzulassen, das durch die Moraldiskurse der Gegenwart verdrängt worden sei. Entsprechend verweist der Begriff ›Bocksgesang‹ auf die griechische Etymologie des Wortes ›Tragödie‹. Als tragisch bestimmt Strauß auch die eigene Rolle: Zwar ist er sich bewusst, dass sich sein ›neues Denken‹ kaum wird durchsetzen können. Doch hoffe er langfristig auf einen »tiefgreifenden, unter den Gefahren geborenen Wechsel der Mentalität« (205).

Skandal mit Ansage. Vor dem Hintergrund eines erstarkenden Rechtsradikalismus, der in den frühen 1990er Jahren zu einer Serie von Brandanschlägen gegen Unterkünfte von Asylsuchenden und gegen die Lübecker Synagoge führte (Taten, die Strauß sehr deutlich verurteilt), wurden Strauß' Äußerungen zum Skandal – und waren wohl bewusst als solcher intendiert. Ignatz Bubis, von 1992 bis 1999 Vorsitzender des Zentralrates der Juden in Deutschland, bezeichnete Strauß als Wegbereiter eines »intellektuellen Rechtsradikalismus« (Bubis/Lehming 1994), milderte diesen Vorwurf jedoch später ab. Gegen Bubis fand Strauß Verteidiger in fast allen intellektuellen wie politischen Lagern – vom Konservatismus bis zu den Grünen. Auch Strauß selbst, der in seinem Essay die deutsche Schuld des Nationalsozialismus deutlich betont, setzte sich gegen die Vorwürfe heftig zur Wehr: Wer ihn »auch nur in entfernte Verbindung zu Antisemitismus und neonazistischen Schandtaten« bringe, sei jemand, »der keine Differenz mehr erträgt«, ein »Idiot«, ein »Barbar«, ein »politischer Denunziant« oder »jemand, der beinahe willenlos öffentliches Gerede durch den eigenen Mund laufen lässt« (in: N. N. 1994, 168). Für Strauß, aus dessen Sicht sein neues rechtes Denken vom Rechtsradikalismus »so weit entfernt ist wie der Fußballfreund vom Hooligan« (»Anschwellender Bocksgesang«, 204), liegen die Ursachen für Antisemitismus und Fremdenhass gerade in der Verdrängung des Unbewussten und Dunklen, aber auch des Nationalen durch den Mainstream – ein Argument, das in den frühen 1990er Jahren immer wieder zu hören war.

Neue Deutungsmuster. Mit dem Streit um Christa Wolf teilt die Debatte um Strauß' Essay die Suche nach neuen Deutungsmustern und Wertungsstrategien für ein neues, vereinigtes Deutschland (vgl. dazu Braun 1997). In diesem Sinne wird Strauß' Essay zum provokativen Testfall dafür, was im vereinigten Deutschland gesagt werden darf und was nicht. Die Mehrzahl der Beiträger war dabei der Meinung, dass sich Strauß' Aussagen innerhalb des zu tolerierenden Meinungsspektrums bewegten. So hält Ulrich Greiner die Debatte für ein gegenseitiges Ausloten der »Grenzlinie zwischen einem anregenden Rechtsintellektualismus und einem mörderischen Rechtsradikalismus« (Greiner 1994).

Zwar zogen sich die Debatten um Botho Strauß noch weit bis ins Jahr 1994 hin und beschäftigten auch die Gerichte; doch auf lange Sicht bleibt Strauß' Essay ohne Folgen. Eine vermeintlich linke Meinungsführerschaft ist jedenfalls nicht abgelöst worden und im intellektuellen Diskurs der folgenden Jahre blieb Strauß' Bezug auf die konservative Kulturkritik der 1920er Jahre ohne einflussreichere Nachfolger. Das mag daran liegen, dass Strauß jenseits seiner schlichten Zurückweisung der pluralen Gesellschaft ohne konkrete Antworten auf deren Herausforderungen blieb und stattdessen das »elitäre[] Konzept des einsamen Konservativen« und einen »elitären rechten Geistesaristokratismus« propagierte (Weninger 2004, 151, 154). Bei wem sich etwa die für Bildungsfragen gewünschte »Autorität« und das »Meistertum« zeigen, die eine »höhere Entfaltung des Individuums« befördern sollten, und wo konkrete Alternativen für die als potenzieller »Demokratismus« geschmähten politischen Strukturen liegen, lässt der Schriftsteller Strauß offen (»Anschwellender Bocksgesang«, 207, 202). Gerade das führt die Krise engagierter Autorschaft deutlich vor Augen: Gegenmodelle für einen unerwünschten Zustand zu evozieren, war unmöglich geworden. Und auch das Provokationspotenzial entsprechender Thesen schien sich bald abgenutzt zu haben. Als sich Botho Strauß mit ähnlich kryptischen Thesen – etwa zur »Flutung des Landes mit Fremden« oder dem Verlust der »Souveränität, dagegen zu sein« – in die Flüchtlingsdebatte des Jahres 2015 einschaltete, zog das kein größeres Echo mehr nach sich (»Der letzte Deutsche«, 124, 123).

2.3 | Der Streit um Günter Grass

Wie kaum ein anderer westdeutscher Schriftsteller wurde Günter Grass als politisch engagierter Autor begriffen. Auch sein Werk stand im Laufe der 1990er Jahre im Zentrum intensiver Diskussionen um das Engagement und die Autonomie von Literatur. Grass selbst hatte sich bereits seit den 1960er Jahren in der Rolle eines kritischen Intellektuellen präsentiert, immer wieder zu aktuellen Fragen Stellung genommen und auch seine fiktionalen Texte als politische Interventionen begriffen. Ende der 1960er Jahre engagierte sich Grass als Wahlkampfredner für den späteren Bundeskanzler Willy Brandt. In den zahlreichen Nachrufen nach Grass' Tod im April 2015 dominierte das Bild eines dezidiert politischen Autors.

Ein weites Feld. Die Auseinandersetzungen begannen mit dem Streit um Grass' als Deutschland- oder Jahrhundertroman angekündigtes Buch *Ein weites Feld* (1995), zogen sich jedoch weiter bis in die Zeit nach der Jahrtausendwende. Seit seinem Debüt *Die Blechtrommel* (1959) bildeten Schuld, Vergessen und Verantwortung der Deutschen ein wiederkehrendes Thema von Grass' Romanen. Als einer der ersten Wenderomane wurde *Ein weites Feld* deshalb von vielen Rezensenten als Versuch einer umfassenden Geschichtsdeutung begriffen. Tatsächlich ist *Ein weites Feld* im Gestus des linken Nationaldichters geschrieben, der eine panoramahafte Neudeutung deutscher Geschichte entwirft. Der Roman überblendet die Revolution in der DDR mit der gescheiterten Revolution von 1848 und der Reichsgründung 1871 und stellt die deutsche Vereinigung in den historischen Kontext zweier Jahrhunderte. Das Buch rief einen von Autor und Verlag wohlkalkulierten Medienrummel auf den Plan – legendär wurde der Verriss Marcel Reich-Ranickis im *Spiegel*, der auf seinem Titelbild einen den Roman buchstäblich in der Luft zerreißenden Kritiker zeigte (*Der Spiegel*, 21.8.1995). Viel diskutiert wurde vor allem die politische Botschaft des Romans: Erwuchs die Vereinigung tatsächlich einem neuen Großmachtstreben, wie

Grass zu implizieren schien? Und was bedeutete die neue Einheit für das antinationale Empfinden in der alten Bundesrepublik? (Vgl. Schröter 2003, 174–197, Schwan 1996, Arnold 1997)

In den Debatten wurde zumeist übersehen, dass die Geschichtsdeutung des Romans keine thesenhafte Behauptung darstellt, sondern als Teil einer bisweilen überkomplexen narrativen Struktur immer wieder hinterfragt und ironisiert wird. Im Zentrum der Handlung stehen lange Dialoge zweier Protagonisten – des Fontane-Enthusiasten Theo Wuttke, genannt Fonty, und des Stasi-Spitzels Hoftaller, der Fonty als sein »Tagundnachtschatten« begleitet. Die Geschichtsdeutungen des Romans entstammen im Wesentlichen dieser Figurenrede; es handelt sich also um hochgradig vermittelte Äußerungen, die nicht mit der Meinung des Autors verwechselt werden dürfen. Hinzu kommt, dass Fonty und Hoftaller nicht nur repräsentative Gestalten der ehemaligen DDR, sondern auch allegorische Figuren darstellen. Fonty ist als imaginärer Wiedergänger Theodor Fontanes konzipiert, der seine Biografie bis ins Detail mit der des großen Vorbildes abgeglichen hat; erst durch diese psychologische Motivation werden National- und Zeitgeschichte miteinander vermittelbar (Bayer 2011). Hoftaller dagegen basiert auf der Figur Tallhover aus dem gleichnamigen Roman Hans-Joachim Schädlichs, der hochironischen Geschichte eines außergewöhnlich langlebigen Geheimpolizisten, die sich durch alle politischen Systeme von der Mitte des 19. bis zur Mitte des 20. Jahrhunderts zieht.

Als Abbilder von Abbildern exemplifizieren die Protagonisten Grass' Programm einer »Vergegenkunft« oder »vierten Zeit«, die es dem Schriftsteller erlaube, konventionelle Epochengrenzen »zu überspringen oder parallelzuschalten, sie einzuholen oder uns näherzubringen, was die Zukunft betrifft« (Grass: »Kopfgeburten«, 262). Doch ist dieser mythische Bezug zugleich gebrochen, denn Fonty und Hoftaller sind keine ernstzunehmenden Reflexionsinstanzen, sondern bilden ein schelmenartiges Figurenpaar in der Tradition des Barockromans. Auch die kollektive Erzählweise des Romans, die nicht auf eine einheitliche Autorität zurückgeht, lässt sich als Entmythologisierungstendenz verstehen (Bayer 2011). Erzählt wird *Ein weites Feld* in der Wir-Form des Fontane-Archivs in Potsdam; dass das Archiv sich ausgerechnet mit dem grotesken Figurenpaar Fonty und Hoftaller beschäftigen soll, stellt die gesamte Romanerzählung und ihre Geschichtsdeutung in ein ironisches Zwielicht.

Beispiel der Gesinnungsästhetik? Grass' Kritiker hingegen sahen in *Ein weites Feld* eine Vereinnahmung der Literatur für nicht-literarische Zwecke. Die literarische Darstellung der Treuhand-Anstalt, deren Aufgabe es war, Betriebe und Immobilien aus dem Staatsbesitz der DDR zu privatisieren, gab dem Roman aus Sicht der Kritiker eine eindeutige politische Aussage: Als »[e]in Schnäppchen namens DDR« hatte Grass den Vorgang der Aneignung von DDR-Staatsbesitz durch vornehmlich westdeutsche Unternehmen und Privatpersonen schon im Oktober 1990 bezeichnet und diese Meinung seither immer wieder artikuliert. Es gehe Grass – so die Kritik – um die historische Herleitung der Ursachen der deutschen Teilung und die ›Fehler‹ der Wiedervereinigung, die er als Vertreter der ›Zweitstaatenlösung‹ immer wieder als Verfassungsbruch bezeichnet hatte.

Nicht diese politische These selbst, sondern die Tatsache, dass sie als Botschaft eines fiktionalen Textes geäußert wurde, erschien vielen Kritikern suspekt. Unterstützt wurde diese Lesart durch eine breit angelegte Kampagne des Verlags, die den Roman gezielt als Deutschlandroman vermarktete und seine (tatsächliche oder vermeintliche) Botschaft bereits vorab kundtat. In dieser Lesart verletzte der Text den von vielen Lesern vorausgesetzten Anspruch, Literatur müsse vieldeutig, überraschend und spannend sein. In seiner *Spiegel*-Titelstory, die den Auftakt für eine sich über Monate hinziehende Debatte bildete, teilte Marcel Reich-Ranicki Grass in Form eines persönlichen Briefes mit, er finde den Roman »ganz und gar mißraten«. Der Text sei ein Sprachrohr für politische »Anschauungen, für die die Mehrheit kein Verständnis hatte«, und drücke die Enttäuschung über eine Entwicklung aus, die nicht den eigenen Vorstellungen entsprochen habe (Reich-Ranicki 1995). Ähnlich ging es vielen anderen Kritikern: Gustav Seibt etwa klagt über das ständige Erklären historischer Ereignisse, das er umstandslos auf den Autor zurückführt. Und Grass' Meinung zu Wende und Wiedervereinigung sei als »Essenz eines Kunstwerks [...] etwas dünn« (in: Negt 1996, 75).

Krise einer Moralinstanz. Im Jahr 1999 rückte die Verleihung des Literatur-Nobelpreises Günter Grass noch einmal als bedeutenden Autor der Nachkriegs-Bundesrepublik ins Bewusstsein der Öffentlichkeit und lenkte das Augenmerk auf seine früheren Werke, insbesondere auf den Welterfolg *Die Blechtrommel* (1959). In seinem Selbstverständnis als politischer Autor der unmittelbaren Gegenwart erlitt Grass dagegen erhebliche Glaubwürdigkeitsverluste. Seine autobiografische Erzählung *Beim Häuten der Zwiebel* (2006) löste eine intensive Debatte um Grass' eigene Rolle im Nationalsozialismus aus. Initiator war abermals Frank Schirrmacher, der bei einer aufmerksamen Lektüre vor Erscheinen des Buches festgestellt hatte, dass sich in ihm das Bekenntnis des Autors verbarg, in den letzten Kriegsmonaten Mitglied der Waffen-SS gewesen zu sein. Bisherige Biografen waren – ohne dass Grass selbst dem widersprochen hatte – davon ausgegangen, dass Grass zwar wie viele seiner Altersgenossen Flakhelfer, nicht aber Mitglied der SS war. Nun stellte sich heraus, dass Grass seine Mitgliedschaft jahrzehntelang verschwiegen hatte, während er anderen ihr Schweigen immer wieder vorwarf. Eine intensive mediale Inszenierung dieses Geständnisses durch die FAZ folgte.

Für viele Beobachter war Grass' Rolle als Moralkritiker und steter Mahner der Aufarbeitung der nationalsozialistischen Vergangenheit damit diskreditiert. Er würde nach dieser Enthüllung, »von diesem Mann nicht einmal mehr einen Gebrauchtwagen kaufen«, polemisierte etwa der einflussreiche Historiker Joachim C. Fest in der *Bild*-Zeitung. Von einem »senkrechten Fall des Bürgers Grass« sprach Henryk M. Broder im *Spiegel* (alle zitiert nach: perlentaucher.de 2006). Der ehemalige Solidarność-Vorsitzende und polnische Staatspräsident Lech Wałęsa forderte Grass auf, die Ehrenbürgerwürde seiner Heimatstadt Danzig zurückzugeben.

Einen weiteren Reputationsverlust erlitt Grass durch sein Gedicht »Was gesagt werden muss«, das im April 2012 unter anderem in der *Süddeutschen Zeitung* erschien. In dem Text kritisiert Grass den Staat Israel, der mit nuklearer Schlagkraft den Iran auszulöschen drohe und damit eine Gefahr für den Weltfrieden bedeute. Weite Teile der politischen Öffentlichkeit lehnten das Gedicht auf das Schärfste ab, weil es die übliche Wahrnehmung des Nahostkonflikts ins Gegenteil verkehrte: Immer wieder bestreitet der Iran das Existenzrecht Israels und steht seinerseits im Verdacht, Atomwaffen zu entwickeln. Zugleich wurde Grass' Wortwahl kritisiert, die ein für die Beschreibung der nationalsozialistischen Verbrechen reserviertes Vokabular nun auf den jüdischen Staat anwende. Auch Antisemitismus-Vorwürfe wurden in diesem Zusammenhang laut, einhergehend mit Verweisen auf Grass' SS-Mitgliedschaft. Grass erhielt ein Einreiseverbot für Israel; die SPD ließ mitteilen, sie wolle künftig auf Grass' Unterstützung in Wahlkämpfen verzichten.

2.4 | Martin Walsers Paulskirchen-Rede

Im Zusammenhang mit der Suche nach einer gesamtdeutschen Identität kreisen viele Debatten der 1990er Jahre um die Frage, wie mit der deutschen Schuld am Zweiten Weltkrieg und den Verbrechen des Nationalsozialismus umzugehen sei (Bluhm 2007, 572–573). Welche Auswirkungen hat die historische Schuld der Deutschen auf die Werte und Normen, auf das gesellschaftliche Zusammenleben in der Gegenwart? Welche Formen der Erinnerung – gerade der ästhetisch-fiktionalen – sind angemessen? Wie beeinflusst diese Schuld das Verhältnis zu den europäischen Nachbarn?

Schuld und Identität. Wie keine andere berührt die Frage nach der historischen Schuld die Herausbildung neuer kultureller und nationaler Identitäten nach 1989. Der damalige Bundesaußenminister Joschka Fischer bezeichnete die »Erinnerung an Auschwitz« in diesem Sinne als »das einzige Fundament der neuen Berliner Republik« (in: Schirrmacher 1999, 648). Bereits auf dem Höhepunkt des deutsch-deutschen Literaturstreits empfahlen kritische Stimmen – wie etwa die Walter Jens' – die Besinnung auf die gemeinsame Schuld aller Deutschen als eine gemeinsame Aufgabe der Intellektuellen in beiden Landesteilen (in: Anz 1991, 176). Ihnen steht ein Unbehagen gegen ›zu viel‹ Erinnerung gegenüber, eine Haltung, die sich bereits in Schirrmachers »Abschied von der Literatur der Bundesrepublik« vorsichtig artikuliert hatte.

Dass die Fragen »kultureller Erinnerung« (Aleida Assmann) nach dem Ende der Nachkriegszeit insbesondere die Literatur beschäftigen, steht gewiss im Zusammenhang mit einem Generationswechsel, den der Tod der meisten Zeitzeugen von Krieg und Holocaust bedingt. Zeitgleich forderte das Ende der bipolaren Weltordnung, die die Selbstverortung zwischen den Polen ›Ost‹ und ›West‹ mit sich gebracht hatte, die Herausbildung neuer kultureller Identitätsmuster. Diese Identitätsbildung erfolgte in der Begegnung mit einer Geschichte, die die eigenen Werte nicht positiv bestimmen konnte, sondern ex negativo absicherte. In Aussagen ihrer wichtigsten Vertreter wurde deutlich, dass die neue ›Berliner Republik‹ in ihrem Selbstverständnis alles sein wollte, was der Nationalsozialismus nicht war: offen, dynamisch, plural, human und partizipatorisch. Anders als in den Jahrzehnten nach dem Ende des Zweiten Weltkriegs stand nicht mehr die Frage im Zentrum, ob oder wie ›Dichten nach Auschwitz‹ (Adorno) noch möglich sei. Literatur erschien geradezu nötig, um auf sich kritisch mit Geschichte auseinanderzusetzen.

Zuviel Erinnerung? Das Unbehagen an der Erinnerungskultur des vereinigten Deutschland artikulierte sich am deutlichsten in der Dankesrede, die Martin Walser 1998 anlässlich der Verleihung des Friedenspreises des deutschen Buchhandels hielt. Trotz einer nicht wieder gut zu machenden deutschen »Schande« (wobei, wie Kritiker bemerkten, der Begriff der »Schuld« nicht fiel, wohl aber der der »Beschuldigung« oder der »Beschuldigten«) merke er, so Walser in seiner Rede, dass sich in ihm etwas gegen deren öffentliche »Dauerrepräsentation« wehre (in: Schirrmacher 1999, 11). Das Gedenken an Auschwitz erfolge nicht um der Opfer willen, sondern diene »gegenwärtigen Zwecken«. Auch wenn diese Zwecke »gut[ ]« und »ehrenwert« seien, bedeuteten sie eine »Instrumentalisierung« des Holocaust (ebd., 12). Doch sei »Auschwitz«, so Walser, nicht dazu geeignet, »zur Drohroutine zu werden, jederzeit einsetzbares Einschüchterungsmittel oder Moralkeule oder auch nur Pflichtübung«. Dies gelte insbesondere für das Medium der Literatur, die er durch die Erinnerungsarbeit in ihrer Autonomie gefährdet sieht, indem gewisse »Meinungssoldaten« in der Literaturkritik den Schriftsteller »mit vorgehaltener Moralpistole [...] in den Meinungsdienst nötigen« (ebd., 15).

Geistige Brandstiftung. Walsers Rede löste eine lang anhaltende Debatte aus, die dem deutsch-deutschen Literaturstreit in Reichweite und Intensität kaum nachstand. Ignatz Bubis warf Walser »geistige Brandstiftung« vor – die Vorsitzendenden rechtsradikaler Parteien »sagen es auch nicht anders« (in: Schirrmacher 1999, 34). Walser propagiere »eine Kultur des Wegschauens und des Wegdenkens«, wie sie auch »im Nationalsozialismus mehr als üblich war« (ebd., 111). Durch Vorwürfe wie diese wandelte sich der Streit zu einer persönlichen Auseinandersetzung zwischen den beiden Kontrahenten. Ein zentraler Grund für die Skandalträchtigkeit der Rede war ihre Vieldeutigkeit. Walser selbst wollte sie als literarischen Text verstanden wissen, die Zuhörerschaft aber sah in ihr einen Beitrag zu einer erinnerungspolitischen Debatte mit einem durch und durch realen Hintergrund. Am treffendsten beschrieb Marcel Reich-Ranicki die Lage der Dinge. Walser habe weder politisch noch moralisch versagt, sondern als Redner. Die Rede selbst enthalte »keine[n] einzigen wirklich empörenden Gedanken«. Doch durch ihre Vagheit fordere sie geradezu dazu auf, missverstanden zu werden, indem es unklar bleibe, wer zu welchen Zwecken den Holocaust instrumentalisiere und wer die vermeintlichen »Meinungssoldaten« denn seien (ebd., 325).

Neue Formen der Erinnerung. Inhaltlich drehte sich die Diskussion, deren Notwendigkeit von vielen Beteiligten hervorgehoben wurde, schließlich nicht um das Ob, sondern um das Wie der Erinnerung an den Holocaust – eine Wendung, die die Debatte insbesondere durch das Eingreifen des damaligen Bundespräsidenten Roman Herzog erhielt. Darin, dass neue, nicht-ritualisierte Formen des Gedenkens nötig seien, stimmten auch Vertreter der jüdischen Gemeinde mit Walser überein. Die bisherigen »erstarrten Formen des Gedenkens zu verändern«, werde »die Aufgabe unserer Generation« sein, betonte etwa Salomon Korn (ebd., 405). Als Bubis und Walser unter Moderation von Schirrmacher und Korn schließlich zu einem Gespräch zusammentrafen, kamen sie in der Notwendigkeit, neue Formen des Erinnerns finden zu müssen, zu einer stillschweigenden Übereinkunft – wenngleich eine formelle Versöhnung ausblieb.

Sehnsucht nach Normalität. Im Hintergrund der Walser-Bubis-Debatte stand eine im Kontext der Wiedervereinigung immer wieder artikulierte Sehnsucht nach einem ›normalen‹ Verhältnis der Deutschen zu ihrer Vergangenheit. Walser selbst hatte in seiner umstrittenen Rede bereits das zentrale Stichwort dieser Debatte gegeben. Doch kann eine deutsche Nation nach Auschwitz je normal werden? Bald schon wurde klar, dass diese Normalität nur durch, und nicht gegen die Wirklichkeit des Holocaust möglich war. »Kein anderes Volk der Welt würde sich normal nennen, und schon deshalb darf man sicher ein, daß die Deutschen nicht normal sind«, beschrieb Patrick Bahners diesen Umstand (ebd., 101). In den Jahren nach der Jahrtausendwende wurde eine neue, kritische Auseinandersetzung mit Nationalsozialismus, Holocaust und Zweitem Weltkrieg zu einem der zentralen Motive literarischen Schreibens (s. Kap. 5). Im Anschluss an den Walser-Bubis-Streit wird Erinnerung in Form fiktionaler Texte zu beidem: zum Ritual und zum Infragestellen von Meinungs- und Darstellungskonventionen.

2.5 | Realismus-Streit, neues Erzählen und die ›Qualität‹ von Gegenwartsliteratur

Die Suche nach neuen ästhetischen Formen für eine als neu begriffene historische Epoche führte in der Literaturkritik seit Mitte der 1990er Jahre zu intensiven ästhetisch-poetologischen Debatten über Formen und Funktionen von Literatur in der Gegenwart, die bis heute andauern. Dynamisiert wurden diese Debatten nicht allein durch neue politische und gesellschaftliche Bedingungen, sondern auch durch den fundamentalen Medienwandel in den 1990er Jahren. Fragen nach der ›Funktion‹ von Literatur stellen sich damit auch in Konkurrenz zu den neuen elektronischen Medien. »Der Zeitgeist bläst der Literatur und den Schriftstellern in Deutschland direkt ins Gesicht, so heftig wie noch nie seit 1945«, urteilte der 1928 geborene Literaturkritiker Heinrich Vormweg (in: Moritz/Köhler, 110).

Da bestehende Interaktionsformen von Literatur und Wirklichkeit unglaubwürdig geworden waren, galt es, neue Formen der literarischen Referenz zu suchen; diese sollten einen spezifischen Zugang zu einer Wirklichkeit bieten, die nicht allein gesellschaftliche und politische, sondern auch psychische, ethische und transzendente Dimensionen besitzt. Diese Suche nach spezifisch literarischen Verweis- und Problematisierungspraktiken, die auch Forderungen nach einem neuen, autonomen Schreiben gerecht werden, ist das wesentliche Thema der literarischen Debatten seit Anfang der 1990er Jahre. Bislang hat sie kaum zu mehrheitsfähigen Antworten geführt. Die entsprechenden Vorschläge reichen von einem ostentativen Bezug auf Gegenwart über ein Aufzeigen der Konstitutionsmechanismen von Wirklichkeit bis zur Erzeugung von Gegen- und Anderswelten, die nach alternativen oder unbekannten Regeln funktionieren.

Marginalisierung. Am Beginn dieser Debatten stand die in den frühen 1990er Jahren weit verbreitete Annahme, die deutschsprachige Gegenwartsliteratur habe sich von ihrer eigenen Wirklichkeit und dem Lesepublikum weitestgehend verabschiedet und führe eine isolierte Existenz in selbst gewählter Bedeutungslosigkeit. *Literatur im Abseits – und wie sie wieder herauskommt,* lautete im Juni 1993 der Titel der *Neuen Rundschau,* der Literaturzeitschrift des S. Fischer-Verlags. »Marginalisierung heißt das zur Zeit aktuelle Stichwort. Die Autoren, zumal die jungen, fühlen sich an den Rand des öffentlichen Bewußtseins gedrängt«, leiten die drei Herausgeber, darunter der Fischer-Lektor Uwe Wittstock, die Ausgabe ein (Busch u. a. 1993, 5).

Als Gegenmodell zu einer als langweilig, kopflastig und akademisch kritisierten deutschsprachigen Literatur galt dabei das Erzählen US-amerikanischer Autoren, die auf unmittelbare Lebenswirklichkeiten referieren und zugleich Theorien der Postmoderne in ihre Schreibweisen integrieren. Auch eine leserfreundliche, eingängige Schreibweise sei ein Grund dafür, warum die Bestsellerlisten im deutschsprachigen Raum von Übersetzungen internationaler Titel bestimmt waren, die sich besser verkauften als deutschsprachige Titel – eine Entwicklung, die sich erst am Ende der 1990er Jahre relativiert.

Neuer Berlin-Roman. Zu Beginn der 1990er Jahre galten die Formreflexionen vor allem der Suche nach einem neuen ›Berlin‹-Roman (vgl. Brüns 2005). Dieser solle, so die Erwartungen, als neuer Zeit- oder Gesellschaftsroman die Probleme des zusammenwachsenden Deutschlands am Beispiel der neuen Hauptstadt beschreiben. Einer der Initiatoren der Debatte war abermals Frank Schirrmacher, der von der deutschsprachigen Gegenwartsliteratur einen Metropolen-Roman nach dem Muster der klassischen Moderne verlangte, wie ihn die Nachkriegszeit nicht zustande gebracht habe (in: Köhler/Moritz 1998, 25).

Auch wenn diese Forderung weitgehend unerfüllt blieb, hatte die Debatte langfristige Folgen für die Literatur: Insbesondere seit den ausgehenden 1990er Jahren lässt sich beobachten, wie literarische Texte Möglichkeiten ausloten, auf die hohe soziale und wirtschaftliche Dynamik ihrer Zeit zu reagieren, ohne den Anspruch an Vieldeutigkeit, ästhetischer Darstellung und Eigengesetzlichkeit aufzugeben (s. Kap. 6–8). Es entstehen neue Erzähltechniken, die sich aufgrund ihrer Komplexität und Vielschichtigkeit als angemessene Formen der literarischen Auseinandersetzung mit Gegenwart verstehen und zugleich als spezifisch literarisch gelten.

Mehr Realismus. Die wohl heftigste Kritik an den literarischen Zuständen des eben wiedervereinigten Deutschlands stammt von dem Schriftsteller Maxim Biller. Es gebe »keine Literatur mehr«, und das, »was heute in Deutschland so heißt« werde »von niemandem gekauft und gelesen, außer von Lektoren und Rezensenten, den Autoren selbst und einigen letzten, versprengten Bildungsbürgern«, klagte Biller 1991 in der Schweizer *Weltwoche* (in: Köhler/Moritz 1998, 62). Deutschsprachige Literatur habe »[s]oviel Sinnlichkeit wie der Stadtplan von Kiel« und umfasse nichts als »sperrige, abweisende Ideen- und Wortkonstrukte ohne Sinn für Dramaturgie« (63). Rettung für die Literatur bietet für Biller allein die »so lebensnotwendige, so naheliegende Verbindung von Journalismus und Literatur« (64). Dass die deutschen Autoren bei US-Klassikern wie T. C. Boyle oder Truman Capote »in die Schule gehen« sollen, forderte auch Matthias Altenburg (ebd., 72).

Andere zweifelten am unmittelbaren Bezug von Literatur auf äußere Wirklichkeit, nicht aber an der Notwendigkeit realistischer Schreib- und Erzählweisen. Roger Willemsen propagiert einen »Realismus der Evidenz«, der »im Satz Fakten schafft«, die jedoch fiktiv sind (ebd., 85). Vom (zunehmend weiten) Konzept des Realismus werden auch Antworten auf die Frage nach dem Verhältnis von Literatur und Gesellschaft erhofft. 2005 fordern die Schriftsteller Martin R. Dean, Thomas Hettche, Matthias Politycki und Michael Schindhelm angesichts der Dominanz der »großmäuligen Alten« und einer an der eigenen Lebenswirklichkeit orientierten Schreibweise jüngerer Autorinnen und Autoren einen »relevanten Realismus« (Dean u. a. 2005), der sich aus den historischen Erfahrungen nach 1989 nährt und auch explizit moralische Vorstellungen transportiert.

Mehr Unabhängigkeit. Doch auch Forderungen nach der Unabhängigkeit der Literatur von sozialen Wirklichkeiten werden Mitte der 1990er Jahre laut. Der Kritiker Hubert Winkels etwa betont, dass ihre Stellung außerhalb der Gesellschaft auch Vorteile für die Literatur habe – sie sei von »gesellschaftlichen Zwängen entbunden« und damit frei (in: Köhler/Moritz 1998, 51). Der Bielefelder Literaturwissenschaftler Karl Heinz Bohrer begründet seine Klage, die »literarischen Standards« seien »auf dem tiefsten Niveau der Nachkriegszeit angelangt«, nicht mit zu wenig, sondern zu viel Realismus (137). Genau wie Schirrmacher und Greiner fordert er ein bedeutungsoffenes, selbstbezügliches Schreiben, das der »Erkenntnis des Imaginativen« diene. Die bestehende Gegenwartsliteratur dagegen setze entweder auf »kaum verhüllte moralische Wertung« (138) oder leeres historisches Kolorit. Gegen beides gelte es eine »radikal selbstreferenzielle Wortkunst« zu etablieren, die in Form von Sprachspielen agiere (143).

Generationswechsel. Im Laufe der 1990er Jahre verflüchtigte sich der Eindruck der Randständigkeit der deutschsprachigen Literaten zusehends. Grund dafür war ein Generationswechsel: Der literarische Markt der 1990er Jahre befand sich nicht mehr in der Hand der ›Altmeister‹, sondern in der der Debütantinnen und Debütanten, die auch für zunehmende Verkaufserfolge deutschsprachiger Titel sorgten. Überraschende Bestseller wie etwa Robert Schneiders *Schlafes Bruder* (1992), Bernhard Schlinks *Der Vorleser* (1995) oder Benjamin Leberts *Crazy* (1999) verschafften dem Geschäft mit deutschsprachiger Gegenwartsliteratur, die zunehmend auch international rezipiert wurde, einen erheblichen Aufwind. *Deutschsprachige Gegenwartsliteratur. Wider ihre Verächter* lautete schon 1995 der Titel eines im Suhrkamp-Verlag erschienenen Sammelbandes, der der deutschsprachigen Gegenwartsliteratur Innovativität, Ausdruckskraft und Reflexivität zumaß.

Nach den Utopien. »[U]ngeordnete, lustvolle und spannungsgeladene Bewegungen« an den Rändern, während das »Zentrum« leer ist: So beschreibt Helmut Böttiger die Zeit *Nach den Utopien*, die die Literatur von alten Anforderungen befreit habe und es ihr freistelle, neue Formen und Funktionen zu finden (2004, 12). »Der Autor als bedrohte Spezies? Ein Witz. Wer heute in Deutschland einen halbwegs vernünftigen Text abliefert, kann kaum einem der zahlreichen Literaturpreise entgehen«, leitet Tobias Kraft (2000, 13) eine Porträtserie zu 13 Autoren der 1990er Jahre ein und stimmt ein Loblied an auf die »von jungen Menschen geschriebene Literatur der neunziger Jahre, die die Szene deutlich belebt hat« (22). Für Richard Kämmerling ist insbesondere das Jahr 1995 der Moment, in dem die deutschsprachige Literatur »einen U-Turn hingelegt« habe und »Change-Literatur« geworden sei, die ihre Leser »betreffen, berühren, wandeln« wolle (2011, 27). Unter dem Titel »Die Enkel kommen« verkündet Volker Hage 1999 eine neue Generation deutschsprachiger Autoren, die »lustvoll erzählt«, »neuen Schwung« in die festgefahrenen literarischen Debatten bringe und dem deutschen Gegenwartsroman zu neuer Auflagenstärke verhelfe (Hage 1999a, 244 f.).

Das neue Erzählen und seine Kritik. Das neue Erzählen in den Pop-Romanen Christian Krachts oder Benjamin von Stuckrad-Barres sowie bei den von Volker Hage als »literarische Fräuleinwunder« bezeichneten Autorinnen Judith Hermann oder Alexa Hennig von Lange (s. Kap. 4) scheint zunächst die Forderungen nach mehr Diesseitigkeit, Lesbarkeit und Popularität zu erfüllen (Hage 1999, 245). Gleiches gilt für das wachsende Interesse der Gegenwartsliteratur für das Reisen und Entdecken (s. Kap. 8).

Doch schon unmittelbar nach der Jahrtausendwende flammt erneut Kritik an der Wirklichkeitsnähe der Literatur auf. Ein an die Alltagssprache angelehnter Prosa-Stil wird als oberflächlicher Plauderton ohne jede tiefere Bedeutung kritisiert, der Trend zu Reise- und Entdeckerfiguren als »Neckermann-Literatur« (Radisch 2003) abgetan, die vor der Auseinandersetzung mit dem eigenen Sein fliehe. Sigrid Löffler (2008) klagte, die deutsche Gegenwartsliteratur befinde sich »im Sog der Stromlinie« und produziere, bedingt durch einen überhitzen Literaturbetrieb, gleichförmige und belanglose Massenware.

Ewige Mittelstandsparty. Noch die Debatten der 2010er Jahre machen deutlich, dass sich die literarischen Auseinandersetzungen der frühen 1990er Jahre weitgehend fortsetzen, wie etwa eine »dreiteilige Qualitätskontrolle« der deutschsprachigen Gegenwartsliteratur in der *Zeit* im Jahr 2010 zeigt. Drei Kritikerinnen versuchen sich in einer Artikelserie an einer umfassenden Situationsdiagnose der deutschsprachigen Gegenwartsliteratur. »Wie geht es dem deutschen Gegenwartsroman?« fragte Iris Radisch zum Auftakt der Reihe. Ihre Diagnose: akuter Anpassungszwang und chronische Leistungsschwäche. Gegenwartsliteratur verhalte sich »wie der Kellner im Restaurant, der es allen recht machen will. [...] Seine wichtigste Aufgabe: nur nicht stören. Seine literarische Flughöhe: so niedrig wie möglich« (Radisch 2010). Der Erfolg beim Publikum sei erkauft um den Preis »geringer Erkenntniskraft und gesellschaftlicher Funktionslosigkeit«. Sie selbst dagegen fordert Romane, die »das Feuer einer neuen ästhetischen Erkenntnis in uns [...] entzünden«. Daran anknüpfend beklagt Ursula März eine »gediegene, gebildete Mittelstandsparty mit Ausreißern ins Klein- und Großbürgertum« (März 2010) im deutschen Gegenwartsroman, dem sie vorwirft, sich vor lauter Geschichtsversessenheit nicht intensiv genug mit der eigenen Wirklichkeit auseinanderzusetzen. Ina Hartwig dagegen hält der deutschen Gegenwartsliteratur allerhand zugute: Längst erfülle sie »ihre genuine Aufgabe, Seismograf zu sein«. Sie liefere »Bilder, die über den Moment hinaus bestehen« und als Formen der Gegenwartsanalytik und -kritik den Vergleich mit anderen Medien nicht zu scheuen brauchten: Sie würden »mehr wagen als der klügste Leitartikel« (Hartwig 2010).

Wohlstandsverwahrlosung. Eine sozialkritische Dimension erhielt die Debatte 2014, als Maxim Biller aus Anlass des jüngsten Romans von Saša Stanišić die Dominanz von Autoren aus dem deutschstämmigen Mittelstand beklagte und die Stimmen von Migrantinnen und Migranten vermisste. Mit *Vor dem Fest*, so die Kritik Billers, habe sich Stanišić durch den Druck des Marktes von seinem eigentlichen Thema, dem Bürgerkrieg im ehemaligen Jugoslawien (s. Kap. 6), abgewandt. Stattdessen behandle er nun Themen, die zwar mehrheitsfähiger, aber weit weniger literaturwürdig seien als seine eigenen Erfahrungen. Billers Kritik zog eine längere, jedoch wenig erhellende Debatte nach sich, in der auch die Rolle von Schreibinstituten wie dem Deutschen Literaturinstitut Leipzig kritisiert wurde (s. Kap. 12): Diese zögen junge, wohlbehütet aufgewachsene Studierende an, die anschließend den literarischen Markt dominierten. Die wirklichen sozialen Probleme der Gegenwart blieben auf diese Weise in der Literatur unbehandelt.

Freiheit der Kunst und ihre Grenzen. Zwei Literaturskandale nach der Jahrtausendwende machen deutlich, dass Vorstellungen literarischer Autonomie von einer großen Anzahl der Debattenteilnehmer geteilt werden, die Freiheit der Kunst jedoch auch ihre Grenzen hat. Maxim Billers Roman *Esra* (2003) führte zu dem in der Bundesrepublik seltenen Fall eines juristischen Verbots eines literarischen Texts. Der Text schildert intime Details der Beziehung zwischen einem männlichen Ich-Erzähler und seiner Geliebten. In dieser literarischen Figur erkannte sich eine Ex-Freundin des Autors Biller wieder und beantragte das Verbot des Romans, weil sie sich in ihren Persönlichkeitsrechten verletzt sah. Auch eine weitere Fassung des Romans, die deutlicher zwischen fiktiver und realer Person trennt, war von der Forderung betroffen. Ein Rechtsstreit war die Folge, der zwischen der grundrechtlich garantierten Freiheit der Kunst und den Persönlichkeitsrechten der Klägerin abwägen musste. Dabei war unter anderem der Grad der Fiktionalisierung der Figur Gegenstand höchstrichterlicher Begutachtung. In letzter Instanz entschied das Bundesverfassungsgericht zugunsten der Klägerin und verbat den bereits ausgelieferten Roman. Als die Klägerin zwei Jahre später auch noch Schmerzensgeld von Biller und seinem Verlag verlangte, löste sie einen Aufschrei des Entsetzens aus. Unter dem pathetischen Titel »Freiheit, die wir meinen« solidarisierten sich über 100 Autoren, Schauspieler, Verleger und Künstler mit Maxim Biller und forderten in einem gemeinsamen Aufruf die Aufhebung des Verbots. Das Urteil schaffe Bedingungen, unter denen »weder *Die Leiden des jungen Werthers* noch die *Buddenbrooks*« hätten erscheinen können (100 Schriftsteller, 2006).

Auch in der Feuilleton-Diskussion um den Roman *Axolotl Roadkill* der jungen Autorin Helene Hegemann stand die Freiheit der Kunst zur Debatte. Der Text wurde zunächst als bedeutendes Romandebüt des Jahres 2010 gefeiert – bis öffentlich wurde, dass Teile auf Texten des Netzliteraten Airen basierten, ohne dass dieser als Quelle aufgeführt worden war. Diese Enthüllung führte zu einer intensiven Debatte um den Schutz geistigen Eigentums und das Recht auf Intertextualität und Montage. Hegemann selbst reklamierte für sich das »Recht zum Kopieren und zur Transformation« als »Vorgehensweise dieses Jahrzehnts« (zit. nach Winkler 2010). Eine »Leipziger Erklärung zum Schutz geistigen Eigentums«, die Autorinnen und Autoren wie Christa Wolf oder Günter Grass unterzeichneten, warnte dagegen vor Schreibpraktiken wie jener Hegemanns. Viele Kritiker verteidigten jedoch das Vorgehen der Autorin als Freiheit der Kunst, für die – nicht erst seit der Postmoderne – Verfahren der Aneignung zentral seien. Die meisten Kritiker, die Hegemanns Roman positiv besprochen hatten – darunter Ijoma Mangold, Georg Dietz oder Ursula März – blieben auch nach den Plagiatsvorwürfen bei ihrer Meinung. Auch die Nominierung für den Preis der Leipziger Buchmesse wurde nach dem Bekanntwerden der Vorwürfe aufrechterhalten – eine Entscheidung, die wiederum umstritten war.

Alte Fragen – neue Antworten. Deutlich wird an diesen Beispielen: Von den frühen 1990er Jahren bis weit nach der Jahrtausendwende kreisen literarische Debatten um dieselben Problemfelder: die Autonomie, die Reflexivität und Selbstreflexivität literarischer Texte, ihren Wirklichkeitsgehalt, ihre erkenntnistheoretischen und kritischen Potenziale sowie ihre Rolle in Gesellschaften.

Diese Fragen bestimmen nicht allein die Literaturkritik der Gegenwart, sondern durchziehen die ästhetischen Debatten der vergangenen zwei Jahrhunderte immer wieder. Doch vor dem Hintergrund der Geschichte des ganzen 20. Jahrhunderts verlangen sie neue Antworten. Die mit den Chiffren 1933, 1945 und 1989 bezeichneten historischen Erfahrungen, die von Totalitarismen geprägt sind, aber auch deren Überwindbarkeit kennen, legen es nahe, Autorinnen und Autoren als kritische und aktive Mitglieder ihrer Gesellschaft zu begreifen; zugleich werfen sie aber die Frage auf, mit welcher Funktion und in welchen Formen diese Teilhabe erfolgen kann. Einerseits weckt die Geschichte neue Erwartungen an die Literatur – etwa in Bezug auf die Bewältigung von Identitätsfragen im Zuge von Wende und Einheit oder die Verarbeitung von Schuld im Nationalsozialismus. Andererseits zwingt sie zu zunehmend komplexen Antworten, da die Schwierigkeiten des Verhältnisses von Literatur und Gesellschaft deutlich werden. Die Pertinenz der immer gleichen Fragen in den Debatten seit 1990 macht deutlich, dass die von vielen erhofften neuen Formen wohl noch nicht gefunden, sondern weiterhin zu suchen sind. Gewachsen ist aber der Optimismus, zumindest auf dem richtigen Weg zu sein. Nicht mehr *Literatur im Abseits* lautete der Titel einer Ausgabe der *Neuen Rundschau* im Jahr 2014, sondern: *Manifeste für eine Zukunft der Literatur*.

Hilfsmittel

Anz (1991/1995) versammelt die wichtigsten Beiträge zum deutsch-deutschen Literaturstreit und fasst durch Überblicksdarstellungen dessen Verlauf zusammen. Eine Einführung bietet auch Grub (2003), 179–205. Berka (1994) führt in den Streit um Botho Strauß ein und listet die bis Mitte 1994 erschienenen Beiträge bibliografisch auf.

Dokumente zum Streit um Günter Grass versammelt Negt (1996), der Grass' Roman verteidigen möchte. Eine Zusammenfassung der Debatte um *Beim Häuten der Zwiebel* findet sich unter: www.perlentaucher.de/link-des-tages/guenter-grass-dies-s-das-bekenntnis.html. Zentrale Beiträge der Walser-Bubis-Debatte versammelt Schirrmacher (1999). Wichtige Positionen um die Qualität, den Realismus und die ›Welthaltigkeit‹ von Gegenwartsliteratur finden sich bei Köhler/Moritz (1998).

literaturkritik.de bietet eine Linkliste sowie eigene Beiträge und Rezensionen zum Skandal um Helene Hegemanns *Axolotl Roadkill*: http://www.literaturkritik.de/public/online_abo/forum/forumfaden.php?rootID = 120#thmsg1.

3 Wende und Einheit

Der Systemkollaps der DDR im Herbst 1989 und der folgende Beitritt zum westdeutschen Wirtschafts- und Politiksystem besiegelten das Ende der europäischen Nachkriegsordnung. Mit der Vereinigung des geteilten Deutschland ging eine Neuordnung des literarischen Feldes mit gravierenden Folgen für dessen ökonomische Organisation einher. Den Verlagen der DDR blieben zunächst die Leser weg – fast die gesamte Buchproduktion des Jahres 1990 landete in einem Braunkohletagebau bei Leipzig – bevor sie selber verschwanden. Von ehemals 78 DDR-Verlagen existiert heute noch ein knappes Dutzend; 97,8 Prozent der deutschen Buchproduktion wird im Westen des Landes verlegt (Links 2009).

In den Umwälzungen der Literaturlandschaft hörten einige DDR-Autoren ganz zu schreiben auf, andere verloren ihr Thema. Günter de Bruyn wandte sich von Alltagsgeschichten aus dem Künstler- und Intellektuellenmilieu der DDR ab und der preußischen Geschichte sowie autobiografischen Themen zu; auch Hermann Kant, trotz seines relativ schmalen Oeuvres ein zentraler Akteur im DDR-Literatursystem, veröffentlicht seit 1990 vor allem autobiografische Texte. Besonders für Kant bedeutete die Wende einen massiven Geltungsverlust. Aber auch jüngere Schriftsteller, die in der DDR-Untergrundszene der 1980er Jahre als vielversprechende Talente galten, beispielsweise Stefan Döring, Raja Lubinetzki oder Leonhard Lorek, traten nach 1990 kaum noch an die Öffentlichkeit. Eine der schillerndsten Figuren der subkulturellen Prenzlauer-Berg-Szene, der Dichter und Verleger Sascha Anderson, wurde 1991 als Stasi-Spitzel enttarnt. Nicht nur Andersons eigene Gedichte, sondern auch die anderer Dichter und sogar die Prenzlauer-Berg-Szene insgesamt wurden rückwirkend neu bewertet. Gab es eine avantgardistische Untergrundlyrik in der DDR trotz – oder nur wegen der Stasi?

Viele ostdeutsche Schriftsteller erlebten die Ereignisse von 1989/90 als Erschütterung ihres Selbstverständnisses und als Gefährdung ihres sozialen Status. Einigen Autoren allerdings verhalf die Wende erst zum literarischen Durchbruch. Der junge Dresdner Lyriker Durs Grünbein wurde 1995 mit dem Georg-Büchner-Preis ausgezeichnet und als Vertreter eines neuen, gesamtdeutschen Dichtertypus gefeiert. Reinhard Jirgl konnte 1990 seinen *Mutter Vater Roman* veröffentlichen, den der Aufbau-Verlag 1985 abgelehnt hatte; in den folgenden Jahren legte Jirgl fünf weitere Werke vor, die in der DDR nicht erscheinen konnten und die seinen Ruhm als besonders experimenteller Vertreter einer eigenständigen »Post-Ost-Moderne« begründeten (Pabst 2016). 2010 erhielt auch er den Büchner-Preis.

Literatur in der DDR. Wende und Vereinigung änderten Zuschreibungen, Handlungsmöglichkeiten, ästhetische Bedingungen und praktische Parameter von Literatur, und sie verschoben die Deutungsschemata, innerhalb derer literarische Texte geschrieben und gelesen wurden. Die DDR begriff sich als antifaschistischer Staat, der nach der Niederlage Hitler-Deutschlands durch kommunistische Widerstandskämpfer aufgebaut worden war. Dieses offizielle Selbstbild der DDR stand mit dem politischen Umsturz im Herbst 1989 ebenso zur Disposition wie die darin tradierten Erinnerungen an die NS-Zeit, die sich in wesentlichen Punkten von der offiziellen Erinnerungskultur im Westen Deutschlands unterschieden (s. Kap. 5). Zur Disposition stand zudem die ideologische Basis dieser Selbstdeutung in Form der marxistischen Geschichtsphilosophie sowie deren Erwartungshorizont einer klassenlosen Gesellschaft als säkulare Heilsutopie. Im ästhetischen Bereich wurde eine Vorstellung von engagierter Literatur fragwürdig, die in den Jahrzehnten vor 1990 von politisch links stehenden Schriftstellern auch in Westdeutschland vertreten worden war, in der DDR wegen der engen politischen Einbindung des Literatursystems jedoch eine besondere Relevanz besaß.

Literatur hatte in der DDR einen hohen offiziellen Stellenwert, war jedoch einer strikten politischen Kontrolle unterworfen. Der Buchmarkt in der DDR war vollständig geplant, systemkonforme Literatur wurde umfassend alimentiert. Neuere westliche und internationale Texte dagegen waren nur begrenzt zugänglich, und im Osten Geschriebenes konnte nicht publiziert werden, wenn es von politischen und ästhetischen Vorgaben abwich. So kam es in der DDR-Literatur zu einer eigenständigen literarischen Traditionsbildung mit einer verlangsamten Moderne-Rezeption, die in der DDR produzierte Texte für westliche Leser oft unflexibel oder veraltet erscheinen ließ. In der Wendezeit führten diese Eigenheiten der DDR-Literatur zu vielfältigen Missverständnissen und Diskussionen (s. Kap. 2). Allerdings wurde die Ordnung in zwei geteilte Literaturen bereits seit den späten 1970er Jahren brüchig. Nach der Ausbürgerung Wolf Biermanns im Sommer 1976 emigrierten zahlreiche DDR-Autoren freiwillig oder unfreiwillig in die BRD (u. a. Günter Kunert, Reiner Kunze, Sarah Kirsch, Wolfgang Hilbig). Zudem publizierten viele DDR-Literaten ihre Texte auch oder nur im Westen, darunter so bedeutende Autoren wie Christa Wolf und Volker Braun. Die DDR-Literatur der 1980er Jahre war also kein einheitliches Gebilde, sondern ein partiell, aber permanent offenes Feld, das sich mit dem westdeutschen literarischen Feld in vielen Punkten überschnitt.

Wendeliteratur. Literarisches Handeln und literarische Imaginationen spielten eine wichtige Rolle in den historischen, politischen und sozialen Umbrüchen von 1989 und 1990. Der Begriff ›Wende‹ selbst wurde in den späten 1980er Jahren durch Diskussionen geprägt, die in signifikantem Ausmaß von DDR-Schriftstellern geführt wurden und in deren Texte Eingang fanden. Umgekehrt sind nach der Wende entstandene Texte nicht einfach Repräsentationen von Ereignissen, sondern sie konstruieren Gegenstände, die sich in der Wahrnehmung der Zeitgenossen nicht als einheitlich oder verständlich darstellten. Insbesondere entspricht die DDR als retrospektiv imaginierte Gemeinschaft, wie sie in vielen Nach-Wende-Texten, Filmen und Ausstellungen entstand und entsteht, in ihrer Einheitlichkeit und Verbindlichkeit nicht der Vielfalt historischer Alltagserfahrungen von DDR-Bürgern (Hodgin/Pearce 2011).

Diese Eigenschaften teilen Wendetexte mit allen Geschichtsdarstellungen. Der Komplex Wendeliteratur hat darüber hinaus jedoch die Besonderheit, vom Untergang eines ganzen Landes und seines Gesellschaftssystems zu berichten. Literatur über die Wende kann hohe gesellschaftliche Relevanz erlangen, weil sie stellvertretend über Fragen reflektiert, die viele Leser beschäftigen: Wie bewerten wir die DDR heute, nach ihrem Ende? Was können angemessene Formen und Themen der DDR-Erinnerung sein? Wie wichtig diese Fragen im vereinigten Deutschland sind und bleiben, zeigt sich in den regelmäßig wiederkehrenden öffentlichen Diskussionen über die DDR als ›Unrechtsregime‹. Darüber hinaus stehen seit dem Ende der DDR tradierte Deutungsrahmen von Geschichte in Frage: Wie steht es mit der Utopie an sich, mit Geschichtsphilosophie an sich? Die ästhetischen Wege und historischen Bezugspunkte literarischer Reflexion über diese Fragen sind vielfältig. Deshalb verwenden wir den Begriff ›Wendeliteratur‹ nicht in einem definitorischen Sinne, sondern als Oberbegriff für ein Textkorpus, das Texte über Wende und Vereinigung ebenso umfasst wie Darstellungen der Haltungen, Stimmungen und Einstellungen zu den Veränderungen vor, während und nach 1989/90.

3.1 | Literatur im Ausnahmezustand

Als die DDR am 9. November 1989 aufgrund einer missverstandenen Presseerklä-
rung des Politbüro-Mitglieds Günter Schabowski ihre Grenzen öffnete, wurde das
von Millionen ungläubiger Fernsehzuschauer im Westen Deutschlands als historisches Ereignis von unabsehbarer Tragweite wahrgenommen. Aus ostdeutscher Perspektive hingegen war der Fall der Berliner Mauer ein relativ später Moment innerhalb des Zerfalls staatlicher Ordnung. Wichtige Schritte in diesem Prozess waren die
Massenflucht politisch enttäuschter und des materiellen Mangels überdrüssiger
DDR-Bürger über Ungarn in den Westen, die Demonstrationen in Plauen, Leipzig
und Dresden sowie etwas später in Berlin, die Reformdiskussionen an runden Ti-
schen und die Auflösung der Stasi. In diesen Systemeinbruch von innen setzte sich
mit der Einführung der D-Mark und der Vereinigung der beiden deutschen Staaten
eine neue Wirklichkeit, die von außen kam und radikale Anpassungsleistungen verlangte.

Die Geschwindigkeit, mit der sich das Ende der DDR vor den Augen ihrer ungläu-
bigen Bürger vollzog, kommentierte Volker Braun mit den Worten:»die wirklichkeit
selbst wagt die wende, wilder als unsere wünsche« (*Werktage 1977–1989*, 979).
Braun war einer der wichtigsten und arriviertesten Schriftsteller innerhalb des Literatursystems der späten DDR; wie Christa Wolf wurde er vor allem im Westen stark
wahrgenommen. Beide gehörten zur mittleren Generation von DDR-Autoren, die
sich auf eine mehr oder weniger kritische Distanz zur kommunistischen Idee begeben hatten. Sie blieben der DDR als Staat jedoch verbunden, während viele jüngere
Dichter der Jahrgänge ab 1950 sich in eigenen Subkulturen vom offiziellen Literatursystem abschotteten. Gerade für die etablierten DDR-Literaten bedeutete die Wende
eine schwierige Aufgabe. Die Rolle des Schriftstellers als Deutungsinstanz für poli-
tisch-historische Ereignisse war im sozialistischen Literaturverständnis fest verankert, aber die Überwältigung angesichts sich überschlagender Ereignisse mit unab-
sehbaren Folgen ließ sich schwer in Worte fassen.

Revolutionserzählungen. Der Herbst 1989 stellte zwar offensichtlich eine Art
von Revolution dar, aber diese Revolution passte nicht in das marxistische Ge-
schichtsschema, hatte kein greifbares revolutionäres Subjekt und vertrat keine revolutionäre Idee. Das unterschied sie von bisherigen Revolutionen wie der französischen zweihundert Jahre zuvor, der gescheiterten deutschen Revolution von 1848
und der russischen Oktoberrevolution 1917 – jedenfalls von der Deutung dieser Revolutionen innerhalb der marxistischen Geschichtsphilosophie. Auch die in der Spät-
zeit der DDR von vielen Intellektuellen gehegten Wünsche nach einem reformierten
Sozialismus, einem ›dritten Weg‹ neben Kapitalismus und Kommunismus, erfüllten
sich nicht. Bei der Volkskammerwahl 1990 – der einzigen freien Wahl in der DDR –
siegte die CDU, eine ehemalige Blockpartei, die nun von der großen Schwester im
Westen massiv unterstützt wurde, mit über 40 Prozent der Stimmen, während die
Gruppe Bündnis 90, ein Zusammenschluss von Bürgerbewegungen und Oppositi-
onsgruppen, nur 2,9 Prozent erhielt.

Elke Brüns vertritt in ihrer literaturgeschichtlichen Studie *Nach dem Mauerfall* die
These, der Herbst 1989 habe »einige Rätsel, aber keine Revolutionserzählung hervorgebracht«, weil er sich statt aus heroischen Taten historischer Subjekte aus Zufällen
und Fehlleistungen wie dem Versprecher Schabowskis zusammensetzte (Brüns
2006, 85). Aber Geschichte kann nicht nur im Modus des Epos literarisch werden.

Tatsächlich war die Wende von Anfang an auch ein literarisches Ereignis. Sie wurde von Literatur begleitet, beschrieben, geformt und gedeutet. Schriftsteller diskutierten die Begriffe ›Wende‹ und ›Revolution‹ und reflektierten sie in ihren Texten. Die Ereignisse selbst hatten eine literarisch-poetische Qualität, weil sie ihre Schlagkraft aus Sprachhandlungen wie den Slogans und Transparenten der Demonstranten bezogen. So realisierte sich der Übergang vom Revolutionskomplex des Jahres 1989 zum Nationalkomplex 1990 im Wechsel des Slogans »Wir sind *das* Volk« zu »Wir sind *ein* Volk«.

Reiner Kunze: »die mauer«. Viele Texte der Wendezeit beziehen sich auf tradierte Erzählmuster und ikonische Darstellungen von Revolutionen. Zugleich markieren sie den Abstand zwischen den Ereignissen von 1989 und diesem Erwartungshorizont. Dass es den Demonstranten des Wende-Herbstes auch und vor allem um die Befriedigung materieller Wünsche durch Konsum ging, nicht nur um politische Freiheiten, machte das gesamte Revolutionsschema in den Augen vieler literarischer Beobachter in Ost und West suspekt. In seinem Zyklus »die mauer« beschreibt der Lyriker Reiner Kunze, der die DDR 1977 wegen einer drohenden langjährigen Haftstrafe verließ und seither in Bayern lebt, den Demonstranten von 1989 als eine enttäuschende Gestalt:

> In der faust
> eine kerze
>
> Für den sturz!
>
> Bedacht,
> daß aufs straßenpflaster
> kein wachs tropft
>
> Niemand
> soll stürzen
>
> (Kunze: *ein tag auf dieser erde,* 59)

Kunze ist bekannt für seine kurzzeiligen Gedichte, für seinen lakonischen Ton und für eine sprachliche Verknappung, die vieles dem Leser überlässt. Sein Bild des kerzehaltenden Demonstranten, dessen Pose nur gespielt ist und der in Wahrheit niemanden stürzen will, entspricht eher den Demonstrationen vom Dezember 1989, als die Mauer offen und das Demonstrieren ungefährlich geworden war, als der bedrohlichen Atmosphäre auf dem Leipziger Ring am 3. Oktober 1989, an dem die Nationale Volksarmee Schießbefehl hatte. Doch schreibt Kunze keine politische Lyrik, die spezifische Personen und konkrete Handlungen bloßstellt, sondern reflektiert über Haltungen, die in jedem Leser und auch im Dichter selbst stecken.

In einem anderen Gedicht heißt es: »Und sonst: *poesie ist außer wahrheit / vor allem poesie*« (*ein tag auf dieser erde,* 63). Vermögen und Zweck der Dichtung liegen primär in ihr selbst. Auch da, wo zunächst von historischen Ereignissen die Rede zu sein scheint, behauptet Kunze eine eigengesetzliche poetische Sphäre, in der äußere Vorgänge Bilder für innere Haltungen stiften. Mit dem Beharren auf der inneren Wahrheit der Poesie stellt sich Reiner Kunze einem Verständnis von Literatur als zweckgebundenem Instrument externer Wahrheiten entgegen, das die sozialistische Ästhetik des DDR-Literatursystems bestimmte und für viele Autorinnen und Autoren in der DDR durch die Transformationen der Wendezeit hindurch Bestand behielt.

Sein Mauer-Zyklus ist deshalb sowohl intertextuelles Gespräch mit anderen Wendegedichten wie Auseinandersetzung mit den Ästhetiken, die Literatur fundieren, und poetologische Reflexion über die Rolle der Poesie in der Gegenwart.

Volker Braun: »die wende«. Reiner Kunze war ein distanzierter Beobachter der Wende, und diese Distanz spiegelt sich in seiner Poetik. Dennoch sind seine Gedichte Teil des Wendediskurses in der Lyrik der 1990er Jahre, denn wie andere in den späten 1970er Jahren ausgebürgerte Schriftsteller blieb Kunze in einen literarischen Dialog mit in der DDR lebenden Dichtern und ihren Texten eingebunden. Ein wichtiger Partner dieser lyrischen Distanzkommunikation ist Volker Braun, der die Wendeereignisse in seinen Texten intensiv wie kaum ein anderer Autor beobachtete und kommentierte. Dabei reflektiert Braun nicht zuletzt den Wandel von Geschichtsbildern, von Autorpositionen und von literarischen Ästhetiken. Seine in den Jahren 2009 und 2014 publizierten Tagebücher *Werktage* machen die Wandlungen des literarischen Selbstverständnisses in der mittleren Generation von DDR-Autoren anschaulich. Darüber hinaus bringt Braun in einer Reihe von hochgradig intertextuellen Gedichten Wahrnehmungen, Beobachtungen und Zitate der eigenen Zeit mit älteren Geschichtsbildern und mit älterer revolutionärer Literatur in einen Dialog – etwa mit Texten Friedrich Hölderlins und Georg Büchners, aber auch mit eigenen früheren Texten.

Der Begriff ›Wende‹ begegnet in Brauns Werk erstmals als Titel eines bereits im August 1988 im Tagebuch notierten Gedichts, das 1992 mit angepasster Groß- und Kleinschreibung in dem Lyrikband *Zickzackbrücke* publiziert wurde.

die wende

dieser überraschende landwind
in den korridoren. zerschmetterte
schreibtische. das blut, das die zeitungen
UND DER RUHM? UND DER HUNGER
erbrechen. auf den hacken
dreht sich die geschichte um;
für einen moment
entschlossen.

(Braun: *Werktage 1977–1989*, 899)

Der Wende-Begriff ist heute vor allem als Schlagwort für die Forderung oder den Wunsch nach politischen Veränderungen in Erinnerung. In die DDR-Politik wurde er von Egon Krenz eingeführt, als dieser am 17. Oktober 1989 die Nachfolge Erich Honeckers als SED-Generalsekretär und Staatsratsvorsitzender antrat. Brauns Gedicht wurde jedoch über ein Jahr früher geschrieben und bezieht sich nicht auf konkrete politische Ereignisse, sondern verwendet den Begriff als Analogon für die von Michail Gorbatschow ab 1986 eingeleitete Perestroika. Zugleich scheint das Gedicht einen weitreichenderen, auch gewalttätigen Umsturz zu imaginieren – tatsächlich wurden in der DDR 1988 keine Schreibtische zerschmettert. Die Zeile »UND DER RUHM? UND DER HUNGER« weist auf ein Gedicht aus dem Jahr 1980 zurück, in dem Braun die Presseberichterstattung zu Aufständen in Bolivien und Polen kommentiert hatte:

blut in bolivien
in polen streik
und der 3. weltkrieg im wohnzimmer
E LA FAMA? E LA FAME?

(Braun: *Werktage 1977–1989*, 300)

Schon hier ist das Wortspiel Zitat, denn es stammt aus der Vorrede zu Büchners *Leonce und Lena* und rekurriert somit auf ältere Fragen nach einem Engagement der Literatur, die seit der Französischen Revolution gestellt werden: Darf Literatur nur schön oder nur unterhaltsam sein? Darf sie Langeweile und Überdruss behandeln, ohne zugleich vom Ruhm des Dichters und vom Hunger der Menschen zu sprechen?

Büchners Komödie scheint diese Fragen in spielerischer Weise zu bejahen, behält aber, indem die Fragen dem Stück vorangestellt werden, zugleich eine ambivalente und nachdenkliche Haltung. Volker Braun nun schiebt die Fragen in Beobachtungen zur Presseberichterstattung ein, ohne sie zu kommentieren oder zu beantworten. Eine Wertung findet nur insofern statt, als in dem neueren Gedicht das zweite Fragezeichen entfällt, der Hunger also im Gegensatz zum Ruhm nicht mehr hinterfragt wird. Damit erhebt Braun den Anspruch, dass jedes Schreiben für die Grundfragen menschlicher und gesellschaftlicher Existenz zuständig ist – auch dort, wo vordergründig von anderen Gegenständen gesprochen wird. Das ist ein hoher Anspruch an Literatur, der angesichts des gesellschaftlichen Werts der Künste im DDR-Sozialismus als selbstverständlich erscheinen konnte, mit den Wendeereignissen aber zunehmend als fragwürdig oder jedenfalls als stärker begründungsbedürftig erfahren wurde.

Jüngster Tag. Am 11. Oktober 1989, sechs Tage vor dem Machtwechsel in der SED-Führung, hatte Volker Braun als Chefdramaturg des Berliner Ensembles eine Rede zum Spielzeitbeginn zu halten, in der er Literatur und Theater als Eröffnung eines »Gesprächs / Über die Wende im Land« beschrieb und sich selbst in der Rolle des öffentlichen Amtes des Poeten präsentierte (*Lustgarten. Preußen*, 139). Diese Rolle, in der sich Braun bis dato recht wohl gefühlt hatte, wurde mit einem Mal unheimlich, ja unhaltbar, weil die sich überschlagenden Ereignisse ständig bewährte Deutungsmuster durchbrachen. Hellsichtig kommentiert Braun in seinem lyrischen Monolog die erfahrene Beschleunigung der Zeit, die das geschichtsphilosophische Ordnungsmuster ebenso hinter sich lässt, wie sie die Katalysatorenrolle des Dichters überflüssig macht:

Lange schien es, als stünden die Zeiten
Still. In den Uhren
Der Sand, das Blut, der abgestandene
Tag. Jetzt bricht er an
Der jüngste wieder und unerwartet.

(Braun: *Lustgarten. Preußen*, 137)

Die Herbstereignisse erscheinen hier als Einlösung utopischer Hoffnungen – nach jahrzehntelangem Stillstand endlich der jüngste Tag! Damit verweist das Gedicht nicht auf die säkulare Geschichtsutopie des Marxismus, sondern auf deren Quelle, die christliche Endzeiterwartung. Im Gegensatz zur verwirklichten klassenlosen Gesellschaft lässt sich der jüngste Tag nicht vorausberechnen, tritt unerwartet ein und anders als gedacht. Doch auch diesen Paradigmenwechsel lässt das Gedicht nicht stehen. Das Wörtchen »wieder« deutet an, dass ein solcher Anbruch schon zuvor stattgefunden hat, dass er offensichtlich aber zu nichts geführt hat, sonst müsste er sich nicht wiederholen.

Im Werktagebuch kommentiert Braun die Schwierigkeiten, vor die ihn die Rede zur Spielzeiteröffnung stellte: »ich weiß die welt in einem unhaltbaren zustand und soll für einen öffentlichen saal verbindliche worte machen [...] der ort, von dem aus [der dichter] spricht, ist ein ort der krise, in der die worte bedeutung bekommen« (*Werktage 1977–1989*, 964). Das Sprechen aus der Krise markiert den unsicheren Ort des Dichters, der sich seiner Rolle nicht mehr gewiss ist und auch die neuen Sprachregeln noch nicht kennt, und es verweist auf den Verlauf der sich überschlagenden Ereignisse, in dem solche Regeln sich ohnehin nicht festlegen lassen. Am 9.11., knapp einen Monat später, notiert Braun:

> daß wir eine revolution durchlaufen, sieht man auch daran, wie rasch die texte veralten. Im frühjahr schrieb ich geschichten über das neue denken, das unvermutet aber unaufhaltsam aus dem asphalt schlägt und die stadt besetzt. ich schrieb das im herausfordernden präsens, in halsbrecherischer gewißheit. und es war doch die zugemauerte zeit. jetzt lese ich daraus in der neuen szene in leipzig wie aus augenzeugenberichten.
>
> (Braun: *Werktage 1977–1989*, 979)

Das Schreiben über die Wende erweist sich als Schreiben im Ausnahmezustand, in dem sich soziale, politische, ästhetische und geschichtsphilosophische Parameter in unvorhersehbarer Weise verändern.

Ausnahmezustand. Der Begriff ›Ausnahmezustand‹ wurde von dem Staatsrechtler Carl Schmitt in seiner *Politischen Theologie* von 1921 profiliert; er bezeichnet eine Suspension geltenden Rechts in einem »Niemandsland zwischen Öffentlichem Recht und politischer Faktizität« während einer Krise politischer Souveränität (Agamben 2004, 8). In seinen Analysen der Demonstrationstransparente von 1989 hat der Literaturwissenschaftler Holger Helbig die Wendezeit als einen literarischen Ausnahmezustand charakterisiert, in dem einerseits eine neue Gattung von Kollektivtexten entsteht, die keinen Autor haben, weil sie von der Masse oder vom Volk autorisiert sind – und in dem sich andererseits eine neue Öffentlichkeit institutionalisiert (Helbig 2013, 223 f.).

Deutlich zeigen sich diese literarische Dimension des Politischen und die sich in ihr wenigstens für den Moment ankündigende Revolution, die Umkehrung des literarischen Sprecherverhältnisses, in den Reden von Schriftstellern, die am 4. November 1989 auf einer vom Verband der Theaterschaffenden organisierten Demonstration vor etwa 500.000 Zuhörern auf dem Berliner Alexanderplatz gehalten wurden. Autorinnen und Autoren wie Christa Wolf, Stefan Heym, Heiner Müller und Christoph Hein bekräftigten mit ihren Auftritten die im DDR-Kultursystem fest verankerte Rolle des Schriftstellers als Deutungsmacht, aber auch als Garant einer anderen, nicht vollständig gelenkten Öffentlichkeit. Konkret forderten die Schauspieler Johanna Schall und Ulrich Mühe in ihren Reden, geltendes Recht wie den Artikel des DDR-Strafgesetzes zum Landesverrat auszusetzen und durch neues Recht zu ersetzen; dabei solle eine nur dem Namen nach geltende Norm – die DDR-Verfassung, die Versammlungs- und Meinungsfreiheit garantierte – wieder aufgerichtet werden. In diesem Ausnahmezustand wurde die kritische Literatur der DDR funktionslos, weil ihr erzieherischer Auftrag ebenso entfiel wie die etablierten Mechanismen von Zensur und Selbstzensur. Das konnte als Befreiung der Poesie von den bisherigen Systemzwängen, aber auch als Identitätsverlust ihrer Autoren erlebt werden. Enthusiastisch verkündete Volker Braun in einer im Winter 1989/90 in Leipzig gehaltenen Poetik-Vorlesung:

> nun müssen wir poesie nicht aus der zukunft reißen. wir erleben, wie sie in unserem augenblick geboren wird, nicht nur als scharfer text der tafeln und transparente, mehr noch im grundgefühl des anspruchs auf austrag der widersprüche, auf das ende der schrecken im vorschein der schönheit, den unsere demonstrationen machen.

> (Braun: *Werktage 1977–1989*, 993)

Brauns Wahrnehmung der Wendezeit als Moment konzentrierter Möglichkeiten – auch des unmöglichen Möglichen, das in der kunstreligiös gewendeten eschatologischen Verheißung vom »ende der schrecken im vorschein der schönheit« Ausdruck gewinnt – wird in dieser Phase von ganz unterschiedlichen Autoren geteilt. Auch der im vorigen Kapitel (2.2) analysierte »Anschwellende Bocksgesang« des westdeutschen Dramatikers Botho Strauß lässt sich als ein Ausschöpfen rhetorischer und ästhetischer Möglichkeiten angesichts des Zusammenbruchs der europäischen Nachkriegsordnung verstehen. Erhellend für das Krisenbewusstsein, aus dem der umstrittene »Bocksgesang« sprach, ist das Nachwort, das Strauß 1990 unter dem Titel »Der Aufstand gegen die sekundäre Welt« zu George Steiners Essay *Von realer Gegenwart* verfasste. »Wir haben«, schreibt Strauß hier mit Bezug auf die Revolutionen in Mittel- und Osteuropa, »Reiche stürzen sehen binnen weniger Wochen« (»Der Aufstand«, 305). Plötzlichkeit und Unvorhersehbarkeit dieses Wandels erscheinen Strauß als Ausweis einer totalen Entlarvung alles Gewesenen: die »negative Offenbarung einer verfehlten, weltlichen Soteriologie«, die über den manifesten Untergang der politischen Systeme und Ideologien in der Mitte Europas weit hinausweist. Aus dem Zusammenbruch des zweigeteilten Europa kann für ihn etwas genuin Neues, aus dem Bisherigen nicht Ableitbares – eine Form metaphysischer Realpräsenz – ebenso gut hervorgehen wie ein »Aufbruch ins Bestehende«.

3.2 | Topologien der 1990er

Das schöpferische Chaos der Wendetage eröffnete Autoren in Ost und West, auf der linken wie auf der rechten Seite des politischen Spektrums, die Aussicht auf genuine ästhetisch-gedankliche Veränderungen. Doch bald wich die euphorische Stimmung dem Ausdruck enttäuschter Erwartungen. Weder realisierte sich in der Nachwendezeit eine genuine politische Alternative – sei es in Gestalt eines reformierten Sozialismus, sei es im Rückgriff auf autoritär-konservative Modelle – noch kam es zu einer neuen oder anderen Geltung des Ästhetischen. Im Gegenteil: Auf beiden Seiten des politischen Spektrums wurde die Nachwendezeit als Utopie- und Identitätsverlust erlebt. Literarisch wird die sich wandelnde Raum-, aber auch Zeiterfahrung des vereinigten Deutschlands – die Transformation von Geschichtsdeutungen und von Zukunftsvorstellungen – in den 1990er Jahren immer wieder in den vorgeprägten Topologien von Utopia, Vineta und Germania reflektiert. Damit sind keine geografischen Räume, sondern Kulturräume und ihre Semantiken gemeint, die zur Repräsentation sich wandelnder Raumerfahrungen verwendet werden.

Volker Braun: »Das Eigentum«. In seinen Texten aus den 1990er Jahren setzt Volker Braun sich intensiv mit dem Scheitern der eigenen Hoffnungen auf die Gestaltung einer sozialistischen Gesellschaft jenseits der Einparteiendiktatur auseinander. Exemplarisch äußert sich diese Enttäuschung in dem Gedicht »Das Eigentum«, wohl einem der meist zitierten und meist anthologisierten Gedichte zur Wende überhaupt.

Das Eigentum

Da bin ich noch: mein Land geht in den Westen.
KRIEG DEN HÜTTEN FRIEDE DEN PALÄSTEN.
Ich selber habe ihm den Tritt versetzt.
Es wirft sich weg und seine magre Zierde.
Dem Winter folgt der Sommer der Begierde.
Und ich kann *bleiben wo der Pfeffer wächst*.
Und unverständlich wird mein ganzer Text
Was ich niemals besaß wird mir entrissen.
Was ich nicht lebte, werd ich ewig missen.
Die Hoffnung lag im Weg wie eine Falle.
Mein Eigentum, jetzt habt ihrs auf der Kralle.
Wann sag ich wieder *mein* und meine alle.

(Braun: *Lustgarten. Preußen*, 141)

Das zunächst titellose Gedicht wurde am 1. Juli 1990 anlässlich der Einführung der D-Mark im Tagebuch notiert und erschien erstmals auf der Titelseite des *Neuen Deutschland* vom 4./5. August 1990; am 10. August wurde es in der *Zeit* nachgedruckt. Mit diesen Publikationsorten ist der Anspruch verbunden, eine öffentliche Diskussion einzuleiten; tatsächlich wurde »Das Eigentum« rasch Bestandteil heftiger, oft verletzender Kontroversen zur Vereinigung (Grub 2003, 1, 458–463). Bis heute wird vor allem der erste Vers des Gedichts außergewöhnlich häufig zitiert und dient als Überschrift zahlreicher Artikel und Aufsätze. Das Gedicht selbst wurde zu einem politischen Ereignis, löste aber auch poetische Gegenreden von Dirk von Petersdorff (*Wie es weitergeht*, 33) und Günter Kunert aus (*NachtVorstellung*, 18).

Häufig wurde und wird übersehen, dass »Das Eigentum« ein intertextuelles Gedicht mit mehreren Verweisschichten ist, das im Kontext früherer, ebenfalls intertextueller Gedichte Volker Brauns gelesen werden muss. So entstammt der Begriff des Eigentums im Titel, der spätestens mit dem Abdruck im Gedichtband *Die Zickzackbrücke* (1992) zu einem Teil der Aussageabsicht des Dichters wurde, dem Braun-Gedicht »An Friedrich Hölderlin« (*Gegen die symmetrische Welt*, 18), das wiederum auf das Hölderlin-Gedicht »Mein Eigentum« rekurriert. Alle drei Gedichte kreisen um die Frage nach dem Ort des Dichters, die Braun zunächst im Sozialismus geklärt sah und die nach der Wende einer zunehmenden Verzweiflung über die Ortlosigkeit der Dichtung wich.

Neben dieser dichterischen Positionsbestimmung reagiert »Das Eigentum« auf aktuelle Äußerungen und Diskurse und macht sie zu einem Teil seines Montage-Verfahrens. Die Anweisung an das Ich, zu »*bleiben wo der Pfeffer wächst*«, stammt aus einem Artikel Ulrich Greiners in der *Zeit* vom 22.6.1990, der alle DDR-Autoren, die sich nicht sofort und bedingungslos von ihrer Geschichte, ihren Hoffnungen und ihren Idealen trennen wollten, aufforderte: »Die toten Seelen des Realsozialismus sollen bleiben, wo der Pfeffer wächst« (Greiner 1990). Mit der Aufnahme dieser Kampfansage positioniert Volker Braun sich in den Kontroversen um die Funktion von Literatur, die vor allem in westdeutschen Feuilletons geführt wurden. »Das Eigentum« drückt Verbitterung über die erfahrene Abwertung aus und formuliert die Hoffnung auf eine kommende Zeit, in der es wieder möglich wird, die stellvertretende Position des Sprechens für eine Gemeinschaft einzunehmen. Schließlich enthält Brauns Gedicht mit der Umkehrung des Büchner-Mottos »Friede den Hütten, Krieg den Palästen« eine scharfe Kritik an der politischen und wirtschaftlichen Entwicklung des Jahres 1990, von der nur die ohnehin Privilegierten profitieren.

Utopie. In vielen Punkten konnte die literarische Auseinandersetzung ostdeutscher Autoren mit der als desillusionierend erfahrenen Vereinigung an poetische Verfahrensweisen anknüpfen, die in der DDR-Literatur seit den späten 1960er Jahren entwickelt worden waren. Das betrifft die vielgestaltige Verwendung von Utopie-, Atlantis- und Vineta-Topoi bei Volker Braun, Günter Kunert und Uwe Kolbe sowie in den Romanen von Uwe Tellkamp und Lutz Seiler, aber auch die Arbeit am Mythos in Volker Brauns Drama *Iphigenie in Freiheit* (begonnen 1987, UA 1992) und Christa Wolfs Roman *Medea.Stimmen* (1996) sowie die Rückwendung auf die Romantik in der Lyrik der 1990er Jahre. Gerade an den zahlreichen Fortschreibungen des Utopie-Topos wird deutlich, dass das Jahr 1989 keine scharfe literaturgeschichtliche Zäsur markiert, sondern eher einen, wenn auch wichtigen, Schritt in einer längeren literarischen Auseinandersetzung mit der sozialistischen Idee darstellt.

In den ersten Jahrzehnten der DDR spielte der Vorstellungskomplex der Utopie keine Rolle. Die politische Ideologie der DDR stellte die Diktatur des Proletariats als Weg in die klassenlose Gesellschaft vor; in literarischen Texten aus der frühen DDR hat der Kommunismus den Charakter einer konkreten Zielvorstellung, nicht den einer ortlosen Utopie. Die frühen Produktionsstücke Heiner Müllers beispielsweise (*Der Lohndrücker*, 1956/57; *Die Korrektur I*, 1957; *Die Korrektur II*, 1958) beschäftigten sich mit praktischen Problemen, die im Sozialismus noch zu lösen seien, ohne die sozialistische Vision als solche in Frage zu stellen. Erst nach der Kahlschlag-Kulturpolitik des 11. ZK-Plenums von 1965, auf dem Erich Honecker Künstlern und Literaten vorwarf, sie seien schuld an der sittlichen Verrohung der Jugend, entwickelte sich die »Auffassung, die sozialistische Idee stelle eine Utopie im Sinn eines ortlosen Ideals dar,« zu einer dominanten Vorstellung innerhalb der DDR-Literatur (Schröter 2003, 33). Von nun an bezeichnete die Utopie einen dezidierten Nicht-Ort und nicht die politische Zielvorstellung einer idealen Staatsform, wie sie den utopischen Staatsromanen der Frühen Neuzeit zugrundelag, in denen Form und Begriff der Utopie entwickelt wurden. In diesem irrealen Sinne wird der Utopie-Begriff etwa in Christa Wolfs Texten seit den 1960er Jahren wichtig. In *Nachdenken über Christa T.* (1967), *Kein Ort. Nirgends* (1979) und in *Was bleibt* (1979/1990) wird der Utopiebegriff zunehmend entwirklicht und entpolitisiert zu einem »Topos nicht-gelebten Lebens, unverwirklichter Subjektivität« (Langner 2000, 50).

Günter Kunert: »Kosmologie«. Nach der Wende setzt sich dieser Utopie-Diskurs in vielen Texten ostdeutscher Autoren fort. So knüpft Günter Kunert in seinem 1996 veröffentlichten Gedicht »Kosmologie« an die Verwendung von Utopie-Topoi in eigenen, früheren Texten an, insbesondere an den Band *Unterwegs nach Utopia* (1980). Dort hatte er Utopia als einen Ort beschrieben, »wo keiner lebend hingelangt / wo nur Sehnsucht / überwintert« (78). Die Utopie gilt als nichts in der Realität zu Verwirklichendes; sie nistet im Gedicht selbst oder ist vielleicht mit ihm identisch. Inhalt der Utopie war für Kunert bereits 1980 keine realisierbare Gesellschaftsform, sondern etwas Ungreifbares, Letztgültiges, »etwas wie wahres Lieben und Sterben /

die zwei Flügel des Lebens / bewegt von letzter Angst / in einer vollkommenen / Endgültigkeit« (ebd.).

Das Nach-Wende-Gedicht »Kosmologie« greift die Vorstellung der Utopie als Jenseitigkeit auf, um schärfer als zuvor den Utopieglauben im »kurzen Lichtjahr / von Theorie zu Praxis« zu kritisieren.

Kosmologie

Land hinterm Mond: Utopia
gründlich verkarstet. Freischwebend
noch immer die Astronauten
des Irrtums. Ihr Kosmos zeigt
denkensgleich stolze Geschlossenheit.
Zwischen den Fixsternen Platon
und Stalin das späte Funkeln
der toten Dichter
das kurze Lichtjahr
von Theorie zu Praxis.
Doch jenseits des Staubes
zu dem alle werden erhoffen
die ferneren Rätsel
daß keiner sie löst
dergestalt.

(Kunert: *Mein Golem*, 14)

Utopia selbst wird zu einem unzugänglichen Ort, weil das utopische Denken seine Realisierbarkeit eingebüßt und eine Praxis der Verwüstung hinterlassen hat. Auch das Gedicht ist kein Ort der Utopie mehr; es kann die »ferneren Rätsel«, die weiterhin bestehen, nicht lösen – und das wäre noch nicht einmal wünschenswert.

Uwe Kolbe: »Vineta«. In einem konkreteren Sinne behandelt der Vineta-Topos bei Uwe Kolbe den Orientierungsverlust nach dem Ende der DDR als Heimatverlust und Abgesang auf ein verschwundenes Land. In »Vineta«, dem ersten Gedicht in Kolbes gleichnamigem Band, stiftet die Legende der untergegangenen Stadt einerseits ein Bild der DDR, andererseits bezieht sich Kolbe damit auf etablierte Vineta- und Atlantis-Topoi, die sich indirekt bis zu Bertolt Brecht zurückverfolgen lassen (vgl. Wehdeking 2000). Die wiederkehrende Zeile »Weißt du noch« bezeichnet eine Gedächtnisperspektive, in die der Leser als »du« einbezogen wird, und beschwört eine gemeinsame Vergangenheit.

Weißt du noch, damals, als es das Schweigen der Macht war?
Weißt du noch, damals, als wir dachten, daß es das Schweigen der Macht wäre?
Wir fuhren eine Stunde mit dem Zug durch die Stille.
Dabei hätten wir fünf Minuten gehen können oder zwei mit dem Vogel fliegen, sagen wir.

(Kolbe: *Vineta*, 11)

Diese Vergangenheit speist sich nicht aus historischen Ereignissen, sondern aus dem Fühlen und Erleben von Individuen. Für ostdeutsche Leser war das eine unerhört neue Art, Ich zu sagen – vollkommen subjektiv und nur auf das eigene Innere bezogen. Rückzug oder Nostalgie drücken sich darin dennoch nicht aus. Kolbes Gedicht weiß um die repressiven Bedingungen unter einem »Schweigen der Macht«, aber es weiß auch, dass diese Bedingungen auf einer Wahrnehmung der Macht basierten, die sich als veränderbar erwiesen hat. Ohnehin ist das Schweigen kein absolutes gewesen. Es hat dem Ich zwar eine »Furcht vor dem Wort« eingepflanzt. Aber dennoch haben das Ich und sein Du gerade unter diesen Umständen den Namen der untergegangenen Stadt gewusst, haben gewusst, dass

> [...] die Kastanien mit uns sprachen, aufknallten
> mit ihren geilen Trieben, als wir das knallen mit spitzen
> Mündern nachformten, es uns aber nicht gelang, als wir so
> schön waren in unserem Eifer, so schön sein zu wollen, es aber
> nicht konnten, als wir all das nicht konnten, was wir wollten,
> aber taten?
>
> (Kolbe: *Vineta*, 11)

»Vineta« ist ein poetologisches Gedicht, das eine ambivalente Haltung zur verschwundenen DDR einnimmt. Das »wir« hat die DDR als Zeit der Jugend erlebt und als Raum, in dem auch Schönes möglich war. Das romantische Motiv der sprechenden Bäume lässt die Vergangenheit als verlorenes Paradies entstehen, in dem Sprecher und Welt nicht getrennt waren. Deshalb ist das Verhältnis zwischen »Macht« und »wir« kein einseitiges Unterdrückungsverhältnis gewesen. Zwischen Wollen und Nicht-Können tut sich eine Lücke auf, in der das, was gewollt, aber nicht gekonnt wird, dennoch getan werden kann. Diese komplexe poetische Stellungnahme weist über einen ostalgisch auf die DDR fixierten Gedächtnisraum hinaus auf dichterische Grundfragen nach dem Verhältnis von Ich und Welt, nach den Möglichkeiten lyrischen Sprechens und von Sprache überhaupt.

Jürgen Becker: *Foxtrott im Erfurter Stadium*. Entsteht die DDR bei Kolbe als ein untergegangenes Land, das nur in der erinnernden Zuwendung des Dichters bewahrt werden kann, so erlebte der westdeutsche Dichter und Rundfunkredakteur Jürgen Becker, der einen Teil seiner Kindheit in Thüringen verbracht hatte, den Osten Deutschlands als ein Gestalt gewordenes Archiv, in dem Stoffe, Formen und Stimmen aus einem vergangenen Deutschland bewahrt wurden, das in der BRD längst der westlichen Moderne gewichen war. Becker verleiht diesem Archiv in dem Gedichtband *Foxtrott im Erfurter Stadium* Gestalt, der 1993 erschien – im gleichen Jahr wie Botho Strauß' »Anschwellender Bocksgesang«. Diese Parallele ist bedeutsam, weil beide Autoren Themen und Diskurse aufgreifen, die in diesem Jahr aktuell waren, insbesondere die Frage nach einer neuen gesamtdeutschen Identität, aber auch der Widerstandskraft des Westens angesichts der Kriege auf dem Balkan sowie nach einer Form von Erfahrung, die in der Gegenwart oft medial vermittelt ist.

Der Ton in *Foxtrott im Erfurter Stadium* jedoch ist ein ganz anderer als bei Strauß. Becker ist kein Waldgänger oder Partisan, der sich gegen die medienverdummten Massen stellt, sondern seine lyrische Rede inszeniert sich als emphatisch modern, ist mitten im Strom der Nachrichten, Bilder und Informationen. Und wenn »kein Nachbar« in dem Gedicht »Zwei Tage« daran glaubt, »daß sein erker zuerst kracht, daß / seine Kabine explodiert, zum Freizeittip / nach dem Frühstück« (*Foxtrott*, 32), ist das nicht (nur) eine postmoderne Erfahrung in der Niedergangsgeschichte des Westens, sondern es klingt darin das Echo älterer Schüsse mit, »so viele Andeutungen, Zitate, Variationen / aus den Fluchtkoffern und Rucksäcken im hintersten Keller / schon hervorgeholt sind« (22). Aus dem historischen Tiefengedächtnis, welches das Gedicht in Gesprächen, Nachrichten, Meldungen, Karten und Fotografien birgt, stellt sich die Frage nach dem Gelingen von Einheit nicht als eine politische Frage, aber auch nicht primär als eine poetologische, sondern vor allem als Frage der Einstellungen, Wahrnehmungen, Stimmungen, Assoziationen und emotionalen Aufladungen, aus deren Mosaik sich das historische Geschehen überhaupt erst zusammensetzt.

Heiner Müller: *Germania 3*. Die wohl radikalste Hinterfragung deutscher Identität in den 1990er Jahren findet sich in Heiner Müllers posthum uraufgeführtem Drama *Germania 3: Gespenster am toten Mann*. Hier nimmt Müller Themen und Verfahren aus dem früheren Stück *Germania Tod in Berlin* auf, das ihn über Jahrzehnte begleitete: 1956 begonnen und 1971 beendet, erschien es 1977 im Rotbuch-Verlag; 1978 wurde es an den Münchner Kammerspielen uraufgeführt. Die DDR-Premiere fand jedoch erst 1989 statt. *Germania 3* variiert nun ein weiteres Mal den Germania-Topos und stellt ihn in den Kontext von Wende und Vereinigung, die für Müller nationale und historische Fragen verschärft haben. Formal ist *Germania 3* ein synthetisches Fragment, bestehend aus Szenen oder Bildern, die thematisch aufeinander Bezug nehmen, aber nicht durch eine durchlaufende Handlung verbunden sind. In der zentralen Szenenfolge »Siegfried eine Jüdin aus Polen« werden Dialoge russischer und deutscher Soldaten vor Stalingrad einander gegenübergestellt und mit langen Zitaten aus Hölderlins *Empedokles* und Kleists *Prinz von Homburg* konfrontiert, Stalin tritt als Blankvers sprechender Macbeth auf, und Szenen aus dem Zweiten Weltkrieg wechseln mit solchen in der Gegenwart.

Die verschachtelte Zeitstruktur des Dramas verfremdet die historischen Figuren, entreißt sie ihren Kontexten und verwandelt sie in allegorische Figurationen menschlicher Bosheit. Allerdings wird dieser letzte metaphysische Bezug gegenüber früheren Müller-Stücken gekappt, wenn die spukenden Geister der Vergangenheit in der Nach-Wende-Zeit als Touristenattraktionen ausgeschlachtet werden. In *Germania Tod in Berlin* beschritt Müller einen schmalen Grat zwischen marxistischem Fortschrittsglauben und mythischer Wiederholung. *Germania 3* dagegen verabschiedet selbst diese ambivalente Position zugunsten eines vollständig künstlichen Textraums, der sich jeder Art von Geschichtsdeutung emphatisch verweigert.

3.3 | Wenderomane

Während die bis dahin führenden DDR-Autoren mit der Neujustierung ihres Weltbildes kämpften, wurde in den deutschen Feuilletons bereits in den Tagen um den 9. November 1989 die Forderung nach »dem« großen Wenderoman laut (Grub 2003, 1, 85 f.). Reaktionen von Seiten der Schriftsteller waren zunächst zurückhaltend. So äußerte Christoph Hein auf die Interviewfrage, was er über »diese Tage« der Wende schreibe, sie seien »sicher Stoff für Literatur«, aber ein Stoff, der erst »drei Generationen nach mir« bearbeitet werden könne. Gegenwärtig sehe er »Anzeichen dafür, daß sich die Zeitungen mit Politik befassen und die Kunst dadurch entlastet wird. Damit wird Kunst wieder auf ihre eigentlichen Aufgaben zurückgeführt« (Krebs 1989). Dagegen wünschte Friedrich Christian Delius sich in seinen Poetikvorlesungen aus dem Wintersemester 1994/95 Schriftsteller, »die ihre eigenen Spannungen auf die allgemeinen Zerreißproben zu projizieren verstehen«: Es sei an der Literatur, das neue, unerhörte Material, »das buchstäblich auf der Straße liege, zu sehen, aufzuheben und zu bearbeiten« (Delius: *Die Verlockungen der Wörter*, 67 f.).

Tatsächlich wurden ab Mitte der 1990er Jahre in rascher Folge Werke für diese

Marktlücke sowohl von ostdeutschen wie von westdeutschen Autoren produziert, unter anderem Erich Loest: *Nikolaikirche* (1995), Günter Grass: *Ein weites Feld* (1995), Angela Krauß: *Die Überfliegerin* (1995), *weggeküßt* (2002) und *wie weiter* (2006), Thomas Brussig: *Helden wie wir* (1995), *Am kürzeren Ende der Sonnenallee* (1999) und *Wie es leuchtet* (2004), Ingo Schulze: *Simple Storys* (1998), *Neue Leben* (2005) und *Adam und Evelyn* (2008) sowie Clemens Meyer: *Als wir träumten* (2006). Die Bandbreite dieser Texte zeugt von einer zunehmend nüchternen literarischen Rekonstruktionen der DDR und der Wendezeit mit einer Vielfalt der Stimmen und Positionen. Nicht nur Alter und Generationszugehörigkeit der Autoren oder die Herkunft aus Ost oder West implizieren jeweils besondere Blickwinkel; auch ästhetische Weichenstellungen und Geschichtsverständnisse beeinflussen die Wahrnehmung von Wende und Einheit. Offensichtlich war die Wende nicht einfach ein Stoff, der für alle sichtbar auf der Straße lag, sondern eine Idee, die sich ganz unterschiedlich repräsentieren lässt und die für jeden etwas anderes bedeutet. Bei allen Differenzen verbindet das Genre ›Wenderoman‹ jedoch der Abschied von großen Geschichtsdeutungen zugunsten subversiver Erzählweisen von Pikareske und Fragmentierung.

Thomas Brussig: *Helden wie wir*. Das Umkippen vom Erhabenen ins Lächerliche gehört seit Heinrich Heine zum etablierten Ausdrucksarsenal von Revolutionsliteratur. Nach 1989 war Günter Grass mit *Ein weites Feld* nicht der einzige Schriftsteller, der die Forderung nach einer literarischen Geschichtsdeutung mit den Mitteln der Satire und der Groteske bediente (Kap. 2.3). Im Zentrum von Thomas Brussigs *Helden wie wir* (1995) steht die Dekonstruktion der »*Das-Volk-sprengt-die-Mauer-Legende*« (*Helden wie wir*, 6): Während die Möchtegern-Revolutionäre vor dem Brandenburger Tor sich nicht wirklich trauen und von einem Bein auf das andere treten, als ob sie mal müssen, nutzt der Stasi-Mitarbeiter Klaus Uhltzscht – ein veritabler »Simplicissimus Ostteutsch« (Baßler 2002, 66) – die Verklemmtheit der Grenzschützer aus, zeigt ihnen seinen zu abnormer Größe erigierten Penis und bewirkt so die Maueröffnung. Scharf attackiert Brussig in der DDR etablierte Familien-, Körper- und Geschlechtervorstellungen, indem er im Modus der Sexualgroteske die gesamte DDR und noch den Mauerfall auf der Basis des umstrittenen Psychologie-Buchs *Der Gefühlsstau* (1990) von Hans-Joachim Maaz deutet. Nach eigenem Bekunden wollte der Autor damit den Begriff des »pervertierten Sozialismus wörtlich [...] nehmen, das Ganze umdrehen und sagen: Ich werde jetzt mal sozialistische Perversion entwickeln« (zitiert nach Bremer 2002, 47).

Wolfgang Hilbig: *Das Provisorium*. Im Gegensatz zur spielerischen, ironisch gebrochenen Schelmenperspektive bei Grass und Brussig spricht Wolfgang Hilbig, der einzige echte Arbeiter-Schriftsteller der DDR, in *Das Provisorium* (2000) im Gestus emphatischer Authentizität von einer verpassten Wende-Erfahrung. Sein Protagonist C., Hilbig-Lesern aus *Eine Übertragung* (1989) und *Ich* (1993) bekannt, ist wie der Autor Hilbig im Besitz eines Ein- und Ausreisevisums, das ihm in den 1980er Jahren zeitlich befristete Aufenthalte in der BRD erlaubt. C.s Leben spielt sich in einem ständigen »Provisorium« zwischen beiden Staaten vor allem an deren Bahnhöfen ab. Als Schriftsteller kann er im Osten schreiben, aber nicht publizieren; im Westen dagegen kann er publizieren, aber nicht schreiben. Dieser Zustand der Zerrissenheit ist nur vordergründig der politischen Teilung geschuldet; tatsächlich liegen seine Ursachen in C.s Ich.

Die Wende, mit der der Roman endet, bringt ihm keine Lösung. C., wie sein Autor schwerer Alkoholiker, erlebt sie kaum bewusst mit. Die Dekonstruktion des Wende-Mythos führt bei Hilbig in seelische Abgründe, die autobiografisch ebenso wie literarisch vorgeprägt sind: Wie *Das Provisorium* davon erzählt, dass C. an keinem Ort leben kann, sich zudem ständig herabgesetzt und abgelehnt fühlt – das erinnert, oft bis in einzelne Formulierungen hinein, an ein berühmtes Vorbild der Autobiografie von unten, Karl Philipp Moritz' *Anton Reiser* (1785/86). Wie Reiser ist C. ein Getriebener und doch ganz emphatisch Ich, ohne Komik und ohne Brechung. In die literarischen Strömungen der Gegenwart lässt sich diese einzigartige Sicht auf ein authentisches Erleben, jenseits von Klischees und Stereotypen, kaum einordnen.

Clemens Meyer: *Als wir träumten*. Eine marginale Perspektive auf Wende und Vereinigung wählt auch Clemens Meyer in seinem Debütroman *Als wir träumten* (2006). Der Junge Daniel wächst in asozialen Verhältnissen im heruntergekommenen Leipziger Osten auf, trinkt exzessiv, klaut, schwänzt die Schule und landet mehrfach im Jugendknast. Die Wende ist in *Als wir träumten* Teil der Coming-of-age-Geschichte eines Außenseiters: An den Friedensdemonstrationen über den Leipziger Ring nehmen Daniel und seine Clique nur zufällig und aus Neugierde teil, ohne zu verstehen, was sie dabei sehen; die Vereinigung erleben sie nicht als politisches Ereignis, sondern als Erweiterung des klaubaren Warenrepertoires.

Bei allem sozialen Realismus der Milieuschilderung enthält der Roman jedoch starke Fiktionssignale, die Daniels Perspektive als poetische Konstruktion ausweisen. *Als wir träumten* wird aus einer Erinnerungsperspektive heraus erzählt, deren Abstand zum Erleben Daniels durch den Wechsel des Erzähltempus sowie durch intertextuelle Bezüge auf einen hochkulturellen Literaturkanon bezeichnet ist. Bereits der Anfang des Romans verweist auf die Mummerehlen-Episode aus Walter Benjamins *Berliner Kindheit um 1900*, die Daniel und seinen Freunden kaum bekannt sein dürfte. Benjamins Kindheiterinnerung ist die Erinnerung an eine Zeit, das 19. Jahrhundert, die in der Kindheit eigentlich bereits vergangen war. Im Meyer-Kontext markiert das Benjamin-Zitat die Erfahrung einer Generation, der die Kindheit mit der DDR abhanden gekommen ist.

Ingo Schulze: *Simple Storys*. Ein vielperspektivisches Panorama gesellschaftlicher Veränderungen der Nachwendezeit entwickelt Ingo Schulze in *Simple Storys* (1998), in denen der *Spiegel* jenen Wenderoman, »jenes Porträt des vereinigten Deutschland« finden wollte, »von dem die Literaturkritiker in ihren Sehnsuchtsstunden am Laptop delirieren« (Rezension vom 28.2.1998). In fragmentierten Episoden erzählt der Roman von brüchigen Biografien, von der zunehmenden Verwestlichung des Ostens und den Schwierigkeiten einer neuen Identitätsfindung neun Jahre nach der Wende. Die Verbindungen zwischen den Ereignissen und Stimmen müssen vom Leser hergestellt werden, den Figuren selbst sind sie nur selten bewusst. Die Schnitttechnik in der Tradition der amerikanischen Moderne (Raymond Carver, Ernest Hemingway, William Faulkner) stellt ein weiteres ästhetisches Verfahren der Durchbrechung geschichtlicher Großerzählungen dar.

DDR-Pop. Wegen ihrer erzählerischen Kombinatorik hat der Literaturwissenschaftler Moritz Baßler *Simple Storys* mit zur Popliteratur gerechnet (Baßler 2002) (vgl. Kap. 4). Allerdings bestehen signifikante Unterschiede zwischen Schulzes fast schon dokumentarischer Kartierung von Lebensgeschichten in der ostdeutschen Provinz und dem Lifestyle-Realismus Benjamin von Stuckrad-Barres oder Moritz von Uslars. Weit eher als *Simple Stories* lassen sich Texte der ›Generation Zonenkinder‹ wie Jakob Heins *Mein erstes T-Shirt* (2001), Jana Hensels *Zonenkinder* (2002) oder Claudia Ruschs *Meine freie deutsche Jugend* (2003) als DDR-Pop beschreiben. Eine spezifisch ostdeutsche Identität wird hier durch die Aufzählung von DDR-Produkten und die positive Aufladung von Alltagsgegenständen beschworen, die das früher Normale in der Rückschau auratisch verklären. Bereits 1993 hatte der Journalist Christoph Dieckmann vor einem Mythos DDR gewarnt, hinter dessen Sentiment die wahre DDR versinke (Dieckmann 1993). Allerdings erwächst der ostalgische Charakter der Zonenkinder-Texte auch daraus, dass es den Erinnerungsgegenstand nun einmal nicht mehr gibt und die Erinnerung an die DDR untrennbar mit der Erinnerung an die eigene Kindheit verwoben ist. Der Ost-Pop der Zonenkinder kann deshalb identitätsstabilisierend gerade für die Generation der um 1970 Geborenen wirken, die die Wende als Teil ihrer Adoleszenz erlebten.

Angela Krauß: *Wie weiter*. Eine dezidiert weibliche Wende-Perspektive entwickelt Angela Krauß in ihren ungewöhnlichen, figuren- und handlungsarmen 100-Seiten-Büchern *weggeküßt* (2002) und *wie weiter* (2006). Beide scheinen dieselbe Erzählerin zu haben, in deren subjektiver Entgrenzungserfahrung die Wende wie aus dem Augenwinkel erscheint – als Konsequenz der anthropologischen Grundeinsicht, dass der Mensch für das Grenzenlose gemacht ist. Dieses Grenzenlose wird durch die Wende wieder möglich, aber die Wende ist mehr als ein politisches Ereignis, denn sie präfiguriert und ermöglicht eine Entgrenzung in der Liebe, die vor allem in *wie weiter* das eigentliche Bewegungsziel darstellt. Eine Entgrenzung zeigt sich hier bereits in der geografischen Verteilung der drei »Liebesmenschen« Roman (den die Erzählerin seit ihrer erzgebirgischen Kindheit kennt und auf eine Wendedemonstration wiedergetroffen hat), Leo (der 1938 aus Wien in die USA emigrierte) und der Russin Toma.

Während das Ich sich immer weiter bewegt, bleibt die Frage »In welche Richtung bewegt sich jetzt die träge Geschichte?« unbeantwortet (*wie weiter*, 32). Statt historischer Großerzählungen – »Der Kommunismus als Idee! Der Kapitalismus als Verheißung! Das Goldene Zeitalter wird kommen!« (81) – favorisieren die wiederkehrenden Dialoge mit einem allwissenden »Du« das Einfache: »Mein Opa steht im Schuppen und hackt Holz.« *wie weiter* ist ein philosophisches Buch – und zugleich lyrische Evokation schwer greifbarer Stimmungen und Atmosphären der Wendezeit. Am Ende steht die Einsicht, dass der Mensch ohne »Traum von der Zukunft« nicht leben kann (110), mithin ein Plädoyer für das Utopische. Aber dieses Utopische wird nicht in der Politik, sondern in der Liebe gefunden.

3.4 | Post-DDR-Literatur

1996 konstatierte der Lyriker Kurt Drawert eine merkwürdige Erfahrung mit der DDR: »in gewisser Weise ist mir das Land, heute, wo es mir in den Gedanken erscheint, gerade in seiner Abwesenheit, in seiner Verlorenheit, real. Als ich in ihm lebte, war es mir immer unwirklich erschienen« (*Wo es war*, 117). Die Wirklichkeit der DDR, so Drawert, sei eine immer schon »abgeschaffte Wirklichkeit« gewesen; sie lasse sich überhaupt nur aus ihrem Wirklichkeitsverlust heraus gewinnen. Elf Jahre später versuchte sich Uwe Tellkamp in einem Artikel der *Frankfurter Allgemeinen Zeitung* an der Beantwortung der Frage »Was war die DDR?«. Anders als Drawert kam Tellkamp zu dem Ergebnis, die DDR sei nach ihrem Ableben auch nicht wirklicher geworden als zuvor, hänge die Beantwortung der Frage doch »vom Blickwinkel des Betrachters ab: War sie eine Pädagogische Provinz, die ihr Anliegen, Erziehung des Menschen zum höheren Zweck, mit Lehrern bewerkstelligte, die, einst gestrafte Söhne, zu strafenden Vätern wurden? [...] War sie ein Groß-Kombinat namens Brot & Lügen (Anatomia: Magen) mit Sekretariaten für Nägel,

Rührgeräte und einem Hafen der 1000 Kleinen Dinge [...]?« (Tellkamp: »Was war die DDR?«).

Tellkamps Fragen mussten für die *FAZ*-Leser des Sommers 2007 außerordentlich rätselhaft klingen, bezogen sich ihre Chiffren doch auf einen Code, der erst über ein Jahr später zugänglich wurde – nämlich auf Tellkamps Roman *Der Turm*, 2008 Gewinner des Deutschen Buchpreises und über Wochen Spitzentitel der *Spiegel*-Bestsellerliste. Zusammen mit Eugen Ruges *In Zeiten des abnehmenden Lichts* (2011) und Lutz Seilers *Kruso* (2014), beide ebenfalls Buchpreisgewinner, gehört *Der Turm* zu einer neuen Form von Post-DDR-Literatur, die nicht mehr allein nach der historischen Bedeutung des untergegangenen Landes DDR fragt, sondern die Frage nach der DDR zum Teil einer selbstbezüglichen Auseinandersetzung mit dem Verhältnis von Roman und Wirklichkeit macht.

Was war die DDR? Uwe Tellkamp: *Der Turm* (2008)

Der Turm beleuchtet das Ende der DDR als Ende der Utopien; zugleich reflektiert der Roman die literarischen Möglichkeiten einer Rekonstruktion der DDR nach deren Ende durch ein raffiniertes Spiel mit wechselnden Perspektiven und Erzählerstimmen. Struktur und Handlungsmuster entstammen dem Bildungsroman des späten 18. und 19. Jahrhunderts, der im Gegensatz zu verbreiteten Gattungsdefinitionen seine Helden gemeinhin nicht zu Bildung und Selbstfindung, sondern in Scheitern und Entsagung führt (man denke an das offene Ende der *Wilhelm Meister*-Romane oder an Gottfried Kellers *Grünen Heinrich*). Die Deformationen, die Tellkamps Protagonist Christian Hoffmann in Schule und Armee erlebt, finden mit dem 9. November 1989 ein nur zufälliges Ende. Ein von Tellkamp mehrfach angekündigtes Nach-Wende-Sequel ist bislang nicht erschienen.

Der Turm kombiniert dieses ambivalente Individualisierungsnarrativ mit einer epischen Gesellschaftsdarstellung, die im realistischen Erzählton Thomas Manns die verschwundene DDR detailreich wiedererstehen lässt. Vom Familien- und Schulalltag über die Probleme der Warenknappheit und der Tauschwirtschaft, die Bespitzelung durch die Stasi, Krankenhäuser und Armeekasernen bis hin zur politischen Lenkung des DDR-Literatursystems entsteht eine dichte, an manchen Stellen sicherlich auch klischierte DDR *ex post*. Dass einige ostdeutsche Leser darin »ihre« DDR und »ihr« Dresden als Sonderfeld der DDR nicht wiedererkannt haben, führt jedoch vor Augen, dass der Realismus des Romans niemals der Realismus der Wirklichkeit sein kann, sondern immer nur dessen Simulation durch vom Autor selektierte und perspektivierte Realitätseffekte. In diesem Sinne ist das Dresden des *Turms* mit dem Lübeck der *Buddenbrooks* oder dem Paris Balzacs vergleichbar.

Allerdings tritt zu dieser poetisch-realistischen Erzählstimme eine zweite hinzu, die alles, was auf den ersten Blick als wirklichkeitsnahes Abbild erscheint, in ein fantastisches Zwielicht taucht. Diese zweite Stimme ist die der Figur Meno Rohde, dessen Tagebuchaufzeichnungen den Roman als Ouvertüre einleiten und als Zitate durchziehen. Dass Rohde ein wichtiger Status als Interpret der DDR zukommt, zeigt sich unter anderem darin, dass in seinen Aufzeichnungen die rätselhaften gelehrten Anspielungen aus Tellkamps *FAZ*-Artikel aufgenommen werden. In einem modernistischen Bewusstseinsstrom verbindet die Ouvertüre Hinweise auf die »Sozialistische Union« der UdSSR und den »Archipel« Gulag, auf volkseigene Betriebe und die unfassbare Umweltverschmutzung in der DDR mit Anspielungen auf die »Türmer« aus Goethes *Wilhelm Meister* und die »ludi magistri« aus Hermann Hesses *Glasperlenspiel* – zwei fiktive Geheimbünde, die beide für alternative

Gesellschaftsformen stehen (*Der Turm*, 7–11). Die folgende Romanerzählung greift den Anspielungshorizont der Staats- und Bildungsutopien auf, wenn der Titel des ersten Romanteils die DDR mit der totalitären »Pädagogischen Provinz« in *Wilhelm Meisters Wanderjahre* in Verbindung bringt, ein Restaurant den Namen »Felsenburg« aus Johann Gottfried Schnabels barocker Staatsutopie trägt oder ein später Kapiteltitel auf »Kastalia«, den Orden der Hesseschen Glasperlenspieler, verweist.

Durch sein Zitatgeflecht reflektiert *Der Turm* die DDR als eine gescheiterte Utopie und bespiegelt zugleich die eigene Machart als utopischer Staatsroman, der die gesamte DDR in das verschachtelte Raumgefüge immer exklusiverer Räume (Berge, Flüsse, Inseln) eines poetisch überhöhten Dresden integriert. Dabei verwandelt sich die Frage des Zeitungsartikels »Was war die DDR?« in Rohdes Aufzeichnungen zur poetologischen Frage nach »ATLANTIS, das wir nachts betraten, wenn das Mutabor gesprochen war, das unsichtbare Reich hinter dem sichtbaren« (9). Gerade im Dresdner Stadtkontext verweist das Erkennungswort Atlantis auf das Reich der Poesie, in dem der Student Anselmus am Ende von E. T. A. Hoffmanns Dresden-Erzählung *Der goldne Topf* einen Meierhof erwirbt. Dadurch aber verwandelt sich die Deutung der DDR, um die es im Roman auch geht, von einer zeitgeschichtlichen zu einer Frage der Romanpoetik: Das programmatische Stichwort ATLANTIS weist dem gesamten Roman eine allegorische Struktur zu. Das Utopische der DDR, die DDR als Atlantis, kann nur eine poetische Interpretation sein, die aus der Erinnerungsperspektive der Figur Rohde entsteht – und aus derjenigen des Autors Tellkamp, der sich in seinem *FAZ*-Artikel zu dieser Perspektive bekannt hat.

Deutsche Geschichte plus Familienroman? Sowohl Eugen Ruges *In Zeiten des abnehmenden Lichts* (2011) als auch Lutz Seilers *Kruso* (2014), die beiden anderen DDR-Romane unter den Gewinnern des Deutschen Buchpreises, wurden in Rezensionen rasch und in abwertender Weise mit Tellkamps *Turm* verglichen. So insinuierte Sebastian Hammelehle im *Spiegel*, Eugen Ruge habe mit seinem Roman die Gewinn-Formel »Deutsche Geschichte plus Familienroman gleich Buchpreis« allzu geradlinig bedient. Zwar weise *In Zeiten des abnehmenden Lichts* thematisch eine gewisse Nähe zum *Turm* auf, stilistisch allerdings lägen Welten zwischen den Büchern. *In Zeiten des abnehmenden Lichts* sei ein »sprachlich schlichteres, geradlinig aufgebautes Buch, dem man durchaus anmerkt, dass sein Verfasser Erfahrung als Drehbuchautor gesammelt hat« (Hammelehle 2011). In Bezug auf *Kruso* bezeichnete der stellvertretende *FAZ*-Feuilletonchef Andreas Platthaus den *Turm* »in vielem inhaltlich« als »Folie für Seilers Buch, wenn auch literarisch weitaus anspruchsvoller« und bewertete die Verleihung des Buchpreises an Seiler als »zweifelhafte Entscheidung« (Platthaus 2014). Tatsächlich bestehen Ähnlichkeiten zwischen den drei Büchern, deren Wurzeln in einer geteilten Erinnerungskultur liegen. In deren Rahmen entwickeln Tellkamp, Ruge und Seiler allerdings ganz unterschiedliche Perspektiven auf die DDR sowie eigenständige poetische Verfahren ihrer Vergegenwärtigung.

In Zeiten des abnehmenden Lichts lässt sich in gewisser Weise geradezu als Gegenbuch zu *Der Turm* lesen. Während Tellkamps Roman in einem bürgerlichen Rückzugsmilieu spielt, erzählt Eugen Ruge die Geschichte der DDR und ihres Endes anhand einer Familie überzeugter, staatstragender Kommunisten der sogenannten ›roten Aristokratie‹. Dabei verwendet er ein generationelles Muster, das prägende historische Erfahrungen von Exil und Aufbau der DDR bis zur Vereinigung aus der Sicht von Großeltern-, Eltern-, Kinder- und Enkelgeneration reflektiert. Auch die wiederkehrende Darstellung einer Familienfeier am 1. Oktober 1989 folgt den unterschiedliche Wahrnehmungen und Gedanken der einzelnen Figuren und veranschaulicht die Perspektivabhängigkeit von Geschichtsdeutungen. Mit der generationellen Ordnung des Erzählens greift Ruge auf Gründungserzählungen der DDR wie Anna Seghers' *Die Toten bleiben jung* oder Willi Bredels *Die Söhne* zurück (beide 1949), die um Generationsmuster strukturiert sind und die Figur des Vaters als literarisches Zentrum verwenden. Aber Ruge setzt das generationelle Schema gegenläufig zu diesen Gründungstexten ein, wenn sich darin wachsende Desillusionierung über den sozialistischen Prozess manifestiert. Den Horizont der Handlung bildet nicht die klassenlose Gesellschaft, sondern der bevorstehende Krebstod des Protagonisten Alexander Umnitzer, vor dem alle Versuche positiver Sinnstiftung verblassen.

Lutz Seiler rekonstruiert in *Kruso* eine erinnerte DDR auf Basis autobiografischer Schemata und schreibt somit das Projekt einer Post-DDR-Literatur fort. Handlungsort ist die Insel Hiddensee, in der späten DDR legendenumwobenes Aussteigerparadies und immer wieder Ausgangspunkt spektakulärer Fluchtversuche über die Ostsee. Doch verschwindet der Realraum Hiddensee in *Kruso* fast vollständig hinter den Lektüren, Träumen, Fantasien und Epiphanien des Studenten Ed, der sich dort als Saison-Abwäscher verdingt. Zwar gibt es auf Seilers Hiddensee Grenztruppen und die Stasi, Suchscheinwerfer, Betriebsurlauber und am Strand übernachtende Fluchtwillige. Aber das alles verschwimmt in den wiederkehrenden Auflösungs- und Entgrenzungsfantasien Eds, zu denen die Insel mit ihren fließenden Übergängen von Land, Wasser und Licht den äußeren Anlass gibt. In diesem Licht kann Ed bei guter Sicht die dänische Insel Mön sehen, doch zugleich geht die Entfernung zum anderen Ufer »gegen unendlich«.

Dieses Jenseitige gewinnt eine flüchtige Gestalt in den kultischen Handlungen des Titelhelden Kruso, der die fluchtwilligen »Schiffbrüchigen« versammelt, in den Abwaschtrögen der Gaststätte wäscht, mit einer nach Kot schmeckenden »heiligen Suppe« speist und drei Nächte an verschiedenen Orten beherbergt. Mit der Kontrafaktur der christlichen Sakramente und der christlichen Osterbotschaft beginnt eine Kippbewegung ins Religiöse, die im Roman nie vollendet wird. Das Sakrament ist in *Kruso* zwar wirksam – die »Schiffbrüchigen« verlassen die Insel als Geheilte –, aber verschmutzt; die Erlöserfigur Kruso ist Anführer einer strikt hierarchischen homosozialen Gemeinschaft, aus deren Bann Ed sich erst nach dem Verschwinden der anderen Abwäscher emanzipieren kann.

Der Epilog des Romans verlässt den poetischen Resonanzraum und kehrt zurück in die dokumentierbare Wirklichkeit. In einem nachgelieferten Bericht beschreibt der gereifte Ed seine Suche nach den Ostseetoten und die Abteilung »Verschwunden« in der Kopenhagener Polizeibehörde, die Akten über ertrunkene Republikflüchtlinge aufbewahrt. Dieser Epilog entzaubert den vorausgehenden Roman, indem er seine Leser durch die dichte Untermauerung mit Realien dazu einlädt, auch nach Kopenhagen zu fahren, die dort liegenden Akten einzusehen und *Kruso* eben doch als welthaltigen Bericht über die realen Ostseetoten zu lesen. Mit ihm schreibt Seiler sich in gegenwärtige Gedächtnisdiskurse ein (s. Kap. 5): Dem Gedächtnis der Shoah, der Kriegstoten, der Stasi-Verfolgten und der Mauertoten werden die Ostseeflüchtlinge als weitere Opfergruppe hinzugefügt.

Hilfsmittel

Unverzichtbares Standardwerk zur Geschichte der DDR-Literatur ist und bleibt Wolfgang Emmerichs *Kleine Geschichte der DDR-Literatur*, die 2007 in einer erweiterten Neuauflage erschien und nun auch ein Kapitel zur Post-DDR-Literatur umfasst. Eine »große« Geschichte der DDR-Literatur gibt es bis dato nicht; dafür aber das von Michael Opitz und Michael Hofmann herausgegebene, umfangreiche *Metzler Lexikon DDR-Literatur* (2009).

Über Lyrik der Wendezeit und Post-DDR-Lyrik der 1990er Jahre informieren eine Studie der britischen Literaturwissenschaftlerin Ruth Owen (2001) sowie verschiedene Aufsätze und Bücher von Hermann Korte, insbesondere dessen Geschichte der deutschsprachigen Lyrik seit 1945 (Korte 1999; 2000; 2004). Das »Wendejahr 1995«, in dem zahlreiche Wenderomane erschienen, fokussiert ein von Heribert Tommek, Matteo Galli und Achim Geisenhanslüke herausgegebener Sammelband (2015).

Eine wahre Fundgrube zur Wendeliteratur stellt das materialreiche, aber thesenfreie Handbuch von Frank Thomas Grub dar (2003); eine differenziertere Diskussion vielfältiger Aspekte der Wendeliteratur findet sich in dem von Volker Wehdeking herausgegebenen Sammelband *Mentalitätswandel in der deutschen Literatur zur Einheit* (2000). Das wichtigste monografische Werk zur Literaturgeschichte von Wende und Einheit ist Elke Brüns' Greifswalder Habilitationsschrift *Nach dem Mauerfall* (2006). Insbesondere auf Wenderomane geht die Dissertation von Dirk Schröter ein (2003).

4 Poproman und »Fräuleinwunder«

»Goldene Zeiten für Literatur« lautete der Titel einer Artikelserie in der *taz* im Jahr 2000, in der sich Autorinnen und Autoren, Verlagsangehörige und die Literaturkritik zum Zustand der Gegenwartsliteratur äußerten. Alle, die »es interessiert und angeht«, seien sich einig, »dass sich in den letzten zwei, drei Jahren eine Menge Gutes getan« habe in der Gegenwartsliteratur, schrieb etwa der Literarturkritiker Gerrit Bartels (2000). Ähnlich wie Bartels sahen viele Kritikerinnen und Kritiker in den ausgehenden 1990er Jahren einen ungeahnten Aufschwung der deutschsprachigen Literatur (s. Kap. 2).

Was war geschehen? Eine Generation neuer, bis dahin unbekannter Autorinnen und Autoren – etwa Judith Hermann, Juli Zeh, Christian Kracht oder Benjamin von Stuckrad-Barre – legte Texte vor, die sich durch ihren Gegenstand und durch ihre Erzählweise von den dominanten Ästhetiken der 1980er und frühen 1990er Jahre unterschieden. Stoffe und Motive des Erzählens schienen der Lebenswirklichkeit von Leserinnen und Lesern unmittelbar zu entsprechen (vgl. Krumrey u. a. 2014). Neue kulturelle und soziale Phänomenen der Zeit – etwa die Flexibilisierung individueller Lebensläufe und zwischenmenschlicher Beziehungen, neue Berufsbilder und hoch dynamische Entwicklungen in den Medien und der Popkultur – wurden auf diese Weise zum unmittelbaren Gegenstand fiktionaler Erzählliteratur.

Neues Erzählen. Erzählerisch werden diese Gegenstände durch eng an die Protagonisten gebundene Erzählinstanzen oder durch Ich-Erzähler vermittelt, die unmittelbar und häufig im Präsens von ihrer eigenen Lebenswirklichkeit berichten. Dieses Phänomen wurde als ›Neues Erzählen‹ beschrieben, das sich von komplexen Erzählverfahren der 1980er Jahre durch einen neuen narrativen Optimismus abgrenzen will: »Die ewige Frage: Lässt sich noch erzählen? spielt kaum noch eine Rolle. Da gibt es eine neue Unbekümmertheit«, bilanzierte Josef Haslinger, der Leiter des Deutschen Literaturinstituts Leipzig, in einem Interview (zitiert nach Hage 1999a, 248). Ein »zuweilen reizvoll rätselhaftes, meist aber bloß anstrengend in sich gekehrtes Schreiben« und der »literaturinterne Kampf gegen das Erzählen« galten damit als beendet (ebd., 248, 250). Bereits einflussreiche Texte der 1980er Jahre – etwa Sten Nadolnys *Die Entdeckung der Langsamkeit* (1983), Patrick Süskinds *Das Parfum* (1985) oder Christoph Ransmayrs *Die letzte Welt* (1988) – galten als Zeugnisse einer *Wiederkehr des Erzählens* (Förster 1999), da sie in Form linearen Erzählens konsistente fiktive Welten entfalteten.

Literatur und Medien. Indem sie mit neuen Erzählverfahren neue Leserinnen und Leser an sich band, konnte Literatur im Wettbewerb mit anderen Medien – insbesondere dem Fernsehen, aber zunehmend auch dem Internet – ihre Stellung behaupten. Unter dem Stichwort der Popliteratur verflüssigten sich die Grenzen zwischen Breitenkultur, Literatur und Journalismus (vgl. Hecken u. a. 2005, 25–30). Gerade unter jüngeren Menschen wurden deutschsprachige Texte plötzlich intensiv gelesen und diskutiert. Literatur galt als »hipp« und wurde von Verlagen und in den Feuilletons entsprechend vermarktet (Schäfer 2003, 8).

Literatur, Medienbetrieb und Popkultur verschmolzen dabei in vielerlei Hinsicht. Viele der später als Pop-Literaten bekannt gewordenen Autoren begannen ihre Karriere als Journalisten. Benjamin von Stuckrad-Barre, mit *Soloalbum* (1998) einer der literarischen Shooting Stars der späten 1990er Jahre, moderierte eine Literatur-Show bei MTV, dem einst einflussreichsten Kanal für Popmusik und Jugendkultur. Charlotte Roche, die ihre Karriere als Moderatorin des MTV-Konkurrenten Viva begann, legte 2008 den Bestseller *Feuchtgebiete* vor. Thomas Meinecke war zunächst Mitglied der Band *Freiwillige Selbstkontrolle (F. S. K.)* und ist neben seinem Schreiben als DJ tätig. Sven Regener wurde zunächst als Sänger der Band *Element of Crime* bekannt, bevor ihm mit dem Roman *Herr Lehmann* (2001) der literarische Durchbruch gelang. Als äußerst populäre Verfilmungen wirkten alle genannten Romane auf die Medienwelt zurück: Der Film *Soloalbum* (D 2003) markierte für die Hauptdarsteller Nora Tschirner und Matthias Schweighöfer den Durchbruch im Kino und wirkte genrebildend für leichte Liebeskomödien aus deutscher Produktion.

Wirklichkeits- als Qualitätsgewinn. Dass sich Literatur mit der unmittelbaren Lebenswirklichkeit von Leserinnen und Lesern auseinandersetzt, schien vielen Beteiligten als Qualitätsgewinn der deutschsprachigen Gegenwartsliteratur:»Zum ersten Mal seit dem 2. Weltkrieg ist die deutsche Literatur heute besser als die deutsche Fußball-Nationalmannschaft«, eröffnet der Literaturwissenschaftler Moritz Baßler seine Studie *Der deutsche Pop-Roman* (Baßler 2005, 9). Für Baßler folgte dem neuen literarischen Phänomen nicht allein eine neuartige Leserschaft, sondern eine neue Form des literarischen Diskurses und ein neuer Kanon von Texten und Autoren:»Auf einmal gibt es wieder Autoren, über deren Texte man sich austauscht, die nicht von einer Kulturredaktion, sondern von Gleichgesinnten empfohlen werden und vor allem: deren nächstes Buch man auf jeden Fall gleich nach Erscheinen lesen wird« (ebd.,10).

Zunächst durch Blogs, später durch Plattformen wie *MySpace* oder *Youtube* findet diese neue, nicht hierarchische, sondern hochgradig partizipative Kommunikation über Literatur neue Verbreitungswege. Parallel dazu entwickeln sich neue Formen der Präsentation und Inszenierung literarischer Texte: Literatur- und Lesefestivals und, damit einhergehend, neue Konzepte von Lesungen führen zu neuen Anforderungen in Bezug auf die Vermarktungs- und Medienaffinität von Autorinnen und Autoren (s. Kap. 12).

Literatur und (neue) Wirklichkeit. Baßlers Studie macht deutlich, dass eine Literatur, die Alltagserfahrungen von Leserinnen und Lesern zum Gegenstand hat – die Palette reicht von Beziehungsproblemen über die berufliche Orientierungslosigkeit bis zur Quarterlife Crisis – das tradierte Verhältnis von Fiktion und Wirklichkeit wandelt: Sie bricht mit einer als Abweichungsästhetik bezeichneten Poetik, die Literatur und Wirklichkeit in Opposition zueinander stellt und der Kunst die Aufgabe zuschreibt, das ›Andere‹ der Wirklichkeit zu sein, diese zu irritieren und zu hinterfragen (vgl. dazu v. a. Fricke 2000). Gegen diese weit verbreitete literarische Ästhetik stellen die Schreibweisen der 1990er Jahre Literatur und Wirklichkeit in ein koordinierendes Verhältnis. ›Neu‹ sind – wie Baßler in Anlehnung an den Kunsttheoretiker Boris Groys formuliert – die innerhalb der Literatur angetroffenen Gegenstände nicht, sondern als Alltagserfahrung hinlänglich bekannt. ›Neu‹ sind sie dagegen als Lektüreerfahrung: Im je eigenen Leben haben, so die intendierte Wirkung der Texte, Leserinnen und Leser die entsprechenden Phänomene immer wieder angetroffen – nicht jedoch als Gegenstände eines fiktionalen Texts. Baßler deutet diese Literarisierung von Gegenwart als Versuch, Alltagserfahrungen ins»kulturelle Archiv« zu überführen (Baßler 2005, 21): Popliteratur ist»eine kontinuierlich fortlaufende Archivierungs- und Re-Kanonisierungsmaschine« (46), mit der Autorinnen und Autoren ihre Gegenwart und Lebensweise in die kulturelle Überlieferung integrieren wollen.

Die neu entstehenden Schreibweisen sind auch eine Folge poetologischer Verschiebungen und Umbrüche nach 1990 (s. Kap. 2): Anstelle einer unglaubwürdig gewordenen kritischen Distanz zur eigenen Gegenwart, die viele Autorinnen und Autoren bis dahin in Anspruch genommen hatten, integriert Literatur Wirklichkeit und vermischt sich mit ihr. Dies geschieht, um neue Formen literarischer Kritik für die eigene Gegenwart zu finden, die nicht normativ nach gesellschaftlichen Alternativen zur eigenen Wirklichkeit fragen, sondern deren Konstitutionsmechanismen und Wirkungsweisen aufzeigen wollen. Das »postideologische Vakuum«, das nach 1989/90 zur Suche nach neuen Poetiken führt, ist damit der Hintergrund für eine neue Diesseitigkeit von Literatur, die nun von einer »kraftvollen und hochinteressanten Zeitdiagnostik« gefüllt wird (Hartwig 2010). Das ›neue Erzählen‹ ist zwar apolitisch im Sinne eines unmittelbaren Engagements für oder gegen gesellschaftliche Entwicklungen, betrachtet sich jedoch durch und durch als kritische Analyse des eigenen, unmittelbaren Daseins (vgl. Hage 1999a, 250). Zudem vermischen Autorinnen und Autoren Literatur und Wirklichkeit auf der Grundlage postmoderner Theorien der 1960er und 70er Jahre, die keine grundlegenden Grenzen zwischen beiden mehr kennen: Die eigene Wirklichkeit gilt damit per se als mediales Konstrukt – innerhalb wie außerhalb der Literatur.

Neues Erzählen und Literaturkritik. Die zuweilen deutlich ausgestellte Distanz zum gesellschaftskritischen Schreiben der literarischen Vorgängergenerationen führte dazu, dass die etablierte Literaturkritik das ›neue Erzählen‹ häufig ablehnte (Schäfer 2003, 9–12, Schumacher 2003, 12; eine Sammlung besonders bissiger Kommentare bei Bartels 2000). Die Literaturkritikerin Iris Radisch etwa klagte, die gegenwartsbezogenen Schreibweisen der ausgehenden 1990er Jahre reduzierten Literatur auf eine »Packungsbeilage zum Bestehenden« und seien letztlich nichts als »heiterer Konsumfetischismus« (Radisch 2000, 23). Der »heitere konsumfreundliche Pop-Single-Nihilismus«, den die Pop-Autoren den »traurigen Vergeblichkeitsgesten der alten E-Literatur der 68er-Generation« entgegenhielten, eliminiere das Poetische aus der Literatur und bestehe, ganz wie die Avantgarden des frühen 20. Jahrhunderts, »in dem Wunsch nach einer Identität von Literatur und Leben, will sagen Lebensstil« (ebd., 24). Doch die unmittelbare Schilderung von Gegenwärtigkeit in der Literatur der ausgehenden 1990er widmet sich ihrem Gegenstand keinesfalls kritiklos. Vielmehr besitzt sie den Status einer Experimentalpoetik, die mit ihrer Hinwendung zur Wirklichkeit neue Formen der literarischen Zeitdiagnostik entwickeln will.

Ermüdungserscheinungen. Das ›neue Erzählen‹ ist Mitte der 1990er Jahre eine hoch dynamische Experimentierform. Nach der Jahrtausendwende wandelt es sich schnell zu einem weit verbreiteten Muster, das weder neu noch überraschend ist. Entsprechend haben sich viele Autoren nach ihrem frühen Ruhm entweder auf andere literarische Genres konzentriert (etwa Alexa Hennig von Lange), können mit ihren neuen Texten nicht mehr überzeugen (etwa Benjamin von Stuckrad-Barre) oder haben ihre Schreibweisen abermals verändert (wie etwa Christian Kracht). Das bedeutet jedoch nicht, dass es nicht auch nach der Jahrtausendwende noch Popliteratur im eigentlichen Sinn gibt – Rainald Goetz oder Thomas Meinecke etwa haben entsprechende Schreib- und Erzählverfahren in großer Konsequenz weiterentwickelt. Als Autor, »der sich mit einzigartiger Intensität zum Chronisten der Gegenwart und ihrer Kultur gemacht hat« (Deutsche Akademie 2015), wurde Rainald Goetz 2015 mit dem Büchner-Preis ausgezeichnet. Dennoch ist ein gewisser Ermüdungseffekt feststellbar, der die Literaturkritik angesichts einer »Poetik der Oberfläche« spätestens in den 2010er Jahren erfasst hat (Grabienski et al. 2011): Dieser zeigt sich auch an dem intensiv diskutierten Romandebüt *Wir kommen* (2016) der Bloggerin und Journalistin Ronja von Rönne. Der Roman beschreibt anhand von vier jungen Menschen soziale Mechanismen des Berliner Medienbetriebs. Im Gestus des Popromans (obwohl die Figuren selbst bestreiten, Gegenstand eines solchen zu sein) werden Journalismus, Werbewirtschaft und Internetindustrie, Hipstertum und Bionade-Bourgeoisie als selbstbezüglich und leer ironisiert. Der Roman selbst wurde intensiv in den Medien rezipiert und löste Debatten um die Gegenwartsfähigkeit von Literatur aus – ohne aber als ein neues oder überraschendes Phänomen wahrgenommen zu werden.

4.1 | Popliteratur als Zeitkritik

Popliteratur bezeichnet Texte, die Literatur mit Phänomenen der Populärkultur verschmelzen wollen und auf diese Weise neue Mittel der literarischen Erzeugung von Gegenwärtigkeit erproben. Popliteratur ist ein umstrittener Begriff. Das liegt nicht allein an der begrifflichen Unschärfe des Begriffs ›Literatur‹, sondern an der offenen Frage, was Populärkultur ist. Allein der Verbreitungsgrad eines Musikstücks, einer Mode oder eines Textes ist dazu kein hinreichender Indikator. Entsprechend ist Popliteratur – und in vielerlei Hinsicht der eng damit einhergehende Popjournalismus – oft »nichts anderes als eine hochkulturelle Simulation des Pop« (Schmidt 2002): Nicht jeder Poproman ist seinerseits ›populär‹ in Bezug auf seine Auflagenhöhe und Reichweite. Gleiches gilt für seine Stoffe und Motive, die mitunter eben keine massenhafte Verbreitung finden, sondern als Distinktionsmechanismen fungieren und ihre Verwender abgrenzen sollen.

Pop bezeichnet damit weit weniger ein Rezeptionsphänomen als vielmehr einen Stil: Wer oder was ›pop‹ zu sein in Anspruch nimmt, gibt dies auch ohne Verweis auf die eigene Bekanntheit oder Beliebtheit zu erkennen und bedient sich dazu konventionalisierter ästhetischer Verfahren. Analog verfahren auch Autorinnen und Autoren von Popliteratur. Insbesondere der Verweis auf Markennamen und Popmusik sind Ausweis dafür, dass ein Text als Bestandteil von oder Rekurs auf Popkultur wahrgenommen werden will. Dennoch bleibt diese Zuweisung ambivalent: Autorinnen und Autoren verweisen kontinuierlich darauf, dass Popliteratur ein Beschreibungskriterium ist, das von außen – durch die verfemte Literaturkritik und Literaturwissenschaft – an die entsprechenden Gegenstände herangetragen wurde.

Vorgeschichte der Popliteratur. Deutschsprachige Popliteratur war in den 1990er Jahren vielleicht ein überraschendes, nicht jedoch ein grundlegend neues Phänomen (dazu v. a. Hecken u. a. 2015, 73–86, sowie Schäfer 2003). Autoren wie Rolf Dieter Brinkmann oder H. C. Artmann legten bereits Ende der 1960er Jahre Texte vor, die Verfahren aus der Pop-Art in den bildenden Künsten literarisch fruchtbar machen wollten. Mit der Kunstausstellung Documenta 4 im Jahr 1968 erlangte die entsprechende Kunstströmung große Popularität in Deutschland. Mit Brinkmanns Beziehungsroman *Keiner weiß mehr* sowie Hubert Fichtes *Die Palette* kann 1968 gewissermaßen als das »Gründungsjahr« der deutschsprachigen Popliteratur gelten (Ackermann/Greif 2003, 55; Hecken u. a. 2015, 8). Prosa-Texte Brinkmanns, die aus Versatzstücken vorgefundenen oder autobiografischen Materials bestehen, nutzen Pop als ästhetisches Verfahren, konnten aber im Unterschied zur Popliteratur der späten 1990er Jahre in ihrer Wirkung keine tatsächliche Popularität in breiteren Leserkreisen entfalten. Gleiches gilt für die Popliteratur der 1980er Jahre, die mit den frühen Texten Rainald Goetz' – etwa *Irre* (1983) oder *Hirn* (1986) – an die Traditionen der 1960er und 1970er Jahre anschloss.

Pop, Gesellschaft, Differenz. In der Popliteratur ist eine Wirklichkeit Gegenstand einer literarischen Auseinandersetzung, die ihrerseits als kulturelles Konstrukt gilt. Pop selbst wird als reproduzierbarer Text begriffen, der in Form von Popliteratur fortgeschrieben wird (Fiske 1998; vgl. Schäfer 2003, 15). Ihrer Intention nach ist diese Schreibweise weniger ›konsumfetischistisch‹ (Radisch 2000, s. o.) als vielmehr konsumkritisch: Bereits die Pop-Art der 1960er Jahre hatte die Hoffnung, durch das Aufgreifen von Elementen der Breiten- und Massenkultur ihre Subjektivität und Autonomie bewahren zu können und die Unterhaltungs- und »Kulturindustrie« (Horkheimer/Adorno), als deren Bestandteil sie sich selbst ausweist, von innen heraus zu unterwandern. Auch wenn Pop, wie der Kulturtheoretiker Diedrich Diederichsen zuspitzt, »eine Befreiung vom Befreiungspathos der Linken« darstellt, ist er damit in seinem eigenen Selbstverständnis alles andere als unkritisch in Bezug auf jene Gegenwart, die er aufgreift und reproduziert (Diederichsen 1999, 18).

Diederichsens Buch mit dem programmatischen Titel *Der neue Weg nach Mitte* (1999) macht deutlich, dass diese Poetik des Pop als Konsequenz der Umbrüche der Jahre 1989/90 zu betrachten ist. Neue kulturelle, v. a. musikalische Formen stiften Identität, da alte Gewissheiten abhandengekommen sind. Und doch ist Pop für Diederichsen nicht allein ein Instrument zur Erzeugung von Zusammenhalt. Der Pop und die Stadt als Ort seiner Wirklichkeit sind auch »Differenzmaschinen«, die »die Uneinigkeit darüber, was wirklich, was relevant und was ich und wir sind, perpetuieren, die sie doch auffangen sollen« (Diederichsen 1999, 11, 15).

Im Zusammenhang mit dem kritischen Potenzial von Pop unterscheidet Diederichsen zwei historische Entwicklungsstufen: In einer als »Pop I« bezeichneten Entstehungsphase ist Pop »Gegenbegriff zu einem eher etablierten Kunstbegriff«, der alte kulturelle Gewohnheiten, Muster und Verfahren hinterfragt und durchbricht (ebd., 275). Aus der »oppositionellen Struktur« von »Pop I«, die »Komplement und Konkurrenz zur defizitären Repräsentationspolitik des Parlamentarismus und aller Herrschaftskulturen« (284) war, entwickelt sich »Pop II«, der zwar die Form von Pop nutzt, diese aber für die unterschiedlichsten Funktionen und Gehalte verfügbar macht. »Pop II« bietet für Diederichsen »Matrizen für alles, innerhalb und außerhalb des normalen Spektrums«. Der Erfolg von Pop als ästhetischem Prinzip beruht in beiden Fällen auf dem Verschmelzen, Zusammenführen und »Entleeren« kultureller Zeichen. Die Grenze von »Pop II« liegt für Diederichsen in der »Perfektion« dieser »Entleerung«: im kontinuierlichen Infragestellen, ohne selbst eigene Bedeutungsgehalte aufstellen zu können. Insofern ist Pop – und das macht ihn assoziierbar mit dem Begriff der ›Postmoderne‹ – wesentlich Rekurs und Re-Arrangement von bestehenden Zeichensystemen, die hinterfragt werden sollen.

Pop, Gegenwart, Kritik. Der Literaturwissenschaftler Eckhard Schumacher bestimmt Pop und Popliteratur als Versuch einer Diagnose von Gegenwart, die mit Mitteln geschieht, die eben dieser Gegenwart angehören (Schumacher 2003). Literarische Texte referieren unmittelbar und häufig im Verzicht auf Fiktion auf ›populäre‹ Gegenwartskultur. Damit fragen sie nicht allein nach der eigenen Gegenwärtigkeit, sondern nach Gegenwärtigkeit als solcher und den Weisen ihrer Konstitution. In Abgrenzung von der konventionellen Hochkultur wird für Schumacher dabei ostentativ auf den Anspruch an überzeitliche Geltung und Bedeutsamkeit des eigenen Werks verzichtet, dies zugunsten von kleinen, schnelllebigen Erzählformaten, die sich dem Journalismus nähern oder sich mit diesem kreuzen. Anders als zuweilen betont, lässt sich ein einseitig »bejahendes Verhältnis zur zunehmend medial geprägten Alltagswelt jugendlicher und jung gebliebener Menschen« kaum feststellen (Frank

2003, 6): Indem Popliteratur die eigene Gegenwart durch die Übernahme ihrer ästhetischen Verfahren beschreibt, lässt sie auch deren Leerstellen und Defizite erkennbar werden.

Popliteratur ist damit Gegenwartskritik, die nach bestimmenden Faktoren, Tendenzen und grundlegenden Eigenschaften von Gegenwart und Gegenwärtigkeit fragt. Die Plots vieler popliterarischer Texte zeugen weit weniger vom Glück als vom Unglück der geschilderten Wirklichkeit: Protagonisten reflektieren ihre eigene Lage intensiv und nehmen diese als desolat wahr. Dies gilt insbesondere in Bezug auf den Verlust von verlässlichen Bindungen und die Unfähigkeit, diese einzugehen. Die Normen für diese Gegenwartskritik – Forderungen nach authentischer Selbstentfaltung oder nach einem harmonischen Zusammenleben – werden jedoch allenfalls implizit erkennbar und sind innerhalb des Textes selbst nicht präsent – keine Erzählinstanz oder -ebene vertritt sie unmittelbar. Sie werden vielmehr bei Leserinnen und Lesern vorausgesetzt, wobei zahlreiche Elemente des Textes auf ihre Verletzung hin ausgerichtet sind.

4.2 | Pop, Musik, Diskurs

Am deutlichsten – wenngleich nicht ausschließlich – konstituiert sich das Genre der Popliteratur durch den Rekurs auf Popmusik. Dies gilt nicht allein für Benjamin von Stuckrad-Barres Roman *Soloalbum* (1998), einen der einflussreichsten Popromane der 1990er Jahre (s. Kasten). Der Autor und DJ Thomas Meinecke macht Musik nicht allein zum Gegenstand seiner Texte; vielmehr liegen ihnen Erzählverfahren zugrunde, die auf die House- und Techno-Szene der 1990er Jahre verweisen, aus denen sie vielfach hervorgehen. Das Sampling, bei dem vorhandene Songs und Klangelemente neu miteinander kombiniert werden, bestimmt auch Meineckes literarische Texte (vgl. Hecken u. a. 2015, 101–104). Sie führen die unterschiedlichsten Materialien und Diskurse zusammen und lösen eine Romanhandlung im konventionellen Sinne ebenso auf wie die Fiktion. »Ich will überhaupt keine Fiktion. Ich will null Ausgedachtes. Nicht das Originelle. Nicht die Erfindung«, betont Meinecke (*Handlung lenkt ab*, 34). Das Ergebnis ist ein Textgewebe, das sich seiner Gegenwart nicht allein inhaltlich oder motivisch, sondern durch seine Konstitutionsweise annähert: Analog zur eigenen Zeit besteht auch der Text des Romans aus unterschiedlichen Diskursen und kulturellen Artefakten, die wohl individuell variiert und kombiniert, nicht jedoch neu geschaffen werden« können. Meinecke schließt damit – wie er unter anderem in seiner Frankfurter Poetik-Vorlesung *Ich als Text* (2012) deutlich macht – an Subjektivitäts- und Intertextualitätstheorien des französischen Poststrukturalismus an.

Pop als Sampling. Meineckes Roman *Musik* (2004) greift den Diskurs um Popmusik auf und vermischt diesen vor allem mit Gender-, Ethnizitäts- und Partizipationsdiskursen. Thematisch wie in Bezug auf seine narrativen Verfahren verweist *Musik* deutlich auf den Vorgängerroman *Hellblau* (2001), dessen Verfahren er zuspitzt. Zwei laufend überblendete Erzählerstimmen, die den (in ihrer jeweiligen Redeweise nur schwer unterscheidbaren) Geschwistern Karol und Kandis zuzuordnen sind, berichten über ihre Beobachtungen und Recherchen zu den unterschiedlichsten Gegenwartsphänomenen. Die Schriftstellerin Kandis plant ein Buch über Personen der Zeitgeschichte, die am selben Tag Geburtstag haben wie sie selbst (dem 25.8., zugleich dem Geburtstag Thomas Meineckes). Auf diese Weise finden Figuren wie

»Ludwig I., König von Bayern. Lola Montez. Ludwig II., König von Bayern. Clara Bow. Ruby Keeler. Leonard Bernstein. Claudia Schiffer« Eingang in den Text (Meinecke: *Musik*, 7).

Pop und Gender-Theorie. Karol, der als Flugbegleiter arbeitet, befasst sich nebenberuflich – wenngleich immer wieder inspiriert von seinen Reisen und seiner gesellschaftlich eher als weiblich konnotierten Tätigkeit – mit der Verbindung von Popmusik, Genderdiskurs, Dekonstruktion und politischer Emanzipation. Ebenso wie in Meineckes Roman *Tomboy* (1998) steht dabei die Auflösung der dichotomischen Struktur männlich–weiblich im Zentrum von Karols Überlegungen. Selbstbestimmung beinhaltet für Karol, auch das eigene Geschlecht immer wieder neu zu bestimmen und Kontexte zu finden, die ein Ausleben der jeweiligen Rolle ermöglichen. Popmusik ist für ihn von besonderer Bedeutung – als ihre Wiege gilt ihm die afroamerikanische Rhythm and Blues-Bewegung. Als »diasporische Kunstform« ist R'n'B »per se exzentrisch, asymmetrisch [...], im literarischen Sinn ironisch, sagen wir ruhig: postmodern« (Meinecke: *Musik*, 34). Aufbauend auf R'n'B ist für Karol auch die Disko-Bewegung der 1970er Jahre voller »Hymnen des sexuellen Dissenses« und »ein zutiefst raffiniertes performatives Zeichensystem« der Queer-Gemeinschaften in den USA. Gleiches gilt für House und Techno, die für Karol die klassischen Geschlechterdifferenzierungen auflösen wollen. Judith Butlers Queer-Theorie (s. Kap. 7) liest Karol als »subtile Kulturtechnik, die auf die Denaturalisierung normativer Konzepte von Männlich- und Weiblichkeit, die Destabilisierung des Binarismus von Hetero- und Homosexualität« (297) abzielt.

Die Bandbreite der popliterarisch gesampelten Diskurse ist erheblich. Um theoretische Modelle für Dynamik und Transgression zu finden, hegt Karols Schwester Kandis heimliche Sympathien für die katholische Transsubstantiationslehre, nach der sich Wein und Brot in der Eucharistie in Jesu Fleisch und Brot verwandeln. Kandis glaubt hier »progressives Potenzial zu erkennen« (252), ist sich aber nicht sicher, ob ein Rückgriff auf die katholische Lehre für eine engagierte Feministin legitim ist. Am Schluss des Romans steht jedoch eine diskursive Leerstelle: Zwei seiner Kolleginnen berichten Karol begeistert von den Vorzügen des neuesten Flugzeugs ihrer Airline, »dem längsten Passagierjet der Welt«. Karols Blick dagegen – zugleich der Schluss des Romans – fällt auf eine auf dem Rollfeld liegende Person: »Bodenpersonal. Offenbar bewußtlos. Hoffentlich nicht tot« (371). Für diesen Anblick hält das weitgesteckte Diskursinventar Karols keine theoretischen Rahmungen parat, eine Grenze, die – so lässt sich das Ende des Textes deuten – auch der eigenen Gegenwart gilt.

4.3 | Pop als Erkenntnisweise

Mit seiner Erzählung *Rave* (1998) legt auch Rainald Goetz einen Text vor, der die neu entstandenen Formen des Nachtlebens im Sinne eines formalen Modells nutzt. Goetz war bereits in den 1980er Jahren ein einflussreicher und wegweisender Experimentator neuer Kunst- und Lebensformen, der seine Texte aus vorgefundenem Material arrangierte. Mediale Aufmerksamkeit erregte er vor allem 1983, als er sich bei der Lesung seines Textes *Subito* im Wettbewerb um den Ingeborg-Bachmann-Preis mit einer Rasierklinge die Stirn aufschnitt und die Lesung blutüberströmt beendete. Goetz' metapoetischer Text plädiert für »das einfache Abschreiben der Welt«, will auf diese Weise die Kategorie des »Sinns« negieren und stattdessen die »Wahrheit schreiben von allem« (»Subito«, 268). Nach dem Vorbild von Rolf Dieter Brinkmann verwendet er dazu Techniken der Collage, die jeden Effekt der Mimesis konterkarieren (vgl. Seiler 2006, 240). Im Unterschied zu Thomas Meinecke ist dies jedoch weit weniger poststrukturalistisch als vielmehr existenzphilosophisch inspiriert: Es geht um das Experimentieren mit Formen, die das eigentlich unzugängliche, unmittelbare Dasein der eigenen Person epistemisch zugänglich machen sollen.

Beginnend mit diesem Frühwerk stilisiert Goetz seine Texte als ein Gesamtwerk, dessen Bestandteile miteinander in enger Beziehung stehen (zur Poetik Rainald Goetz' vgl. Arnold 2011). Die aufwendige Titelgestaltung seiner Bücher teilt sämtliche bisher erschienen Texte in fünf größere Einheiten oder Bände ein. *Rave* ist der erste Teil eines Zyklus mit dem Titel *Heute. Morgen.* Der Zyklus wiederum ist der 5. Teil des mit *Irre* (1983) einsetzenden Gesamtwerks. Neben *Rave* zählen noch die Erzählung *Dekonspiratione* (2000), die Sammlung *Celebration* (1999), das zunächst als Internet-Blog veröffentlichte Tagebuch *Abfall für alle* (1999) und das Stück *Jeff Koons* (1998) zu *Heute. Morgen.* Ziel dieses fünfteiligen Zyklus ist eine umfassende literarische Gegenwartsanalyse. Vom Künstlerdrama *Jeff Koons* heißt es in *Rave*, es thematisiere »die politischen Aspekte künstlerischer Praxis [...] unter den gegenwärtigen politischen Bedingungen, heute, also ›nach 1989‹« (Rave, 208–209).

In *Rave* berichtet zumeist ein Ich-Erzähler, der eine große Nähe zum Autor Rainald Goetz suggeriert, aus dem Inneren der Münchener Rave- und Techno-Szene Mitte der 1990er Jahre. Gegenwärtigkeit wird hier vor allem durch das Aufrufen bekannter Clubs, Bars und Personen des öffentlichen Lebens erzeugt. Zentrale Rollen spielen die DJs Sven Väth, WestBam und das Duo Basic Channel, die die Techno-Szene der Zeit entscheidend prägten und mit denen der Ich-Erzähler in persönlichem Kontakt steht, ferner Vertreterinnen und Vertretern der Medien- und Unterhaltungsindustrie, die die Szene bevölkern und diese immer wieder als Hintergrund für ihre Arbeit nutzen.

Abtauchen. Das Eintauchen in die akustisch wie visuell hochgradig differente Welt eines Techno-Clubs ist für den Ich-Erzähler eine Flucht aus einer Wirklichkeit, die – sofern sie überhaupt auftaucht – banal, langweilig und oberflächlich wirkt. Tiefe, metaphysische Einsichten dagegen vermittelt Techno. Die Monotonie der Musik von Basic Channel etwa, die »wirklich die Sprache des Lebens spricht«, vermittelt nicht etwa oberflächlichen Spaß, sondern »ein Maximum an Fundamentalität und Deepness« (*Rave*, 266). Die Atmosphäre der Clubs, Sessions und Partys, die der Ich-Erzähler besucht – in Hamburg, München oder auf Ibiza – ist auf tranceartige Wahrnehmungseffekte hin ausgelegt, was durch die extensive Einnahme von Drogen noch gesteigert wird. Die Wiedergabe der entsprechenden Erlebnisse ist nur lautmalerisch, nicht aber in Form konventionalisierter Sprache möglich:

> Er schaute hoch, er nickte und fühlte sich gedacht vom Bum-bum-bum des Beats. Und der
> große Bumbum sagte: eins, eins eins –
> und eins und eins und –
> eins eins eins –
> und –
> geil geil geil geil geil...
>
> (Goetz: *Rave*, 19)

Im Inneren des Clubs lösen sich zeitliche Bezüge auf; was der Erzähler empfindet, ist eine radikale Gegenwart, die nur jenseits der Wirklichkeit zu finden ist: »Es gibt kein Gestern im Leben der Nacht« (229). Das Sampling ist eine »Augenblicklichkeits-

kunst« (84 f.). Indem es momenthafte Erlebnisse vermittelt, die weder speicher-
noch reproduzierbar sind, ist das Sampling Instinkt und Reflexion zugleich:

> Diese Rezeptivität und Reaktionsgeschwindigkeit, das Lauschen, Rühren, Ordnen und
> Verwerfen, diesen Vorrang der Reflexe, bei gleichzeitiger Reflexion auf diesen Vorrang
> der Reflexe, die auf praktische Umsetzung gerichtete Vision einer realen Abfahrt, der
> Party also, die zum Ereignis vieler einzelner mit lauter anderen wird, diese Verbindung,
> mit anderen Worten, von Handwerk und ästhetisch innovativem Geschehen, all das nen-
> nen wir hier: DJ-CULTURE.

> (Goetz: *Rave*, 87)

Reine Gegenwart. Die auf diese Weise vermittelten Erlebnisse sind unmittelbare Erkenntnis von Gegenwart (vgl. Steinfeld 2000, 55). Ihre Wahrnehmung stellt sich auf
sinnlich-körperlichem Wege ohne den Umweg über das Denken oder die Sprache ein
und steht für den Protagonisten jenseits von Raum und Zeit, die sich in der Ekstase
auflösen. Literarisch vermittelbar wird sie nur in Form einer gebrochenen Sprache,
die sich selbst gegenüber den ursprünglichen Empfindungen als defizitär empfindet.
Da diese Erfahrungen sowohl individuell als auch kollektiv sind, erzeugen sie für
den Ich-Erzähler aus »der imense[n] Realität« der Tanzenden eine »immense IDEALI-
TÄT« (*Rave*, 173). Die entsprechenden Erfahrungen werden – insbesondere durch intertextuelle Verweise – mit religiösen Erlebnissen in Verbindung gebracht – »Dein
Leib komme« (154) lautet eine Kapitelüberschrift.

Raving Society. So intensiv und unmittelbar die Erlebnisse sind, so haben sie in
den wenigen Momenten unberauschter Nüchternheit ein begriffliches Nachleben
und werden – zurück an der Oberfläche – diskursiv. Der Austausch der Raver über
ihre Einsichten und Erlebnisse »[k]önnte auch von Plato sein, was die Grundsätz-
lichkeit und Bandbreite des Behandelten betrifft, aber auch vom Lässigkeits- und
Richtigkeitsfaktor her« (205). Und dennoch ist das Leben der »Raving Society« – so
ein Schlagwort des Szene-Vordenkers Jürgen Laarmann, der auch als handelnde Figur auftritt – kein Gegenstand unkritischer Behandlung. Die utopische Vorstellung,
mit den Werten der Techno-Kultur eine neue, pan-nationale Gesellschaftskultur zu
formen, die auf Flexibilität, Dynamik und Kommunikabilität beruht, wird als Schein
entlarvt. Vor allem die Kommerzialisierung der Szene steht diesen Utopien entgegen.
Sie ist jedoch kein Fremdkörper, sondern eine der Clubszene inhärente Tendenz. Das
wird deutlich anhand der zahlreichen Medienvertreter, die die ravende Szene bevölkern, dabei im Auftrag ihrer ›bürgerlichen‹ Arbeitgeber »ganz neue, ungewohnte
Schreibweisen« entwickeln und sich »für Musik und Ausgehen, Trinken, Luhmann,
Drogen und was sonst noch so dazugehört, zum Spektrum aller sogenannten ›elektronischen Lebensaspekte‹« (114) interessieren. Die Lebens- und Arbeitsweise wird
als betriebsam, aber sinnlos und unernst beschrieben, die zwischenmenschlichen
Beziehungen als oberflächlich und unverbindlich.

Gegenwartstext und Zukunftsmusik. Weitere Beispiele für das unmittelbare Erzählen aus dem Inneren der Rave-Szene ist Andreas Neumeisters *Gut laut* (1998),
das die Münchener Techno-Szene Mitte der 1990er Jahre beschreibt. Auch für Neumeisters Erzählinstanz, deren Erlebnisse meist in Form eines inneren Monologs präsent sind, ist Techno-Musik die Möglichkeit, die eigene Gegenwart unmittelbar zu
erleben: Techno ist »Zukunftsmusik«, weil sie »wahre Jetztmusik« ist (*Gut laut*, 13).
Sie verkörpert eine Gegenwart, deren Erfahrung absolut ist, weil sie sich in fundamentalen Umbrüchen befindet, ohne die Zukunft erkennbar werden zu lassen. Das

›gerade noch‹ dominiert gegenüber einem unmöglich gewordenen ›noch nicht‹: »Gerade noch, alles gerade noch, die Gegenwart als Alles. Die Gegenwart als Alles und Nichts. Alles gerade noch, gerade noch Neunzigerjahre, gerade noch 20. Jahrhundert, gerade noch zweites Jahrtausend« (13).

Pop-Musik und Pop-Kultur erhalten für Neumeisters Ich-Erzähler zugleich eine fundamental biografische Dimension: Entwicklungen in Medien, Technologien und Kultur seit den 1960er Jahren werden mit der eigenen Vergangenheit in Zusammenhang gebracht. Anlass für die vergangenheitsorientierte Reflexion ist der bevorstehende Milleniumswechsel, der Hoffnungen auf neue popkulturelle Entwicklungen und eine grundlegend offene Zukunft weckt: »Am meisten freue ich mich auf die Nullerjahre des 21. Jahrhunderts: alles wird anders klingen, was nicht jetzt schon anders klingt« (ebd.).

»Be here now«: Benjamin von Stuckrad-Barres *Soloalbum* (1998)

In Bezug auf die Handlung ist Benjamin von Stuckrad-Barres Erfolgsroman *Soloalbum* (1998) ein Jugend- oder Adoleszenz-Roman, wie ihn das ausgehende 20. Jahrhundert zur Genüge kennt: Im Zentrum steht der Liebeskummer, der den Anfang zwanzigjährigen Ich-Erzähler in eine tiefe Krise stürzt, als ihn seine langjährige Freundin Katharina verlässt. Doch was dem Text in den ausgehenden 1990er Jahren in der Generation der damals 20 bis 30-Jährigen einen ungeahnten Erfolg beschert hat, ist sein Verfahren, eine von vielen geteilte Gegenwart zum Handlungsschema eines Romans zu machen. Damit einher geht auch die Erzähltechnik: Der Ich-Erzähler berichtet im Präsens und simultan zu den entsprechenden Ereignissen – eine zeitliche Distanz, die die Ereignisse rückblickend bewerten könnte, fehlt damit ebenso wie ein übergreifender Erzählerstandpunkt, von dem aus die Handlungskette perspektiviert oder zentriert werden könnte.

Leserinnen und Leser erfahren von den geschilderten Ereignissen exakt in derselben (chaotischen) Weise, wie der Ich-Erzähler sie erlebt: Mit Drogen, Partys, Affären und Flirts will er sich über den Verlust von Katharina hinwegtrösten, wobei die entsprechende Lebensweise weit weniger Folge als vielmehr Ursache der Krise ist. Bereits während der Zeit mit Katharina hat der Ich-Erzähler an gelegentlichen »Solo-Projekten« gearbeitet – die »hießen Isabell, Susanne, Katinka zum Beispiel« (Stuckrad-Barre: *Soloalbum*, 25). Die Vehemenz, mit der er nun Katharina vermisst, überrascht ihn selbst.

Das einzige strukturierende Moment ist der permanente Rekurs auf Pop- und Rock-Musik, mit der sich der Erzähler als Musik-Journalist und Mitarbeiter eines Musik-Verlags beschäftigt. Analog zu einer Schallplatte ist das »Soloalbum« des Ich-Erzählers in eine A- und eine B-Seite unterteilt. Die insgesamt 28 kurzen Kapitel tragen als Überschriften Songtitel der Britpop-Band Oasis, die der Protagonist verehrt. Die Auseinandersetzung mit der Rock- und Popkultur seiner Zeit – neben Oasis tauchen etwa Blur, Elastica, Chemical Brothers oder Blumfeld auf – erfolgt mit großer Ernsthaftigkeit und auf einer breiten intellektuellen Grundlage, auf der auch sein Selbstbild beruht. Neben einer umfangreichen Plattensammlung sind zahlreiche Bücher sein einziger nennenswerter Besitz. Eine der zahlreichen Affären, mit denen er sich über den Verlust von Katharina hinwegtröstet, scheitert an der Oberflächlichkeit und mangelnden Intellektualität seiner neuen Bekanntschaft.

Zentral in seiner Beschäftigung mit Songtexten von Oasis ist die Frage nach Gegenwärtigkeit und ihrem Sinn, nach Glück und Unglück, Selbstverwirklichung und Fremdbestimmung. Die Bedeutungsoffenheit, die die Songtexte der Band auszeichnet, ist für den Ich-Erzähler programmatisch. Zu dem Oasis-Titel *Be here now* heißt es etwa: »›Be here now‹ – das kann ja alles heißen! ›Be here now‹ kann nicht nur, sondern will auch unbedingt – alles heißen« (245). Die Bedeutungsoffenheit verweist auf eine Zukunftsoffenheit, die nicht allein die eigene Lebenslage, sondern auch die seiner Umwelt bestimmt: Innerhalb des Personentableaus des Romans verfügt niemand über strukturierte Pläne oder Ziele für das eigene Leben. Zukunftsplanungen werden gar nicht erst aufgenommen, weil die eigene Wirklichkeit als so dynamisch wahrgenommen wird, dass zukünftige Entwicklungen nicht mehr prognostizierbar sind.

Die Unbestimmbarkeit von Lebensentwürfen der ausgehenden 1990er Jahre, in denen sich die digitale Revolution zwar abzeichnet, aber noch nicht vollzogen ist (Katharina macht per Fax Schluss, ein Handy besitzt niemand), kulminiert für den Ich-Erzähler im Albumtitel *Definitely Maybe*: »Man weiß es nicht. Ja. ›Definitely Maybe‹, das ist der beste LP-Titel aller Zeiten« (245). Die paradoxe Wendung des ›definitiven Vielleicht‹, mit der der Roman schließt, ohne irgendeine Gewissheit über die weitere Entwicklung des Erzählers zu vermitteln, stilisiert die Ungewissheit zur einzigen Gewissheit eines hyperbeschleunigten Daseins. Sie ist nicht allein eine Diagnose der eigenen Gegenwart, sondern von Gegenwärtigkeit als solcher. Das wird insbesondere dann zu einem Problem, wenn nicht allein die Entwicklungen als solche unbekannt sind, sondern auch die Parameter, innerhalb derer sie sich vollziehen. Die Folge ist der Wunsch nach Stillstellung und Betäubung: »I need to be myself / I can't be no one else / I'm feeling supersonic / Give me gin and tonic« heißt es im Oasis-Song *Supersonic*, den der Ich-Erzähler immer wieder erwähnt.

4.4 | Popliteratur und Lebensstil: *Tristesse Royale* im *Faserland*

Radikale Gegenwärtigkeit wird in den 1990er Jahren nicht allein durch Bezüge auf Musik, sondern durch Verweise auf Lebensstile, Moden und soziale Verhältnisse erzeugt. Markennamen – von Kleidung und Parfums, Autos und (in aller Regel alkoholischen) Getränken – dienen dazu als Chiffren. Auch in welchen Bars man verkehrt und in welchen Hotels man übernachtet, ist für die Protagonisten eine entscheidende Stilfrage, die die persönliche Identität konstituiert. Das Nutzen von Marken, die kanonischer Bestandteil eines kulturellen Archivs der Gegenwart sind, dient dabei der literarischen Erzeugung von Gegenwärtigkeit mit dem Ziel ihrer Kritik.

Kritik am »Faserland«. Der Roman *Faserland* (1995) des Schweizer Autors Christian Kracht wurde als eines der ersten popliterarischen Dokumente der 1990er Jahre wahrgenommen. Der Roman ist eine Abrechnung mit einem Deutschland nach der Wiedervereinigung und nutzt dazu das oberflächliche, sinnentleerte Dasein in einer finanziellen Oberschicht als Symbol. Ein männlicher Ich-Erzähler – Abkömmling einer wohlhabenden Familie und ausschließlich mit seinesgleichen in Kontakt stehend – berichtet zeitgleich zu den entsprechenden Ereignissen und im Präsens von einer Reise von Sylt über Hamburg, Frankfurt, Heidelberg und München nach Zürich. Getrieben von Zufallsbekanntschaften und exzessivem Alkoholkonsum besucht er Partys, die er in aller Regel Hals über Kopf wieder verlässt, und beobachtet seine Umwelt. Der Anlass der Reise enthüllt sich erst im Nachhinein: Offenbar geht es ihm um den Besuch einer aufwendigen Party eines Jugendfreundes in der Villa von dessen Familie am Bodensee. Auch hier ergreift er die Flucht, entwendet den Porsche seines Freundes und fährt nach Zürich, wo er sich, wie an vielen anderen Stationen seiner Reise, im teuersten Hotel der Stadt einquartiert. Hier erfährt er vom Tod seines Freundes, der mit einer Überdosis Valium im Blut im Bodensee ertrinkt.

Kritik und Abgrenzung. Von Zürich aus übt der Ich-Erzähler eine radikale Kritik am Deutschland der Gegenwart. Das »große Land im Norden« erscheint ihm als eine »große[ ] Maschine, die sich selbst baut«. Die »Auserwählten«, die »im Inneren dieser Maschine leben, die gute Autos fahren müssen und gute Drogen nehmen und guten Alkohol trinken und gute Musik hören müssen«, können aus seiner Sicht ausschließlich »durch den Glauben weiterleben [...], sie würden es ein bißchen besser tun, ein bißchen härter, ein bißchen stilvoller« (Kracht: *Faserland*, 159). Immer wieder wird auch auf die nationalsozialistische Vergangenheit verwiesen, die das kleinbürgerliche Wertesystem der wiedervereinigten Bundesrepublik nach wie vor präge. In jedem seiner Zeitgenossen jenseits der 60 erkennt der Erzähler Nazis, Wehrmachtssoldaten oder Mitläufer: »Ab einem bestimmten Alter sehen alle Deutschen aus wie komplette Nazis« (96), einem Taxifahrer sieht er es »im Gesicht an, daß er einmal KZ-Aufseher gewesen ist« (97).

Erst aus der Distanz heraus wird dem Erzähler klar, dass die oberflächliche Lebensweise seiner Altersgenossen – der auch er freilich nichts entgegenzusetzen hat – »mit Deutschland zu tun hat und auch mit diesem grauenhaften Nazi-Leben hier« (72). Die für ihn rätselhaften Verhaltensweisen seiner Mitmenschen sind als »eine bestimmte Kampfhandlung« (ebd.) erklärbar; nur aus dieser heraus können sie handeln und denken. Selbst »ordentliche Kleidung« (112) zu tragen – stets Hemd und Sakko, die von Luxus-Labels stammen – und sein Hang, sich ausschließlich mit »ordentlichen Menschen« zu umgeben, die für ihn an einem »gute[n] Jackett« (110), weißen Zähnen und einem um die Hüften gebundenen Pullover zu erkennen sind, bedeutet eine ebensolche »Kampfhandlung«, mit der er sich von seiner verkommenen Umwelt abgrenzt.

Doch sein eigenes Handeln ist dem seiner Umwelt moralisch keineswegs überlegen. Auf der Party seines Freundes am Bodensee malt er sich aus, es müsse doch die Pflicht der Party-Gäste sein, den Gastgeber auf seinen Alkohol- und Tablettenmissbrauch hinzuweisen und ihn von seiner Sucht abzubringen. Gleich den übrigen Partygästen unterlässt er selbst diese Mahnung jedoch, sodass er an dessen Tod mitschuldig wird. Das offene Ende von *Faserland* ist als Selbstmord des Protagonisten interpretierbar, der aus Einsicht in diese Mitschuld vollzogen werden könnte. Der Text endet mit der Schilderung einer nächtlichen Fahrt in einem Ruderboot, in welchem er sich über den Zürich-See fahren lässt, nachdem er das Grab von Thomas Mann besucht hat. Mit einem dramatischen »Bald sind wir in der Mitte des Sees. Schon bald«, (165) endet der Text.

Tod und Verzweiflung sind in der Pop-Literatur der 1990er Jahre alles andere als ungewöhnliche Themen. In ähnlicher Weise kombinieren auch Alexa Hennig von Langes Romane *Relax* (1997) und *Ich bin's* (2000) Erlebnisse aus der Party- und Drogenszene, von denen aus der Binnensicht der Protagonisten erzählt wird, mit dramatischen oder potenziell dramatischen Ausgängen.

Mode und Verzweiflung. Dass hinter der Sucht nach Mode und Pop die Verzweiflung steht, legt bereits die von Thomas Meinecke Ende der 1970er Jahre mitbegründete Literaturzeitschrift *Mode & Verzweiflung. Thermometer der Zeit* nahe, die literarische Zeitgeist-Essays, Zeichnungen und Fotografien versammelt. Am Ende der

1990er Jahre wird das Bündnis von Stil- und Existenzfragen zum Gegenstand eines als »pop-kulturelles Quintett« herausgegebenen Gesprächs *Tristesse Royale* (1999). Unter Moderation von Joachim Bessing treffen sich Benjamin von Stuckrad-Barre, Christian Kracht, Eckhart Nickel und Alexander von Schönburg in der »Executive Lounge« des Berliner Nobelhotels Adlon, um »mit unverstelltem Blick auf das Brandenburger Tor« (*Tristesse Royale*, 16) eine umfassende Gegenwartsanalyse des ausgehenden 20. Jahrhunderts vorzunehmen. »Ersatzdenken ermöglicht unsere Existenz« – mit diesem Zitat aus Thomas Bernhards Erzählung *Gehen* (1971) beginnt der erste Teil des Bandes, der vorgibt, eine getreue Abschrift des Gesprächs zu liefern. Fragen des Konsums (»Der Inhalt des Kleiderschranks kann schon einmal vierzigtausend Mark Wiederverkaufswert haben, dafür ist der Rest der Wohnung nahezu leer, in der sogenannten Küche gibt es keinen Herd«, *Tristesse Royale*, 20) werden konfrontiert mit einer auf Kredit finanzierten, hyperdynamischen Lebensweise (»Man fühlt sich gut, wenn man es wieder auf Null geschafft hat. Es hält aber nie lange an«, 21). Der Trend zur Archivierung einer Gegenwart der 1990er Jahre, ihrer Marken, ihrer Mode und ihrer Diskurse, den *Tristesse Royale* bedient, setzt sich in der intensiven literaturwissenschaftlichen Rezeption des Textes fort. Seit 2011 finanziert die Deutsche Forschungsgemeinschaft ein Projekt, das anhand der Originalmitschnitte des Gesprächs die Genese des Textes untersucht.

»**Konsum-Terrorismus**«. Doch trotz ihrer reflektierend-beobachtenden Teilhabe an der Lebensweise ihrer Gegenwart stehen die fünf Pop-Intellektuellen der auf Pump finanzierten Konsumwelt höchst kritisch gegenüber; sie wissen um deren Oberflächlichkeit, Unverbindlichkeit und ihren Mangel an überindividuellen Werten. »Gibt es denn keine bleibenden Werte mehr?«, fragt etwa Benjamin von Stuckrad-Barre. Joachim Bessing entgegnet: »Doch eine Uhr von IWC« (164). Dennoch können sie sich der Attraktivität dieser Welt, die sie als Musik-, Mode- und Zeitgeist-Journalisten aktiv mitgestalten, nicht entziehen. Verschiedene Auswege aus diesem als »Spirale« bezeichneten Dilemma werden erwogen, darunter die Spiritualität und – voll Zynismus – »[e]ine neue Form des urbanen Terrorismus«: ein »Anti-Konsum-Terror« durch die »Bombardierung der Stätten des Falschen von Innen heraus« (156).

Dass die Kulturkritik der fünf saturierten Popliteraten eine erschreckende Parallele in einem verbrecherischen, die Welt nachhaltig verändernden Ereignis hat – 18 Monate nach dem Adlon-Gespräch entführen islamistische Terroristen Passagierflugzeuge und steuern diese in vermeintliche ›Stätten des Falschen‹ – macht die ethische Problematik ihres Zynismus deutlich; zuvor hatte sich das Quintett bereits mit den kriegsbegeisterten Freiwilligen im England des Ersten Weltkriegs vergleichen (138). Dass eine als geistig leer empfundene Gegenwart in Gewalt resultieren kann, ist für die Popliteraten der späten 1990er zwar eine historische, nicht aber – und das unterscheidet sie von Autorinnen und Autoren nach der Jahrtausendwende – eine gegenwärtige Erfahrung; nur deshalb kann Gewalt (wenngleich in mehrfacher ironischer Brechung) als theoretischer Ausweg aus der Misere in Erwägung gezogen werden. Wesentlich näher Liegendes – etwa eine Änderung des persönlichen Verhaltens und die Loslösung von den als falsch und leer kritisierten Konsumgewohnheiten ihrer Gegenwart – erscheint dagegen keinem der Beteiligten als denkbar.

Pop und Post-. Die Auffassung, in einem nach-geschichtlichen, nach-politischen und nach-ideologischen Zeitalter zu leben, macht *Tristesse Royale* zu einem Dokument der ausgehenden 1990er Jahre, das keine globalen Konfliktlagen und äußere Infragestellung des westlichen Lebensstils kennt: Man glaubt, »am Fin de Siècle einer perfekten Kultur« zu leben, »die offensichtlich in ihrer höchsten Endform äußerst langweilig ist« (33), und wähnt sich in einem »post-ideologischen Zeitalter«, in dem es »gar keine Res Publica mehr gibt« (100) und damit auch »keine explizite Form von politischem Protest« (107). Die These der historischen Unüberwindbarkeit des westlichen Lebensstils hat ihre Wurzeln in den weltpolitischen Ereignissen von1989/90 und erhält mit Francis Fukuyamas viel zitiertem *Das Ende der Geschichte* (1992) ihre diskursive Form (s. Kap. 6).

Die globalen Ereignisse des neuen Jahrtausends haben die meisten dieser Annahmen nachhaltig widerlegt: Mit den Terroranschlägen des 11. September 2001 und ihren Folgen, der Finanzkrise 2008, einer neuen Ost-West-Konfrontation seit 2014 oder der Flüchtlingsdebatte seit 2015 sind politische Fragen im neuen Jahrtausend omnipräsent. Sie haben nicht allein zu neuen Formen des Protests geführt. Für die kritischen Literaten des neuen Jahrtausends ist es – anders als für die Pop-Theoretiker der 1990er Jahre – alles andere als ausgemacht, dass der westliche Lebensstil ihrer Gegenwart historisch der letzte sein wird.

Ende vom Post- als Ende vom Pop. Mit den politischen, ökonomischen und sozialen Ereignissen der 2000er Jahre – insbesondere dem wirtschaftlichen Aufstieg neuer, nicht nach dem westlichen Modell verfasster Staaten sowie dem islamistischem Terrorismus als neuer globaler Bedrohung – findet die These von der Unausweichlichkeit des westlichen Lebensstils ihr Ende – und mit ihr die Popliteratur im bisherigen Sinn. Am »Fin de Siècle einer perfekten Kultur« (s. o.) zu leben, ist aus dem Selbstverständnis der allermeisten Zeitgenossen gewichen. Vielmehr ist die entscheidende Frage, wie diese Kultur zu verändern ist, um sie verteidigen zu können – vor ihren äußeren Gegnern ebenso wie vor sich selbst. Das hat auch Folgen für die Literatur: Statt eines zynischen Beharrens auf der Unmöglichkeit, sich ihnen zu entziehen, werden Wirtschafts-, Sozial- und Herrschaftssysteme der Gegenwart zu Gegenständen einer neuartigen Kritik. Analog zur Kritik des Pop kann auch sie keine Alternativen aufzeigen oder empfehlen. Doch will sie den Kriegen und Krisen der Gegenwart auf den Grund gehen und nutzt dazu literarische Techniken, die nicht allein auf die Wirklichkeit der Gegenwart schauen, sondern darunter.

4.5 | »Literarisches Fräuleinwunder«: Ein Mythos und sein Ende

Das literarische Interesse an der unmittelbaren Lebenswirklichkeit zeigt sich in den ausgehenden 1990er Jahren auch in dezidiert gegenwartsbezogenen Schreibweisen, die von einer neuen Generation von Autorinnen entwickelt werden. Das Phänomen wird – zuerst durch den Spiegel-Literaturkritiker Volker Hage – als »literarisches Fräuleinwunder« bezeichnet, da die Texte sehr schnell hohe Auflagen erzielen, neue Leserkreise erreichen und auch von der etablierten Literaturkritik überschwänglich begrüßt werden (Hage 1999, 245). Für Hage basiert dies auf einem neuen unbefangenen Erzählstil, dessen Naivität jedoch nur eine scheinbare ist. Wie beim Poproman ist die leichte Sprache und die am Alltäglichen orientierte Handlung Medium für eine sehr ernst gemeinte Auseinandersetzung mit der Gegenwart. Die als neu erlebte Offenheit, Flexibilität und Dynamik der Lebensverhältnisse der 1990er Jahre bringt den handelnden Figuren nicht etwa Freiheit oder Glück, sondern (zumindest in demselben Maße) Orientierungslosigkeit und Leere. Zwar wurde der Begriff »Literarisches Fräuleinwunder« schon früh und zurecht als unangemessener Gruppierungsversuch für heterogene Texte kritisiert (Graves 2002) und gilt in seiner Verniedlichungsform als latent frauenfeindlich; dennoch hat er sich auch in der Literaturwissenschaft weitestgehend erhalten.

Befindlichkeitsprosa? Ihre Konzentration auf individuelle Gefühlswelten, die mit überwiegend negativen Regungen auf die Ereignisse ihrer Umwelt reagieren, brachte der neuen Erzählweise den Vorwurf der »Befindlichkeitsprosa« ein (z. B. Böhmer 2003): Im Zentrum der Texte steht in aller Regel die Reflexion konkreter Lebensumstände – die Partnerwahl, die Wahl eines Lebensmittelpunkts, eines Berufs oder die Beziehung zu Eltern und Partnern. Doch was – so die Kritik – die in saturierten Verhältnissen lebenden Figuren als Herausforderung wahrnähmen, seien keine existentiellen Fragen, sondern in Anbetracht des Elends in der Welt letztlich Luxusprobleme. Diese Kritik übersieht das distanzierte Verhältnis, das die Texte gegenüber ihren Figuren aufbauen: Das Entfalten von Gefühlswelten ist eine narrative Strategie literarischer Texte, die Gegenwart als innerlich leer auszuweisen, indem sie die emotionalen Folgen einer im Wandel befindlichen Lebensweise ins Zentrum rücken und eine Sehnsucht nach neuen Idealen zum Ausdruck zu bringen (vgl. Borgstedt 2006).

Wende ins Offene. Judith Hermanns Erzählband *Sommerhaus, später* (1998) ist gewiss der kanonischste jener Texte, die das Milieu der Twentysomethings vor der Jahrtausendwende entwerfen. In einfachen, parataktischen Sätzen und einer reduzierten Sprache erzählen die einzelnen Geschichten von Menschen, die sich im permanenten Transit befinden – sowohl räumlich (vgl. Bareis 2008) als auch in Bezug auf soziale, emotionale und intime Bindungen (vgl. Blamberger 2006). Die Begebenheiten werden entweder direkt durch die Protagonistinnen und Protagonisten oder aber durch eine eng auf deren Wahrnehmungen fokalisierende Erzählinstanz erzählt. Die Verhältnisse, in denen die Figuren zueinander stehen, bleiben auf diese Weise lange vage und offenbaren sich erst im Verlauf der oft im Präsens vollzogenen Erzählungen. Die komplexen Beziehungsgefüge sind aber auch den Figuren selbst nicht klar.

Begegnungen beginnen mit Zufällen und enden mit ebensolchen. Spontane Gefühlsregungen bestimmen die Handlung der Figuren. »Weil ich fortgehen kann. Jeden Tag, jeden Morgen meinen Koffer packen, die Tür hinter mir zuziehen, gehen« (Hermann: *Sommerhaus,* 137), begründet ein Mann gegenüber einer als »Mädchen« vorgestellten Hauptfigur seine Lebensweise. Beide wohnen auf demselben Flur eines in die Jahre gekommenen Apartment-Hauses in New York. »Er stellte seine Plastiktüten in meinen Flur und blieb drei Wochen lang« (141), berichtet eine weibliche Protagonistin von einer männlichen Zufallsbekanntschaft, die sich spontan in ihrer Wohnung einrichtet. Als sie ihm sagt, es »sei Zeit, daß er sich eine neue Bleibe suche«, bedankt er sich und »zog zu Christiane, die unter mir wohnte, dann zu Anna, zu Henriette, zu Falk, dann zu den anderen. Er vögelte sie alle, das ließ sich nicht vermeiden, er war ziemlich schön« (142).

»Stein«, so nennt die weibliche Erzählinstanz den Protagonisten, taucht erst wieder auf, als er ein Haus gekauft hat, in das er sie mitnimmt. Mit ihm gemeinsam das baufällige Gebäude außerhalb Berlins zu bewohnen, ist für die Protagonistin, wie Stein ihr erläutert, »eine Möglichkeit, eine von vielen. Du kannst sie wahrnehmen, oder du kannst es bleiben lassen. [...] Wir können sie zusammen wahrnehmen oder so tun, als hätten wir uns nie gekannt. Spielt keine Rolle'« (152). Abgenommen wird ihr die Entscheidung durch einen Zufall – das Haus brennt ab, Stein verliert damit sein gesamtes, mühsam angespartes Vermögen.

Begegnung mit dem Anderen. Im weiteren Erzählwerk Judith Hermanns wird die in den 1990er Jahren sprichwörtlich gewordene »Unerträgliche Leichtigkeit des

Seins« (so ein Romantitel Milan Kunderas von 1984) mit verbindlicheren Lebensentwürfen kontrastiert und dadurch problematisiert. Im Erzählband *Nichts als Gespenster* (2003) treffen Hermanns Figuren auf Menschen, die sich festgelegt haben – auf Partnerin oder Partner, Wohnort oder Beruf. Für die Figuren offenbart sich die jeweils andere Lebensweise ihres Gegenübers als Gegenstand großer, oft erotischer Anziehung. Zuweilen führen diese Begegnungen zur Veränderung der eigenen Lebensweise: Als Resultat eines Treffens mit dem als intakt wahrgenommenen Leben eines Straßenarbeiters in einer US-amerikanischen Kleinstadt – so der Ausgang der titelgebenden Erzählung »Nichts als Gespenster« – entscheidet sich ein nur lose verbundenes Paar, eine Familie zu gründen. In anderen Fällen wird ein als statisch wahrgenommenes Leben durch die Begegnung mit offenen Lebensentwürfen in innere Unruhe gebracht. In *Alice* (2009) konfrontiert Hermann die Leichtigkeit des Daseins einer weiblichen Protagonistin mit dem Tod. In den fünf Erzählungen sterben männliche Figuren, die ihr in unterschiedlicher Weise nahe stehen – eine Erfahrung, die die Protagonistin kaum bewältigen kann.

Soziale Umbrüche. Immer wieder verweisen literarische Texte, die dem »Fräuleinwunder« zugeordnet werden, explizit auf die soziale Dynamik der 1990er Jahre als Hintergrund für die Orientierungslosigkeit ihrer Figuren. Für die Figuren in Kathrin Rögglas Erzählband *Abrauschen* (1997) stehen hinter den persönlichen, meist erotisch-amourösen Krisen explizit die Umbrüche der 1990er Jahre, die sich erheblich auf das Leben der Ich-Erzählerinnen auswirken und deren Identitätsprobleme vertiefen. Das Festhalten und Festlegen in Leben und Beziehung fällt schwer, da ihr Gegenteil – ein Leben im Ungefähren, Dynamischen und Unverbindlichen – als neue Lebensmöglichkeit erfahren wird.

Soziale Dynamik wird in den ausgehenden 1990er Jahren durch Verweise auf Berlin als Handlungsort thematisiert: Die Stadt steht paradigmatisch für den Wandel und die neuen Lebensmöglichkeiten der Zeit; insbesondere vonseiten der Literaturkritik wurde deshalb ein neuer ›Berlin-Roman‹ erwartet (s. Kap. 2). Tanja Dückers' *Spielzone* (1999) betrachtet die sich neu entwickelnden Lebensentwürfe im Berlin der frühen 1990er Jahre anhand unkonventioneller Wohnformen, die sich vor allem im Ostteil der Stadt entwickeln. Die Perspektive changiert dabei zwischen einer ungebrochenen, geradezu idyllenhaften Darstellung und einem ironisch-distanzierten Blick von anwesenden, jedoch unbeteiligten Erzählinstanzen.

Die Wirklichkeit: zum Totlachen. Ein weiteres Verfahren der 1990er Jahre, der Unverbindlichkeit und vermeintlichen Leichtigkeit in den Lebensformen mit einer literarischen Kritik zu begegnen, ist die Überführung von zunächst wirklichkeitsnahen Geschehnissen in eine Drastik, die das realistische Paradigma sprengt. Sibylle Bergs Debüt *Ein paar Leute suchen das Glück und lachen sich tot* (1997) – der erste Text, der dem »Fräuleinwunder« zugeordnet wird – handelt von Figuren, deren Liebesleben einen enttäuschenden Ausgang genommen hat und die sich – auf der Suche nach neuem Glück – in wechselnde Beziehungen zueinander begeben. Der Titel mag eine Anspielung sein auf Neil Postmans kulturkritischen Essay *Amusing Ourselves to Death: Public Discourse in the Age of Show Business* (1985) (dt.: *Wir amüsieren uns zu Tode*, 1998): 88 kurze Episoden – immer mit einem Vornamen und einer kurzen Attribuierung überschrieben – erzählen die entsprechenden Begebenheiten. Aus einzelnen Alltagsszenen, Begegnungen (immer wieder auch erotischer Art) und Reflexionen ergeben sich übergreifende Handlungsketten. Reisen dienen als Ausbruch aus einem als trist empfundenen Alltag. Doch enden diese meist tragisch: Die Protagonisten verlieren unter drastischen Umständen ihr Leben, sie werden bestialisch ermordet oder verdursten in der Wüste Die Reihe der kurzen Erzählungen beginnt und endet mit einer Geburtstagsfeier, die eine Figur ganz für sich allein ausrichtet – der makabre Grund für diese Einsamkeit erschließt sich erst am Schluss des Romans: Alle ihre Freunde sind tot.

Auch Karen Duves Debüt *Regenroman* (1999), das die Autorin schlagartig bekannt werden ließ, lässt eine zunächst überwiegend realistische Handlung in einen drastischen Schlusspunkt kulminieren: Der antriebslose, träge gewordene Schriftsteller Leon sucht in einem verfallenen Wochenendhaus Abgeschiedenheit. Vergeblich versucht er hier, eine ungeliebte Auftragsarbeit abzuschließen. Seine Ehefrau Martina begleitet ihn, missgestimmt von den Aussteiger-Plänen ihres Gatten, dem Dauerregen, der trostlosen Moorlandschaft und einer Schneckenplage. Die beiden Protagonisten scheitern sowohl individuell als auch als Paar. Als Martina Opfer einer Vergewaltigung durch den verprellten Auftraggeber ihres Mannes wird, ermordet die zur Hilfe eilende Nachbarin den Täter und seinen Komplizen mit einem Flammenwerfer.

Unter weitgehendem Verzicht auf derartige Zuspitzungen thematisieren Duves Roman *Das ist kein Liebeslied* (2002) und die Erzählsammlung *Keine Ahnung* (1999) Selbstfindungs- und Beziehungsprobleme junger Frauen in einer dynamischen Gegenwart, die neue Selbstbestimmungen nötig macht, ohne dazu verbindliche Parameter oder Modelle zu bieten. In Tanja Dückers' *café brazil* (2001) münden Handlungsstränge zuweilen in groteske, schwarzhumorige Ereignisse.

Offene Wirklichkeiten und Autofiktion. Die Romane von Felicitas Hoppe sprengen eine als gewöhnlich markierte Wirklichkeit nicht durch Drastik oder groteske Handlungselemente, sondern durch Elemente des Wunderbaren und eine an Märchen erinnernde Erzählweise. Ausgedehnte Reisen, die auf biografische Erfahrungen der Autorin Hoppe verweisen, dienen dabei nicht als Flucht, sondern vielmehr als Selbstverortung in einer unabschließbaren Gegenwart. »Woher kommen wir, wo sind wir, wohin gehen wir?« lautet die Grundfrage in Hoppes zweitem Roman *Paradiese, Übersee* (2003) (vgl. Neuhaus 2003).

Bestandteil der Wirklichkeitsverzerrung ist in Hoppes Texten die Autofiktion: Immer wieder verweisen die Figuren auf ihre Autorin, die sich in unterschiedlichen Ebenen und Stimmen zu Wort meldet, doch bleiben diese Verweise uneindeutig oder widersprüchlich. Der Roman *Hoppe* (2012) macht das autofiktionale Erzählen zum Strukturprinzip: Eine Erzählerin mit dem Namen Felicitas Hoppe berichtet von einer Figur mit dem Namen Felicitas Hoppe, deren Lebens- und Bildungsgeschichte erzählt wird. In zentralen Aspekten unterscheidet sich diese von der Biografie der Autorin.

Fortleben der Gegenwart. Die in den ausgehenden 1990er Jahren neuen Erzählweisen leben auch in der Folgezeit fort, können aber nicht mehr jene Begeisterungsstürme entfachen, die sie am Ende des 20. Jahrhunderts auslösten. Sie überzeugen vor allem dann, wenn sie die Erzählstrukturen und Plots nicht mehr ausschließlich bestimmen, sondern als Medium für weitergehende literarische Gegenwartsbeobachtungen umfassenderer Art dienen: Katharina Hackers *Die Habenichtse* (2006) – ausgezeichnet mit dem Deutschen Buchpreis – etwa schildert nicht nur das Leben eines Paares Mitte Dreißig, sondern nutzt diese Motivebene zur Entfaltung von sozialen und politischen Dimensionen von Gegenwart (s. Kap. 6). Auf ähnliche Weise agiert etwa auch Kathrin Schmidts Roman *Koenigs Kinder* (2002), der die psychische Struktur des Vorstadt-Alltags auf die deutsche Vergangenheit zurückführt. Auch neuere Versuche des Popromans können nicht mehr recht überzeugen: Etwa Boris

Pofallas Debüt *Low* (2015) über die Berliner Party-Welt der Gegenwart nahm die Literaturkritik überwiegend gelangweilt zur Kenntnis.

Dennoch haben sich die neuen Erzähltexte der 1990er Jahre langfristig auf die Erzählweisen der deutschsprachigen Literatur ausgewirkt: Ihre Lesbarkeit und Lebensnähe, ihre Stoff- und Bildhaftigkeit zeigen sich auch in später entstandenen Texten, die nicht die eigenen, sondern zeitlich und/oder räumlich entfernte Lebenswirklichkeiten in den Blick nehmen und in zunehmend vielschichtigen Formen von diesen erzählen (s. Kap. 6). Eindrückliche und plastische, allegorische ebenso wie exemplarische Bilder für eine globalisierte und dynamisierte Welt zu finden, für ihre Krisen, Konflikte und historischen Dimensionen, gilt nach der Jahrtausendwende nicht mehr als Sakrileg, sondern als Privileg der Literatur – eine Poetik, die mit dem ›neuen Erzählen‹ Einzug in die deutschsprachige Gegenwartsliteratur erhält.

Hilfsmittel

Eine grundlegende Einführung in die deutschsprachige Pop-Literatur bietet Hecken u. a. (2015). Für die Pop-Literatur der 1990er Jahre nach wie vor relevant sind ferner Schumacher (2003) und Baßler (2005). Breiteren popkulturellen Phänomenen ist die Zeitschrift *Pop. Kultur und Kritik* (Baßler 2012 ff.) gewidmet.

Forschungen zum »literarischen Fräuleinwunder« versammeln Nagelschmidt u. a. (2006) und Caemmerer u. a. (2005). Bareis (2008), Blamberger (2006) und Borgstedt (2006) stellen wegweisende Fallstudien dazu dar.

5 Geschichte im Gedächtnis

Mit der Vereinigung haben alte Fragen nach der deutschen Nation neue kulturelle, soziale und politische Relevanz erhalten. Der Übergang von der revolutionären Parole »Wir sind das Volk« zum Einheitsbekenntnis »Wir sind ein Volk« während des Wendeherbstes 1989 zeigt, dass sich mit dem Systemzusammenbruch der DDR auch ein Nationalbewusstsein entwickelte. Das neue Verständnis Deutschlands als einer Nation war kein Ergebnis öffentlicher Diskussionen oder politischer Kompromissbildung – selbst im rechtskonservativen Milieu war das Schlagwort »Deutschland« in den 1980er Jahren so suspekt, dass sich die führende Rechtsaußen-Partei dieser Jahre nur »Die Republikaner« nannte. Im Herbst 1989 brach sich ein Nationalbewusstsein vor allem in ungeplanten kollektiven Handlungen symbolisch Bahn, im Osten wie im Westen. Als am 9. November im (west-)deutschen Bundestag die Maueröffnung verkündet wurde, standen die Abgeordneten spontan auf und stimmten die dritte Strophe des Deutschlandliedes an, ein bis dahin unerhörter Vorgang. Nur die Abgeordneten der Grünen blieben stumm und zeigten so, dass das Nationalverständnis Deutschlands nicht auf ungeteilte Zustimmung stieß.

Normalisierung. Die nationale Ausrichtung des deutschen Selbstverständnisses seit 1990 orientiert sich am Vergleich mit anderen Nationen. Im europäischen Kontext kann die Entwicklung eines Nationalbewusstseins deshalb als eine »Normalisierung« beschrieben werden (Taberner 2005). Sie bezieht sich auf Identitätsfragen in der Gegenwart (lateral-vergleichende Normalisierung), auf das Verhältnis zur eigenen Geschichte (vertikal-historisierende N.) und auf universelle Menschheitsthemen in einem globalen Zeitalter (global-ahistorische N.).

Eine laterale Normalisierung produziert ein Selbstbild, für das Nationalismus (als Basis der eigenen Identität) und Kosmopolitismus (als Rahmen, in dem diese Identität Gestalt gewinnt) keinen Gegensatz mehr darstellen. Sichtbar wird die laterale Normalisierung in der Verlegung der Bundeshauptstadt von Bonn nach Berlin, der Renovierung des ehemaligen Reichstags und der architektonischen Füllung der leeren Berliner Mitte. Im literarischen Feld wirkt die laterale Normalisierung sich durch eine stärkere Orientierung an internationalen Literaturstandards aus, zum Beispiel in der Forderung nach einer neuen Lesbarkeit (s. Kap. 2).

Eine vertikale Normalisierung erfasst das Verhältnis zur deutschen Geschichte. Der Abriss des Palasts der Republik und die Rekonstruktion des Berliner Stadtschlosses an der gleichen Stelle drücken den politischen Wunsch aus, den Bezug auf die DDR durch das Anknüpfen an Preußen als positiv bewerteten Identitätsentwurf zu ersetzen. In besonderem Ausmaß betrifft die vertikale Normalisierung das Verhältnis zum Nationalsozialismus. Zwar besteht im vereinigten Deutschland ein breiter gesellschaftlicher Konsens darüber, dass das Erbe der NS-Zeit die deutsche Identität bis heute prägt. Doch illustrieren medienwirksam geführte öffentliche Debatten wie die Walser-Bubis-Debatte oder die Diskussion um die Wehrmachtausstellung eine große Spannbreite von Interpretationen der NS-Zeit seit 1990 (s. Kap. 2). Mit der Aufweichung von Täter-Opfer-Dichotomien kommt es zu einer Enttabuisierung von Darstellungsformen und -perspektiven in einer sich pluralisierenden Erinnerungslandschaft, wenn etwa Marcel Beyer in seinem Roman *Flughunde* (1995) die sadistischen Experimente des Schallforschers Karnau schildert. Ein fiktionaler Text, erzählt von einem NS-Pseudowissenschaftler, der über die Stimme »in das Innere der Menschen vordringen« will (*Flughunde*, 139), der noch die letzten Atemzüge der vergifteten

Goebbels-Kinder aufzeichnet und in seinem privaten Schallarchiv aufbewahrt – so etwas hatte es in der Literatur vor 1990 nicht gegeben.

Eine ahistorische Normalisierung betrifft den Bezug auf die Shoah, die sich in den 1990er Jahren als zentraler Erinnerungsrahmen deutscher Identität durchsetzt, zugleich jedoch zunehmend mit anderen Genoziden verglichen wird (Assmann 2006). Eine Post-Holocaust-Literatur jüngerer Autoren erzählt nicht mehr von konkreten Erfahrungen, sondern entwirklicht den Holocaust zu einem ortlosen Geschehen, aus dem kein historisches Bewusstsein entsteht. Scharfsinnig nimmt Iris Hanika diesen paradoxen Zustand in ihrem satirischen Roman *Das Eigentliche* (2010) aufs Korn. Darin beschreibt sie die Bewahrung von Holocaust-Dokumenten in einem »Institut für Vergangenheitsbewirtschaftung« als immerwährende Aufgabe. Für den Protagonisten Hans Frambach ist diese Archivierung Teil einer quasi-religiösen Verpflichtung zur ständigen Vergegenwärtigung der NS-Verbrechen. Frambachs privates Leben verblasst vor dieser Aufgabe, die als »das Eigentliche« sein ganzes Dasein bestimmt. Aber die »Bewirtschaftung« der Vergangenheit hat auch einen kommerziellen Aspekt. Die NS-Zeit, so impliziert Hanika, ist zu Beginn des 21. Jahrhunderts ein Kapital geworden, aus dem sich nicht nur Identität, sondern auch finanzieller Gewinn ziehen lässt: Nazis verkaufen sich gut.

5.1 | Abschied von den Kriegsteilnehmern

1990 waren die jüngsten aktiven Teilnehmer des Zweiten Weltkriegs, die Flakhelfer der Jahrgänge 1926 bis 1928, über sechzig Jahre alt; viele Kriegsteilnehmer lebten bereits nicht mehr. Auch die Zahl der Shoah-Überlebenden nimmt dramatisch ab. Mit den letzten Überlebenden schwindet deren lebendige Erinnerung an die NS-Zeit. Inwiefern sind ihre Erfahrungen noch Teil unserer Gegenwart? Eine eindeutige Antwort auf diese Frage gab der Schriftsteller Hanns-Josef Ortheil mit dem Titel seines 1992 erschienenen Romans *Abschied von den Kriegsteilnehmern*. Sein autobiografischer Erzähler versucht, nach dem Tod des Vaters dessen Leben – insbesondere dessen NS-Vergangenheit – mit Hilfe nachgelassener Dokumente und Fotografien zu rekonstruieren. Das Bild des Vaters, das im Lauf dieser Recherchen entsteht, ist das eines typischen Nazi-Mitläufers, der von Auschwitz nichts gewusst haben will und sich selbst als Opfer begreift. Soweit folgt Ortheil dem etablierten Erzählmuster des Väterromans, bekannt aus in den 1980er Jahren viel gelesenen Texten wie Bernward Vespers *Die Reise* (1977) oder Christoph Meckels *Suchbild* (1980).

Doch bei Ortheil gehören die Anklagen des Sohnes gegen den Vater bereits der Vergangenheit an, sie werden im Plusquamperfekt in die eigentliche Romanerzählung eingebettet. So wird mit dem Abschied von den Kriegsteilnehmern zugleich das Gattungsmuster des ihnen gewidmeten Väterromans in eine historische Distanz gerückt (Schmitz 2004). Im Verlauf des Romans verschiebt sich der Erzählfokus zunehmend von der Auseinandersetzung mit den Eltern hin zur Ablösung des Erzählers von seinem Elternhaus. Wie der Rezensent Thomas Anz bemerkte, lehnt Ortheil sich damit an Thomas Bernhards 1986 erschienenen Roman *Auslöschung* an, dessen Erzähler sich mit der Familiengeschichte gleich der gesamten Vergangenheit – insbesondere der NS-Vergangenheit – entledigen wollte (Anz 1992). Ortheil wählt jedoch einen anderen Zielpunkt. Am Ende wandelt *Abschied von den Kriegsteilnehmern* sich vom Väter- zum Zeitroman, die Begegnung des Erzählers mit den DDR-Flüchtlingen des Sommers 1989 löst die Auseinandersetzung mit den Kriegsteilnehmern ab. Die stellvertretende Abrechnung mit dem ›Dritten Reich‹ wird hier durch die Wende beendet.

Wende des Erinnerns. Ortheils Roman folgt der in der Nachkriegszeit entwickelten Vorstellung einer »Vergangenheitsbewältigung«, nach der die Auseinandersetzung mit der NS-Zeit einen einmal abschließbaren Prozess darstellt. Tatsächlich spielt die Kommemoration der NS-Zeit jedoch weiterhin eine zentrale Rolle für das kulturelle und nationale Selbstverständnis des vereinigten Deutschlands. Der Nationalsozialismus ist seit 1990 sogar präsenter als in den Dekaden zuvor. Er ist Gegenstand öffentlicher Debatten, Thema zahlloser Romane, Spielfilme und Fernsehserien, wird dokumentiert in Museen und Archiven und symbolisch vergegenwärtigt im Denkmal für die ermordeten Juden Europas. In den Worten des Zeithistorikers Norbert Frei: »Soviel Hitler war nie« (Frei 2005, 7). Aus der Rückschau eines Vierteljahrhunderts deutscher Einheit lassen sich verschiedene Faktoren ausmachen, die zur politischen und kulturellen Aktualität des Nationalsozialismus beigetragen haben. Einer davon war sicherlich die Wende selbst, die als »Wende des Erinnerns« neue Perspektiven auf die NS-Zeit ermöglichte (Beßlich u. a. 2006). So konnten Ost-West-Differenzen in der Wahrnehmung von Vertreibung oder »Umsiedlung« – so der Sprachgebrauch in der DDR – thematisiert werden, etwa in den Romanen *Die Unvollendeten* von Reinhard Jirgl (2003) oder *Landnahme* von Christoph Hein (2004).

Generation und Gedächtnis. Ein zweiter wichtiger Faktor für den Gedächtniswandel in der Berliner Republik liegt in dem durch das biologische Lebensalter bedingten Generationswechsel um die Jahrtausendwende. Der Gedächtnistheorie Aleida Assmanns zufolge verschiebt sich mit jedem Generationswechsel, also etwa alle 30 Jahre, auch das Erinnerungsprofil einer Gesellschaft (Assmann 2006, 27). Da sich diese Verschiebung um das Jahr 2000 auf ein nationalgeschichtlich zentrales Ereignis bezog, das eine neue Identitätssuche auslöste, und mit den politischen und sozialen Umbrüchen der Vereinigung zusammenfiel, waren die Folgen besonders markant. Ein politisches Gedächtnis, das sich seit 1990 in offiziellen Gedenktagen wie dem »Tag des Gedenkens an die Opfer des Nationalsozialismus« oder in Gedächtnisorten wie dem Denkmal für die ermordeten Juden Europas manifestiert, zeugt von einer zunehmenden Abkehr von den Tätern und wachsender Identifikation mit den Opfern. Nicht mehr der Volkstrauertag, an dem der Kriegstoten gedacht wird, bildet den Fokus öffentlichen Gedenkens, sondern Auschwitz (Assmann 2007). Im Gegensatz zum Shoah-Fokus des politischen Gedächtnisses exponieren kulturelle Erinnerungstexte wie Romane oder Spielfilme jedoch zunehmend die Erfahrungen nicht-jüdischer Deutscher, deren Leiden und deren Opfer. So lösten Texte von W. G. Sebald (*Luftkrieg und Literatur*, 1999) und Günter Grass (*Im Krebsgang*, 2002) ein erhebliches Interesse an den Deutschen als Opfer von Flucht und Vertreibung sowie der Bombardierung deutscher Städte aus. Die Romane *Steilküste* von Jochen Missfeldt (2005) und *Im Frühling sterben* von Ralf Rothmann (2015) zeichnen ein mitfühlendes Bild junger Wehrmachtsoldaten frei von Schuldzuweisungen.

Martin Walser: *Ein springender Brunnen*. Im Gegensatz zur ›Geschichte‹, die eine scheinbar objektive Vergangenheit bezeichnet, beschreiben die Begriffe ›Erinnern‹, ›Gedächtnis‹ und ›Erinnerungskultur‹ einen aktiven und gestalterischen Umgang mit Vergangenem in der Gegenwart (Assmann 2006; 2007; Erll 2005). Diesen Gegenwartsbezug des Gedächtnisses, das nicht eine Geschichte darstellt, die einmal war, sondern den Sinn einer rekonstruierten Vergangenheit in der Gegenwart sucht, hat Martin Walser in seinem Roman *Ein springender Brunnen* auf die prägnante Formel der »Vergangenheit als Gegenwart« gebracht und erläutert:

> Solange etwas ist, ist es nicht das, was es gewesen sein wird. Wenn etwas vorbei ist, ist man nicht mehr der, dem es passierte. Allerdings ist man dem näher als anderen. Obwohl es die Vergangenheit, als sie Gegenwart war, nicht gegeben hat, drängt sie sich jetzt auf, als habe es sie so gegeben, wie sie sich jetzt aufdrängt. Aber solange etwas ist, ist es nicht das, was es gewesen sein wird. Wenn etwas vorbei ist, ist man nicht mehr der, dem es passierte. Als das war, von dem wir jetzt sagen, daß es gewesen sei, haben wir nicht gewußt, daß es so ist. Jetzt sagen wir, daß es so und so gewesen sei, obwohl wir damals, als es war, nichts von dem wußten, was wir jetzt sagen.
>
> (Walser: *Ein springender Brunnen*, 9)

In drei Reflexionskapiteln mit dem wiederkehrenden Titel »Vergangenheit als Gegenwart« postuliert der Erzähler des Romans eine Trennung zwischen öffentlichem und privatem Erinnern und äußert den Wunsch, die eigene Vergangenheit von der Musealisierung der Erinnerungskultur auszunehmen: »In der Vergangenheit, die alle zusammen haben, kann man herumgehen wie in einem Museum. Die eigene Vergangenheit ist nicht begehbar« (*Ein springender Brunnen*, 9).

Zunächst leuchtet dieser Einspruch ein: Zwischen der Aneignung einer bereits entfernten Vergangenheit in einer musealen Erinnerungskultur und den eigenen Erlebnissen, wie sie im individuellen Erinnern rekonstruiert werden, muss ein Unterschied bestehen. Doch scheint Walser darüber hinaus zu implizieren, die eigene Vergangenheit sei von ethischen Debatten über die Angemessenheit und die Inhalte des Gedenkens automatisch ausgenommen. In *Ein springender Brunnen* wird die Problematik dieses Anspruchs an der Figur Wolfgang deutlich, einem jüdischen Mitschüler des Protagonisten Johann. Dass Wolfgang von der Schule verwiesen wird, dass ihm möglicherweise Schlimmes widerfährt, davon will Johann nichts wissen. Als Johann und Wolfgang sich nach Kriegsende wiederbegegnen und Wolfgang von seinen Erfahrungen berichtet, weist Johann das als Zumutung von sich, denn »[er] wollte von sich nichts verlangen lassen. Was er empfand, wollte er selber empfinden. Niemand sollte ihm eine Empfindung abverlangen, die er nicht selber hatte. Er wollte leben und nicht Angst haben« (*Ein springender Brunnen*, 401).

Nostalgisches und kritisches Erinnern. Diese Abwehr fremden Leids ist die Kehrseite eines »nostalgischen Erinnerns«, das die eigene Vergangenheit in einer für das erinnernde Ich sinnhaften Form vergegenwärtigt (Eigler 2002). Nostalgisches Erinnern eröffnet einen affektiven Raum und hat deshalb eine identitätsstiftende Funktion; es ist nicht von vornherein regressiv oder reaktionär. Trotzdem ist es ethisch problematisch, wenn durch die Reduktion auf das Eigene die fremde Vergangenheit abgewiesen oder geschönt wird. Der israelische Gedächtnisforscher Avishai Margalit betont in seinen Arbeiten zur Ethik der Erinnerung, dass jeder, der sich in der Gegenwart mit der Vergangenheit beschäftigt, in eine Verantwortungsbeziehung zu Anderen eintritt (Margalit 2000). Diese Ethik ist nach Margalit in »dichten Beziehungen« verankert, die durch eine gemeinsame Vergangenheit und durch deren kollektive Aktualisierung in einer Erinnerungskultur entstehen. Dichte Beziehungen fangen in Familien an und weiten sich auf größere Gemeinschaften aus. Das Gedächtnis ist der Stoff, aus dem solche Beziehungen entstehen; Gedenken ist deshalb eine Form der Empathie mit Anderen. Dünne Beziehungen sind im Gegensatz dazu distanzierter und abstrakter, sie können die gesamte menschliche Gemeinschaft umfassen, stiften aber keine ethische Verantwortung.

Das explizite Eintreten für ein nostalgisches Erinnern in *Ein springender Brunnen* könnte als Plädoyer für dünne Beziehungen auch innerhalb einer engeren Gemeinschaft verstanden werden, der Gemeinschaft des Dorfes W., in dem der Roman spielt. So gesehen, weist Walsers Roman eine Verantwortung für das Leiden Anderer von sich. Aber die Abwehrhaltung der Figur Johann erhält ein Gegengewicht, wenn der Erzähler des Romans der nostalgischen Haltung seines Helden ein kritisches Erinnern entgegensetzt. Auch wenn Wolfgang über weite Passagen des Romans nicht erwähnt wird, hält der Erzähler die Erinnerung an ihn wach, indem er einen zweiten Kameraden Johanns immer wieder als »Wolfgang, der andere« bezeichnet. Der Roman weiß also um das, was sein Protagonist verdrängen möchte, und gibt es seinen Lesern hinter dessen Rücken zur Kenntnis. Auch der reflektierende Erzähler der drei Kapitel »Vergangenheit als Gegenwart« verändert seine Haltung gegenüber dem Erinnern, wenn er der Vergangenheit eine nicht durch das Ich kontrollierbare Eigendynamik zuschreibt. Die eigene Vergangenheit erweist sich in *Ein springender Brunnen* als nicht von der allgemeinen abtrennbar, und sie kann im Erzählen auch nicht vollkommen beherrscht werden (Eigler 2002).

Günter Grass: *Im Krebsgang*. Wichtige Gedächtniskonflikte der 1990er und 2000er wurden durch literarische Texte ausgelöst und katalysiert (Fuchs 2008). So gelangten Flucht und Vertreibung deutscher Zivilisten bei Kriegsende, bis dahin ein vor allem von der politischen Rechten besetztes Thema, durch Günter Grass' Novelle *Im Krebsgang* (2002) in den Fokus einer breiteren Öffentlichkeit. Im Mittelpunkt der Erzählung steht der Untergang des mit Flüchtlingen überladenen Schiffes *Wilhelm Gustloff*, das am 30. Januar 1945 durch ein sowjetisches U-Boot vor der Küste Pommerns versenkt wurde. Diese Geschichte wird jedoch nicht direkt erzählt, sondern ist eingebettet in den Modus der Recherche. Aus dem zeitlichen Abstand von mehr als fünf Jahrzehnten rekonstruiert der fiktive Journalist Paul Pokriefke, dessen Mutter Tulla den Untergang des Schiffes hochschwanger überlebte, die Geschichte des Schiffes und seines Namensgebers. Im Hintergrund dieser Recherchen steht ein mysteriöser Auftraggeber, »der Alte«, eine Selbstfiguration des Autors Grass, der den Untergang der Gustloff dem Vergessen entreißen will.

Zwar kam die fiktive Gustloff-Überlebende Tulla Pokriefke bereits in Grass' früheren Romanen *Katz und Maus* (1961) und *Hundejahre* (1963) vor, der Gustloff-Untergang selbst war Gegenstand des in der Nachkriegszeit äußerst erfolgreichen Spielfilms *Nacht fiel über Gotenhafen* (R: Frank Wisbar, D 1959). Auf das Schicksal der aus Pommern, Ostpreußen, Schlesien und dem Sudetenland geflüchteten und vertriebenen Deutschen wurde in Westdeutschland durch den politisch einflussreichen Bund der Vertriebenen immer wieder hingewiesen. Dennoch entstand in Medien und Öffentlichkeit der Eindruck, Grass habe das Gustloff-Thema – und mit ihm die Geschichte von Flucht und Vertreibung nach dem Zweiten Weltkrieg – erst mit *Im Krebsgang* erinnerungskulturell salonfähig gemacht (Prinz 2004). So betitelte der *Spiegel* seine Ausgabe vom 4.2.2002 »Die deutsche Titanic. Der neue Grass: Die verdrängte Tragödie des Flüchtlingsschiffes ›Wilhelm Gustloff‹«. Tatsächlich neu an der durch Grass ausgelösten Diskussion war aber nicht ihr Thema, sondern dessen überwältigende mediale und gesellschaftliche Resonanz. Offenkundig traf *Im Krebsgang* zu einem günstigen Zeitpunkt auf ein empfängliches Publikum.

W. G. Sebald: *Luftkrieg und Literatur*. Einen ähnlichen Effekt erzielte W. G. Sebald mit seinen Vorlesungen über *Luftkrieg und Literatur* (1999), in denen er die Bombardierung deutscher Städte als »von allen gehütete[s] Geheimnis« beschrieb, das in Literatur und Öffentlichkeit »nie eine nennenswerte Rolle« gespielt habe (Sebald: *Luftkrieg*, 21, 12). Tatsächlich war die Bombardierung deutscher Städte Thema von Romanen und Erzählungen wie Hans-Erich Nossacks *Der Untergang* (1948),

Gert Ledigs *Vergeltung* (1956) oder Dieter Fortes *Der Junge mit den blutigen Schuhen* (1995). Zudem wurde die Erinnerung an den Bombenkrieg in vielen deutschen Städten seit der Nachkriegszeit durch architektonische Gedenkzeichen wie die als Ruine belassene Nikolaikirche in Hamburg oder die Dresdner Frauenkirche wachgehalten. Im Gegensatz zu Flucht und Vertreibung hatte die Erinnerung an den Bombenkrieg jedoch lange Zeit kaum Fürsprecher in der Öffentlichkeit, und die Erinnerungen an die Bombardierung wurden hauptsächlich im privaten und lokalen Rahmen weitergegeben.

Ausgehend von Sebalds Thesen und befördert durch das Buch *Der Brand* (2002) des Publizisten Jörg Friedrich entspann sich um die Jahrtausendwende eine breite öffentliche Diskussion, in der es neben der angemessenen Kommemoration des Luftkriegs auch darum ging, mit welcher Legitimität sich die Deutschen als Opfer des Zweiten Weltkriegs betrachten können und dürfen (Kettenacker 2003). Diese Diskussion entstand ohne den äußeren Anlass eines Gedenkdatums, und sie wurde nicht von einzelnen Akteuren gesteuert. Dennoch erfasste sie rasch weite Teile der Gesellschaft, von Politik und Medien. Dass das Interesse an diesen Themen plötzlich, ohne äußeren Anlass und auf breiter Basis aufflammte, legt die Vermutung nahe, dass es in der Debatte um mehr ging als um die vordergründig verhandelten Themen.

Offenbar bestand im Rahmen einer ›lateralen Normalisierung‹ (s. o.) ein starkes Interesse daran, die Deutschen auch als Opfer zu sehen. Dieses Begehren konnte an ältere Positionen anknüpfen. Das Phantom der deutschen Opfer diente seit der frühen Nachkriegszeit der Relativierung von NS-Verbrechen und dem Abweis von Verantwortung wie etwa in der Legende vom ›Befehlsnotstand‹. Dass diese Argumentation in den neuen Debatten wiederauflebte, zeigt, wie mit der deutschen Einheit rechte Positionen salonfähig wurden. Aber auch explizit linke Autoren wie Günter Grass nahmen das Projekt einer erinnerungsbasierten Identitätspolitik auf. Seit der Jahrtausendwende wird die Darstellung der Deutschen als Opfer allerdings immer weniger als ein politisches Thema wahrgenommen. In den Soldatenromanen von Missfeldt (*Steilküste*, 2005) und Rothmann (*Im Frühling sterben*, 2015) spielen Fragen deutscher Schuld und Verantwortung kaum noch eine Rolle.

5.2 | Erzählen im Muster der Generationen

Erinnerungskulturell ist Deutschland das Land der Generationen. In keinem anderen Land, so der Soziologe Heinz Bude, wird historisches Erleben derart stark im Muster von Generationen gedeutet (Bude 2005). Erstmals wurde eine generationelle Deutung nach dem Ersten Weltkrieg formuliert, als heimkehrende Frontsoldaten sich als ›verlorene Generation‹ bezeichneten. Ihr Erleben bildet den Hintergrund der Theorie historisch gestufter Erfahrungsverarbeitung, die der Soziologe Karl Mannheim 1928 in dem Aufsatz »Das Problem der Generation« formulierte. Danach basiert der Generationszusammenhang einer Alters-»Kohorte« auf gemeinsamen historischen Erfahrungen, die eine Prägung verursachen, die zu gleichartigen Sozialisationsmustern und geteilten Wertstrukturen führt (Assmann 2007, 33). Auch in Bezug auf den Zweiten Weltkrieg hat es sich eingebürgert, von Erfahrungsgenerationen zu sprechen, die die NS-Zeit altersspezifisch je unterschiedlich erlebt und danach unterschiedlich erinnert haben. So unterscheidet die historische Forschung sechs Generationen:

- die Generation der NS-Funktionseliten (Jahrgänge vor dem Ersten Weltkrieg),
- die Generation der jungen Frontsoldaten (Jahrgänge nach dem Ersten Weltkrieg),

- die Flakhelfer-Generation (Jahrgänge 1926–28),
- die Generation der Kriegskinder (1935–45)
- sowie mindestens zwei Nachkriegsgenerationen (Frei 2005).

Neue Väterromane. Folgt man dem generationellen Deutungsmuster, so markiert die Jahrtausendwende den Übergang in eine neue Phase erinnerungskultureller Selbstverständigung, in der kreative Formen der literarisch-künstlerischen Darstellung an die Stelle authentischer Zeugenberichte treten. Literarisch greifbar wird dieser Übergang in der Ablösung eines Zwei-Generationen-Musters im Väterroman durch drei- und mehrstellige Konstellationen im neuen Genre des Generationenromans. Zunächst wurden seit der Jahrtausendwende, nach einer Pause von etwa fünfzehn Jahren, wieder vermehrt Väterromane veröffentlicht, z. B. Ulla Hahns *Unscharfe Bilder* (2003), Martin Pollacks *Der Tote im Bunker* (2004), Dagmar Leupolds *Nach den Kriegen* (2004) oder Ute Scheubs *Das falsche Leben* (2006). Die neuen Väterromane teilen mit den alten die Fokussierung auf eine Vater-Sohn- oder -Tochter-Beziehung, und sie sind ebenfalls von Angehörigen der 68er-Generation geschrieben. Der soziale Gedächtnisrahmen ist also der gleiche geblieben. Der politische Gedächtnisrahmen jedoch hat sich deutlich verändert: Die Romane positionieren sich in der Erinnerungskultur des vereinigten Deutschland, indem sie nicht-literarische Debatten beispielsweise um die Wehrmachtausstellung aufgreifen. Sie zeichnen sich zudem durch eine größere Distanz zu den Ereignissen aus, nähern sich ihren Protagonisten aber zugleich zunehmend emotional an.

Im Gegensatz zur autobiografisch geprägten älteren Väterliteratur erzählt der Roman *Unscharfe Bilder* (2003) der bis dahin vor allem als Lyrikerin bekannt gewordenen Ulla Hahn eine explizit fiktive Geschichte. In einer Reihe von Gesprächen bedrängt die Protagonistin Katja Wild, eine Studienrätin mittleren Alters, ihren im Altersheim lebenden Vater Hans Musbach, ihr vom Russlandfeldzug zu erzählen, an dem er als junger Soldat teilgenommen hatte. Auslöser der Unterhaltungen ist Katjas Besuch der Wehrmachtausstellung, in der die Mitwirkung der Wehrmacht bei der Ermordung osteuropäischer Juden dokumentiert wurde. Doch während Katja Wild zu Anfang noch sicher ist, auf einem der Ausstellungsfotos ihren Vater erkannt zu haben, erweisen sich die Fotografien im Verlauf des Romans als zunehmend undeutlich, wozu auch die mündlichen Berichte des Vaters über den Krieg an der Ostfront beitragen, die keine ›sauberen‹ Urteile zulassen. Am Ende bleibt offen, ob die Fotografie der Wehrmachtausstellung Hans Musbach zeigt oder nicht. Zwar gesteht Musbach ein, an der Front einen Partisanen erschossen zu haben, doch deckt sich die Datierung der Fotografie nicht mit seinen Erinnerungen. Zeigt die Fotografie also einen anderen Schützen, oder ist das Gedächtnis Musbachs unzuverlässig? Letztlich ist die Frage irrelevant, denn die Gespräche zwischen Vater und Tochter haben eine subjektive Wahrheit zu Tage gefördert, die eine Fotografie niemals zeigen könnte.

Postgedächtnis. Für die Weitergabe individueller Erinnerungen an eine zweite und an folgende Generationen hat Marianne Hirsch das Konzept des »Postgedächtnisses« (*postmemory*) entwickelt (Hirsch 1997). Damit beschreibt sie zunächst die Tradierung von Shoah-Erinnerungen in den Familien der Überlebenden und die sekundäre Traumatisierung der Kinder, in denen Erfahrungen der Eltern in anderer Form fortleben. Doch auch in den Familien der Täter kann es zu einer mehrgenerationellen Weitergabe und Transformation oder Fortschreibung von Erinnerungen kommen, wie der Sozialhistoriker Harald Welzer gezeigt hat (Welzer u. a. 2002): Kinder und Enkel neigen dazu, die Erzählungen über die NS-Zeit so abzuändern, dass sie ihrem gegenwärtigen Bild der Eltern und Großeltern entsprechen. Auch aus hundertprozentigen Nazis können in den Erzählungen der Enkel überzeugte Widerstandskämpfer werden. Marianne Hirsch hat ein Umdeutungsmuster, bei dem eine nachgeborene Generation so starke Empathie mit den Eltern oder Großeltern entwickelt, dass sie deren Perspektive partiell oder ganz übernimmt, als »Affiliation« bezeichnet. Ein affiliatives Postgedächtnis schließt mit zunehmender Distanz zu den erinnerten Ereignissen explizit kreative und imaginative Formen der Auseinandersetzung und der Repräsentation ein. Seit der Jahrtausendwende nehmen fiktionale Darstellungen der NS-Zeit an Zahl und Bedeutung zu, in denen die Vergangenheit nicht mehr als authentisches Erlebnis, sondern durch erfundene Geschichten aufgerufen wird. Mit dem Was verändert sich das Wie der Darstellung, wenn die Weitergabe von Erinnerungen an folgende Generationen neue Strukturen des Erzählens stiftet.

An Stelle des auf authentischem Erleben basierenden Väterromans tritt seit der Jahrtausendwende eine Vielfalt erzählerischer Möglichkeiten, die zwischen Dokumentation und Fiktion oszillieren. Reinhard Jirgls Roman *Die Unvollendeten* (2003) orientiert sich an der Familiengeschichte des Autors. Die alte Johanna, ihre beiden Töchter Hanna und Maria sowie die Enkelin Anna werden aus dem Sudetenland vertrieben, in der sowjetischen Besatzungszone von einem Lager ins andere verschoben, verlieren sich und finden sich wieder, ohne jemals wirklich in der DDR anzukommen. Dabei wechseln die Perspektiven zwischen den drei älteren Frauen und der Enkelin Anna; zum Schluss erinnert sich der Erzähler auf der Krebsstation an seine Mutter, Großmutter und Urgroßmutter. Durch diese Verschachtelung verdeutlicht Jirgl die Auswirkungen des Heimatverlusts auf folgende Generationen. Die Deutschen erscheinen bei ihm als Opfer, aber ohne jedes Selbstmitleid. Statt Empathie erzeugt der Roman eine starke Distanz zu den drei verbitterten Frauen, indem er ihre Geschichte in eine verwirrende Collage fragmentarischer Stimmen und Eindrücke in idiosynkratischer Orthografie und Interpunktion kleidet.

Michael Köhlmeiers *Abendland* (2007) dagegen beginnt zwar, wie viele Väterromane, mit der Nachricht vom Tod seines Protagonisten Carl Jacob Candoris und liefert dessen Geschichte in Gestalt von Tonbandprotokollen nach. Den gleichen Übergabemodus hatte bereits Peter Henisch mit seinem Väterroman *Die kleine Figur meines Vaters* (1975) gestaltet. Doch handelt es sich bei Candoris, ebenso wie bei seinem Ziehsohn Sebastian Lukasser, dem fiktiven Autor von Köhlmeiers Roman, um Kunstfiguren; Lukasser tritt als Autorfigur auch in anderen Köhlmeier-Texten auf. Mit der Verflechtung beider Lebensgeschichten verbindet Köhlmeier eine Vielzahl bekannter und unbekannter Lebensläufe, aus denen sich ein Gesamtpanorama des 20. Jahrhunderts zusammensetzt (Herrmann 2011). Ein solches Panorama ist nur im Rückblick möglich; kein wirklicher Mensch und keine einzelne Figur, nicht einmal der hochbetagte und hochgebildete Candoris, hätte diese Übersicht erreichen können.

Während Jirgl und Köhlmeier einen postmemorialen Weitergabemodus durch ihre unterschiedlichen Erzählverfahren sichtbar machen, verschleiert die Nobelpreisträgerin Herta Müller in ihrem Roman *Atemschaukel* (2009) die affiliative Grundierung des Erzählens. In Gesprächen mit dem rumäniendeutschen Dichter Oskar Pastior, der nach Kriegsende in ein sowjetisches Arbeitslager verschleppt wurde« hat Müller dessen Geschichte zusammengetragen; im Roman ist die Geschichte jedoch der erfundenen Figur Leopold Auberg zugeordnet. Die Recherchen, die zu dieser Gestaltung einer fiktiven Stimme führten, sind selbst nicht Gegenstand der Darstellung. Mit seiner episodenhaften Erzählweise und dem lakonischen Stil erinnert der Roman an Texte der sowjetischen Gulag-Literatur, beispielsweise die Erzählungen Warlam

Schalamows. Aber im Gegensatz zu diesen autobiografischen Texten fiktionalisiert Müller die Erzählung und verschleiert zugleich den Abstand zwischen einem echten Erleben und dessen literarischer Gestaltung. Dadurch erzeugt *Atemschaukel,* anders als die ebenfalls fiktionalen Texte von Jirgl und Köhlmeier, ein hohes Maß an Empathie bei Leserinnen und Lesern.

Generationenromane. »Die Enkel wollen es wissen« – so titelte der *Spiegel*-Literaturkritiker Volker Hage in seinem Artikel zur Leipziger Buchmesse 2003 (Hage 2003). Damit wies er auf ein wichtiges und relativ einheitliches Genre innerhalb des postgenerationellen Spektrums hin, den sogenannten »neuen Familienroman« oder »Generationenroman« (Eigler 2005; Jahn 2005; Cohen-Pfister/Vees-Gulani 2010). Anders als die affiliativen Texte von Hahn, Köhlmeier und Müller erzählen Generationenromane die eigene Familiengeschichte der Autoren vom historischen Standpunkt einer dritten Generation aus. Im Gegensatz zu den realistischen Familienromanen des 19. und 20. Jahrhunderts folgen die neuen Generationenromane aber keiner chronologischen Struktur, sondern erzählen Lebensgeschichten aus wechselnden Blickwinkeln. Diese Perspektiven sind nicht einem neutralen Berichterstatter, sondern einzelnen Personen zugeordnet, die jeweils bestimmte Interessen vertreten. Im Vordergrund steht deshalb (anders als bei Reinhard Jirgl) nicht Familiengeschichte als solche, sondern deren verspätete, sekundäre und durch Dokumente und Medien vermittelte Rekonstruktion (Eigler 2005). Deshalb bewegen die Texte sich immer in einem Spannungsfeld zwischen Fiktionalität und Referenzialität.

Generationenromane sind deshalb so wirkungsvoll, weil sie mit ihrer Vermittlung von Geschichte auf einer persönlichen, nicht-offiziellen Ebene an soziale Gedächtnispraktiken anschließen, die zum Alltag ihrer Leser gehören. Wie andere Romane auch, können Generationenromane deshalb als Quelle individueller Identitätskonstruktionen fungieren. Aber der Einfluss von Texten wie Julia Francks *Die Mittagsfrau* (Deutscher Buchpreis 2007) oder von Tanja Dückers' viel rezensiertem und in hohen Auflagen veröffentlichtem Roman *Himmelskörper* (2003) beschränkt sich nicht auf das Private. Generationenromane wirken an der erinnerungskulturellen Selbstverständigung im vereinigten Deutschland mit, repräsentieren also nicht einfach Vergangenheit oder deren Weitergabe, sondern haben diagnostischen und formativen Einfluss darauf, was unter Vergangenheit und Erinnerung verstanden wird. Insbesondere das generationelle Verständnis von Erinnerung, das den öffentlichen Diskurs seit den 2000er Jahren prägt, verdankt sich diesen Texten ganz wesentlich. Aber die Romane zeigen auch immer wieder die Grenzen eines Denkens in Generationen auf.

Eva Menasse: *Vienna*. Die österreichische Schriftstellerin und Journalistin Eva Menasse nutzt in ihrem Roman *Vienna* (2005) eine authentische Familiengeschichte, um einfache Annahmen über klar separierte Generationskohorten und ethnisch-religiöse Familienidentitäten in Frage zu stellen. Primäre Erzählerin ist eine Angehörige der dritten Generation, in der unschwer die Züge die Autorin zu erkennen sind; auch sonst folgt die im Roman dargestellte Familiengeschichte derjenigen der Familie Menasse. Weil der Großvater der Erzählerin Jude ist, wird die Familie ins Register der Synagoge eingetragen und in der NS-Zeit diskriminiert. Nach striktem jüdischem Verständnis allerdings entscheidet ausschließlich die Identität der Mutter, nicht die des Vaters, über die Zugehörigkeit der Kinder zum Judentum. In der Nachkriegszeit gelten die Menasses für die Israelitische Kultusgemeinde deshalb nicht mehr als Juden. Der Halbbruder der Erzählerin, der sich als Nachfahre jüdischer NS-Opfer begreift und mit diesem Identitätsbegehren keine Anerkennung findet, tritt daraufhin dem Selbsthilfeverein »Mischling 2000« bei. In der dritten Generation diversifizieren sich Erinnerungsmuster der Familie Menasse durch Mehrfachehen und interreligiöse Mischehen vieler Familienmitglieder. Keines der Familienmitglieder hat eine klare generationelle Identität. Obwohl Eva Menasse damit ihre eigene Familiengeschichte darstellt, ist *Vienna* wie andere Generationenromane auch nicht einfach ein authentisches Dokument. Der Bericht der Erzählerin wird ergänzt durch die Perspektiven anderer Figuren, in die sie selbst keinen Einblick hat. Dadurch entsteht ein Panorama von Wahrnehmungsweisen, das die Deutungen der Erzählerin immer wieder korrigiert und ergänzt.

Julia Franck: *Die Mittagsfrau.* Neben der Pluralisierung ethnisch-religiöser Identifikationen in den Generationenromanen der 2000er Jahre trägt die differenzierte Darstellung von Geschlechteridentitäten zur Diversifizierung von Erinnerungsdiskursen bei. Auch Julia Franck stellt in *Die Mittagsfrau* eine Familie mit gemischter jüdisch-nichtjüdischer Identität in den Fokus. Vor allem aber liefert *Die Mittagsfrau* einen explizit weiblichen Beitrag zum Generationenroman. Nach dem von der Kritik belächelten »Fräuleinwunder« der 1990er Jahre, zu dem Franck mit ihrem Debüt *Liebediener* (2000) oft gerechnet wird, bezeugt *Die Mittagsfrau* gemeinsam mit den Romanen Eva Menasses und Tanja Dückers' eine verstärkte Präsenz jüngerer Autorinnen im Genre der Gedächtnisliteratur (Gerstenberger 2010). Die weibliche Perspektive der Autorinnen und ihrer Figuren kann zu einer grundsätzlichen Hinterfragung des Generationsschemas führen. Im Allgemeinen gehen generationelle Identitätskonstrukte von männlichen Erfahrungen (als Soldaten, Flakhelfer etc.) aus oder privilegieren zumindest den männlichen Erfahrungshorizont. In Romanen mit einem explizit weiblichen Erzählfokus erweist sich das generationelle Schema dagegen häufig als nicht tragfähig.

Die Mittagsfrau ist, wie von der Kritik häufig bemerkt wurde, stilistisch schwach, in der Handlungskonstruktion aber bemerkenswert. Der eröffnende Prolog schildert, wie das Kind Peter in den unmittelbaren Nachkriegswirren von seiner Mutter auf der Flucht aus dem sowjetisch besetzten Stettin zurückgelassen wird. Weitere Teile des Romans erzählen die Lebensgeschichte seiner Mutter Helene, die in einer inzestuösen lesbischen Beziehung mit ihrer älteren Schwester Martha aufwächst, die *roaring twenties* in Berlin erlebt, ihren jüdischen Geliebten bei einem Autounfall verliert und in der NS-Zeit eine Vernunftehe mit dem Ingenieur Wilhelm eingeht, der ihr falsche Papiere verschafft. Alle wichtigen Figuren der *Mittagsfrau* sind weiblich und jüdisch. Sie profitieren von den sich erweiternden Möglichkeiten der Lebensgestaltung, die das beginnende 20. Jahrhundert bis in die Weimarer Zeit hinein Frauen bot. Die Nationalsozialisten beenden nicht nur diese weibliche Unabhängigkeit, sondern verfolgen die Frauen auch als Juden. Obwohl der Roman Weiblichkeit und Opferstatus nicht einfach gleichsetzt, zeigt er doch, wie Frauen Opfer sowohl patriarchaler Strukturen als auch sexueller Gewalt werden. Als Jüdinnen werden sie mit dem Liberalismus der Weimarer Zeit identifiziert, sie werden Opfer von Rassenverfolgung und Mord. Helene, deren falsche Papiere sie vor der Judenverfolgung geschützt haben, wird als Deutsche von den Russen vergewaltigt.

Im letzten Teil des Romans erfahren die Leser, wie es nach der traumatischen Prologszene mit Peter weiterging. Er wächst bei einem Onkel auf, während Helene ihre Beziehung mit der Schwester wiederaufnimmt, die das KZ überlebte. Im Gegensatz zu anderen Generationenromanen erreicht *Die Mittagsfrau* nicht die Gegenwart der Autorin, sondern endet mit ihrem Vater, der für die Figur Peter Pate stand. Der Ausschluss der eigenen Altersgruppe könnte darauf deuten, dass die NS-Zeit für Julia

Franck zwar signifikant ist, aber nicht die gleiche persönliche Relevanz entfaltet, die sie für die Autoren der Väterromane hatte (Gerstenberger 2010). *Die Mittagsfrau* behandelt zentrale Ereignisse des 20. Jahrhunderts aus der Perspektive einer Frau, die mehr als hundert Jahre vor der Veröffentlichung des Romans geboren wurde. Die Geschichten von Helenes Generation sind nicht mehr vollständig in lebendiger Erinnerung verkörpert, sondern gehen gerade in den Bereich der Fiktion über. Auch die Abwesenheit einer Figur, die Erinnerungen an die Generation Julia Francks weitergeben könnte, unterstreicht die Bedeutung fiktionaler Diskurse für die Erschaffung und Weitergabe historischer Narrative. Der Roman urteilt nicht über seine Figuren und verkündet keine eindeutige Botschaft. Sein unpersönlicher Erzähler rekonstruiert eine Familiengeschichte, die keine der Figuren hätte erzählen können.

5.3 | Räume und Orte der Erinnerung

»Mir träumte von Knochen, / ich war im Gelände«, lautet der Anfang des Titelgedichts aus Marcel Beyers 2002 erschienenem Lyrikband *Erdkunde*. Wie bereits Beyers erster Gedichtband *Falsches Futter* (1997) hat auch *Erdkunde* das Ausgraben der Vergangenheit, des Vergessenen, Randständigen, der weggeworfenen Dinge zum Thema. Der Titel *Erdkunde* verweist auf das Obsoletwerden eines ganzen Fachparadigmas, indem er den Verfasser als einer Generation zugehörig markiert, die in den 1970er Jahren in einem Schulfach dieses Namens Mittelgebirge und Nebenflüsse auswendig lernen musste, bevor sich unter dem Namen »Geografie« ein neueres Fachverständnis durchsetzte. Zugleich suggeriert *Erdkunde* einen konkreten, sinnlichen und unmittelbaren Zugang zur Erde unter uns, in der sich Hinterlassenschaften der Vergangenheit entdecken lassen. Dieser Zugang ist ein regionaler: Gegenstand von Beyers Erdkundestunde ist das Mitteleuropa zwischen Dresden und Prag, einst »Böhmen«, in den 1990er Jahren Straßenstrich an der deutsch-tschechischen Grenze.

Diesen Raum konturieren Beyers Gedichte als einen Gedächtnisort; das ist nach der Gedächtnistheorie des französischen Historikers Pierre Nora (1990) ein Ort, an dem sich kollektive Erinnerung in besonderem Maße kondensiert, verkörpert und kristallisiert. Beyer fasst das ganz konkret – im Gedächtnisort Böhmen lassen sich materielle Hinterlassenschaften im Gelände ebenso exhumieren wie sprachliche Relikte:

> Da fand ich die GLANZERDE und
> den GERENMANTEL, unsichere
> Lesart, Kopistenfehler
> oder untergegangener Sinn. Schoßmantel, Saum,
> vor sechshundert Jahren.
>
> (Beyer: *Erdkunde*, 13)

Das Wort »Gerenmantel« leiht Beyer sich aus dem spätmittelalterlichen *Ackermann aus Böhmen* des Johannes von Tepl (um 1400). Er ruft damit den bis in die Reformationszeit zurückreichenden Streit um die sprachliche und kulturelle Identität der Region auf, ebenso wie dessen Instrumentalisierung durch die Nationalsozialisten (die ebenfalls ein Schulfach »Erdkunde« kannten). Marcel Beyer greift solche Fixpunkte historischer Mythenbildung an verschiedenen Stellen in seinem Werk auf; in *Flughunde* beispielsweise durch den legendenumwobenen Führerbunker in Berlin. In

Erdkunde zeigt sich jedoch, dass eine eindeutige Zuschreibung kollektiver Erinnerungen an einen Ort, wie Noras Konzept sie in seiner ursprünglichen Form voraussetzt, nicht möglich ist. Es gibt viele Schichten auszugraben zwischen Dresden und Prag, die von der eigenen Gegenwart mit ihren Grenzposten, billigen Tankstellen und dem Straßenstrich über die Geschichte der Sudetendeutschen bis hinunter zum Ackermann reichen.

Vergangenheit und Gegenwart manifestieren sich in *Erdkunde* nicht als chronologische Abfolge von Ereignissen, sondern als Sedimentierung materieller Hinterlassenschaften im Gelände. Vergangenes und Gegenwärtiges existieren in diesem Modell gleichzeitig und im selben Raum, aber in unterschiedlichen archäologischen Schichten. Mit den unterschiedlichen Elementen historischer Erinnerung verbinden sich immer auch divergente Deutungen. In den Zitatmontagen der Gedichte wird die wechselseitige Durchdringung von Vergangenheit und Gegenwart in einer Gedächtnislandschaft auch ästhetisch präsent. Mit dem Schwinden eines individuellen Erinnerungshorizonts wird das räumliche Modell des Gedächtnisorts zunehmend wichtig für die Erinnerungskultur der Gegenwart. Das zeigt sich beispielsweise in der dichten Beschreibung des Gedächtnisortes Düsseldorf in Dieter Fortes Trilogie *Das Haus auf meinen Schultern* (1999) oder im Motiv des Aufsuchens von Gedächtnisorten in postmemorialen Vertriebenenromanen wie Hans-Ulrich Treichels *Menschenflug* (2005), Sabrina Janeschs *Katzenberge* (2010), Judith Kuckarts *Lenas Liebe* (2002) oder Michael Zellers *Die Reise nach Samosch* (2003).

W. G. Sebald: *Austerlitz*. Besonders konsequent hat W. G. Sebald das Modell der archäologischen Gedächtnissedimentierung in seinem Roman *Austerlitz* (2001) ausgestaltet. Der Roman berichtet von zwei Serien zufälliger Treffen zwischen dem namenlosen Erzähler und dem mysteriösen Jacques Austerlitz, in deren Verlauf Austerlitz dem Erzähler nach und nach die Geschichte seiner Suche nach der eigenen Identität, seiner Herkunft und nach seinen wahren Eltern enthüllt. Als Kind jüdischer Eltern in Prag geboren, kam Austerlitz 1939 mit einem Kindertransport des Roten Kreuzes nach Großbritannien und wuchs unter falschem Namen bei Pflegeeltern auf. Erst eine Reihe vollkommen unwahrscheinlicher Zufälle führt Austerlitz zurück nach Prag, wo er von einer ehemaligen Nachbarin erfährt, dass seine Mutter zunächst nach Theresienstadt und von dort vermutlich in ein Vernichtungslager deportiert wurde, während sein Vater sich ins Pariser Exil retten konnte, wo sich seine Spur verliert.

Zwar besucht Austerlitz nun Theresienstadt, er sucht aber nicht nach weiteren Nachrichten über seine Mutter in dem umfangreichen Theresienstädter Archiv, und er fährt auch nicht nach Auschwitz, wo die meisten tschechischen Juden ermordet wurden. Statt dessen entwickelt er eine Theorie der »Wiederkunft der Vergangenheit«, nach der vergangene Zeiten »nur verschiedene, nach einer höheren Stereometrie ineinander verschachtelte Räume« darstellen, »zwischen denen die Lebendigen und die Toten, je nachdem es ihnen zumute ist, hin und her gehen können« (Sebald: *Austerlitz*, 265). Die reale Erfahrung, dass in einem Gelände archäologische Schichten unterschiedlichen Alters zur selben Zeit existieren können, wird zur Basis eines Gedächtnismodells, bei dem sich Räume und Zeiten so weit durchdringen, dass selbst die Grenze zwischen Lebenden und Toten durchlässig wird. Das geschieht in Träumen und epiphanen Momenten, die Austerlitz in Prag oder auch am Londoner Bahnhof Liverpool Street Station überfallen, an dem er 1939 als Kindertransport-Kind ankam. Doch kommt es auch in der Festungsstadt Terezín, dem ehemalige Theresienstadt, zu einer »Wiederkunft der Vergangenheit«, obwohl Austerlitz dort noch nie gewesen ist und keine Erinnerungen an Theresienstadt besitzen kann.

Eine besonders sinnfällige Vergegenwärtigung des Vergangenen stellen die Fotografien dar, die Sebald in diese Episoden einblendet. Sie scheinen dem Leser Zugang zu einem Gedächtnisraum jenseits der Zeichenoberfläche des Textes zu eröffnen. Zugleich illustrieren zahlreiche Landschafts- und Architekturfotos, wie sie auch schon die früheren Sebald-Texte *Die Ausgewanderten* (1992) und *Die Ringe des Saturn* (1995) bebilderten, in *Austerlitz* die Ambivalenz der behaupteten Wiederkehr (Horstkotte 2009). Denn gerade die Bilder von Liverpool Street Station und von Theresienstadt bringen emphatisch die Verweigerung der Fotografie zum Ausdruck, dem Leser etwas zu zeigen (das Wesen eines Menschen, die Stimmung einer Landschaft, die Geschichte eines Ortes). Keine wiedergekehrten Toten sind auf ihnen zu sehen, sondern verschlossene Türen und rätselhafte Erscheinungen; viele Fotografien sind überbelichtet oder unscharf. Nicht auf den Fotografien, sondern in Traum und Fantasie sowie »an der Schwelle des Erwachens« ist es Austerlitz möglich, »in das Innere eines solchen Terezíner Kasernenbaus [hineinzusehen]« (Sebald: *Austerlitz*, 276).

Naturgeschichte des Erinnerns. Jenny Erpenbeck: *Heimsuchung* (2008)

In ihrem Kurzroman *Heimsuchung* verbindet Jenny Erpenbeck das Projekt, Geschichte am Ort zu verankern, mit einer psychoanalytischen Deutung der NS-Zeit. Das Titelwort »Heimsuchung« hat eine doppelte Bedeutung, die in wiederkehrenden Reflexionspassagen des Romans exponiert wird. Nach dem Grimmschen Wörterbuch ist eine Heimsuchung zunächst einfach ein Besuch, bezeichnet im biblischen Sprachgebrauch allerdings meist das Kommen eines strafenden Gottes und kann auch allgemein das Eindringen eines Feindes bedeuten.

Im Handlungskontext des Romans steht dieser passiven Bedeutung des Heimgesucht-Werdens eine zweite, aktive Semantik gegenüber: Die Heimsuchung bezeichnet bei Erpenbeck auch eine Suche nach dem Heim; der Titel verweist in diesem Sinne auf die wiederholten Versuche der Figuren, sich zu beheimaten. Aktive und passive Bedeutung schlagen in der Romanhandlung immer wieder ineinander um. Die Suche nach Heimat kann jederzeit in der Heimsuchung durch unkontrollierbare Schicksalsschläge enden. Die Ambiguität des Heims, die aus diesem Handlungsmuster entsteht, und die vielfältigen Begriffe aus dem semantischen Feld Heim, Heimat, Heimstatt, die dabei sprachlich zum Einsatz kommen, verweisen auf Sigmund Freuds berühmten Aufsatz »Das Unheimliche« (1919), in dem Freud die Wiederkehr des Verdrängten (ursprünglich Heimlichen) in entstellter, unheimlicher Form beschreibt.

Die Theorie, nach der das Böse im Vertrauten lauert, weil es nichts als die Kehrseite des eigenen Ich ist, entwickelt Jenny Erpenbeck in einer breit angelegten Naturgeschichte. Nach einem Prolog, der die geologische Entwicklung der Mark Brandenburg seit der Eiszeit schildert, erzählt *Heimsuchung* die Geschichte eines einzelnen Grundstücks am Scharmützelsee, dessen wechselnde Besitzverhältnisse, die Bauten, die auf diesem Grundstück errichtet werden, und die mit ihnen verknüpften Schicksale der Besitzer. Eigentlicher Held des Romans bleibt jedoch das Grundstück, auf dem die Figuren eher flüchtige Gäste als aktive Handlungsträger sind. Der Begriff der Heimsuchung lässt sich deshalb auch auf den märkischen Grund beziehen, der von den Menschen heimgesucht wird. Die Besitzer des Grundstücks sind meist namenlos. Die Kapitel sind mit ihren Berufsbezeichnungen oder ihrer Funktion als Eigentümer, Pächter usw. betitelt. Das gibt den Figuren etwas Überpersönliches, Typisches und Exemplarisches. Zu diesem Eindruck trägt auch die Verbindung der Figuren mit »typischen« Gedächtnisthemen bei. *Heimsuchung* spricht fast alle Themen an, die in den Gedächtnisdebatten der letzten

Dekade zur Sprache gekommen sind: die Shoah, Flucht und Vertreibung, Massenvergewaltigungen durch die Rote Armee, roter Terror der Stalin-Ära, Vereinigung und Nachwendezeit sowie das Schreiben über die DDR nach deren Ende. *Heimsuchung* gliedert sich in zwei Teile, die um eine zentrale Mittelachse gruppiert sind. Die erste Hälfte setzt mit einem Märchenmotiv ein: Das Grundstück am Scharmützelsee, ursprünglich Besitz eines Großbauern und Erbe seiner Töchter, wird zu Beginn des 20. Jahrhunderts in drei Teile geteilt. Einen Teil kauft ein Berliner Architekt, einen zweiten ein jüdischer Tuchfabrikant, den dritten ein Kaffee- und Teeimporteur aus Frankfurt an der Oder. Mit diesem Übergang vom bäuerlichen Besitz auf die drei Käufer geht eine substantielle Veränderung des Heimatbegriffs von ererbter Zugehörigkeit zu selbst gestalteter Heimstatt einher.

Besonders deutlich wird dieser semantische Wandel in den dem Architekten gewidmeten Kapiteln, in denen dieser immer wieder über seinen Beruf reflektiert: »Heimat planen, das ist sein Beruf. Vier Wände um ein Stück Luft, ein Stück Luft sich mit steinerner Kralle aus allem, was wächst und wabert, herausreißen, und dingfest machen. Heimat. Ein Haus die dritte Haut, nach der Haut aus Fleisch und der Kleidung. Heimstatt« (Erpenbeck: *Heimsuchung*, 39).

Der Handlungsfortgang macht deutlich, dass die Heimstatt ihre Bewohner zwar schützen kann, dass der Bau des Heims aber gleichzeitig eine Misshandlung der Natur darstellt. Der Bau reißt mit steinerner Kralle das auf, was einfach da war, die Luft und den Grund, er macht dingfest. Das gebaute Heim bleibt in dieser Ambivalenz gefangen, denn es kann nicht nur Schutz bieten, sondern auch zur Falle werden und den festhalten, der eigentlich wegmöchte. Das geschieht, als die im Haus versteckte Frau des Architekten bei Kriegsende von einem Rotarmisten entdeckt und vergewaltigt wird. Als einzige Episode des Romans wird diese Begegnung der versteckten Frau mit dem jungen Sowjetsoldaten aus zwei Perspektiven erzählt, getrennt durch das zentrale Kapitel »Das Mädchen«. Um diese symmetrische Achse sind alle anderen Episoden des Romans arrangiert. Das Kapitel erzählt vom Abtransport der kleinen Doris, der Enkelin des Tuchfabrikanten, aus dem Warschauer Ghetto und von ihrer Ermordung in einem Vernichtungslager. Es ist das einzige Kapitel, das nicht auf dem Grundstück am See spielt; nur die Erinnerungsbilder der sterbenden Doris verbinden das Kapitel mit dem See. Ebenso wie seine Zentralstellung hebt auch diese geografische Besonderheit das Kapitel aus den übrigen Episoden heraus. Der Kontrast mit den flankierenden Kapiteln verdeutlicht, dass die Perspektivgebundenheit der Darstellung für die Shoah – und nur für die Shoah – nicht gilt. Doris' Tod stellt innerhalb von *Heimsuchung* ein Absolutum dar, das nicht weiter gedeutet werden kann.

In einem Spiegelverfahren stellt der zweite Teil des Romans den Geschichten von Heimatgestaltung und -verlust in der ersten Hälfte des 20. Jahrhunderts eine Reihe von Episoden gegenüber, die von der Rückkehr aus der Fremde handeln. Ein weiteres Mal erfahren Heimat und Zugehörigkeit nun eine Neudefinition. Wichtigster Bezugspunkt der »Schriftstellerin«, die aus dem Moskauer Exil zurückkehrt und hinter der sich Erpenbecks Großmutter Hedda Zinner verbirgt, ist nicht Grund und Scholle, sondern ihre Schreibmaschine. »Diese Schreibmaschine war ihre Wand, wo der Zipfel einer Decke auf einem Fußboden ihre Wohnung war, mit dieser Schreibmaschine hatte sie all die Worte getippt, die die deutschen Barbaren zurückverwandeln sollten in Menschen und die Heimat in Heimat.« (115) Während der Architekt sich in der ersten Hälfte des Romans einer Heimat zugehörig sah, die er selbst erworben und baulich gestaltet hatte, löst sich für die Schriftstellerin der Heimatbegriff auf, weil er angesichts der Erfahrung einer langandauernden Flucht bedeutungslos wird.

Verbunden werden die einzelnen Episoden und Perspektiven des Romans durch die Geschichte des »Gärtners«, die vor, nach und zwischen allen Kapiteln wie ein immer wiederkehrender Refrain erzählt wird und dem Roman eine hohe motivische Geschlossenheit verleiht. Während in den Figurenkapiteln historische und persönliche Schicksale zur Sprache kommen, ist der Gärtner eine Gestalt ohne Vergangenheit und Zukunft, ohne Herkunft, ohne Angehörige und ohne reflektierendes Bewusstsein. Er wird so zu einer Art Allegorie des Grundstücks, und seine geradezu übernatürlichen Gaben im Umgang mit der Natur – er bringt alles zum Wachsen und Gedeihen – tragen zu dieser Entmenschlichung bei. Lediglich der natürliche Alterungsprozess beeinflusst sein Leben, doch scheint er nicht geboren zu werden oder zu sterben, denn ebenso unerklärt, wie er eines Tages – an den sich aber niemand mehr erinnern kann – erschienen ist, verschwindet er am Ende des Romans auch wieder. Mit dem Gärtner wird dem historischen Raum, in dem die übrigen Figuren handeln und leiden, ein mythischer Raum entgegengestellt, in dem Besitz, Eigentumsverhältnisse und Erbangelegenheiten vollkommen bedeutungslos sind. Durch diese Eingliederung der Handlung in eine überpersönliche Naturgeschichte entsteht in *Heimsuchung* eine Form ›ahistorischer Normalisierung‹, die das Geschehen als unausweichlich erscheinen lässt. Die Frage nach Schuld und Verantwortung stellt sich hier nicht mehr in der Schärfe, die sie in der Väterliteratur hatte.

5.4 | Post-Holocaust-Literatur

Parallel zur Väterliteratur, die von den Kindern der Täter stammt, existiert seit einigen Jahrzehnten eine eigenständige Gedächtnisliteratur der Kinder von Shoah-Überlebenden. Allerdings entstanden diese Texte, beispielsweise von Esther Dischereit (*Übungen, jüdisch zu sein*, 1998), Barbara Honigmann (*Roman von einem Kinde*, 2001; *Damals, dann und danach,* 2002) und Gila Lustiger (*So sind wir*, 2005), deutlich später als die ersten Väterromane. Obwohl die Texte von Erfahrungen handeln, die von der frühen Nachkriegszeit bis etwa in die 1960er Jahre reichen, wurden sie erst im Zuge der »Memory mania« (Huyssen 1994) um das Jahr 2000 publiziert.

Dieser zeitliche Abstand zwischen den Erlebnissen und ihrer Erzählung deutet auf die traumatische Prägung der Generationsverhältnisse, die in diesen Postgedächtnis-Romanen zur Sprache kommen. Die Texte handeln im Allgemeinen vom Schweigen und den nur lückenhaften Andeutungen der Eltern und den Schwierigkeiten der Kinder, diese Lücken zu füllen – und das angesichts einer nicht-jüdischen Umwelt, die nichts von diesen Erinnerungen wissen will. In Viola Roggenkamps semi-autobiografischem Roman *Familienleben* zum Beispiel – 2004 erschienen, aber von der Handlung im Jahr 1967 angesiedelt – erfährt das Mädchen Fania immer wieder nur zufällig und nebenbei von der Existenz ermordeter Verwandter. Auch Barbara Honigmann hat in einer ganzen Reihe autobiografischer Skizzen versucht, aus dem Wenigen und Widersprüchlichen, das ihre Eltern über Flucht und Exil erzählt haben, eine kohärente Geschichte zu rekonstruieren.

Seit der Jahrtausendwende löst sich die Genre-Grenze zwischen Väterromanen und jüdischen Postgedächtnis-Texten auf. Eine neue Post-Holocaust-Literatur grenzt sich von den Dokumenten der Überlebenden, ihrer Kinder und Enkel in explizit fiktionalen Formen der Komik und der Groteske ab, orientiert sich dabei an der langen

Tradition jüdischen Humors und greift auch internationale Impulse aus Film und Popkultur auf. Maxim Billers Erzählung »Der echte Liebermann« (2004) beispielsweise unterläuft gezielt das Klischee des jüdischen Shoah-Opfers. Der jüdische Kriminelle Henry Halperin ist Sohn des KZ-Überlebenden Dudek Halperin, der in den USA eine Haftstrafe verbüßt, nachdem er andere Überlebende um ihre Opferentschädigung betrogen hat. Dudek entspricht in keiner Weise gängigen Vorstellungen von Holocaust-Überlebenden:»Ich war immer auf der Seite der Arier‹, hatte er in seinem eigenen Antrag auf Wiedergutmachung geschrieben, ›weil die Juden alle weggebracht wurden«« (Biller: *Bernsteintage*, 46). Für andere Autoren mit jüdischen Wurzeln wird die NS-Zeit mit zunehmendem zeitlichem Abstand weniger bedeutsam. Wladimir Kaminer, der 1990 als Kontingentflüchtling in die DDR einwanderte, schildert in seinem Prosaband *Russendisko* (2000) die russisch-jüdischen Zuwanderer in Berlin als eine Gruppe innerhalb einer multikulturellen Metropole (s. Kap. 8), in der ethnische Identitäten weniger durch Geburt und Herkunft als durch eigene aktive Gestaltung geprägt werden.

Vladimir Vertlib liefert mit seinem Roman *Das besondere Gedächtnis der Rosa Masur* (2001) einen sarkastischen Kommentar zu dieser Pluralisierung von Identitäten. Der Autor emigrierte in den 1970er Jahren mit seiner Familie aus der Sowjetunion über Israel, die Niederlande, die USA und Italien nach Österreich. *Das besondere Gedächtnis der Rosa Masur* erzählt von einem Geschichtsprojekt der fiktiven süddeutschen Kleinstadt Gigricht, in dem die Lebensgeschichten von Einwohnern unterschiedlicher Herkunft dokumentiert werden. Keine dieser Geschichten ist so exzeptionell wie die der russisch-jüdischen Rosa Masur. Wenn allerdings deutsche Kommunalpolitiker einer ex-sowjetischen Sozialhilfeempfängerin 5000 Mark für deren Lebensgeschichte bezahlen, müssen sie in Vertlibs Gigricht damit rechnen, keine authentischen Erinnerungen zu hören, sondern einen höchst unzuverlässigen Bericht, der sich darum bemüht, alle vermeintlichen Erwartungen der Gesprächspartner zu erfüllen oder sogar überzuerfüllen. Vertlibs Roman ist hochgradig satirisch, wenn er zugleich die Pluralisierung von Identitäten und von Geschichtsmustern, aber auch deren Ausschlachtung für begrenzte und kleinliche Eigeninteressen illustriert. Gemeinsam zeigen die Texte von Biller, Kaminer und Vertlib, wie sich ästhetische und ethische Kriterien für die Darstellung jüdischen Lebens in Deutschland und Österreich seit 1990 verändern. Post-Holocaust-Romane loten eine neue Freiheit im künstlerischen Umgang mit der Shoah in konsequenter Radikalität aus. Sie entwickeln spielerische, fluide Konzepte jüdischer Identität, die nicht mehr ausschließlich durch den Shoah-Bezug bestimmt sind.

Doron Rabinovici problematisiert bereits im Titel seines Romans *Andernorts* (2010) die Bedeutung von Herkunft, Ursprüngen, Zukunftsentwürfen und Gedächtnisorten. Sein Protagonist, der Soziologe Ethan Rosen, ist wie der Autor Rabinovici gebürtiger Israeli und Sohn von Holocaustüberlebenden, in Wien aufgewachsen und lebt jetzt abwechselnd in Wien und Tel Aviv. Als international gefragter Wissenschaftler reist er zudem regelmäßig zu Konferenzen und Gastvorträgen um die gesamte Welt. Ethan ist ein Chamäleon, das sich immer seiner jeweiligen Umgebung anpasst, in Israel Sonnenbrand hat, im Flugzeug aber schon wieder ausgebleicht aussieht und in unterschiedlichen sprachlichen Umgebungen jeweils regelkonform agiert. Dabei vertritt er Meinungen, die miteinander vollkommen inkompatibel sind, und kann sich an Äußerungen in der jeweils anderen Sprache noch nicht einmal erinnern. Diese Persönlichkeitsspaltung Rosens manifestiert sich nicht zuletzt in einem Zeitungsdisput über die Auschwitz-Gedächtnisfahrten, die der legendäre Dov

Zedek, ein Gründungsvater des Staates Israel und Lebensretter von Ethans Vater Felix, jahrzehntelang organisierte.

Die Handlung des Romans beginnt damit, dass Ethan einen Nachruf auf Zedek in einer Wiener Zeitung liest, in dem die moralische Legitimität der Auschwitzfahrten kritisch beleuchtet wird:»Birkenau sei kein Jugendlager und die Schornsteine der Verbrennungsöfen eigneten sich nicht für Lagerfeuerromantik« (*Andernorts,* 23). Mit dieser Meinungsäußerung bezieht sich die Zeitung auf den Artikel eines führenden israelischen Intellektuellen, der nicht namentlich genannt wird. In einer donnernden Replik wirft Ethan Rosen dem Autor des Nachrufs, einem gewissen Rudi Klausinger, daraufhin vor, aus einer»Tradition der älplerischen Ignoranz« zu agieren:

> **Im Geburtsland des Führers, tippte er, kämen einem die Ausführungen irgendeines ungenannt bleibenden Israeli gerade recht, wenn es darum gehe, heimatliche Selbstvergessenheit zu beschönigen. Er schrieb von der Notwendigkeit der Erinnerung und von Tendenzen, ob in Budapest oder Teheran, die Shoah zu leugnen.**

> **(Rabinovici: *Andernorts,* 29)**

Nun gerät Ethan selbst ins Zentrum der Auseinandersetzung, denn Klausinger antwortet auf seine Replik und legt offen, wer der Autor des israelischen Zitats war – niemand anders als Ethan selbst. Klausingers neuer Artikel trägt den bezeichnenden Titel»Zweierlei Rosen« und legt Ethans Doppelzüngigkeit und seine Rolle als unzuverlässiger Zeuge seiner selbst offen. Der Konflikt Rosen-Klausinger gewinnt an Dynamik, als sich herausstellt, dass sich beide auf dieselbe judaistische Professur der Universität Wien beworben haben. Nicht nur für die Berufungskommission, auch für Rosen selbst und für Rabinovicis Leser stellt sich damit die Frage: Wer von beiden ist denn nun der jüdische Experte? Der jüdische Soziologe oder der nicht-jüdische Judaist und Philosemit? Wer hat das Recht, über Juden und jüdische Belange zu urteilen und wissenschaftlich zu forschen?

Ethan Rosen und Rudi Klausinger bezeichnen unterschiedliche postmemoriale Positionen und arbeiten sich teils affirmierend, teils kritisch an der Vaterfigur Zedek ab. Sie repräsentieren zusammen das, was Marianne Hirsch und Eva Hoffman als die »generation of postmemory« bezeichnet haben: die selbstbezüglich konstruierte Identität einer definierten, aber hybriden Kollektivität, die in medialisierter und doch unmittelbarer Verwandtschaft zum Holocaust steht (Hoffman 2004; Hirsch 2008). Für Hirsch und Hoffmann ist die Generation des Postgedächtnisses eine imaginäre Gemeinschaft, die weniger auf Geografie oder äußeren Umständen basiert als vielmehr auf Bedeutungen, Symbolen und Fiktionen, die es ihren Mitgliedern ermöglichen, einander zu erkennen und miteinander zu kommunizieren. Auch in Rabinovicis *Andernorts* erscheint jüdische Identität als diskursives Konstrukt, das aus der kommunikativen Auseinandersetzung mit der Vergangenheit und mit der Figur des Zeugen entsteht.

In *Andernorts* lotet Doron Rabinovici aus, wie eine neue jüdische Identität nach dem Ende des Zeugenparadigmas aussehen kann, und kommt zu dem Ergebnis, dass weder die Wiederansiedlung in Mitteleuropa noch die Aliya nach Israel adäquate Lösungen für das Dilemma jüdischer Identität nach der Shoah bieten. Aussichtsreich erscheint vielmehr eine diasporische Identität innerhalb einer ohnehin globalen Lebenswelt. Dabei ist die Shoah nicht mehr der exklusive Bezugspunkt, den sie für die Zeugengeneration noch bildete, sondern stellt einen identitätskonstitutiven Faktor neben weiteren dar: etwa dem neuen Antisemitismus, dem Nahostkonflikt, den Ge-

gensätzen zwischen westlichen und orientalischen Juden in Israel sowie zwischen religiösen und säkularen jüdischen Identitäten.

Hilfsmittel

Die zentralen Beiträge zur Theorie des kulturellen Gedächtnisses stammen von der Konstanzer Anglistin Aleida Assmann (z. B. Assmann 2006 und 2007). Sie hat sich auch intensiv mit den Wandlungen der deutschen Erinnerungskultur seit 1990 und mit der Rolle der Literatur in diesen Wandlungen auseinandergesetzt. Der Begriff der »Erinnerungskultur« wurde insbesondere von Astrid Erll profiliert (2005).

Der Generationenroman, das wohl wichtigste Erzählgenre zur Vermittlung von Geschichte seit den 1990er Jahren, wurde von Friederike Eigler (2005) beschrieben. Bei ihr finden sich auch detaillierte Analysen exemplarischer Texte. Wichtige Beiträge zur generationellen Deutung von Geschichte finden sich zudem in dem Band *Generational Shifts* der in den USA lehrenden Laurel Cohen-Pfister und Susanne Vees-Gulani (2010).

Insbesondere die britische Germanistik hat sich intensiv mit dem Nationalsozialismus in der Gegenwartsliteratur beschäftigt. Einschlägige Studien, die einen guten Überblick über die Vielfalt literarischer Behandlungen bieten, stammen von Anne Fuchs (2008) und Helmut Schmitz (2004). Eine breiter angelegte Darstellung von Normalisierungsprozessen in der Berliner Republik stammt von Stuart Taberner (2005).

6 Krieg und Terror

Mit der Erosion des sowjetischen Militärbündnisses endete die starre Ost-West-Konfrontation des Kalten Krieges, die jahrzehntelang die Weltpolitik beherrscht hatte. Befürchtungen eines atomaren Vernichtungskriegs wurden weitgehend gegenstandslos. In seinem in den 1990er Jahren viel gelesenen Buch *Das Ende der Geschichte* vertrat der US-amerikanische Politikwissenschaftler Francis Fukuyama die These, mit dem Fall der Berliner Mauer sei die politische Systementwicklung seit Ende des Zweiten Weltkriegs insgesamt zum Abschluss gekommen (Fukuyama 1992). Weil Kommunismus und Totalitarismus keine Alternativen mehr darstellten, werde sich von nun an die liberale Demokratie westlichen Typs in allen Ländern der Erde durchsetzen.

Doch als islamistische Terroristen am 11. September 2001 vier Passagierflugzeuge entführten und zwei davon in die New Yorker *twin towers* steuerten, wurde einer schockierten Weltöffentlichkeit deutlich, dass Fukuyama das Ende der Geschichte voreilig verkündet hatte. Seit dem 11. September 2001 hat eine neue Form des Terrors – also politisch motivierter Gewalt (König 2015) – zu neuen, weltweiten militärischen Konflikten geführt. Die Angriffe hatten gravierende politische Konsequenzen, erschütterten aber auch Geschichtstheorien, religiöse Debatten und ästhetische Praktiken (Irsigler/Jürgensen 2008; Poppe u. a. 2009). In den Künsten wurden die Anschläge zum Kristallisationspunkt neuer Darstellungsweisen des Unerträglichen und des Traumas, die bis dahin vor allem im Zusammenhang mit der Shoah diskutiert worden waren (Lorenz 2004; Reinhäckel 2012).

Kampf der Kulturen? Zunächst schien der neuartige transnationale Terror des 11. Septembers vielen politischen Beobachtern ein neues Gleichgewicht des Schreckens zu begründen. Angreifer wie Angegriffene verstanden die Anschläge als symbolisches Attentat auf den Westen, auf den globalen Finanzkapitalismus, seine politischen Institutionen und kulturellen Praktiken. Bereits 1996 hatte Samuel Huntington der These vom Ende der Geschichte widersprochen und einen »Kampf der Kulturen« prophezeit, der nicht mehr auf ideologischen Frontstellungen, sondern auf kulturellen Unterschieden beruhen werde (Huntington 1998 [1996]). Die Anschläge schienen ihm rechtzugeben.

Die US-Regierung unter George W. Bush verkündete einen »Krieg gegen den Terror«, der als neuer Kreuzzug inszeniert wurde. Im Oktober 2001 bombardierten britische und US-Truppen Stellungen in Afghanistan, wo das Terrornetzwerk Al-Quaida wichtige Stützpunkte unterhielt; später beteiligte sich auch die deutsche Bundeswehr an der Afghanistan-Mission. Im März 2003 griff eine US-geführte, multinationale »Koalition der Willigen« den Irak an, obwohl das Saddam-Regime nicht in die Anschläge verwickelt war. Dass die Invasionstruppen sich aus US-Amerikanern, Saudis, Türken, Ägyptern, Polen, Marokkanern und Bangladeschis zusammensetzten, zeigt jedoch, wie kurzsichtig die bis heute von Politikern verwendete Metonymie eines Kampfes der Kulturen ist. Muslimische ebenso wie christlich geprägte Länder entsandten in der »Operation Iraqi Freedom« Truppen in ein Land mit einem säkularen Regime und vielfältigen religiösen Minderheiten.

Neue Kriege. Die militärischen Interventionen in Afghanistan und im Irak stellen einen neuen Typus von Krieg dar, der sich mit alten Vorstellungen strategischer Kriegsführung und ideologischer Blöcke nicht zureichend verstehen lässt. In den neuen, asymmetrischen Kriegen stehen sich nicht mehr Staaten oder Staatenbünde gegenüber. Vielmehr kämpfen internationale Koalitionen aus staatlichen Berufsheeren und paramilitärischen »private contractors« gegen nicht- oder substaatliche Akteure – untereinander verfeindete, irreguläre Truppen, Warlords, mafiöse Organisationen und terroristische Netzwerke (Kaldor 2007 [1999]; Münkler 2002). Hinter ihnen stehen oft Staaten oder Wirtschaftsunternehmen, die den Krieg finanzieren – aus ideologischen Gründen, um wirtschaftliche Eigeninteressen zu schützen oder um an Ressourcen zu gelangen. In den neuen Kriegen vermischen sich deshalb Krieg, Terror, massive Menschenrechtsverletzungen und organisiertes Verbrechen. Der Ost-West-Gegensatz des Kalten Krieges ist einer extrem undurchsichtigen Gemengelage gewichen: Wer ist Soldat, wer Zivilist, wer Terrorist? Wo verlaufen die Grenzen zwischen Krieg, Verbrechen und Völkermord?

Erstmals stellten sich diese Fragen der deutschen Öffentlichkeit, als Anfang 1991 kriegerische Auseinandersetzungen in dem beliebten Urlaubsland Jugoslawien ausbrachen. Die Gräuel der Balkankriege – Verschleppung, Vertreibung, Massenvergewaltigungen und Massenmorde – machten einer entsetzten globalen Öffentlichkeit deutlich, dass die Welt seit dem Ende des Kalten Krieges keineswegs friedlicher geworden ist. Zwar hat die Zahl der Kriege seit den 1990er Jahren insgesamt abgenommen. Aber zugleich werden Krieg und Terror durch eine zunehmende Medienberichterstattung stärker wahrgenommen als je zuvor. Zudem sind westliche Streitkräfte immer häufiger an *out-of-area*-Einsätzen beteiligt, und Kriegsverbrechen auf anderen Kontinenten werden vor europäischen Gerichten verhandelt. So rücken auch ferne Konflikte wie der Ruanda-Genozid von 1994 ins Rampenlicht einer globalen medialen Öffentlichkeit.

Dass sich in den neuen Kriegen der Unterschied zwischen Krieg und Terror auflöst, die zuvor getrennt diskutiert und in unterschiedlichen literarischen Genres behandelt wurden, bringt poetische und ethische Herausforderungen mit sich. Die Kriegsliteratur des Ersten und Zweiten Weltkriegs behandelte überwiegend Erfahrungen, die ihre Autoren als Soldaten gemacht hatten. Kriegsdarstellungen der Gegenwartsliteratur erzählen dagegen oftmals von fremden Erfahrungen. Neben Texten, deren Protagonisten selbst Kombattanten waren oder sind, finden sich auch zahlreiche um Beobachter, Zivilisten und Opfer zentrierte Texte sowie solche mit mehreren oder mit nicht-figurengebundenen Erzählperspektiven. Die Gestaltung einer fremden Erzählperspektive mag ästhetisch gelungen oder unplausibel sein, sie begründet aber in jedem Fall ein anderes erzählerisches Ethos, weil sie in eine Verantwortungsbeziehung gegenüber dem Anderen führt. In der Einfühlung in fremde Erfahrung verflechten sich Fragen des Engagements, der Kritik und der Anerkennung – Fragen, die in den 1990er Jahren höchst kontrovers diskutiert wurden.

6.1 | Jugoslawien

Erstmals stellte sich die Frage nach neuen Formen literarischer Kriegsdarstellung angesichts der Jugoslawienkriege der 1990er Jahre. Seit den 1980er Jahren schwelte in der Bundesrepublik Jugoslawien ein Konflikt zwischen Anhängern einer weiteren Föderalisierung und Befürwortern einer Rezentralisierung (Ther 2014, 36). Der Niedergang der Kommunistischen Partei und der Staatsbankrott erzeugten ein politisches Vakuum, in dem ethnische Identitäten neu mobilisiert wurden und der föderale Staat zerfiel. Seit dem Sommer 1991 brachen sich diese Konflikte in einer Reihe blutiger Kriege Bahn, deren Opfer meist Zivilisten waren. Alleine im Bosnien-Krieg von 1992 bis 1995 wurden etwa 100.000 Menschen getötet.

Peter Handke: »Eine winterliche Reise«. 1996 veröffentlichte Peter Handke in der *Süddeutschen Zeitung* den Reisebericht *Eine winterliche Reise zu den Flüssen Donau, Save, Morawa und Drina oder Gerechtigkeit für Serbien*, der die Verurteilung serbischer Kriegsverbrecher kritisierte und dem Serbien-Bild der westlichen Öffentlichkeit die Darstellung eines abgeschiedenen und ursprünglichen Landes entgegensetzte. Handkes romantische Einfühlung gilt auch einem föderativen Jugoslawien, in dem westliche Linke lange die Verwirklichung eines ›dritten Wegs‹ zwischen Sozialismus und Kapitalismus sahen. Mit seinem expliziten Eintreten für den serbischen Präsidenten Slobodan Milošević, der 1999 als erstes Staatsoberhaupt noch während seiner Amtszeit als Kriegsverbrecher angeklagt wurde, isolierte Handke sich jedoch im Literaturbetrieb. Er selbst legitimierte seine Position mit der Besonderheit der poetischen Sprache, die die dichterische Arbeit grundsätzlich von journalistischer Berichterstattung unterscheide: »Meine Arbeit ist eine andere. Die bösen Fakten festhalten, schon recht. Für einen Frieden jedoch braucht es noch anderes, was nicht weniger wert ist als die Fakten. Kommst Du jetzt mit dem Poetischen? Ja, wenn dieses als das gerade Gegenteil verstanden wird vom Nebulösen« (*Winterliche Reise*, 159).

Die Poesie selbst schien Handke zu einer friedensstiftenden Kraft zu werden, weil sie aus der Polarisierung der »Fakten« ausbrach. Doch für die meisten Beobachter blieben Handkes Ausführungen genau das, was sie eigentlich nicht sein sollten: nebulös, nicht zu verorten zwischen der poetischen Rede des Dichters und dem Wirklichkeitsbezug des Zeitkritikers. Nicht Engagement per se, wohl aber Handkes Engagement für eine Kriegspartei wurde in der folgenden Diskussion als fragwürdig empfunden. Andere Autoren bevorzugten deshalb eine Form poetischer Beobachterschaft, die nicht Partei ergreift, sich dem erzählerischen Problem der Darstellung und Deutung einer unübersichtlichen Welt stellt und die neuartige Komplexität der Auseinandersetzungen nicht allein inhaltlich, sondern auch in der poetischen Struktur widerspiegelt (Gansel/Kaulen 2011).

Durs Grünbein: »Nach dem letzten der hiesigen Kriege«. Dass aus einem offenen Verständnis von Engagement ganz unterschiedliche literarische Haltungen entstehen können, wurde in der Intellektuellen-Debatte über die NATO-Luftangriffe gegen die Bundesrepublik Jugoslawien deutlich, die im Frühjahr 1999 den Kosovo-Krieg beendeten. Unter anderem beteiligten sich Robert Menasse, Hans Magnus Enzensberger, Ingo Schulze, Peter Schneider und Herta Müller an der überwiegend im Feuilleton der *FAZ* geführten Debatte. Besonders scharf kritisierte Hans Magnus Enzensberger in seinem Essay »Ein seltsamer Krieg« vom 14. April 1999 die Beweggründe der NATO und die mediale Berichterstattung über den Krieg (Schirrmacher 1999). Auf diesen Artikel reagierte Durs Grünbein mit dem Enzensberger gewidmeten Gedichtzyklus »Nach dem letzten der hiesigen Kriege« (2002). Grünbein veröffentlichte ihn bezeichnenderweise nicht in der *FAZ*, sondern in einem Lyrikband mit dem Titel *Erklärte Nacht* – in einem poetischen Kontext also. Der Titel *Erklärte Nacht* spielt auf Arnold Schönbergs Jugendwerk »Verklärte Nacht« an. Von dessen romantischem Programm der Verklärung grenzen sich Grünbeins Gedichte jedoch ab, indem sie nicht *ver*klären, sondern *er*klären. Damit folgt Grünbein dem Programm des Zeitgedichts, wie Heinrich Heine es in seinen *Neuen Gedichten* (1844) prägte – dem Programm einer engagierten Lyrik, die sich ironisch-distanziert mit Parteien und Parteinahmen auseinandersetzt, statt sich mit ihnen zu identifizieren.

Ausgehend vom gerade geschlossenen »Waffenstillstand« im Juni 1999 blickt Grünbeins Zyklus zurück auf einen Krieg, der sicher nicht lange der »letzte« bleiben wird. Denn der Boden im Kosovo bleibt, wie das erste Gedicht konstatiert, vergiftet, die »Schlächter« verstecken sich »reuelos« im zivilen Leben, und der einzige, der »nie verliert«, ist der Krieg selbst (*Erklärte Nacht*, 43). Das Land zerstört, die Zeit vergeudet, die Fragen nach dem »wozu« nutzlos – das Engagement des Gedichts besteht gerade darin, die Fruchtlosigkeit von Engagement zu demonstrieren. Das trifft besonders die Figur des Reporters im fünften Teil des Zyklus, der den »Einsatz« des Krieges verkennt und »irgendwas von Geschichte« ins Mikrophon raunt (47). Die einzig legitime Frage, die das Gedicht ihm lässt, ist die nach dem »*Kotzen, nur wo?*« Auch die poetische Form wird ironisch gebrochen, wenn die epischen Hexameter den Krieg als »Virus« deuten, »das mit den Körpern nicht stirbt« (49). Dass Grünbeins Hexameter dabei durch überschüssige Silben entstellt werden, macht den Zyklus selbst als virale Wucherung lesbar.

Gerhard Roth: *Der Berg.* Mit dem Kriminal- und Geheimdienstroman *Der Berg* (2000) legte Gerhard Roth kurz nach dem Ende des Kosovo-Krieges den wohl ersten fiktionalen Text über die Balkankriege vor. Der Wiener Journalist Gartner sucht den serbischen Dichter Goran R., der Zeuge des Massakers von S. – gemeint ist Srebrenica – gewesen sein soll und sich Gerüchten zufolge in einem Kloster auf der griechischen Halbinsel Athos versteckt hält. Auf seiner grotesken Verfolgungsjagd wird Gartner von orthodoxen Mönchen und griechischen Geheimdienstlern gejagt, von einem schwäbischen HNO-Arzt hinters Licht geführt und von dem undurchsichtigen Bond-Girl Tamara verführt. Dabei gerät er immer wieder an Orte, die mit dem serbischen König Stephan III. Decansky in Verbindung stehen, über den Goran R. einen Gedichtband mit dem Titel »Ikonen« verfasst hat. Weniger das Srebrenica-Massaker als dieser Gedichtband, die darin abgebildeten Ikonen und der serbische Geschichtsmythos fesseln Gartner zunehmend an Goran R. Am Ende schreibt Gartner zwar einen vielgelobten Reisebericht, doch der Enthüllungsartikel über Goran R. kommt nicht zustande. Gartners Bericht stellt deshalb ein *abyme* des Romans dar, in dem das Massaker von Srebrenica ebenfalls nicht dargestellt wird, sondern lediglich die Kulisse für eine aufregende Handlung liefert.

Juli Zeh: *Adler und Engel.* Auch Juli Zeh nutzt die Jugoslawien-Kriege in ihrem Debütroman *Adler und Engel* (2001) – einem der literarischen Überraschungserfolge nach der Jahrtausendwende – als Hintergrund für einen Polit-Thriller. Der Protagonist Max beendet seine Laufbahn bei einer internationalen Anwaltskanzlei, als sich seine Freundin Jessie während eines gemeinsamen Telefonats erschießt. In einer Reihe von Interviews verrät Max der Psychologiestudentin Clara, dass Jessie für einen Drogenring tätig war, dessen Transportwege über den Balkan liefen. Auch Max war in seiner Jugend am Drogenschmuggel beteiligt, bevor er als Völkerrechtler und Osteuropaexperte Karriere machte. Jessie dagegen blieb in den Kokainhandel eingebunden; ihre Aufgabe bestand darin, bosnische Vergewaltigungsopfer als Drogenkuriere auszubilden. Sie arbeitete dafür nicht allein mit Drogenhändlern zusammen, sondern mit einem der grausamsten serbischen Milizenführer. Indem er diese Geschichte enthüllt, wird Max deutlich, dass er selbst weiter in die Machenschaften der Drogenmafia verstrickt ist. Jessies Drogenboss und Max' Chef erweisen sich als Komplizen. Das Ende der Balkankriege und die EU-Osterweiterung werden im Roman als Komplott aus Politik und Drogenhandel dargestellt, das neue Transportwege für den Kokainhandel schaffen soll. Am Ende steht Max vor einer schwierigen Entscheidung: Soll er den Computercode verraten, mit dem die gesamte Verschwörung aufzudecken wäre?

Juli Zeh, selbst Juristin und seit 2010 promovierte Völkerrechtlerin, versteht sich als engagierte Autorin. In ihren Essays für die *FAZ* und die *Zeit* setzt sie sich kritisch mit der deutschen Außen- und Sicherheitspolitik auseinander; über Bosnien verfasste sie 2002 den Reisebericht *Die Stille ist ein Geräusch* (2003), der Land und Leute der deutschen Öffentlichkeit näherbringen will. Diesem aufklärerischen Impetus ist bereits ihr Romandebüt verpflichtet. Präziser als andere Autoren beschreibt Zeh das Neuartige des Bosnienkriegs, die unauflösliche Verflechtung von kriegerischer Gewalt und organisiertem Verbrechen. Dabei nutzt sie die Gespräche zwischen Max und Clara, um zu verdeutlichen, wie der Bosnienkrieg in eine vertraute Realität einbrach. In der zweiten Hälfte des Romans wechseln Max und Clara jedoch aus der Rolle westlicher Beobachter in diejenige der Opfer des Bosnienkriegs, dessen Spuren sie an ihren eigenen Körpern vergegenwärtigen. In einem Wiener Hinterhof dahinvegetierend, von Alkohol- und Drogenkonsum ausgezehrt, wird Clara zu Max' Gefangener und zum Opfer der gleichen Erniedrigungen, mit denen Jessie ihre bosnischen Drogenkuriere quälte. Das Ende des Romans bricht aus einem aufklärerischen Engagement aus, indem es Gewalt und Terror aus ihrem historischen und regionalen Kontext löst und zu einer menschlichen Universalie erklärt.

Norbert Gstrein: *Das Handwerk des Tötens*. Aus welcher Haltung darf man über den Balkan schreiben, und wie weit kann man sich der Realität dort annähern? Ist eine Fiktionalisierung und Dramatisierung des Kriegsgeschehens legitim, oder sollte der Krieg möglichst objektiv dokumentiert werden? Explizit werden diese Darstellungsfragen, die im Hintergrund jedes Kriegsromans stehen, in Norbert Gstreins *Das Handwerk des Tötens* (2003) thematisiert. Zwei Journalisten recherchieren über den im Kosovo erschossenen Kriegsreporter Christian Allmayer, der mit seinen reißerischen Balkanreportagen Aufmerksamkeit erregt hatte. Doch nicht nur Allmayer, auch der Erzähler und sein Kollege Paul erweisen sich als Opportunisten, die sich weniger für Person und Schicksal Allmayers interessieren als für dessen möglichst dramatische Präsentation. Der Roman selbst findet eine dramatische Zuspitzung in der Vermutung, Allmayer könne bei seinen Recherchen zum Mörder geworden sein und aus purer Sensationsgier eine serbische Geisel erschossen haben. Als Paul aus Verzweiflung Selbstmord begeht, beginnt der Erzähler, Allmayers Geschichte niederzuschreiben – eben die Geschichte, die in Form des Romans *Vom Handwerk des Tötens* vorliegt. Gewidmet ist das Buch der Erinnerung an den Reporter Gabriel Grüner, der unter ähnlichen Umständen erschossen wurde wie der fiktive Allmayer.

Anna Kim: *Die gefrorene Zeit*. Neben Journalisten und Historikern befassen sich auch Menschenrechtsorganisationen, Straf- und Völkerrechtler mit der Aufklärung der jugoslawischen Kriegsverbrechen. Die mühsame Rekonstruktion sogenannter »Ante-Mortem-Data«, anhand derer aus Massengräbern geborgene Leichen identifiziert werden können, bildet den Ausgangspunkt für Anna Kims Kosovo-Roman *Die gefrorene Zeit* (2008). Bereits im Titel macht die in Korea geborene und in Wien aufgewachsene Autorin allerdings deutlich, dass es ihr um mehr als um eine realistische Darstellung dieses Prozesses geht. *Die gefrorene Zeit* rekurriert auf Ingeborg Bachmanns Gedichtband *Die gestundete Zeit* (1953) und auf dessen Titelgedicht, in dem ein Du angewiesen wird, sich auf »härtere Tage« einzustellen. Während Bachmann die Bedeutung der Zeit-Metapher offenlässt, liegt in Kims Roman offen zu Tage, wessen Zeit gefroren ist: die des traumatisierten Kosovo-Flüchtlings Luan Alushi, der sich mit Hilfe der österreichischen Rot-Kreuz-Mitarbeiterin Nora auf die Suche nach seiner verschleppten und ermordeten Frau Fahtie begibt. Erzählt wird der Roman in einem von Nora an Luan gerichteten lyrischen Redestrom; dabei fühlt Nora sich immer stärker in Luans Person und Geschichte ein, bis sie selbst darin verschwindet.

Die erzählerische Konstellation eines schwachen Ich und eines dunklen Fremden kann über die Bachmann-Referenz des Titels hinaus auf den Bachmann-Roman *Malina* und auf die Person Paul Celans bezogen werden. Mit Celan verband Bachmann eine Liebesbeziehung, die sie nach Celans Selbstmord in der Figur des Fremden in der in *Malina* eingelagerten Erzählung »Die Geheimnisse der Prinzessin von Kagran« verarbeitete. In *Die gefrorene Zeit* stiftet diese Referenz eine Verbindung zur Auseinandersetzung mit dem Zweiten Weltkrieg im Werk Bachmanns, aber sie führt auch aus den historischen Bezügen heraus. Denn die Bachmann entlehnte mystifizierende Bildlichkeit dient bei Kim dazu, den gesamten Kosovo zum traumatisierten Land zu stilisieren, das sich seiner Vergangenheit nur noch in Form märchenhafter Fiktionen vergewissern kann. Zugleich ist Kim weniger skeptisch gegenüber der Fähigkeit der Literatur, die Kriegsverbrechen auf dem Balkan zu rekonstruieren, als Roth, Zeh und Gstrein. Eine Einfühlung in die fremde Opfer-Geschichte scheint ihr ebenso möglich wie eine vollständige Aufklärung des einzelnen Schicksals: Am Ende wird Fahties Leiche aufgefunden und beerdigt; Luan begeht daraufhin Selbstmord.

Saša Stanišić: *Wie der Soldat das Grammophon repariert*. Über 700.000 Menschen flohen bis 1995 aus dem ehemaligen Jugoslawien. Saša Stanišić emigrierte nach der Belagerung seiner Heimatstadt Višegrad als 14-Jähriger nach Deutschland und studierte später am Deutschen Literaturinstitut Leipzig. In seinem von der Kritik hoch gelobten Romandebüt *Wie der Soldat das Grammophon repariert* (2006) verfremdet er autobiografische Erfahrungen, indem er den fiktiven Aleksandar aus einer kindlichen Perspektive vom Leben im ländlichen Bosnien und dem hereinbrechenden Krieg erzählen lässt. Die Wahl eines naiven Erzählers ist seit dem barocken Schelmenroman ein bewährtes Mittel satirisch-distanzierter Kriegsdarstellung; im zwanzigsten Jahrhundert wurde die Poetik des Schelms durch Günter Grass' *Die Blechtrommel* (1959) aktualisiert. Während bei Grass der kleinwüchsige Erzähler Oskar Matzerath jedoch eine manifest groteske Figur ist, stellt die Groteske bei Stanišić einen kompensatorischen Erzählmechanismus dar, dessen Konstruiertheit offen angesprochen wird. Aleksandar folgt mit seiner Fabulierlust der Anweisung des Großvaters: »Die wertvollste Gabe ist die Erfindung [...] merk dir das und denk dir die Welt schöner aus« (*Wie der Soldat*, 11). Ein Korrektiv erhalten Aleksandars fantastische Erzählungen durch die Protokolle einer gegenwärtigen Erinnerungsarbeit und durch eine Reise an die Orte der Kindheit. Erst danach gelingt es Aleksandar, die traumatisierenden Erfahrungen während der Belagerung seiner Stadt auszusprechen.

Martin Kordić: *Wie ich mir das Glück vorstelle*. Deutlicher und ungebrochener als Saša Stanišić greift Martin Kordić in seinem Debütroman *Wie ich mir das Glück vorstelle* (2014) das Muster des Schelmenromans auf. Sein Erzähler, ein verkrüppelter Waisenjunge und Mitglied der mysteriösen religiösen »Gemeinschaft von den Söhnen Marias«, berichtet in konsequenter Naivität vom brutalen Krieg zwischen »Kreuzern«, »Mudschis« und »Kriegern in den Bergen«, in dem die »Stadt der zwei Brücken« zerstört wurde. Wenn man hinter der Stadt das bosnische Mostar erkennt und in den Kriegsparteien die brutalen Milizen des Bosnienkriegs, so ist das nicht vollständig aus der Luft gegriffen. Doch weisen die rätselhaften und lächerlichen Namen der Gruppen über reale Milizen hinaus auf eine parabolische Ebene. Auch die strikte topografische Gegenüberstellung von kriegszerrissener »Stadt der zwei Brücken« und idyllischem »Dorf der Glücklichen« legt eine allegorische Lesart nahe.

Martin Kordić wurde im niedersächsischen Celle geboren, studierte Literarisches Schreiben an der Universität Hildesheim und arbeitet als Lektor beim Verlag Du-

Mont. Die im Roman behandelten Erfahrungen haben kein autobiografisches Substrat, sie sind Produkte literarischer Lektüren und literarischen Kunstwollens. *Wie ich mir das Glück vorstelle* ist in einer idiosynkratischen Kunstprosa verfasst, die den Genitiv und das Präteritum meidet und dadurch Verhältnisse zwischen Personen und Objekten ebenso wie die zeitliche Abfolge der Ereignisse verschleiert. In gewissem Sinne ist dieses Stilexperiment zentraler für den Roman als die Jugoslawienkriege, die sein stoffliches Substrat bilden. Das vom Bürgerkrieg erschütterte Bosnien stiftet ein generisches Setting aus Krieg und Gewalt, verarmten Bergdörfern und archaischer Lebensweise, aber dieses Setting lässt sich kaum auf das wirkliche Jugoslawien oder auf reale Ereignisse beziehen. Die Frage des Engagements stellt hier nicht in der gleichen Weise wie bei Zeh oder Gstrein; wohl aber muss sich Kordić angesichts des realen Geschehens die Frage nach der ästhetischen Angemessenheit seiner überfiktionalisierten Darstellung gefallen lassen.

Martin Mosebach: *Das Blutbuchenfest*. Wie weit darf ein Jugoslawien-Roman sich von der verbürgten Realität entfernen? Martin Mosebachs Gesellschaftsroman *Das Blutbuchenfest* (2014) kontrastiert die ausbrechenden Kämpfe im ehemaligen Jugoslawien mit den Ansprüchen und Allüren der Hochstapler und Bohémiens einer westdeutschen Großstadt, hinter der man unschwer Frankfurt erkennen kann. Die bosnische Heimat der Putzfrau Ivana, die beide Welten miteinander verbindet, stiftet als romantisches Echtheitsklischee das Gegenbild zur verlogenen Frankfurter Gesellschaft, in der der Hochstapler Wereschnikow eine Konferenz zur menschlichen Würde in den Kulturen des Balkans plant, die letztlich nur der eigenen Selbstdarstellung dient. Der Kontrast beider Welten kulminiert im Finale furioso des Schlusskapitels: Während des ausschweifenden Festes unter einer Blutbuche muss Ivanas Familie fliehen, ihr Gehöft wird zerstört.

Ähnlich wie Juli Zeh stellt Mosebach den Krieg als gewaltsamen Einbruch in eine bekannte Welt dar und bezieht sich so auf reale Erfahrungen seiner Leser. Zugleich kappt der Roman diesen Realitätsbezug, denn die Medien, durch die Informationen aus der einen Welt in die andere gelangen, werden im *Blutbuchenfest* kontrafaktisch eingesetzt. Die Mobiltelefone, mit denen unentwegt kommuniziert wird, waren Anfang der 1990er Jahre eine Rarität, und der Laptop, mit dem in der S-Bahn Videos gestreamt werden können, noch nicht erfunden. In Rezensionen hat diese historische Unschärfe für Aufruhr gesorgt. Ein »richtiges Erzählen im falschen Schreiben«, so der *FAZ*-Redakteur Andreas Platthaus, könne es nicht geben; die gewichtigen gesellschaftspolitischen und ästhetischen Fragen, die der Roman stelle, würden deshalb verfehlt (2014). Doch wird mit dem kontrafaktischen Erzählen auch der Anspruch des Geschichtsromans auf historische Überprüfbarkeit ausgehebelt. Eine präzise Datierung der Romanereignisse ist schlicht nicht möglich. Trotz dieser Unschärfe kann man in den Bosnien gewidmeten Passagen eine historisch-politische Stellungnahme des Autors erkennen, wenn der serbische Nationalismus als ein von außen in das idyllische, multiethnische Jugoslawien importierter Fremdkörper bezeichnet wird.

Allgegenwart des Krieges. Terézia Mora: *Alle Tage* (2004)

Mit ihrem Debütroman *Alle Tage* – 2004 ausgezeichnet mit dem Preis der Leipziger Buchmesse – legte die aus Ungarn stammende Terézia Mora eine literarische Metaphysik des Krieges vor. Erzählt wird die Geschichte des rätselhaften Sprachgenies Abel Nema, der aus einem austro-hungarisch geprägten Bürgerkriegsland in die westeuropäische Großstadt B. flüchtet. Dort wird er wegen seiner schier übermenschlichen sprachlichen Fähigkeiten für ein Linguistik-Stipendium vorgeschlagen. Unterkunft findet Abel zwischen halblegalen Migranten in einer Reihe heruntergekommener Wohngemeinschaften, bis die Mutter eines Nachhilfeschülers eine Scheinehe mit ihm eingeht. Diese Ehe bildet den Rahmen des Romans. Die Erzählung setzt am Tag der geplanten Scheidung Abels ein, doch kann die Scheidung nicht vollzogen werden, weil Abel am Vorabend von einer Roma-Jugendbande niedergeschlagen und ausgeraubt wurde und nun nur noch den abgelaufenen Reisepass seines nicht mehr existierenden Geburtslandes besitzt. Von hier aus wird Abels Geschichte aus der Perspektive seiner Frau Mercedes, später auch anderer Figuren, rekonstruiert. Der erzählerische Rahmen schließt sich, als Abel von der gleichen Bande kopfüber aufgehängt wird; er zieht sich eine schwere Gehirnverletzung zu und kann nun nur noch einen einzigen Satz sagen, »Das ist gut« – den allerdings in zehn Sprachen.

Die Geschichte Abel Nemas kann sowohl als Balkankriegsroman wie auch als Parabel auf einen universalen Kriegszustand gelesen werden. Auf der ersten Ebene zeichnet der Roman die Konsequenzen staatlicher Auflösung am Schicksal einer Einzelfigur nach. Dass Abel vor der drohenden Einberufung in einem vom Bürgerkrieg zerrissenen Land geflohen ist, haben fast alle Rezensenten auf das Jugoslawien der frühen 1990er Jahre bezogen. In der Stadt B. haben die meisten Berlin gesehen, obwohl verschiedene Aspekte des fiktiven B. sich nicht mit der Topografie des realen Berlin decken (Biendarra 2011; Sieg 2010). Auch die Handlungszeit des Romans ist nicht genau datierbar. Vor allem entzieht das experimentelle Erzählverfahren einem mimetischen Verständnis des Romans immer wieder den Boden unter den Füßen. In einer Collage von Erzählerstimmen wird die Handlung erst nach und nach vom Ende her aufgerollt, während der Erzählfokus ständig zwischen Innensicht und Allwissenheit hin und her springt.

Der Effekt dieses Verfahrens ist außerordentlich desorientierend. Insbesondere entstehen Widersprüche und Zweifel über die Figur Abel, der als eine Art Leerstelle in das Stimmengewirr des Romans eingeschlossen ist. Nur in einer einzigen Passage gibt Abel Auskunft über sich selbst und über seine rätselhafte Sprachfähigkeit, allerdings unter massivem Drogeneinfluss. Er glaubt sich im Besitz einer Universalsprache, die ihm unmittelbaren Zugang zum Wesen der Wirklichkeit gewährt und einen Zustand des ewigen inneren Friedens in einer Welt aus Krieg und Gewalt stiftet: »Jetzt und hier habe ich den Frieden praktiziert, alle Tage, ja. Weil es möglich war« (*Alle Tage*, 406). Ohne dass die Figur das wissen kann, greift dieser Satz den Anfang des Romans auf: »Nennen wir die Zeit *jetzt*, nennen wir den Ort *hier*« (9). Mit dieser fiktionalen Setzung wird ein Wirklichkeitsbezug zwar radikal gekappt, doch im Gegenzug wird der Handlung eine zeitlose, übergeschichtliche Aktualität verliehen.

Auf dieser zweiten, parabolischen Ebene handelt der Roman von der Unausweichlichkeit von Krieg in modernen Gesellschaften oder sogar vom Krieg als Signatur des Menschlichen schlechthin. In seinem Monolog setzt Abel der Allgegenwart des Krieges einen Zustand dauerhaften Friedens entgegen. Doch diese Position wird vom Fortgang der Handlung zynisch durchkreuzt, in der Abel als sprachunfähiger Pflegefall endet. Die Autorin Mora hat im Interview darauf hingewiesen, dass es in *Alle Tage* weniger um die Balkankriege als um alle möglichen Kriege gehe (Kraft 2006, 207). Doch auch wenn der Roman keinen mimetischen Realismus-Anspruch vertritt, ist er deshalb nicht realitätsfremd oder fantastisch. *Alle Tage* liefert eine scharfsinnige Kritik am Konzept der singulären und originären Herkunft, die hinter der nationalistischen Rhetorik der Balkankriege stand und auch die Wahrnehmung von Balkanflüchtlingen im restlichen Europa steuerte. Fast alle Romanfiguren entstammen ethnischen Minderheiten – Abels Ehefrau Mercedes ist portugiesisch-stämmig, ihr Kind hat einen afrikanischen Vater, weitere Figuren sind Armenier und Roma. Niemand scheint aus dem westeuropäischen Land zu kommen, in dem die Stadt B. liegt. Zur romaninternen Kritik am Identitätsdiskurs trägt auch das Motiv der falschen oder vorgegaukelten Identität bei, etwa wenn Abel mit anderen Migranten die Pässe tauscht oder wenn seine Scheinehe mit Mercedes von zwei Agenten der Ausländerbehörde überprüft wird, die sich später als Hochstapler erweisen. Scharfsinnig enthüllt *Alle Tage* die dunkle Rückseite des liberalen Multikulturalismus mit seiner Rhetorik der Anerkennung von Differenzen. Die Dekonstruktion von Identität und Herkunft führt nicht in ein buntes Multikulti, sondern produziert eine deprimierend marginalisierte Gruppe radikal entwurzelter Gestalten.

6.2 | Der 11. September

Während die literarische Auseinandersetzung mit den Jugoslawien-Kriegen wenigstens teilweise Wahrnehmungs- und Erzählmuster des Zweiten Weltkriegs fortschreibt, wurden die 9/11-Anschläge von Anfang an als genuin neuartiges Ereignis wahrgenommen, das nach neuen Darstellungsformen verlangt. Ein Ereignis ist nach Slavoj Žižek ein »Effekt, der seine Gründe zu übersteigen scheint« (Žižek 2014). Die Gründe für die Anschläge lagen in einem durch saudisches Ölgeld genährten islamistischen Fundamentalismus und dessen Hass auf den Westen und seine Symbole; ihr Effekt jedoch übersteigt religiösen Fanatismus und terroristische Zerstörungswut. Zu diesem Effekt gehören ein gewandeltes Verständnis der globalen politischen Ordnung ebenso wie neue Medientheorien und neue ästhetische Praktiken. Die Anschläge machten schlagartig deutlich, dass der Westen bisher nur einen beschränkten Ausschnitt der globalisierten Welt wahrgenommen hatte, die er mit der europäischen Expansionspolitik seit der frühen Neuzeit mit erschaffen hatte. Narrative von Wachstum und Fortschritt, aber auch von Internationalisierung, Transnationalität und Humanität, wie sie in der politischen Rhetorik der 1990er Jahre geprägt wurden, verloren zunehmend ihre Plausibilität.

Hypermedialität. Aus kulturwissenschaftlicher Perspektive zählt zu den Effekten des Ereignisses 9/11 eine neue Diskussion über unerträgliche oder traumatische Erfahrung und deren ästhetische Repräsentation. Viele der Teilnehmer an dieser Diskussion – unter anderem die Philosophen Judith Butler und Giorgio Agamben, die Essayistin Susan Sontag und die Bildwissenschaftler W. J. T. Mitchell und Nicholas Mirzoeff – greifen Argumente auf, die in Bezug auf ästhetische Darstellungen der Shoah entwickelt wurden, die nun jedoch in einem völlig neuartigen medialen Kontext aktualisiert werden müssen. Die Anschläge bezogen ihre Schockwirkung zum großen Teil aus ihrer televisuellen Inszenierung: Ein neuer transnationaler Terrorismus produziert Bilder, die den Betrachter schockieren oder traumatisieren sollen. Auch die Reaktion des Westens zielte mit der Fernsehausstrahlung der »shock and awe«-Bombardierung Bagdads auf die Verbreitung von Bildern. Andere Bilder, beispielsweise aus dem US-Gefangenenlager Guantánamo Bay, wurden dagegen unterdrückt, sogar unsichtbar gemacht, obwohl manche dieser unterdrückten Bilder, insbesondere die Abu Ghraib-Fotografien, durch Zufall ans Tageslicht kamen und von Aktivisten, aber auch propagandistisch benutzt wurden. Private Schnappschüsse wurden in der Umgebung von *ground zero* als Erinnerungsobjekte ausgestellt.

Ähnlich wie die Shoah wird der 11. September in theoretischen Beiträgen und in frühen literarischen Reaktionen als Nullpunkt von Sinn und Ausdruck verstanden, der nur als Bruch oder Riss repräsentiert werden kann, selbst aber noch keine Gestalt besitzt. Viele Autoren folgen der in der kulturwissenschaftlichen Traumaforschung entwickelten Vorstellung, die Darstellung unerträglicher Gewalt erfordere eine Zertrümmerung der ästhetischen Form. Aber *ground zero* ist nicht Auschwitz. In den NS-Vernichtungslagern galt ein striktes Abbildungsverbot. Das Ereignis 9/11 dagegen ist medial geradezu überdeterminiert. In der medialen Berichterstattung trug die Omnipräsenz ikonischer Bilder zur raschen Etablierung einer formelhaften Rede über die Anschläge, ja zu deren Banalisierung bei. Literarische Texte über den 11. September wenden sich oft gegen voreilige Deutungen, indem sie Fotografien als Störung oder Irritation einsetzen, die Anschläge poetisieren oder ihre Darstellung ganz verweigern.

Echtzeit-Reaktionen. Wie immer bei historischen Großereignissen wurde von der Kritik rasch das ästhetische Scheitern literarischer Repräsentationen des 11. Septembers konstatiert (Hartwig 2002; Weidermann 2002). Noch 2008 titelte Dana Bönisch in der *taz*: »In der Gegenbilder-Falle. Die Literatur sucht noch: Alle Versuche, 9/11 in Romanen zu erfassen, scheitern jedenfalls bislang« (Bönisch 2008). Tatsächlich zogen die Anschläge jedoch eine rasche und bis heute andauernde literarische Auseinandersetzung nach sich. Die ersten Reaktionen erfolgten online – das Jahr 2001 war zugleich die Anfangszeit des Bloggens, der 11. September das erste historische Ereignis, das weltweit in Internetforen dokumentiert und diskutiert wurde. Zu den frühesten deutschen Kommentatoren zählte die TV-Moderatorin Elke Buschheuer, die sich 2001 in New York aufhielt und das »Internet-Tagebuch« else-buschheuer.de führte. Das Tagebuch ist heute nicht mehr im Netz, es erschien jedoch ein Jahr später als Buch. Hier lässt sich die hautnahe Schilderung der Ereignisse im Telegrammstil nachlesen: »DER ZWEITE TURM / NY 10:30 BERLIN 16:30 / ist zusammengefallen. Ich sitze hier und heule, die Erde ringsum bebt, draußen weinen auch alle. Das World Trade Center gibt es nicht mehr« (*www.else-buschheuer.de*, 128). Mit dieser Echtzeit-Reaktion bekam Buschheuers Schreibexperiment eine vollkommen neue Funktion. Ursprünglich war ihr Internet-Tagebuch als Medienexperiment mit einer neuen Kommunikationstechnologie geplant gewesen. Der Blog-Boom war 2001 nicht absehbar; Internetliteratur galt als eine demokratische Literaturform, bei der es weniger auf die Geschwindigkeit ihrer Veröffentlichung als auf die freie Zugänglichkeit für Autoren und Leser ankam. In diesem Kontext interpretiert Buschheuer das Ereignis 9/11 als individuelle ebenso wie als kulturelle Zäsur; das Tagebuch übernimmt dabei eine Therapiefunktion.

Kathrin Röggla: *really ground zero*. Auch andere Schriftsteller erlebten den 11. September als Einbruch in Texte, die bereits vor den Anschlägen geplant oder begonnen wurden. Die junge österreichische Autorin Kathrin Röggla hielt sich als Stipendiatin in New York auf, als sie Zeugin der Anschläge wurde. Am 14. September veröffentlichte sie in der *taz* den Artikel »really ground zero: Die meisten New Yorker wirken derzeit wie stillgestellt«; weitere Berichte folgten. Im Dezember 2001 erschienen die Artikel gesammelt, in Kapitel geordnet und um zusätzliches Textmaterial sowie ein Abschlusskapitel ergänzt in dem Buch *really ground zero: 11. september und folgendes.* Ebenso wie Buschheuer betont Röggla die Authentizität und Unmittelbarkeit ihres Augenzeugenberichts: »einen tower haben wir hier eben brennen und einstürzen sehen« (*really ground zero*, 6). Aber ihr Bericht ist deutlich stärker literarisiert und um Momente der Selbstdistanz und der Selbstreflexion angereichert. Die Anschläge erscheinen als Geschehen, das sich nicht in vorhandene Strukturen des Verstehens, Fühlens und Erlebens integrieren lässt. Der Band dokumentiert die Unzulänglichkeit der wiederkehrenden Versuche, dennoch einen sinnvollen Verständnisrahmen zu finden.

Mit der Gesprächstranskription als zentralem Verfahren knüpft Röggla an die Dokumentarästhetik der Neuen Sachlichkeit und die Dokumentarliteratur der 1960er und 70er Jahre an, insbesondere an Alexander Kluges Foto-Text-Montagen. Auch die Bildverfahren der eingebetteten Fotografien sind von der Dokumentarästhetik Kluges inspiriert. Doch die Bilder bieten, so reflektiert Röggla, »keine fotoausgänge aus dieser geschichte« (18), weil die Todeszone um *ground zero* auf ihnen »nicht abbildbar« zu sein scheint (9). Es handelt sich größtenteils um unscharfe und nichtssagende Bilder, die weniger das Ereignis 9/11 dokumentieren als die Unmöglichkeit, von dem Ereignis zu sprechen und dabei »aus diesem haufen an ideologemen, aufgebrochenem vokabular, kontextverschiebungen, rhetorischen operationen, schrägen übersetzungen, einen überblick zu bekommen« (109).

Durs Grünbein: »September-Elegien«. Nach Kathrin Röggla war Durs Grünbein einer der ersten deutschen Literaten, die sich zum 11. September äußerten. Acht Tage nach den Anschlägen veröffentlichte er in der *FAZ* seine Tagebuchaufzeichnungen vom 11. bis 16. September, in denen er ein poetisches Amerika-Bild beschwört, das sich aus der Lektüre von Kafkas Amerika-Roman *Der Verschollene* ebenso speist wie aus einem eigenen New York-Besuch, bei dem der Autor »als Adorant der Skyline Manhattans auf der Besucherplattform des World Trade Center gestanden« habe (»Aus einer Welt, die keine Feuerpause kennt«). Dieses Amerika sei nun unwiederbringlich verloren, kein Gebet bringe »den erhabenen Anblick« zurück. Mit dem Begriff des Erhabenen ordnet Grünbein den 11. September in das ästhetische System des 18. Jahrhunderts ein. In der *Kritik der Urteilskraft* bestimmt Kant das Erhabene als Gegenstand, der im Subjekt ein Gefühl der Ohnmacht auslöst. Allerdings bezeichnet Grünbein nicht den 11. September selbst als ästhetisches Ereignis – im Gegensatz zu dem Komponisten Karlheinz Stockhausen, der die Anschläge in einem Pressegespräch am 16.9.2001 das »größte Kunstwerk« nannte, das es je gegeben habe. Für Grünbein markiert der 11. September gerade das Ende des Erhabenen und damit, vielleicht, sogar des Ästhetischen schlechthin.

Diesem Gedanken geht Grünbein in seinen 2002 veröffentlichten »September-Elegien« weiter nach. Der Zyklus folgt im Band *Erklärte Nacht* unmittelbar auf das Jugoslawien-Gedicht »Nach dem letzten der hiesigen Kriege« und schreibt wie dieses das Programm des Heineschen Zeitgedichts fort. Anders als in den Tagebuchaufzeichnungen steht in den Elegien nicht der 11. September selbst im Fokus, sondern die folgende Rückkehr zur Normalität. Diese Rückkehr gleicht einem leisen »It's over«, dessen unreiner Reim auf die »Supernova« der Attentate nahelegt, dass die Anschläge zwar als kosmisches Ereignis verstanden werden können, dass dieses Ereignis aber sofort in der Banalität des Alltags untergeht. Grünbeins Elegien distanzieren sich von der Haltung der Vielen, die sich bereits kurz nach den Anschlägen wieder mit »Kontostand«, »Wetterwechsel« und »Schnupfen« beschäftigen; sie distanzieren sich aber ebenso von »Mythen« und »Lexikonworte[n] wie Moira, Ananke«. Beides, die Rückkehr in den banalen Alltag und die mythische Überhöhung des Ereignisses, werden als unangemessen zurückgewiesen – dies auch mit dem Ziel, das eigene Schreiben vor der anbrandenden Hysterie zu bewahren (Trilcke 2008).

Die Elegie ist ein Trauergedicht. Doch in Grünbeins »September-Elegien« wird der elegische Ton selbst zum Gegenstand satirischer Kritik. Damit schreibt Grünbein das in seinem vorigen Gedichtband *Nach den Satiren* entwickelte Verfahren fort, sich von den Haltungen und Redeweisen Anderer zu distanzieren, ohne ihnen eine eigene Position entgegenzusetzen – ein in Satiren seit der Moderne gängiges Verfahren. Für die Darstellung des 11. Septembers birgt es allerdings die Gefahr, mit einer veränderten Wirklichkeit nicht mehr Schritt halten zu können.

Thomas Kling: »Manhattan Mundraum Zwei«. Auch Thomas Klings »Manhattan Mundraub Zwei« (2002) rekurriert auf eigene ältere Vorstellungen und Schreibweisen, insbesondere auf das Gedicht »manhattan mundraum« (1996), und gewinnt von hier aus eine ästhetische Position zum 11. September. Der an Heiner Müller geschulte Rückgriff auf frühere Texte dient bei Kling weniger der Fortschreibung als der Revision älterer Vorstellungen und Verfahren. Klings Versuch, das »septemberdatum« als »signatur von der geschichte« zu verstehen, ist – anders als bei Grünbein – ernst gemeint. Das Gedicht begibt sich in die Ausnahme- und Gefahrenzone des *ground zero*, indem es sich in Form eines »loop« in »diese zungen-, in / manhattanzeugenschrift« schraubt (*Sondagen*, 10). Der Ort, von dem dieser Loop ausgeht, liegt nicht in Manhattan selbst. Er wird in der Ortsangabe zu Anfang des Gedichts als »toter trakt« bezeichnet, ein Begriff der RAF-Terroristin Ulrike Meinhof für ihre Isolationshaft in der JVA Köln-Ossendorf. Die Sprache des Gedichts erscheint in ihrer Annäherung an den Sprach- und Textraum Manhattan einsam, solipsistisch und unfrei.

In diesem Raum ersteht das Ereignis 9/11 in Form »blanke[r] listen«, die Pathosformeln wie »schwert aus licht«, »rache-psalm-partikel« und »lichtsure niedrig« sammeln. Die Reduktion des Rachepsalms auf einen »partikel« und die Bezeichnung der Lichtsure als »niedrig« scheinen zunächst auf ein ironisches Verhältnis des Kling-Gedichts zu seinen vorgefundenen Möglichkeiten zu deuten. Wenn man die intertextuellen Referenzen des Gedichts identifiziert, wird jedoch deutlich, dass es Kling in einem noch spezifischeren Sinne um eine Auseinandersetzung mit der Verwendung des hohen Tons in Lyrik über unerträgliche Erfahrung geht. Denn zu seinen Referenzen gehören die biblischen Psalmen, besonders der Memoria-Psalm 137 (»an den wassern des hudson«), die »Todesfuge« Paul Celans (»siedelten in der luft«) und Ingeborg Bachmanns Erzählung »Ihr glücklichen Augen« (»ihr unglücklichen augen«). Der Kling-Interpret Peer Trilcke liest »Manhattan Mundraum Zwei« als »Analyse medialer Inszenierungsstrategien« und »grundsätzliche Infragestellung der Möglichkeit authentischer Darstellung«, als postmoderne Poetik einer Wirklichkeit, die immer schon mediale Inszenierung ist (Trilcke 2008, 106). Doch gleichzeitig gibt das Gedicht den Anspruch auf Zeugenschaft nicht auf: belächelt sich als »memoria-maschinchen«, behält aber den Anspruch auf Bewahrung bei. Auch der hohe Ton wird zwar gebrochen, aber – anders als bei Grünbein – nicht vermieden. Mit diesem, wenn auch gebrochenen, Eindringen des hohen Tons verwandelt sich 9/11 von einem Medien- zu einem biblischen Endzeitereignis – der Bildraum Apokalypse gilt bei Kling, auch wenn das ein »aus-/ geschlossen es sprechen« ist (*Sondagen*, 13).

Ulrich Peltzer: *Bryant Park.* Die Anschläge des 11. Septembers trafen die wohl weltweit bekannteste westliche Metropole. 9/11-Texte sind deshalb oft auch Metropolentexte, die Großstadtromane der Zwischenkriegszeit – etwa John Dos Passos' *Manhattan Transfer* oder Alfred Döblins *Berlin Alexanderplatz* – zum Vorbild haben. In diese Tradition schreibt sich der mit Kathrin Röggla befreundete Schriftsteller Ulrich Peltzer mit seinem Roman *Bryant Park* (2002), dem ersten fiktionalen 9/11-Text, ein. Der Roman wurde im Jahr 2000 begonnen – entsprechend spielt der Hauptteil der Handlung vor dem 11. September. Erzählt wird in mehreren Handlungsschichten von einem gescheiterten Schreibprojekt des Erzählers Stefan Matenaar, der an einem New Yorker Nachmittag die Public Library verlässt und durch den Bryant Park spaziert; dabei erinnert er sich an verschiedene vorausgehende Ereignisse und reflektiert über seine Unfähigkeit, einen ersten Satz zu formulieren. In diese metafiktionale Konstellation bricht im letzten Drittel des Buches eine zweite Erzählinstanz ein, die sich in Berlin aufhält, dort von den Anschlägen erfährt und wie der Autor »ulrich« heißt. Diese zweite Instanz zitiert aus einem E-Mail-Wechsel mit Kathrin Röggla, durch die er Nachrichten von den Attentaten erhält. Doch »ulrich« distanziert sich von Rögglas sensationslüsternem Ausruf »how das ding collapsed. waahhhhnsinn!« (*Bryant Park*, 141). Statt dessen entwickelt Peltzer eine überkomplexe Anlage als Versuch, 9/11 in die ästhetische Struktur des Romans zu übersetzen (Bender 2014). Der 11. September wird dabei zum Einschnitt in der Erzählung, auf den vor- und zurückverwiesen wird, ohne dass er direkt zur Darstellung kommt.

Verweigerung. Dass das Ereignis 9/11 so offenkundig von weltpolitischer Bedeutung war, zugleich aber in keinen verfügbaren Verstehenshorizont passte, erschwert jede literarische Annäherung. Auf dieses Paradox reagieren die literarischen Strategien einer Beschränkung auf die Dokumentation, der Reflexion über die Unmöglichkeit des Verstehens sowie einer Ästhetik des Risses oder Bruchs. Aber viele Autoren verweigern auch schlicht die Darstellung des Terrors. In Katharina Hackers *Die Habenichtse* (2006) laufen die Fernsehbilder der Attentate im Hintergrund einer Berliner Party. Dort trifft die Grafikerin Isabelle sich mit dem Anwalt Jakob, der für dieses Treffen einen Termin in New York verlegt hat. Statt seiner stirbt ein Kollege in den *twin towers*. An dessen Stelle wird Jakob nach London versetzt, wo er und Isabelle Zeugen der U-Bahn-Anschläge vom 7. Juli 2004 werden. Die Zeitrechnung des Romans beginnt zwar mit dem 11. September, aber das Datum markiert lediglich private Erfahrungen.

Auch in Thomas Pletzingers *Bestattung eines Hundes* (2008) steht die private Erfahrung des 11. Septembers im Vordergrund. »Meine 9/11-Geschichte«, so berichtet einer der Protagonisten, der Kinderbuchautor Dirk Svensson, »handelt nicht von dieser Stadt, sage ich, nicht von diesem Tag und nicht von Terrorismus und Kolonialismus und Symbolen und Konsequenzen. Meine Geschichte, sage ich zu Kiki Kaufman, handelt von Tuuli und Felix und mir« (Pletzinger: *Bestattung eines Hundes*, 78). Die Romane von Hacker und Pletzinger handeln von den Mittdreißigern unserer Tage, mehr oder weniger erfolgreichen Freiberuflern, in deren Leben der 11. September nur ein Datum unter anderen darstellt. Sie zeichnen das Bild einer mediensaturierten Generation, die der Schock des Ereignisses kaum noch trifft und die kein Unsagbares kennt.

In Paulus Hochgatterers *Eine kurze Geschichte vom Fliegenfischen* (2003) brechen drei Freunde in den frühen Morgenstunden des 11. Septembers zu einem Angelausflug auf. Über hundert Seiten lang berichtet der Roman von ihren Gesprächen, bis einer der Männer ganz am Schluss – ausgerechnet über ein veraltetes Münztelefon

– von den Attentaten erfährt. Seine Reaktion konterkariert die feuilletonistische Rede vom 11. September als kulturelle Zäsur: »Er schüttelt unablässig den Kopf und ist blass, andererseits hat er sichtlich Mühe, das Lachen zu unterdrücken. ›Ihr werdet nicht glauben, was passiert ist‹, sagt er, ›ihr werdet es nicht glauben‹« (Hochgatterer: *Fliegenfischen*, 112). Der Schock des Ereignisses besteht hier gerade darin, dass es nicht als Ereignis wahrgenommen wird.

6.3 | Gewalt global

Die 9/11-Anschläge inspirierten eine weltweite Serie islamistischer Attentate, die bis heute nicht abgerissen ist, unter anderem die Terroranschläge auf der tunesischen Ferieninsel Djerba und auf Bali 2004, die U-Bahnanschläge von Madrid im März 2004 und London im Juli 2005, die Angriffe in Mumbai 2008 und in Paris 2015. Innerhalb der Länder des Westens, deren freiheitliche Lebensführung angegriffen wurde, hatten die Anschläge weitreichende und paradoxe Folgen. Neue Vorstellungen von Sicherheit, Krieg und Unruhe führten zu einer systematischen Einschränkung bürgerlicher Freiheitsrechte vor allem in den USA und zu einer neuartigen Legitimierung staatlich sanktionierter Folter. Vor allem jedoch hatten die Anschläge massive politische Konsequenzen in den Ländern des Nahen und Mittleren Ostens, die in den Jahren 2001 und 2003 von US-geführten Koalitionstruppen angegriffen wurden. Afghanistan und Irak entwickelten sich seit ihrer angeblichen Befreiung zu Laboratorien neuer Formen und Dimensionen ziviler, politischer und religiöser Gewalt und destabilisierten die gesamte Region.

Sherko Fatah: *Das dunkle Schiff*. Waren bereits die Anschläge selbst kaum zu fassen, so stellen ihre komplexen Folgen erst recht eine Herausforderung für die Literatur dar: Wie lässt sich die Globalisierung von Krieg und Terror in ein lineares Erzählen übersetzen, und wie kann die Literatur der Vielfalt möglicher Perspektiven auf den Terror und seine Folgen Rechnung tragen? Der irakisch-stämmige Autor Sherko Fatah, 1964 in Ost-Berlin geboren und seit 1975 in West-Berlin aufgewachsen, entwickelt in seinem Roman *Das dunkle Schiff* (2008) eine nicht-westliche Sicht des Irak-Kriegs. Saddam Husseins Verbrechen an der kurdischen Minderheit werden zur Urszene politischer Gewalt im Leben des Protagonisten Kerim. Als US-Truppen einmarschieren, wird er von islamistischen Gotteskriegern entführt und zum Selbstmordattentäter ausgebildet. Kerim gelingt die Flucht zu einem Onkel in Berlin, doch kann er sich in der fremden Umgebung nicht zurechtfinden und wendet sich wieder dem Fundamentalismus zu. Die Faszinationskraft des Selbstmordattentäters, in Kriminalromanen und TV-Filmen oft eine fremdartige Angstfigur, wird in Fatahs Analyse der Märtyrerproduktion normalisiert: *Das dunkle Schiff* führt vor allem vor, wie das Leben im Irak wirklich ist und wie die Kriege dort »am Boden« erfahren werden (Reinhäckel 2012). Die prekäre Balance von Fakten und Fiktionen, die viele Kriegsromane auszeichnet, schlägt hier in einen fiktional nur dünn bemäntelten Erfahrungsbericht um, dessen Qualität sich weniger an literarischen Kriterien als an der sachlichen Angemessenheit seiner Darstellung bemessen lässt.

Gernot Wolfram: *Das Wüstenhaus*. Während Fatah eine explizit irakische Darstellungsperspektive wählt, machen andere Autoren eine nicht-westliche Sicht vermittelt und gebrochen durch einen westlichen Blick zugänglich. Gernot Wolfram schildert in *Das Wüstenhaus* (2011) die traumatischen Folgen des Sprengstoffanschlags auf eine deutsche Touristengruppe vor der Synagoge der tunesischen Ferien-

insel Djerba. Dieses Ereignis und seine Folgen werden im Roman zu einem Kristallisationspunkt unterschiedlicher Wahrnehmungsweisen: dem Blick des Westens auf
die islamische Kultur; der Imagination eines fremden Blickes, der von dort zurückkehrt; der unterschiedlichen Arten, wie dieser Wahrnehmungswechsel von den Figuren erlebt wird. Alle diese Wahrnehmungen sind klischiert. Auch die angestrengte
erzählerische Komplexität des Romans bleibt einseitig. Die erzählerische Vermittlung der unterschiedlichen Wahrnehmungen kombiniert die Notizen der jungen
Maja über die Tunesien-Reise, bei der ihre Eltern dem Anschlag zum Opfer fielen, mit
der Wiedergabe der Notizen durch den Erzähler, einen Journalisten, der den Eltern
zum Besuch der Synagoge geraten hatte und dem Maja nun die Schuld am Tod ihrer
Eltern gibt. Eine tunesische Perspektive findet sich im Roman nicht; statt der Ursachen und Folgen des Anschlags vor Ort werden allein dessen Konsequenzen für die
deutschen Touristen beschrieben.

Christoph Peters: *Ein Zimmer im Haus des Krieges*. Christoph Peters' Roman
Ein Zimmer im Haus des Krieges, 2006 – also nach dem 11. September – erschienen,
erzählt von einem Anschlagversuch auf die ägyptische Tempelanlage Luxor im Jahr
1993, acht Jahre vor 9/11. Sein Protagonist, der deutsche Djihadist Jochen »Abdal-
lah« Sawatzky, der bei dem Attentatsversuch verhaftet wird, entstammt keiner mas-
senhaften Märtyrerproduktion und trifft auf keine vorgeprägten Medienbilder. Der
deutsche Botschafter Claus Cismar, der Sawatzky ohne Erfolg vor der Todesstrafe zu
bewahren sucht, muss bei seinen Versuchen, Sawatzky zu verstehen, auf eigene Erfahrungen am Rande der sich radikalisierenden Studentenbewegung zurückgreifen.
Doch die Parallelen, die Cismar herstellt, greifen zu kurz. Eine Vermittlung zwischen
Cismars funktionaler Sicht des Staates und Sawatzkys Absolutheitsanspruch erweist
sich als unmöglich. Obwohl der Roman für keine der beiden Seiten Partei ergreift, erscheint der islamistische Attentäter als charismatische Gestalt, vor dessen Wahr-
heitspathos der säkulare Pragmatismus des Botschafters in sich zusammenbricht.
Allerdings legt das den Roman beschließende Kassiber nahe, dass der Sichtweise Cismars nicht zu trauen ist. Die Leser des Romans müssen einen eigenen Blick auf Sawatzky entwickeln.

Deutsche Soldaten in Afghanistan. Kurz vor dem Ende des deutschen Afghanis-
tan-Einsatzes sichtete der Kulturjournalist Florian Kessler die zu diesem Thema publizierten Romane und zog ein ernüchterndes Fazit. Hinter den »grell aufgepappten
Afghanistan-Etiketten« auf Linus Reichlins *Das Rauschen in der Ferne* (2013) oder auf
Jochen Rauschs *Krieg* (2013) finde sich »furchtbar wenig Afghanistan« (Kessler
2013). Viele der neueren Afghanistan-Romane verwenden realistische Erzählmuster
traditionellen Zuschnitts, die entweder die Thesen des Autors über den Afghanistan-
Einsatz der Bundeswehr illustrieren oder aber den Hintergrund für eine spannende
Handlung liefern sollen. Beispielsweise legte der *Spiegel*-Journalist Dirk Kurbjuweit
mit *Kriegsbraut* (2011) eine Kriegsromanze mit vertauschten Geschlechterrollen vor
– die deutsche Soldatin Esther verliebt sich bei einem Afghanistan-Einsatz in den
Schulleiter Mehsud. Die vorhersehbare Handlung an einem exotischen Ort dient
Kurbjuweit als Kulisse, um an seinen Frauenfiguren ein neues soldatisches Rollen-
bild in postnationalen Kriegen zu entwickeln. Leutnant Esther, Oberstabsärztin Ina
und Feldwebel Maxi haben aus persönlichen Gründen bei der Bundeswehr angeheu-
ert, patriotische Gefühle sind ihnen fremd. Sie sind, wie der Rezensent Eberhard Falcke bemerkte, militärische Angestellte ohne soldatische Rollentradition (Falcke 2011).
Gerade die weibliche Perspektive auf den Krieg löste in Rezensionen allerdings ein
gemischtes Echo aus, weil letztlich klischierte Geschlechterbilder bestätigt werden.

Norbert Scheuers Roman *Die Sprache der Vögel* (2015) zeichnet sich durch einen stärker literarisierten Umgang mit dem Afghanistan-Trauma aus. Der Bundeswehrsoldat Paul Arimond ist im Jahr 2003 in Afghanistan stationiert und kehrt mit einer posttraumatischen Belastungsstörung heim. Pauls Tagebuchaufzeichnungen über quälende Langeweile im hermetisch von der Außenwelt abgeschotteten Lager, über die Beziehungen der Soldaten untereinander und über seine heimlichen Fluchten an einen kleinen See, an dem er Vögel beobachtet, erhalten ein Gegengewicht durch den Reisebericht von Pauls Urahn Ambrosius Arimond, der im 18. Jahrhundert den Hindukusch bereiste und sich wie Paul für Ornithologie interessierte. Weitere Erzählebenen befassen sich mit Pauls Freundin Theresa, die in der Eifel auf einem Pferdehof arbeitet, sowie der schwerkranken Helena, der Pauls Aufzeichnungen und seine im Buch reproduzierten Tuschezeichnungen durch einen Zufall in die Hände fallen. Die Idee des Autors Scheuer, vom Hindukusch nicht als unterentwickelter Bergregion von Opiumbauern und Warlords, sondern als Land der Vögel zu erzählen, ist inspiriert durch das Blog »Birding Babylon« des US-Soldaten Jonathan Trouern-Trend, der durch seine Vogelstudien einen Zugang zu den einheimischen Angestellten im Camp Anaconda fand, der das Freund-Feind-Schema der Besatzung außer Kraft setzte.

Kontrafaktisches Erzählen. Die weltweite Ausbreitung des Terrors seit dem 11. September liefert Stoff nicht nur für realistische Erzählungen, sondern auch für fantastische, dystopische und post-apokalyptische Narrative. Eine fantasmatische Fortsetzung der neuen Kriege findet sich in kontrafaktischen Geschichtserzählungen wie Christian Krachts Roman *Ich werde hier sein im Sonnenschein und im Schatten* (2008), in dem die Schweiz zum zerstörten Schauplatz einer permanenten bolschewistischen Revolution wird, oder in Matthias Polityckis *Samarkand Samarkand* (2013), in dem der Krieg zwischen Russen, Chinesen und einem selbsternannten »Kalifen« zum Alltag geworden ist. In einer grotesken Verdrehung historischer und aktueller Motive wird Hamburg zur geteilten Stadt, in der die Russen sich in der Moschee verbarrikadiert haben und die Islamisten von der Johanniskirche zum Gebet rufen, während der Held Alexander Kaufner im Grenzgebiet zwischen Tadschikistan und Usbekistan nach einer mythischen Wunderwaffe aus dem Erbe Tamerlans sucht, die allein den Krieg beenden könnte. Literarische was-wäre-wenn-Spiele werden leicht unglaubwürdig und verlieren dann die argumentative Kraft des Kontrafaktischen. *Ich werde hier sein im Sonnenlicht und im Schatten* und *Samarkand Samarkand* wurden von den Kritikern als unplausibel abgelehnt.

Thomas Lehrs *September. Fata Morgana*, 2010 auf der Shortlist zum Deutschen Buchpreis, geht von der verbürgten Realität des 11. Septembers und seiner traumatischen Konsequenzen aus, durchbricht die 9/11-Erzählung jedoch mit einer Fülle intertextueller Anspielungen, die sich erst am Ende des Romans zu einer Wendung ins Metaphysische verdichten. Vier Protagonisten berichten im Wechsel von »ihrem« 11. September und den Folgen. Der deutsche Germanist Martin, der an der University of Massachussetts lehrt, verliert in den *twin towers* seine Tochter Sabrina. Sabrina stirbt am Ende des ersten Buches, tritt am Anfang des dritten aber noch einmal als Erzählerin auf. Tarik, ein irakischer Arzt, verliert seine Tochter Jasmin bei einem Bombenanschlag in Bagdad; Muna, Tariks jüngere Tochter, überlebt das Attentat wie durch ein Wunder. So entsteht eine gleichmäßige Verteilung von weiblichen und männlichen, älteren und jungen, westlichen und nahöstlichen Stimmen, die sich paarweise untereinander ansprechen und deren Rede ineinander übergeht, obwohl die Figuren sich nicht kennen können.

Im Gegensatz zu den polyperspektivischen Romanen der klassischen Moderne findet sich in *September* keine Mimesis natürlicher Rede und keine Anlehnung an natürliche Erzählsituationen. Die vier Erzählerreden sind gleichförmig gestaltet als interpunktionslose innere Monologe in einer durchrhythmisierten und teilweise versförmig gegliederten poetischen Rede voller Anspielungen auf Goethes *West-Östlichen Divan* (1819/1827), auf dessen persische Quellen und auf das Programm einer literarischen Vermittlung zwischen Orient und Okzident. Zusammen mit den zahlreichen Elementen mythischer und religiöser Überhöhung gibt diese sprachliche Gestaltung dem Roman etwas im emphatischen Sinne Episches. Die Unterscheidung zwischen Prosa und Lyrik wird hier ebenso durchlässig wie die Grenzen zwischen den Subjektivitäten der Figuren und zwischen den Welten, in denen sie leben. Erst im Epilog enthüllt ein namenloser Erzähler, dass dieses Verschwimmen von Wirklichem und Unwirklichem aus einem Jenseits heraus imaginiert ist, in dem Sabrina sich nach ihrem Tod befindet und das als ein hypervisueller Ort beschrieben wird, von dem aus alle anderen Handlungsorte sichtbar werden. Diese Hypervisualität ist allerdings keine genuin optisch-bildliche, sondern eine literarische, ist sie doch an die Bildlichkeit der Lyrik gebunden und nicht an den Strom von Bildern, der die 9/11-Anschläge begleitete und auf den sie zielten.

Hilfsmittel

Eine ausführliche Darstellung der literarischen Verarbeitung der Balkan-Kriege in der deutschsprachigen Gegenwartsliteratur bieten Previšic (2014) und Finzi (2013). Einzelstudien zu den neuen Kriegen in der Literatur versammeln Gansel/Kaulen (2011); deutschsprachige Texte, die sich mit Bürgerkriegen außerhalb Europas befassen – insbesondere in Afrika und Südamerika – erschließt Lützeler (2009). Einen monografischen Überblick über literarische Reflexe auf die Anschläge des 11. September liefert Reinhäckel (2012). König (2015) bezieht auch andere Formen des Terrorismus und der politisch motivierten Gewalt in der Gegenwartsliteratur und -kultur in seine Untersuchung ein. Dezidiert komparatistisch, auch medienkomparatistisch, sind die Sammelbände zu 9/11-Darstellungen von Deiters/Eke (2014), Poppe u. a. (2009), Irsigler/Jürgensen (2008) sowie Lorenz (2004).

7 Nach dem Menschen

»Was ist der Mensch, dass du seiner gedenkst?« Die Frage nach dem Menschen aus dem achten Psalm ist heute ebenso aktuell wie vor zweieinhalbtausend Jahren. Aber die Antwort auf diese Frage ist unsicherer als je zuvor. Der Psalmist sah den Menschen in einer metaphysischen Zwischenstellung: wenig niedriger als Gott, Herr über dessen Schöpfung. Als Friedrich Nietzsche am Ende des 19. Jahrhunderts seinen »tollen Menschen« den Tod Gottes verkünden und das Zeitalter des Übermenschen ausrufen ließ, kündigte er auch das Vertrauen in dieses zweifach stabilisierte Dazwischen auf. In der philosophischen Anthropologie firmiert der Mensch seither als Mängelwesen – handlungs- und lernfähig, aber unabgeschlossen, unfertig und schutzlos dem Absolutismus der Wirklichkeit ausgeliefert. Michel Foucault bezeichnete den Menschen gar als »Erfindung, deren junges Datum die Archäologie unseres Denkens ganz offen zeigt« und erwartete sein Verschwinden »wie am Meeresufer ein Gesicht im Sand« (Foucault 1971, 462).

Im 20. Jahrhundert wurden die Zweifel am Menschen als selbstbestimmtem Subjekt durch Erfahrungen mit Krieg und Gewalt eines bis dahin unvorstellbaren Ausmaßes geweckt. In der Gegenwart treiben Entwicklungen in den Biowissenschaften die Destabilisierung des Menschen weiter voran. Neue Verfahren der kosmetischen Chirurgie, der Reproduktions- und Transplantationsmedizin, Genetik und Epigenetik haben den Menschen und seinen Körper in einem Ausmaß verbesserungsfähig gemacht, das zuvor nicht denkbar war. Kinder können künstlich erzeugt, ihr Erbgut kontrolliert werden. Geschlechteridentität hängt nicht mehr allein vom chromosomalen Zufall ab, sondern kann chirurgisch sensibel korrigiert werden. Mit der künstlichen Beatmung Hirntoter ist auch die Grenze zwischen Leben und Tod zur Verhandlungssache geworden.

Posthumanismus. Im Zeitalter der Biowissenschaften weicht die Sichtweise des Menschen als sprachlich und diskursiv konstruiert, wie sie von Foucault und anderen poststrukturalistischen Denkern vertreten wurde, einem Interesse für den Menschen als biologisches Wesen und für den Körper als biologisches Material. Die Verschiebung der intellektuellen und technologischen Bedingungen, unter denen der Mensch und sein Körper verstanden werden, vollzieht sich seit einigen Jahrzehnten; das 21. Jahrhundert findet jedoch neue Antworten auf die ethischen, politischen und intellektuellen Herausforderungen, vor die die Dekonstruktion des Menschen stellt. Der Kulturwissenschaftlerin Rosi Braidotti zufolge befinden wir uns nach den postmodernen, postkolonialen, postindustriellen, postkommunistischen und vielleicht auch postfeministischen Dilemmata nun in einer posthumanen Situation (Braidotti 2013, 1). Das Posthumane stellt nicht einfach eine weitere Phase des »post« dar, sondern markiert eine grundlegende qualitative Verschiebung des Denkens über die gemeinsame Grundlage unserer Spezies, unseres Gemeinwesens und unserer Beziehung zu anderen Einwohnern des Planeten. Der erd- und menschheitsgeschichtlichen Junktur eines ›Anthropozäns‹, in dem der Mensch erstmals die Macht und die Fähigkeit hat, seinen ganzen Planeten zu zerstören, ist nach Braidotti nur durch eine neue Form posthumanen Wissen und durch eine neue, überindividuelle Subjektivität als Träger dieses Wissens zu begegnen. Dieses Posthumane soll durch Prinzipien gemeinschaftlicher Bindung den inhumanen Tendenzen des technologischen Zugriffs, der Globalisierung und des Neoliberalismus widerstehen.

Literatur und Leben. In diesen radikalen Umwälzungen des Denkens über den Menschen fungiert Literatur als Archiv von Mentalitäten und Vorstellungen, als Seismograph neuer Entwicklungen, als Medium der Hinterfragung dominanter Annahmen und der Imagination von Alternativen. Viele Gegenwartsautorinnen und -autoren sind studierte Literaturwissenschaftler; sie sind vertraut mit philosophischen Debatten und Positionen und setzen sich in ihren Texten explizit wie implizit mit kulturwissenschaftlichen Theorien auseinander. Literatur, fiktionale Erzählliteratur zumal, ist aber kein abstrakter Debattenbeitrag, sondern behandelt abstrakte Fragen anhand konkreter Situationen und Figuren. Als Medium zwischen Wissen und Imagination nimmt die Literatur Probleme und Erkenntnisse neuer wissenschaftlicher Paradigmen auf, thematisiert aber auch deren Fiktionen, Metaphern und rhetorische Strategien. Für Corinna Caduff und Ulrike Vedder (2005) gehört die Reaktion der Literatur auf die Biowissenschaften deshalb zu den neuen Paradigmen der »Chiffre 2000«, der Transformation von Themen und Schreibverfahren in der Gegenwart. Diese Transformation erfasst nicht nur die angesprochenen Diskurse, sondern ebenso die literarischen Verfahren, durch die diese verhandelt werden.

7.1 | Unbehagliche Geschlechter

In den 1980er und 1990er Jahren betonten feministische und postkoloniale Theorien, dass der Mensch kein neutrales oder universales Maß aller Dinge sei, sondern ein hegemoniales Konstrukt, das nicht-weiße, nicht-westliche, nicht-männliche und nicht-heterosexuelle »Andere« ausschließt. Nach Michel Foucault (1977) sind der Mensch und sein Körper nichts Natürliches, sondern Effekte von Diskursen – Produkte der Reden und Darstellungsmuster, deren Objekt sie zu sein scheinen. Sexualität ist kein biologisches Faktum, sondern eine diskursive Erfindung, die sich einer historisch spezifischen Macht-Wissens-Relation verdankt.

Diesen Gedanken Foucaults führt die US-amerikanische Philosophin Judith Butler in ihrem Buch *Das Unbehagen der Geschlechter* (1991 [1990]) fort, das in den 1990er Jahren zu einer Art kulturwissenschaftlichen Bibel avancierte. Auch für Butler gibt es kein biologisches Geschlecht, kein *sex*, das der von normativen Vorstellungen geprägten kulturellen Konstruktion von Geschlechtlichkeit (*gender*) vorausgeht. Selbst manifeste anatomische Unterschiede können nach Butler nur durch die Kategorien und Erwartungen eines kulturellen Symbolsystems erfahren und auf gesellschaftliche Erwartungen über sexuelles Begehren hin gedeutet werden. Zugleich betont Butler die Vielfalt sexueller Identitäten und deren kreatives Potential. Weil *sex* nichts Natürliches ist, kann das Begehren nicht durch anatomische Gegebenheiten oder einen essentiellen Geschlechtscharakter eingeschränkt werden. Sexuelle Identität ist nicht wesenhaft, sondern performativ; diese Performativität kann normative Muster bestätigen, aber auch subvertieren. In der theoretischen Aufbruchsstimmung der 1990er Jahre erschien dieser Gedanke wie ein Befreiungsschlag. Endlich gab es eine Möglichkeit, aus dem schalen Determinismus von Männlichkeit und Weiblichkeit auszubrechen und die eigene Geschlechteridentität selbst zu erfinden. Aber das Performativitätskonzept hat eine dunkle Kehrseite. Wenn etwas für die Selbstwahrnehmung so Grundlegendes wie die sexuelle Identität nichts als Spiel und Inszenierung ist, werden der Mensch und sein Körper radikal instabil.

Elfriede Jelinek: *Lust*. Literarisch wurde diese Theoriebildung insbesondere von Elfriede Jelinek aufgegriffen. Während Autorinnen der ›neuen Frauenliteratur‹ wie

Verena Stefan oder Marlen Haushofer in den 1970er Jahren die soziale Rolle der Frau in der Männergesellschaft reflektierten, setzt Jelinek sich auf der Basis psychoanalytischer und poststrukturalistischer *gender*-Theorien mit der patriarchalischen Konstruktion der Frau und mit männlichen Machtverhältnissen im Bereich der Sexualität auseinander. Die sprachliche Gestaltung ihrer Bewusstseinsstrom-Romane und Diskursdramen verdankt sich dem ›linguistic turn‹ in der poststrukturalistischen Philosophie und verbindet deren Sprach- und Textkritik mit gesellschaftlichen Anliegen. Als Jelinek 2004 mit dem Literaturnobelpreis ausgezeichnet wurde, verwies die Schwedische Akademie in ihrer Begründung auf den »musikalischen Fluss von Stimmen und Gegenstimmen« in ihren Romanen und Dramen, »die mit einzigartiger sprachlicher Leidenschaft die Absurdität und zwingende Macht der sozialen Klischees enthüllen« (Schwed. Akademie 2004). Jelineks Texte verstehen sich als anti-patriarchalischer Protest, der durch Übertreibung auf Missstände aufmerksam machen und aufklärerisch auf Leser und Zuschauer wirken soll. Für ihre Entlarvungsabsicht nutzt Jelinek rhetorische Mittel der Ironie, der Komik, der Groteske und des schwarzen Humors: »ich meine alles ironisch, und man kann mein Werk natürlich nicht verstehen, wenn man diese Ironie nicht sieht« (Jelinek: »Ich meine alles ironisch«, 30).

Lust, Jelineks Sexualgroteske aus dem Jahr 1989, schockiert durch eine ununterbrochene Aneinanderreihung durchweg ekelhafter Sexualszenen: »Die Frau liegt weitoffen, weltoffen auf dem Boden, glitschige Eßwaren über sich gebreitet, und wird gesteigert um einen Effekt und mehrere Effekten. Nur ihr Mann handelt mit ihr und handelt ganz allein« (*Lust*, 76). Sex wird in der holzschnittartigen Überzeichnung des Romans zum reinen Herrschaftsverhältnis. Die Figuren sind keine Individuen, sondern Typen, wobei nur der Mann Subjekt, die Frau dagegen (Sexual-)Objekt ist. Geschlechterbeziehung scheint bei Jelinek nur als Geschlechterkampf denkbar; ihre Leserinnen und Leser jedoch sollen diese Geschlechterperformanz als Inszenierung diskursiver Regeln erkennen und so zu deren Demaskierung beitragen. In Jelineks Kriminalroman *Gier* (2000) über einen Lustmörder, der nicht zufällig an den FPÖ-Politiker Jörg Haider erinnert, erscheinen Männer ausschließlich als brutale Sex-Konsumenten, Frauen als deren willige Opfer. Jelinek entlarvt Frauen und Männer als Konstrukte; der imaginierten Weiblichkeit entspricht eine imaginierte Männlichkeit. Keines der Geschlechter ist authentisch.

Sibylle Berg: *Sex II*. Auch andere Autorinnen bedienen in den 1990er Jahren eine Ästhetik des Ekels, die Frauen auf ihren Körper reduziert. Sibylle Bergs *Sex II* (1998) zeichnet in blitzlichtartigen Szenen das Bild einer Stadt, die »nur zum Krankmachen, Aidsmachen, Junkmachen« taugt (7), deren Bewohner Stricher an Fleischerhaken aufhängen und ausgeweidete kleine Mädchen ficken. Sexualität kommt bei Berg nie als Lust zum Ausdruck, sondern immer nur als Trieb, Zwang und mörderische Obsession. Keine der Figuren lebt in einer erfüllten Beziehung, und das wichtigste Individualitätsmerkmal besteht darin, wie oft einer onaniert.

Die Szenen in *Sex II* vertreten keinen realistischen Anspruch: Beschrieben ist nicht die Wirklichkeit, sondern die Innenwelt eines namenlosen Ich, das in einem 24-stündigen Bewusstseinsprotokoll den eigenen Weg in den Wahnsinn skizziert. Dieses Ich – »normal aussehend, normal alleine, normal übersättigt. Ein ganz normales Arschloch« (7) – ist ein Jedermann der 1990er Jahre, für den Sex und Porno ununterscheidbar geworden sind und der mit seinem Röntgenblick das Leben der Nachbarn erforscht oder wohl eher erfindet. Die Exzesse, die das Ich dabei zu durchschauen glaubt, sind keine Neuerfindung, sondern zitieren und paraphrasieren eine Literaturgeschichte des Ekels von Lautréamont bis Bataille. Die aus Weimar stammende, seit 1996 in der Schweiz lebende Sibylle Berg wird aus gutem Grund der Popliteratur zugerechnet (s. Kap. 4): *Sex II* liegt eine CD mit Songs von Phillip Boa, Element of Crime, Rosenstolz und Rammstein bei. Die Erzählungen entspringen einem postmodernen Lebensgefühl, das für Leserinnen und Leser durch die musikalische Untermalung der Lektüre verstärkt werden soll.

Brigitte Kronauer: *Teufelsbrück*. Eine gediegenere Variante popliterarischer Anspielungs- und Zitierverfahren findet sich in Brigitte Kronauers *Teufelsbrück* (2000). Figuren und Ereignisse des Romans setzen sich aus Postfigurationen literarischer Vorbilder und Topoi zusammen (Gerigk 2007). *Teufelsbrück* stellt eine dichte Auseinandersetzung mit dem romantischen Themenkomplex Leben-Liebe-Tod dar und ist geradezu überfrachtet mit düsteren Anspielungen auf E. T. A. Hoffmanns *Der goldne Topf* und Thomas Manns *Zauberberg*. Auf die Spitze getrieben wird dieses postmoderne Verfahren in den Tiergeschichten, die die Figur Zara Zoern verfasst und als »Altar«-Bilder bezeichnet. Zoerns Erzählungen verfremden biblische Geschichten zu Tierfabeln und stiften damit das Deutungsschema für Romanfiguren und -ereignisse. Die selbstreferenzielle Ebene liefert einen zweideutigen Kommentar zur Handlung: Werden die Figuren durch die Altarbilder heilig oder banal? Mit dieser Ambiguität findet Kronauer eine Lösung für das Problem, wie sich Geschichten existenzieller Thematik erzählen lassen, ohne damit die Moderne und die Postmoderne zu verraten – eine Frage, die sie seit ihrem Debüt *Frau Mühlenbeck im Gehäus* (1980) beschäftigt. Für die Büchnerpreisträgerin Kronauer ist das nicht nur ein poetologisches, sondern ebenso ein anthropologisches Problem, denn sie vertritt eine anthropologische Theorie der Literatur, nach der jeder Mensch sich die sonst unerträglich komplexe Wirklichkeit mit Hilfe literarischer Ordnungsformen strukturiert. Was und wie wir erzählen, beinhaltet für Kronauer deshalb immer auch, was und wie wir sind.

Marlene Streeruwitz: *Entfernung*. Im Jahr 2006 reichte Marlene Streeruwitz als Reaktion auf die Aufführung des Jelinek-Stücks *Ulrike Maria Stuart* am Hamburger Thalia-Theater eine Unterlassungsklage ein. Zwei als riesige Vaginas kostümierte Schauspielerinnen unterhielten sich in dieser Inszenierung über die Identität der Frau. Die Darstellung ironisiert das vielgespielte Drama *The Vagina Monologues* von Eve Ensler (1996), die Texte allerdings stammten aus einem in der Zeitschrift *Emma* veröffentlichten Gespräch zwischen Elfriede Jelinek und Marlene Streeruwitz. Eben hier lag der Stein des Anstoßes. Dem *Spiegel* gegenüber erklärte Streeruwitz: »Ich will als handelndes und denkendes Subjekt nicht auf ein sprechendes Geschlechtsorgan reduziert werden. Die Vorstellung, von einer Schauspielerin und dann von einem Schauspieler als sprechende Vagina vorgeführt zu werden, war mir vollkommen unerträglich« (*Spiegel*, 27.11.2006).

Marlene Streeruwitz' Klage ist über den provozierten Skandal hinaus bedeutsam, weil sie ein verändertes Verständnis von *gender* und eine neue *gender*-Poetik markiert. Streeruwitz ist eine engagierte Intellektuelle, sie wurde – ähnlich wie Elfriede Jelinek – durch die Österreich-Kritik in ihren frühen Dramen bekannt und in den Medienkampagnen der FPÖ und der *Kronenzeitung* gemeinsam mit Jelinek zur Gruppe der »Nestbeschmutzer« gezählt (Janke 2002). Ihre seit der Jahrtausendwende erschienenen Romane *Partygirl* (2002), *Jessica, 30* (2004), *Entfernung* (2006), *Kreuzungen* (2008) und *Die Schmerzmacherin* (2011) zeugen jedoch von einer veränderten *gender*-Poetik, die weniger auf Schock und Splatter setzt als die Texte Jelineks. Im Fokus steht vielmehr ein neues Interesse an der Psychologie der Figuren und an neuen sprachlichen Formen für weibliche Erfahrung.

Selma, Protagonistin des Romans *Entfernung*, ist Ende 40, wurde von ihrem

Freund nach fünfzehnjähriger Beziehung verlassen und hat ihre Stelle als Dramaturgin verloren. Der Roman beschreibt in einem ununterbrochenen Bewusstseinsstrom Selmas Fahrt nach London, wo sie ein Sarah-Kane-Projekt realisieren möchte – das Stück einer Dramatikerin, die Liebe nur als Manipulation, Abhängigkeit und Zerstörung darstellen konnte. Möglicherweise verbirgt sich hinter dem Verweis auf Kane auch eine Anspielung auf Elfriede Jelinek und auf deren *gender*-Programm. Denn anhand der Figur Selma skizziert der Roman eine melancholische Verabschiedung von Jelineks subversiver Poetik und von einer gescheiterten *gender*-Theorie. Vor allem aber dient Sarah Kane, die an schweren Depressionen litt und 1999 Selbstmord beging, als Spiegel- und Abgrenzungsfigur für Selmas eigene psychische Zustände. Selma wünscht sich, eine souveräne Person zu verkörpern, versagt dabei und hasst sich für ihre Panikattacken und Selbstmordgedanken. Sie fühlt sich von allen zurückgesetzt, kann aber nicht zwischen echten Lebenskrisen und irrationalen Ängsten unterscheiden. Am Ende wird sie Zeugin eines Terrorangriffs auf die Londoner U-Bahn; allerdings wird der Angriff nur ganz am Rande erzählt. Danach weigert Selma sich, Nachrichten zur Kenntnis zu nehmen, sie stellt keine Warum-Fragen und unterzieht sich keiner Traumatherapie.

Selmas Passivität hat scharfe Kritik ausgelöst. Der Rezensent Eberhard Falcke veröffentlichte in der *Zeit*-Literaturbeilage vom September 2006 einen Brief an die Figur, in dem er die *gender*-Poetik der Autorin Streeruwitz geißelte: »Wie auch immer: Schuld ist die Streeruwitz. Wenn ich das richtig verstehe, liebe Selma, will sie uns als Diskursdomina weismachen, frau dürfe gegen ihr Elend gar nichts tun können. Weil es keine Auswege, sondern nur trügerische Angebote gebe. Wer darauf hereinfällt, unterstützt die alles penetrierende schweinische Männerweltpolitik.« (Falcke 2006) Tatsächlich spricht Streeruwitz der Frau in ihren Poetikvorlesungen einen eigenen Blick ab und scheint damit ältere Positionen feministischer Theoriebildung zu wiederholen. Danach hat die Frau immer nur einen »mittelbare[n] Zugang über den Blick des Mannes zum Blick Gottes. Die beiden imperialen Blickformen, der Blick zu Gott oder Gottes Blick, simuliert, sind heute die beiden dominanten Blickformen, die zur Auswahl stehen. Es sind die Blickformen, in denen uns die Gesellschaft unterweist, noch bevor wir etwas begreifen können« (Streeruwitz: *Poetik*, 22 f.). In *Entfernung* präsentiert Streeruwitz die Frau jedoch nicht nur als fremdbestimmtes Opfer. Die Perspektive Selmas erfährt nämlich eine Brechung durch das distanzierte Erzählverfahren des Romans in der dritten Person und in einer verfremdeten Sprache mit kurzen, oft verblosen Sätzen, die gedankliche Zusammenhänge durch willkürliche Interpunktion in der Satzmitte zerstören. Ebenso wie andere Streeruwitz-Romane erzählt *Entfernung* die Geschichte einer weiblichen Suche nach dem eigenen Selbst als Suche nach der eigenen Sprache – und deren Scheitern. Diesem Scheitern der Figur setzt der Roman das gelungene Verfahren einer eigenen *écriture féminine* entgegen. In ihren Poetikvorlesungen bezeichnet Streeruwitz das Schreiben als mögliche Form des In-sich-Hineinblickens, als »Sprechen der Selbstbefragung« (*Poetik*, 11). Statt auf die direkte Schockwirkung Jelinekscher Texte setzt Marlene Streeruwitz darauf, durch diesen indirekten Modus der Selbstbefragung auch ihre Leserinnen (und Leser) in einen Zustand der Reflexion zu versetzen.

Intersex. Ulrike Draesner: *Mitgift* (2002)

Viele Romane der Gegenwart wenden sich Themen zu, die bisherige Vorstellungen von Liebe verletzen oder erweitern. Neben dem pornografischen Splatter-Sex bei Jelinek und Berg ließen sich in diesem Zusammenhang Darstellungen der Erotik alternder Menschen bei Martin Walser (*Der Augenblick der Liebe*, 2004; *Ein liebender Mann*, 2008) und Wilhelm Genazino (u. a. *Die Liebesblödigkeit*, 2005) oder der desillusionierende Besuch eines Swinger-Clubs in Arnold Stadlers *Sehnsucht* (2002) anführen. In einen besonders delikaten Grenzbereich menschlicher Sexualität führt Ulrike Draesners Roman *Mitgift* (2002). Erzählt wird die Geschichte der Schwestern Aloe und Anita. Mit einer vergrößerten Klitoris geboren, wird Anita zum nicht-normativen Störfaktor, der die gesamte Familie aus dem Takt bringt. In einer langen Reihe invasiver Eingriffe wird ihr Genital einer diskursiv als ›normal‹ ausgewiesenen weiblichen Anatomie angeglichen. In der Familie wird ihre Intersexualität jedoch hartnäckig beschwiegen, nur in gelegentlichen Ausbrüchen der Mutter und später ihrer Schwester Aloe wird sie als »Zwitter« beschimpft. Dennoch findet Anitas deviante Geschlechtlichkeit indirekten Ausdruck in allen anderen Figuren. Die verklemmte Mutter fängt eine Affäre mit ihrer Jugendliebe, dem US-Soldaten Gary, an; Aloe verwandelt sich per Anorexie in ein Neutrum; ihr Freund Lukas vergnügt sich derweil in einem Edelpuff.

Der Titel *Mitgift* ruft den in den frühen 2000ern literarisch virulenten Vorstellungskomplex familiärer Erbschaften auf (s. Kap. 5). In *Mitgift* jedoch bezieht sich der Topos des Familiengeheimnisses weniger auf das historische Erbe der NS-Zeit als auf biologische Vererbung und Fortpflanzung. Im Schwesterpaar Aloe-Anita zeichnet Draesner die Signatur einer Epoche, in der »Hygiene [...] durch *stress management*, Sex durch *genetic engineering* und Reproduktion durch Replikation ersetzt werden« (*Mitgift*, 26 f.). Nicht nur Aloe, viele junge Frauen übten in den 1980er und 90er Jahren »Neutrum sein« (151), und Stars und Models inszenierten sich als androgyne Wesen »wie entworfen für die Körperindustrie«, in der alles Sexuelle offen zu Tage liegt – »der zu extremer Medialität gesteigerte Mensch« (234). Die modelnde Anita erscheint in dieser cyberfeministischen Ära als ein »ungeahnte[s] Geschenk aus der Zukunft« (83), deren Schönheit zeigt, »was der Mensch ist – Mann und Frau und immer etwas von beidem« (217).

Enthüllt wird die Geschichte Anitas aus zwanzigjährigem Abstand. In der Zwischenzeit hat Anita beschlossen, die aufgezwungene Geschlechteridentität aufzugeben und zu ihrer ursprünglichen Intersexualität zurückzukehren. Daraufhin wird sie von ihrem Mann erschossen; ihr Sohn Stefan wird von Aloe erzogen. Die Passagen, die jedes Kapitel eröffnen, spielen in einer Gegenwart, in der Aloe und Stefan das alltägliche Leben einer modernen Patchwork-Familie führen. Die Sexualneurosen der Vergangenheit scheinen ebenso überwunden wie deren Kehrseite, die utopische Aufladung des Hermaphroditen in performativen und dekonstruktiven Geschlechtertheorien. Explizit werden diese Theorien aufgerufen, wenn Aloe und ihre Kommilitonin Patrizia die von Michel Foucault herausgegebenen Lebenserinnerungen des Hermaphroditen Herculine Barbin, Judith Butlers *Gender Trouble* und Donna Haraways *Cyborg Manifesto* lesen.

Über diese explizite Auseinandersetzung mit Konzepten und Diskursen der Geschlechtertheorie hinaus schreibt Draesner sich mit *Mitgift* in einen literarischen Intersex-Diskurs ein. Der internationale Bestseller *Middlesex* des US-Amerikaners Jeffrey Eugenides, erschienen im gleichen Jahr wie *Mitgift*, erzählt ebenfalls die Lebensgeschichte eines Intersexuellen. Und Thomas Meineckes *Tomboy* (1998) liefert ein Panorama postmoderner *gender troubles,* in dem die »zwangsheterosexuelle« Philosophiestudentin Vivian Atkinson eine Magisterarbeit über Judith Butler schreibt und mit ihren bi-, homo-, trans- und intersexuellen Freunden über Otto Weiningers notorisches Androgynie-Buch *Geschlecht und Charakter* aus dem Jahr 1903 diskutiert. Im Gegensatz zu Meinecke und Eugenides fokussiert Draesner jedoch stärker die dunkle Seite der Androgynie und verstärkt ihre Kritik, indem sie die Androgynie der beiden Frauenfiguren in den Laborexperimenten des Genetikers Ralph spiegelt, der geschlechtslose Mäuse züchtet. Mit der Beschwörung einer neuen biopolitischen Ära inszeniert *Mitgift* zugleich den Abschied vom Theorie-Hype der Postmoderne. »Soll die Theorie sich nur in ihren Schleifen drehen«, sagt Anita gegen Ende ihres Lebens, »das macht ja Spaß, für sich genommen. Aber mir geht es, ganz einfach, um mein alltägliches Leben« (*Mitgift*, 359).

7.2 | Verletzlichkeit

Seit der Jahrtausendwende verlieren performative und konstruktive Geschlechtertheorien an Resonanz. Unter dem Primat der Biowissenschaften als neuem wissenschaftlichen Leitparadigma rückt die zuvor geschmähte Biologie des Menschen wieder in den Fokus. Ein neues Interesse an Schwäche und Verletzlichkeit des Menschen in Literatur und Philosophie reagiert auf den Verlust von Fortschrittsoptimismus nach den politischen Utopien des 20. Jahrhunderts und auf Erfahrungen von Krieg, Gewalt und Entrechtung seit dem 11. September 2001. Darüber hinaus ist die Konjunktur der Themen Schwäche und Verletzlichkeit Effekt einer philosophischen Kritik am autonomen Subjekt, die auf die genannten Entwicklungen reagiert.

Angesichts der völkerrechtswidrigen, zeitlich unbeschränkten Inhaftierung sogenannter *enemy combattants* im US-Gefangenenlager Guantánamo Bay distanziert Judith Butler sich in ihren neueren Arbeiten von der Dekonstruktion des Subjekts. In einer globalen politischen Situation, in der Leben »prekär« geworden ist, bestehe eine wichtige Aufgabe der Geisteswissenschaften darin, eine integrale Vorstellung von Subjektivität wiederzugewinnen (Butler 2004). Nur so sei ein Dialog zwischen Selbst und Anderem möglich, der den Anderen ethisch anerkennt und ihn damit überhaupt erst wahrnehmbar macht. Ein prekäres Leben dagegen könne nicht wahrgenommen, sein Verlust nicht betrauert werden. Beispielsweise dürfen von den Guantánamo-Gefangenen keine Fotos verbreitet werden, eine Praxis, die an das Bilderverbot in NS-Konzentrationslagern erinnert (Butler 2009).

Wenn der Mensch nicht mehr Subjekt ist, sondern Leben und Körper, dann wird er auch in neuer Weise verletzlich. Nach Judith Butler ist Verletzlichkeit sogar eine Bedingung von Ich-Sein – sowohl in Gestalt der unmittelbaren Lebensgefährdung als auch in einem allgemeineren Sinne der Kategorisierung und Adressierung (Butler 2004). Im Zeichen des prekären Lebens wandelt sich das autonome Individuum zu einem post-souveränen Subjekt, das erst in der Ansprache durch Andere, in sozialen Kontexten entsteht. Die gegenseitige Anerkennung, die wir als Subjekt benötigen, macht uns existentiell abhängig und dadurch verletzlich. Diese soziale Seite der Verletzlichkeit lässt sich von biologischer Verletzlichkeit unterscheiden, auch wenn beide eng miteinander zusammenhängen.

Biopolitik. Für den italienischen Philosophen Giorgio Agamben steht die gesamte Moderne unter der Signatur einer Biopolitik, in deren Rahmen der moderne Staat

»die Sorge um das Leben der Bevölkerung zu seinen wesentlichen Aufgaben [zählt]« (Agamben 2003, 25). Durch Geburten- und Sterbestatistiken, Krankenhäuser und Schulen greife die staatliche Macht auf den physischen Körper zu und übe direkte Kontrolle über das Leben aus. Während die Griechen zwischen politischem Leben (*bios*) und physischer Existenz (*zoe*) unterschieden, existiere in der Moderne keine Trennung der beiden Lebensformen mehr, sondern nur noch eine einzige Zone des Übergangs. Verkörperung dieses Übergangs ist der *homo sacer*, eine rätselhafte Figur des archaischen römischen Rechts, die straflos getötet, aber nicht geopfert werden darf (Agamben 2002, 18).

Für Agamben wird der *homo sacer* zur Symbolfigur des »nackten Lebens«, einer rechtsfreien und subjektlosen Lebensform, die er unter anderem in Hirntoten, Staatenlosen, Gefangenen und Flüchtlingen verkörpert sieht. Sein besonderes Interesse gilt aber den Konzentrationslagern der Nationalsozialisten und dem US-Gefangenenlager Guantánamo. In diesen Lagern wird für Agamben sichtbar, wie das nackte Leben in der Moderne von den Rändern der politischen Existenz in deren Zentrum rückt. Dass US-Spezialkräfte und *private contractors* seit 2001 in Afghanistan und seit 2003 im Irak mit dem Segen der US-Administration Gefangene folterten und die CIA von 2002 bis 2006 sogenannte *black site*-Folterzentren in Ländern von Thailand bis Polen betrieb, stellt für Agamben keinen Zivilisationsbruch dar, sondern generalisiert und radikalisiert, was im biopolitischen Paradigma seit dessen Ursprüngen angelegt ist (Lemke 2007, 72). Nach dem 11. September wird der bisherige Ausnahmezustand zum Dauerzustand. Der *US Patriot Act* löscht den rechtlichen Status von *enemy combattants* radikal aus und bringt Wesen hervor, »die juristisch weder eingeordnet noch benannt werden können« (Agamben 2004, 10). Letztlich ist nacktes Leben aber jedes Leben, auf das bedingungslos zugegriffen werden kann; jeder Mensch kann deshalb zum *homo sacer* werden.

Marlene Streeruwitz hat sich intensiv mit der Philosophie Agambens auseinandergesetzt; das Konzept des *homo sacer* stellt einen wichtigen Interpretationsschlüssel zu ihren Romanen *Entfernung*, *Kreuzungen* und *Die Schmerzmacherin* dar. Aber Streeruwitz liefert auch einen eigenständigen Beitrag zum Konzept des *homo sacer*, indem sie immer wieder zeigt, dass die Entrechtung nackten Lebens sich wirtschaftlichen ebenso wie politischen Verflechtungen verdankt und sich in spezifischen sozialen und kulturellen Kontexten vollzieht. In ihrem Roman *Die Schmerzmacherin* (2011) stellt sie die Komplexität dieses Prozesses differenziert dar. Oberflächlich betrachtet behandelt *Die Schmerzmacherin* das Geschäft mit der Folter nach dem offiziellen Ende des *black site*-Programms der CIA. Die Protagonistin Amy arbeitet als Praktikantin bei einer privaten Sicherheitsfirma, die an der bayrisch-tschechischen Grenze ein mysteriöses Trainings- und Folterzentrum betreibt. Im zweiten Teil des Romans wird Amy in einem Gefängnis in Nottingham an der Folterung eines Mannes beteiligt. Marlene Streeruwitz ruft in *Die Schmerzmacherin* wichtige Fragen für eine zukünftige Romanpoetik auf: Was bedeutet es, unter den Bedingungen eines omnipräsenten Ausnahmezustandes nach dem 11. September vom gewaltsamen Zugriff auf das nackte Leben zu erzählen? Welche Narrative können für die extreme Erfahrung der Folter gefunden werden? Welche ethische Verantwortung liegt im Erzählen und Zeigen der Folter?

Verschiedene Implausibilitäten und Inkonsistenzen lassen die aktuellen Bezüge des Romans jedoch fragwürdig erscheinen. Warum soll ausgerechnet Amy zu einer »Schmerzmacherin« ausgebildet werden? Sie hat keine militärische Erfahrung, ist desorganisiert, trinkt und besitzt außer einer abgebrochenen Model-Ausbildung keine Qualifikationen. Oder ist die Ausbildung nur eine raffinierte Inszenierung ihrer intriganten Familie? Aber wer hat dann Amys Vorgesetzten Gregory ermordet und die Leiche in dem verlassenen Folter-Compound zurückgelassen? Auf keine dieser Fragen erhält die Leserin eine Antwort. Die Geschichte vom privatwirtschaftlichen Griff nach der Macht über das nackte Leben ist eine hochgradig undurchsichtige und auch unglaubwürdige Geschichte, vermittelt von einem als Instanz kaum greifbaren Erzähler, dessen Bericht vollständig durch die fehlbare Wahrnehmung der Figur Amy gefiltert wird.

Amy macht sich bereits im ersten Kapitel betrunken auf den Weg zur Arbeit, verbringt später einen wichtigen Tag der Romanhandlung im Alkoholkoma, wird während dieser Zeit vergewaltigt und erleidet eine Fehlgeburt. Sie ist keine souveräne Figur, die den gefolterten *homines sacri* gegenübergestellt werden könnte, sondern selbst Spielball undurchsichtiger Mächte. Für Giorgio Agamben sind *homo sacer* und Souverän keine fixierbaren Identitäten, sondern relativ aufeinander bezogene Positionen: Dem *homo sacer* gegenüber sind alle Souverän, dem Souverän gegenüber sind alle *homines sacri*. Marlene Streeruwitz geht einen Schritt weiter. Wenn Amy als Folternde selbst gefoltert wird, kollabieren die Positionen von *homo sacer* und Souverän. Damit verdeutlicht der Roman, dass gerade das weibliche Subjekt nie autonomes und selbstbestimmtes Individuum, sondern immer schon nacktes Leben ist.

Wolfgang Herrndorf geht der Frage nach der Zuverlässigkeit der Wahrnehmung und des Erzählens unter den Bedingungen der Folter im Modus der Groteske nach. Sein Roman *Sand* (2011) erzählt in leitmotivisch wiederkehrenden Szenen von der Folterung eines Mannes, der sein Gedächtnis verloren und folglich keine Ahnung hat, warum er sowohl von einer Gruppe nordafrikanischer Gangster als auch von einer skurrilen westlichen Agententruppe abwechselnd gejagt, umgarnt und gequält wird. Handlungsort ist ein fiktives nordafrikanisches Land, Handlungszeit das Jahr 1972. Realitätseinsprengsel wie eine Unterhaltung über das Münchner Olympia-Attentat dienen aber nicht dazu, den Roman welthaltig aufzuladen. Sie gehören vielmehr zu den zahlreichen blinden Erzählelementen, zwischen denen Herrndorfs Leser sich relevante Details für die Rekonstruktion des Handlungsverlaufs zusammenklauben müssen. Dabei spielen Gewalt- und Folterszenen eine ebenso tragende wie verwirrende Rolle.

Carl, der Mann ohne Gedächtnis, in dem Herrndorfs Leser den dummen und korrupten Polizisten Polidorio erkennen können, wird immer wieder gefoltert, um an eine mysteriöse Mine zu gelangen. Weder weiß Carl, noch wissen seine Folterer (jedenfalls nicht zunächst und nicht alle), um was für eine Mine es sich dabei handelt: Bleistift? Sprengkörper? Bergwerk? Schließlich findet Carl im Inneren einer Kuli-Mine zwei geheimnisvolle Metallkapseln, in denen sich (vielleicht) Atom-Pläne verbergen, doch gehen die in einer Reihe von Slapstick-Szenen immer wieder verloren. Unter der Folter, die verwirrenderweise in einer Goldmine stattfindet, kann Carl dann weder über den Verbleib der Kapseln noch über seine eigene Identität Auskunft geben. Das ist umso merkwürdiger, als die durch einen Schlag auf den Kopf ausgelöste Totalamnesie medizinischer Unfug ist und nur in Comics vorkommt. So jedenfalls erklärt es der Psychiater Dr. Cockcroft, und wie zum Beweis fällt Carl tatsächlich das Asterix-Heft *Der Kampf der Häuptlinge* in die Hände, in dem Miraculix auf genau diese Art sein Gedächtnis verliert. Hat Carl also den Gedächtnisverlust nur vorgetäuscht und weiß die ganze Zeit, wer er ist – ohne dass es der Roman verrät? Nicht unbedingt, denn Dr. Cockcroft ist gar kein Psychiater, sondern ein Geheimagent, und überdies kein besonders kompetenter. Er schließt die Drähte des Elektroschockgeräts erst falsch herum an Carl an und gibt schließlich zu, dass seine Folter-Kenntnisse ausschließlich aus einem einzigen russischen Psychologie-Aufsatz stammen.

Spätestens an dieser Stelle dämmert es Leserinnen und Lesern, dass der Roman nicht nur von Folterungen berichtet, sondern dass die Romanerzählung selbst nach dem Prinzip der Konfabulation funktioniert, wie sie das Erzählen unter der Folter hervorbringt. Obwohl *Sand* nicht direkt auf die CIA-Folterungen nach dem 11. September Bezug nimmt, lässt sich Herrndorfs poetologische Verhandlung von Erzählbarkeit in einen produktiven Zusammenhang mit der expliziteren ästhetischen Stellungnahme von Marlene Streeruwitz stellen. Beide Romane durchkreuzen unser Verlangen nach Orientierung und reflektieren so die Bedingungen, unter denen Realität in einer von Folter und Gewalt, von erodierter Herrschaft und unterdrückten Aufständen bestimmten Welt gezeigt und verstanden werden kann. Die Verbrecher- und Agentengeschichte in *Sand* macht zudem immer wieder intertextuelle Anleihen bei Filmen und Serien wie *Pulp Fiction* oder *24* und positioniert sich so innerhalb einer Medienkultur, in der Folter und Gewalt allgegenwärtig sind.

Ulrike Draesner: »bläuliche Sphinx (metall)«. Die Darstellung nackten oder prekären Lebens erfordert neue literarische Formen, die auch jenseits der mittelbaren oder unmittelbaren Thematisierung von Folter und Entrechtung zum Einsatz kommen. Sie stehen in einem Zusammenhang mit einem besonderen Interesse für schwache Figuren in der Gegenwartsliteratur – Figuren, die keine Kontrolle über ihr Leben und ihre Geschichte haben, die fundamental abhängig von Anderen sind, unfähig zu sprachlichem Ausdruck und Reflexion. Einen solchen Zustand der Schwäche zeichnet Ulrike Draesner in ihrem Gedichtzyklus »bläuliche Sphinx (metall)« (2001) anhand einer verhaltenen Fehlgeburt (*für die nacht geheuerte zellen*, 35–49). Das Vermissen des Kindes nach der Ausschabung wird hier nicht als Emotion eines Ich dargestellt, sondern als physiologische Reaktion von Zellen. In vielen ihrer Gedichte stellt Ulrike Draesner den Menschen als in seiner Biologie verankert dar. »bläuliche sphinx (metall)« untersucht den Menschen durch eine Erkundung des Körpers und bezeugt damit nicht nur ein symptomatisches Interesse an den Biowissenschaften als neuem Wissenschaftsparadigma, sondern leistet selbst einen wissenschaftstheoretischen Beitrag zu den Implikationen, die die Verankerung des Menschen in seiner Anatomie für Konzepte von Identität, Subjektivität und Bewusstsein verursacht (Ertel 2011).

Nicht der Geist, sondern der Körper des Menschen fungiert bei Draesner als Schnittstelle von Innen und Außen, als Medium von Erleben und Erfahrung. Mit dem Versprechen des Gedichts, einen analytisch-zergliedernden Zugang zum Menschen zu eröffnen, stellt Draesner sich in die Nachfolge von Gottfried Benns *Morgue*-Gedichten. Das Interesse an der Biologie verbindet Draesner auch mit Durs Grünbein und mit dessen naturalistischem Verständnis des Menschen, das in Titeln wie *Schädelbasislektion* (1991) und *Kosmos im Kopf* (2000) hervorgehoben wird (s. Kap. 11). Beide, Draesner wie Grünbein, behandeln in ihren Gedichten nicht nur vielfach medizinisch-naturwissenschaftliche Erkenntnisse, sondern machen diese auch poetologisch fruchtbar. So stiftet die Eigenschaft des Gehirns, Erfahrung in Beziehungen zu organisieren, für Grünbein eine Analogie zum Gedicht:

> **Überhaupt zeigt Lyrik deutlicher als andere Formen die zerebrale Seite der Kunst. [...] Näher scheinen in ihr sich die Bereiche zu kommen: die Sehrinde berührt hier das Sprachzentrum, das Hörareal grenzt an die Leitstellen für Motorik und Rhythmik, und alles zusammen wurzelt wie über ein Limbisches Geflecht in den präkognitiven animalischen Regionen, näher an Angst, Lust und Agression.**
>
> **(Grünbein: *Galilei vermißt Dantes Hölle*, 32 f.)**

Im Zusammenhang mit dem Tod des Kindes in »bläuliche sphinx (metall)« wird allerdings deutlich, dass es Ulrike Draesner nicht einfach um eine »Verabschiedung metaphysischer Vorstellungen unter dem Vorzeichen einer nüchternen Betrachtung anatomischer Fakten« geht (so Ertel 2011, 45). Auch wenn der Zugang zum Menschen über die Anatomie des Körpers gesucht wird, handelt es sich bei Draesners Zyklus nicht um Gottfried-Benn-Lyrik, die schockieren will, sondern um eine Form poetischer Überhöhung, die aufhebt und tröstet. Draesner schreibt einen subtilen hohen Ton, und auch wenn, wie in dem Gedicht »angehn« vermerkt, »kein gott« auftritt (um wie in Goethes *Torquato Tasso* »zu sagen, wie ich leide«; *für die nacht geheuerte zellen*, 41), bieten ihre Gedichte Sinnstiftungsmöglichkeiten für den Tod des Kindes an. Vielleicht wird es von anderen wieder gezeugt (39 f.) – oder wollte es »die welt nicht sehen / ihren leid / ihren schmerzen« (46, *sic*)? Die Haltung der Gedichte ist nicht zynisch und nüchtern, sondern melancholisch, und diese Melancholie geht von einem Ich aus, das trotz seiner Verletzlichkeit Subjekt bleibt.

Thomas Hettche: *Woraus wir gemacht sind*. Die Schwangerschaft als Grenzfall von Subjektivität, in dem ein neues Verständnis des Menschen Gestalt gewinnt, stiftet in Thomas Hettches *Woraus wir gemacht sind* (2006) eine rätselhafte Gegenbewegung zur Romanerzählung. Deren scheinbares Thema ist eine Rerchereise, die den Biografen Niklas am Vorabend des Irakkriegs in die USA führt. Dort will er nach Material über den in der NS-Zeit exilierten Physiker Egon Meerkaz suchen. Doch als seine hochschwangere Frau Liz entführt wird, versteckt Niklas sich stattdessen in der texanischen Wüstenstadt Marfa. Der Hauptteil des Romans behandelt seine Begegnungen, Freundschaften und eine beginnende Liebschaft in Marfa, nur gelegentlich unterbrochen durch die Drohmails der Entführer, die Niklas Fotos der gefolterten Liz schicken. Zwar erfährt Niklas am Ende eher durch Zufall das dunkle Geheimnis Meerkaz' und erhält Liz zurück. Diese Ereignisse bilden, ebenso wie der politische Hintergrund des Irakkriegs, aber nur den Rahmen für Niklas' Selbsterkenntnis in der Wüste.

Den Kern der Reise in die Selbsterkenntnis bildet die Versuchungsszene durch einen mysteriösen Widersacher, auf die der Leser durch wiederholte Anspielungen auf Fjodor Dostojewskis *Die Brüder Karamasow* vorbereitet wird. Bei Dostojewski dient die Teufelsfigur dazu, die Theodizee-Frage – wer ist verantwortlich für Leid und Böses in der Welt? – in die Moderne zu tragen. Bei Hettche verwandelt sich die Theodizee in eine Anthropodizee. Die Verantwortung für Leid und Böses liegt nicht in Religion oder Metaphysik begründet, sondern in dem ›woraus wir gemacht sind‹ – in der biologisch-materiellen Beschaffenheit des Menschen also. Diese Erkenntnis konterkariert sowohl die religiös fundierte Kriegsrhetorik der Bush-Administration wie auch die Hoffnungen der Meerkaz-Witwe Elsa auf einen okkulten Zugang zum Wesen der Dinge. Der Weg in die Wüste folgt einer allegorischen Struktur: Er führt ins Innere des guten alten Subjekts, findet dort aber keine Antworten. Die kann am Ende allein Liz geben, denn mit der Geburt des Kindes erledigen sich auch Niklas' Fragen.

Feridun Zaimoglu: *Isabel*. Schwäche und Verletzlichkeit stiften die Parameter für eine literarische Subjektkonstitution auch im Zusammenhang mit sozialer Ausgrenzung. Julia Wolfs *Alles ist jetzt* (2013), Thomas Melles *3000 Euro* (2014) und Feridun Zaimoglus *Isabel* (2014) zeigen Menschen am Rande der Gesellschaft als aus den Fugen geratene Existenzen. Zaimoglus Protagonistin Isabel taumelt ziellos durch die Randbereiche Berlins, durch die Tristesse von Suppenküchen und Bahnhofsunterführungen, sie begegnet dem durch einen Kosovo-Einsatz traumatisierten Soldaten Marcus und deckt mit ihm die Umstände auf, die zum Selbstmord der gemeinsamen Freundin Juliette führten. Ihrer türkischen Herkunft hat Isabel sich entfremdet, ein finanzielles Auskommen in Berlin ist nicht in Sicht. Aber nichts an diesen äußeren Umständen erklärt die grundsätzliche Verlorenheit der Figur Isabel, wie die Rezensentin Wiebke Porombka in der *FAZ* bemerkte (2014).

Isabel scheint aus einem selbstgewählten Bohème-Prekariat in echte Armut abgerutscht zu sein, doch der Roman macht sich wenig Mühe, die Umstände zu erklären, die zu diesem Abrutschen führten. Anders als in der sozialkritischen Dokumentarliteratur der 1970er Jahre, beispielsweise in Günter Wallraffs Reportage *Ganz unten* (1983), geht es Zaimoglu nicht um ein soziales Engagement, das Missstände aufdeckt. Stattdessen setzt er auf ästhetische Innovation, indem er Isabels Daseinsarmut in eine extrem verknappte Sprache übersetzt, die bis an den Rand des Literarischen getrieben wird. Zwar ist diese Sprache weniger experimentell als das Kunstidiom in Zaimoglus literarischem Debüt *Kanak Sprak* (1995, s. Kap. 8). Dafür stellt sie aber auch eine geringere Hürde für den Leser dar, der sich über die verarmte Syntax in Isabels verletzte Subjektivität hereinversetzen kann.

Julia Wolf: *Alles ist jetzt*. Auch Julia Wolf nutzt in ihrem Romandebüt *Alles ist jetzt* (2015) eine extrem reduzierte Sprache, um Zugänge zu einer prekären Erfahrungswelt zu eröffnen. Ihre Heldin Ingrid lebt am Rand der Gosse, umgeben von kaputten Figuren, kaputten Familien und einer kaputten Welt. Ihre Mutter wurde einst ohne Vorwarnung vom Vater verlassen; nun vegetiert sie als verwahrloste, depressive Alkoholikerin vor sich hin. Ingrid arbeitet in einem billigen Nachtklub mit Live-Sexacts, die in unterkühlter Sprache als technische Akte noch dann geschildert werden, wenn Ingrid selbst am Ende des Romans auf Wunsch eines Kunden auf offener Bühne anal vergewaltigt wird. Die Besucher des Klubs gehören zur Generation Porno, für die Sex eine Ware ohne Verbindung mit Emotionen darstellt: »Die Show beginnt. Mona stakst auf die Bühne, Stilettos, sie nimmt auf spitzen Pobacken Platz, klappt ohne Umschweife vor den Jungs ihren Leib auseinander. Kein Raunen, ein Schnaps, ein alltäglicher Anblick« (*Alles ist jetzt*, 14). Ingrid betrachtet sich in Anspielung auf den Romantitel Irmgard Keuns als »kunstseidenes Mädchen [...] das gerade zur Arbeit geht« (*Alles ist jetzt*, 11), und auch die Sexdarstellungen des Romans stellen eine stilistische Weiterentwicklung neusachlicher Schreibweisen dar. Als Vorbild für die Figur Ingrid dient aber weniger Keuns Doris, ein naives Mädchen mit Ambitionen, als der Protagonist aus Erich Kästners *Fabian* (1931), einem Roman, der gezielt noch gegen die leiseste Stimmung anschreibt, so dass Gefühle außer Ekel gar nicht erst aufkommen können.

Thomas Melle: *3000 Euro*. Die Möglichkeit, sich *nicht* selbst zu bestimmen, ist von Anfang an im modernen Subjekt angelegt. Die Literatur der Gegenwart macht von dieser Selbstverweigerung aber besonders häufig Gebrauch. Darin liegt eine Kritik sowohl am Konzept des autonomen Individuums als auch an den postmodernen Gegenentwürfen von Foucault und Butler. Eine schwache Subjektposition ist nicht erstrebenswert; sie kann aber ästhetisch fruchtbar werden, wenn aus ihr neue Schreibweisen des Ich entwickelt werden. In *3000 Euro* (2014) begibt sich der vor allem als Dramatiker bekannte Thomas Melle in eine geradezu klinische Distanz zu seinen Protagonisten. Anton, gescheiterter Jura-Student, der in einem psychotischen Schub mehrere tausend Euro Schulden anhäufte, wird als Figur ohne Lebenswillen, als Mensch am Rande des Menschlichen eingeführt. Die Gegenfigur Denise dagegen bemüht sich vergeblich darum, das ausstehende Honorar für einen Porno-Dreh aufzutreiben – genau jene 3000 Euro, so die Ironie des Romans, für die Anton vor Gericht steht.

In der Begegnung zweier Figuren, die in unterschiedlicher Weise Schwäche und

Verletzlichkeit verkörpern – einer labil und obdachlos, die andere habituelle Unterschicht – erzählt der Roman nicht nur eine Liebesgeschichte am Rande der Gesellschaft, sondern er befragt auch die eigenen Möglichkeiten zur Darstellung von Menschen, die kaum ein Bewusstsein ihrer eigenen Existenz haben. Thematisch lehnt *3000 Euro* sich an die Pseudo-Dokumentarfilme des britischen Regisseurs Ken Loach und der belgischen Brüder Jean-Pierre und Luc Dardenne an, und wie sie will er weniger aufklären als die Welt der Figuren ausforschen. Stilistisch allerdings bewegt sich der Roman auf einem Reflexionsniveau, zu dem seine Figuren gar nicht in der Lage sind, und er wendet sich an ein »wir«, das weit über der Welt der Figuren steht.

> **Humpeln die Penner an uns vorbei, berührt uns das unangenehm. Nicht nur ist es eine ästhetische Belästigung, sondern auch ein moralischer Vorwurf. Wieso bitte ist dieser Mensch so tief gesunken, welche Gesellschaft lässt einen derartigen Verfall zu? Das ist schon kein Mensch mehr, das ist ein Ding.**
>
> (Melle: *3000 Euro*, 15)

Erst bei genauer Lektüre wird deutlich, dass Anton wie Denise Produkte des Bedeutungs- und Identitätsverlusts der Arbeiterklasse sind, aus der Anton einst durch seine intellektuelle Begabung aufsteigen sollte. Sie selbst verstehen diese Zusammenhänge nicht, aber die Adressatengemeinschaft des »wir« ist eingeladen, den Reflexionsschritt des Romans mit zu vollziehen und die Verdinglichung des Menschen zurückzuweisen. In diesem Sinne kann der Anfang des Romans als aufrüttelnde Mahnung verstanden werden: »Da ist ein Mensch drin, auch wenn es nicht so scheint. Unter den Flicken und Fetzen bewegt sich nichts.« (7)

7.3 | Kreatürlichkeit

Wird der Mensch primär als biologisches Leben verstanden, so verbindet ihn vieles mit dem Tier. Eine biopolitische Bestimmung des Menschen muss sich deshalb auch mit dessen Beziehung zu nicht-menschlichen Tieren auseinandersetzen. Für Giorgio Agamben ist die Festlegung der Grenze zwischen Humanem und Animalischem nicht eine Frage unter vielen, sondern die »grundlegende metaphysisch-politische Operation, durch die allein so etwas wie ein ›Mensch‹ bestimmt und hergestellt werden kann« (Agamben 2003, 31). Gleichzeitig führt die Reduktion des Menschen auf ein nacktes Leben Agamben zufolge zu einer »Animalisierung des Menschen« (Agamben 2002, 13). Um diesen animalischen Aspekt zu betonen, entwickelt der US-Germanist Eric Santner Agambens Begriff des nackten Lebens zu dem des kreatürlichen Lebens weiter (Santner 2006). Kreatürlichkeit stellt nach Santner eine Dimension des Übergangs zwischen menschlichem und tierischem Leben, aber auch zwischen Leben und Tod dar. Im Gegensatz zum Animalischen macht der Begriff des Kreatürlichen deutlich, dass hier nicht das Tier selbst gemeint ist, sondern eine Strategie der Selbstverortung des Menschen in der Moderne, die sich des Tieres lediglich als Denkfigur bedient. Während Agambens ›nacktes Leben‹ eine Position vollständiger Machtlosigkeit darstellt, hat Kreatürlichkeit für Santner auch kreative Aspekte. Das Kreatürliche ist eine Ausdrucksform, die aus einer Situation der Verletzlichkeit, nicht aber der vollständigen Auslöschung spricht.

Katja Lange-Müller entwirft in *Verfrühte Tierliebe* (1995) ein Leben in zwei Stationen. Die beiden selbständigen Erzählungen des Bandes behandeln zwei Schlüsselmomente aus dem Leben derselben Figur und sind wie klassische Novellen gebaut, die einander spiegeln und ergänzen; in beiden stiften Tiere wichtige Analogien für das Selbstverständnis der Protagonistin. In der ersten Geschichte ist die Erzählerin ein von seinen Eltern häufig mit der Großmutter allein gelassenes Schulmädchen in der DDR-Provinz. In der Schule gelangweilt und isoliert, gibt sie den Avancen des undurchsichtigen Tiervorführers Bisalzki nach und unternimmt mit ihm eine naturkundliche Wanderung, wird aber im entscheidenden Moment von Bisalzki zurückgewiesen. Als Bisalzki bald darauf stirbt und der Erzählerin seine Käfersammlung vermacht, betrinkt sie sich mit dem Diabetiker-Eierlikör ihrer Oma, zerlegt und montiert die Käfer zu seltsamen Fantasiewesen, mit denen sie den angebeteten Biologielehrer zu beeindrucken hofft – und scheitert auch mit diesem unbeholfenen erotischen Annäherungsversuch.

Das Motiv der Zurückweisung setzt sich in der zweiten Geschichte fort, in der die Erzählerin von einem Kaufhausdetektiv beim Ladendiebstahl ertappt und nackt auf der Angestelltentoilette eingesperrt wird. Dort wird sie Zeugin, wie einer der Kaufhausangestellten in der Nachbartoilette masturbiert. Auch in der zweiten Geschichte steht der Erzählerin also ein männlicher Antagonist gegenüber, der seine erotischen Chancen ebensowenig nutzt wie Bisalzki – obwohl die Erzählerin das zumindest im ersten Fall hofft, und im zweiten damit rechnet. Erst am nächsten Morgen wird sie von den Putzfrauen entdeckt und, immer noch nackt, im Polizeiwagen gemeinsam mit einem schwarzen Schäferhund abtransportiert – »brav und aufmerksam, wie man sich einen Beifahrer nur wünschen kann« (*Verfrühte Tierliebe*, 158).

Immer stärker lösen sich im Laufe dieser Doppelgeschichte die Mensch-Tier-Grenzen auf. In der ersten Geschichte stiften Tiere Analogien ebenso wie Gegenmodelle menschlichen Verhaltens. Wie die fantastischen Käfercollagen ist auch die pubertierende Erzählerin ein zusammengesetztes Wesen ohne Einsicht in einen authentischen, autonomen inneren Kern. Die Goldafterraupen, die jedes Jahr die Blätter der Sommereiche auf dem Schulhof fressen, können als Metapher der DDR als eines zerstörerischen Gesellschaftssystems verstanden werden, aber auch als Spiegelfiguren der Erzählerin. Ebenso wie den Goldafterraupen ist ihr keine Verpuppung möglich, durch die sie zu einem Falter werden, sich also entwickeln könnte. Deshalb wiederholen sich ihre Erlebnisse auch in verstellter Form in der zweiten Geschichte. Aber Tiere bieten auch positive Gegenbilder. Die beiden Ratten, die der Hausmeister zu Beginn fängt, sorgen füreinander – im Gegensatz zu den Menschen, denn die Erzählerin erfährt weder von ihren Eltern noch in der Schule Fürsorge. Auch der Hund in der zweiten Geschichte verhält sich menschlicher als die menschlichen Figuren. Erzählt ist der Band aus der retrospektiven Distanz: Die Erzählerin blickt ernüchtert auf ihr Leben in der DDR zurück, wobei die Tiere nachträgliche Selbstbilder für überwundene Lebensphasen stiften. Erst nach dem Ende der DDR kann sie ihre Traumata durch Erinnern überwinden.

Judith Schalansky: *Der Hals der Giraffe*. Wie ein Gegentext aus Lehrersicht liest sich Judith Schalanskys *Der Hals der Giraffe* (2011). Im verödeten Hinterland Vorpommerns unterrichtet die Sport- und Biologielehrerin Inge Lohmark die letzten verbliebenen Schüler des auslaufenden Charles-Darwin-Gymnasiums. Als radikale Sozialdarwinistin kann Lohmark ihre Schüler nur unter dem Gesichtspunkt der Zuchtwahl betrachten. Doch während sie über Fortschritt und Entwicklung doziert, befinden Lehrerin und Schule sich längst auf dem absteigenden Ast. Die Plätze im Klassenzimmer sind, wie der von Lohmark angefertigte Sitzplan demonstriert, nur noch von wenigen Schülern besetzt, die von der Lehrerin sarkastisch als »Opfer auf

Lebenszeit«, »Klassensprecherin seit Geburt« und »Nervbolzen« charakterisiert werden (Schalansky: *Der Hals*, 20 f.). Lohmarks Ehemann, ehemals Rinderbesamer der lokalen LPG, züchtet im menschenleeren Brachland Strauße, die einzige Tochter wanderte schon vor langem in die USA aus und meldet sich nur noch sporadisch per E-Mail. Freude bereiten Inge Lohmark in ihrem tristen Schulalltag nur noch die gerahmten Medusen-Zeichnungen Ernst Haeckels, die sie auf dem Schulflur hat anbringen lassen. Die Qualle wird ihr zu einem paradoxen Identifikationstier – paradox, weil sie als entwicklungsgeschichtlich besonders altes, besonders einfaches Tier der von Lohmark vertretenen Züchtungsideologie fundamental entgegensteht. »Am Anfang war die Qualle. Alles andere kam später. Ihre Vollkommenheit blieb unerreicht, kein Zwei-Seiten-Tier konnte so schön sein« (35).

Als studierte Kunsthistorikerin ist die Autorin Schalansky hochgradig interessiert an Buchgestaltung. Im unabhängigen Verlag Matthes & Seitz gibt sie die Reihe »Naturkunden« heraus, die sich als ästhetische Erforschung der Welt versteht. Auch *Der Hals der Giraffe* ist buchgestalterisch ambitioniert. Das Buch ist in rauhes Leinen gebunden, das nicht zufällig an den Einband von DDR-Schulbüchern erinnert, fadengeheftet und mit zahlreichen schwarz-weißen Zeichnungen illustriert. Jede der recto-Seiten trägt einen Kolumnentitel, der mit Stichworten wie »Fortpflanzungsstrategien«, »Revierverhalten« oder »Menopause« einen ironischen Kommentar zur Bewusstseinserzählung Lohmarks liefert. Über diese ironische Distanz wird auch das biologistische Weltbild Lohmarks relativiert. Lohmark versteht die Biologie als objektive Tatsachenwissenschaft und den Biologieunterricht als »Tatsachenbericht. Hier wurde Wissen vermittelt, das gesichert war und durch keine Umstellung auf ein anderes politisches System hinfällig wurde.« (49) Gerade die Ansicht der Biologie als frei von Ideologieverdacht erweist sich aber als besonders ideologieanfällig, ist Lohmark in der DDR doch Stasi-Spitzel gewesen. Ihr naturalistisches Weltbild entstammt der DDR, in der sie »der Jugend geweiht« und am Tag des Lehrers mit Blumensträußen geehrt worden war (13). Dieses Weltbild ist ebenso dem Untergang geweiht wie das nach ihm benannte Darwin-Gymnasium.

Sterben und Tod. Wenn Literatur ein Seismograf von Einstellungen zum Menschen ist, so ist das Bild, das sie zeichnet, düster. Nirgends wird das deutlicher als in den zahlreichen Romanen, die sich in den letzten Jahren mit Tod und Sterben befasst haben. In einem Artikel für die *Süddeutsche Zeitung* hat der Literaturkritiker Burkhard Müller auf die Fülle neuester literarischer Beiträge zum lange tabuisierten Thema Tod hingewiesen (Müller 2013) – Jenny Erpenbecks *Aller Tage Abend* (2012), Ralph Dutlis *Soutines letzte Fahrt* (2013), *Außer sich* von Ursula Fricker (2012), *Nur ein Schritt bis zu den Vögeln* von Christof Hamann (2012) und *Leben* von David Wagner (2013).

Auch Kathrin Schmidts *Du stirbst nicht* (2009), Judith Hermanns *Alice* (2009), Arno Geigers *Der alte König in seinem Exil* (2011), Lukas Bärfuss' *Koala* (2014) und Silvia Bovenschens *Sarahs Gesetz* (2015) ließen sich dieser Liste hinzufügen. Die Sterblichkeit des Menschen ist in diesen Büchern nicht ein Thema unter anderen, sondern der zentrale Aspekt, unter dem das menschliche Leben überhaupt erst seine Gestalt findet. Der Tod, lange tabuisiertes Thema der Literatur, gewinnt an Bedeutung in dem Maße, wie der Mensch als Materie verstanden wird: Für Durs Grünbein sind wir immer »Kadaver *in spe*« (*Erklärte Nacht*, 108). Müller vermutet aber noch einen zweiten Beweggrund, der Autoren vermehrt über den Tod nachdenken lässt: den Verlust an Zukunftsorientierung, der Europa seit dem Ende des kalten Krieges erfasst hat. Seither, so Müller, seien Stagnation und Isolation zu zentralen Erfahrungen geworden: »Da steht kein Trost mehr in der Sichtachse, echter oder falscher, der Blick aufs Ende wird beängstigend frei« (Müller 2013).

Kathrin Schmidt erzählt in *Du stirbst nicht* (2009 Gewinner des Deutschen Buchpreises) die Geschichte eines verpassten Todes. Kurze Szenen behandeln das langsame Erwachen aus dem Koma nach einer Hirnblutung, Lähmungserscheinungen und Begegnungen mit sadistischen Krankenschwestern bis zum mühsamen Rückgewinn der Erinnerung und der Sprachfähigkeit. In *Du stirbst nicht* ist die existentielle Erfahrung der Todesnähe die der fiktiven Figur Helene Wesendahl; in dieser fremden Gestalt hat Kathrin Schmidt allerdings, wie viele Rezensenten betonten, eigene Erfahrungen behandelt. Ihre Auseinandersetzung mit dem engen phänomenalen Zusammenhang von Sprache und Körper kann deshalb auch als Auseinandersetzung mit der Gattung Autobiografie verstanden werden. Die Autobiografie als vom Tode her erzählte Thanatografie speist sich aus Motiven, die Schmidt am Rande der Autobiografiegeschichte vorfindet: Thomas Bernhard hat seine fünfbändige Autobiografie um den eigenen Beinahe-Tod in *Der Atem* herum gruppiert und die Lebensgeschichte als Entschluss, weiter zu atmen, erzählt.

David Wagner notiert in seinem autobiografischen Bericht *Leben,* der 2013 den Preis der Leipziger Buchmesse gewann, in klinischer Genauigkeit die Details einer lebensbedrohlichen Autoimmunhepatitis – Esophagusvarizen und Blutspucken, Krankenwagenfahrten, Vorstellungen in der Medizinvorlesung, wiederkehrende Krankenhausaufenthalte und das endlose Warten auf die lebenschenkende Lebertransplantation. Die schonungslose Darstellung der Krankheit erinnert an Heinrich Heines Texte aus der Matratzengruft, aber im Gegensatz zu Heine fehlt bei Wagner jeder anklagende, Antworten heischende Gestus. Programmatisch begründet der Erzähler die totale Metaphysikverweigerung mit der eigenen Erfahrung: »Als Kind hatte ich die Vorstellung, daß ich eines Tages an einen Ort komme, an dem ich alles erfahren werde, einen Ort, an dem sich alles klärt, alle Fragen, Rätsel und Probleme. [...] Die Möglichkeit, daß überhaupt nichts kommen könnte, habe ich damals noch nicht in Betracht gezogen« (*Leben,* 144). Leben ist für Wagner biologisches Leben, die Abwesenheit von Tod und das Gegenteil von Nicht-Dasein. »Aber ich lebe« – mehr kann über das Leben nicht gesagt werden (18). Als einzig möglicher Sinn des Lebens wird mehrfach das biologische Fortleben in den Kindern bezeichnet – das Buch endet mit einem Anruf der Tochter, die fragt »Papa? Kommst du bald nach Hause?« (283). Ein anderer Letztsinn ist nicht zu erwarten.

Hilfsmittel

In die für neue Imaginationsformen des Menschlichen zentrale Theorie der Biopolitik führt ein kleiner Band von Thomas Lemke im Junius-Verlag ein (2007). Zu Giorgio Agamben konsultiere man zudem die Einführung von Eva Geulen in derselben Reihe (2005). Lesenswerte Überblicke über den Stand der *gender*-Theorie stammen von Sigrid Nieberle (2013) und Franziska Schößler (2008). Ein von Henriette Herwig und Miriam Seidler herausgegebener Sammelband stellt *Beziehungsmodelle nach der romantischen Liebe* vor (2014); derjenige von Bettina Bannasch und Stefanie Waldow (2008) weibliche Darstellungen von Sexualität. Das *Kulturwissenschaftliche Handbuch Tiere* (2015) von Roland Borgards informiert umfassend über Theorie und Praxis des Mensch-Tier-Verhältnisses und über die von Borgards vertretene Forschungsrichtung *Cultural Animal Studies*.

8 Globalisierung

Wirtschaft und Politik, Gesellschaft, Medien und Kultur stehen heute in einem weltweiten Austausch. Globalisierung lautete das einflussreichste Schlagwort im öffentlichen Diskurs der 1990er Jahre (Niederberger/Schink 2011, 1). Gegenwartsliteratur ist Bestandteil dieser hoch dynamischen Welt und entwickelt Formen der Teilhabe und der Kritik an den globalen Prozessen.

Der britische Soziologe Anthony Giddens bestimmt Globalisierung als »Intensivierung weltweiter sozialer Beziehungen« (Giddens 1995, 85) und drückt damit aus, dass Ursache-Wirkungs-Beziehungen zwischen Ereignissen und ihren Folgen sich auf immer größere räumliche Entfernungen erstrecken. Diese räumliche Ausdehnung umfasst das Privatleben jedes Einzelnen ebenso wie Bildung und Wissenschaft, die Politik, die Kultur und – insbesondere – die Wirtschaft. Wir leben in einer »Netzwerkgesellschaft« (Castells 2003), in der Menschen über große Entfernungen hinweg in permanentem Kontakt miteinander stehen. Folge dieser globalen Vernetzung ist eine sich kontinuierlich ausweitende Vorstellung von Gegenwart, die nicht mehr nur den je eigenen Lebensmittelpunkt umfasst, sondern Vorgänge integriert, die simultan an geografisch entlegenen Orten stattfinden – ein Umstand, mit dem sich literarische Texte intensiv auseinandersetzen, indem sie etwa das Reisen zu einem wichtigen Gegenstand machen.

Dritte Globalisierungsphase. Die Ereignisse von 1989/90 haben die Globalisierung, die als Kennzeichen der gesamten Moderne gilt, noch einmal erheblich intensiviert. Der Historiker Peter Fäßler (2007, 153 f.) bezeichnet die Zeit seit 1989/90 als »dritte Globalisierungsphase«. Sie folgt einer ersten Phase der Globalisierung zwischen 1840 und 1914 und einer zweiten von 1945 bis 1989. Geprägt ist sie durch das Aufkommen neuer politischer wie ökonomischer Mächte (Niederberger/Schink 2001, 1) – wie etwa China, Südkorea oder Singapur – und den weltweiten Abbau von Handelsbeschränkungen. Der weltweite Handel mit Waren, Dienstleistungen, Unternehmensanteilen und Finanzprodukten steigt dadurch sprunghaft an. Eine Grundlage für diesen neuen Welthandel ist die marktwirtschaftliche Umgestaltung ehemals planwirtschaftlich organisierter Länder nach 1990. Davon profitieren westliche Unternehmen, indem neue Absatzmärkte und günstige Produktionsstandorte zugänglich werden.

Digitalisierung und kulturelle Globalisierung. Zentraler Bestandteil der Globalisierung ist in den 1990er Jahren die Digitalisierung. Die Verfügbarkeit von Internetanschlüssen und die Menge der digital ausgetauschten Daten steigt bis zur Jahrtausendwende exorbitant. Dies beschleunigt und intensiviert die weltweite Kommunikation erheblich und stiftet neue kulturelle Austausch- und Einflussprozesse über den ganzen Globus hinweg. Bereits die nicht-digitalen Angebote von Film, Fernsehen und der Musikindustrie waren auf einen weltweiten Markt ausgerichtet und haben eine globale Wirkung entfaltet. Das Internet macht Filme, Serien und Musiktitel wesentlich schneller weltweit verfügbar und zudem individuell abrufbar. Neben Erzeugnisse professioneller Anbieter treten dabei Inhalte, die durch Nutzer bereitgestellt werden und sich viral im Internet verbreiten. Zentrale Basis dazu ist das 2004 gegründete Videoportal Youtube, das seither auch die Verbreitung von Musikvideos übernimmt. Musiksender im Fernsehen wie MTV und Viva verschwinden im Laufe der 2000er Jahre in der Bedeutungslosigkeit. Suchmaschinen wie Google (seit 1998) machen elektronische Inhalte weltweit auffindbar – durch das Sammeln und Verwerten von Nutzerdaten entsteht ein neues, überaus erträgliches Geschäftsmodell.

Neue Weltliteratur. Wie verhält sich Literatur gegenüber diesen Entwicklungen? Zunächst wird sie selbst internationaler: Rechte an Büchern werden weltweit gehandelt; Autoren wie Haruki Murakami bedienen heute einen internationalen Markt. Zugleich artikulieren literarische Texte die Hoffnung, selbst zum Medium für eine weltweite Kommunikationsgemeinschaft zu werden. Der auf Goethe zurückgehende Begriff der Weltliteratur hat in diesem Zusammenhang eine neue Konjunktur erfahren (vgl. Kreienbrock 2011, 163; Liebrand 2010). Literatur gilt dabei als anthropologische Universalie, die weltweit kulturelle Austauschprozesse anstoßen könne.

Kritische Stimmen wie die der Literaturwissenschaftlerin Gayatri Chakravorty Spivak hinterfragen jedoch, ob diese Vorstellung nicht auf einem westlichen Literaturkonzept basiert, das auf die übrige Welt übertragen wird. Entsprechend fordert Spivak eine »Planetarität« (Spivak 2003) der Literaturwissenschaft, die die Grenzen nationaler Philologien und der vergleichenden Literaturwissenschaft überschreite. Ziel ist es dabei, Pluralität anzuerkennen und auf diese Weise die Dominanz einer Lebensweise über eine andere zu verhindern. Die Literaturwissenschaftlerin Elke Sturm-Trigonakis (2007, 243) beschreibt mit dem Begriff der »Neuen Weltliteratur« literarische Texte, die durch die globalen Interaktionsprozesse neu entstehen. Insbesondere durch die Mehrsprachigkeit, die sie zu einem poetischen Verfahren transformieren, gelten sie als ästhetische Ausdrucksformen für eine weltweit vernetze, mobile Gesellschaft.

Ähnlich wie die Idee einer Nationalliteratur, die in Deutschland zu einer Zeit aufkam, als der Nationalstaat selbst weithin außer Sicht war, ist auch der Begriff der (neuen) Weltliteratur ein Begriff der Hoffnung. Er artikuliert die Utopie, Medium zu sein für eine den gesamten Globus umspannende, hierarchiefreie Kommunikationsgemeinschaft.

8.1 | Literatur und Migration

Etwa 20 Prozent der in Deutschland lebenden Menschen (2014) haben einen sogenannten ›Migrationshintergrund‹: Sie selbst oder einer ihrer Vorfahren sind nach Deutschland eingewandert oder leben als Staatsangehörige anderer Länder in Deutschland. Über die Hälfte dieser Menschen hat die deutsche Staatsbürgerschaft, etwa ein Drittel von ihnen ist in Deutschland geboren. Eine wesentliche Grundlage dafür ist die sogenannte ›Arbeitsmigration‹ der Jahre 1955 bis 1973, als Arbeitskräfte vor allem aus Italien, Spanien, Portugal und aus der Türkei für den westdeutschen Arbeitsmarkt angeworben wurden. Seit den 1990er Jahren kommen zu diesen ›Gastarbeitern‹ in steigender Zahl Asylsuchende und Flüchtlinge aus Kriegs- und Krisenregionen hinzu, ferner Berufstätige aus anderen EU-Staaten. In vielfacher Weise stehen diese Migrationsbewegungen mit der Globalisierung in Zusammenhang (Sloterdijk 2016): Europa, einst Ausgangspunkt der Globalisierung, ist nun selbst erreichbar geworden für Menschen, die an einem Lebensstandard teilhaben wollen, der sich hier auf Kosten ihrer Heimatländer akkumuliert hat.

Literatur und kulturelle Hybridität. Zur Beschreibung von Literatur, die Migrationsbewegungen reflektiert und/oder von Menschen mit Migrationserfahrung stammt, hat die Literaturwissenschaft verschiedene Begriffe geprägt. Am gebräuchlichsten war zunächst ›Interkulturalität‹. Doch wurde bald kritisiert, dass der Begriff an der Vorstellung starrer Nationalkulturen festhalte, ohne zur Kenntnis zu nehmen, dass die Interaktion zwischen Kulturen neue Überzeugungen, Wertmaßstäbe und

Ästhetiken hervorbringe (vgl. Adelson 2015). Begriffe wie ›Polykulturalität‹, ›Transkulturalität‹ und ›kulturelle Hybridität‹ sollen dieses Manko kompensieren (vgl. Keuchel/Wagner 2013) und zum Ausdruck bringen, dass sowohl die ›eigene‹ als auch die ›fremde‹ Kultur auf wechselseitigen Zuweisungen und Identitätskonstruktionen basieren, die sich in der gegenseitigen Begegnung permanent verändern (vgl. u. a. Langenohl u. a. 2015, 13). Literatur reflektiert die entsprechenden Prozesse nicht allein auf der Ebene des Dargestellten, sondern durch die eigene Sprachlichkeit, die vom Ineinander verschiedener Sprachen und Kulturen geprägt ist.

»**Gastarbeiterliteratur**« **und Postmigration.** Als Folge der Arbeitsmigration entstand im Lauf der 1970er und 1980er die sogenannte »Gastarbeiterliteratur« (Adelson 2015). Sie stammt von Menschen mit Migrationserfahrungen und artikuliert deren Perspektive auf das Leben in der Bundesrepublik. Sie thematisiert Unterprivilegierung, Ausbeutung und isolierte Existenzweisen in einem überwiegend realistischen, auf eigene Erfahrungen gründenden Erzählduktus, der Betroffenheit erzeugen soll (Hofmann 2006, 47). In den 1990er Jahren verändern sich diese Schreibweisen. Autorinnen und Autoren entwickeln ästhetische Verfahren, die die Sprache selbst zum Ort der Verhandlung und Neukonstruktion von Identität machen (Bay 2006, 109). Im Zentrum stehen dabei häufig Heterogenitätserfahrungen von Angehörigen der zweiten oder dritten Einwanderergeneration.

Dass auch in Deutschland geborene Kinder und Enkel Eingewanderter ihre Existenz als ›anders‹ oder ›fremd‹ wahrnehmen (und selbst entsprechend wahrgenommen werden), hat zum Begriff der ›postmigrantischen Gesellschaft‹ geführt. Etabliert wurde der Begriff unter anderem durch die Theatermacherin Shermin Langhoff, die als Leiterin einer Bühne in Berlin-Kreuzberg ihr Haus 2008 in »postmigrantisches Theater« umbenannte, um einen Raum für die Artikulation von entsprechenden Konflikten zu schaffen (vgl. Simon 2014).

Heterogenität und Heimat. Emine Sevgi Özdamar: *Das Leben ist eine Karawanserei* (1992)

Als Emine Sevgi Özdamar 1991 den Ingeborg-Bachmann-Preis erhielt, bedeutete das die Anerkennung einer Literatur, die auf neuartige Weise vom Mit- und Ineinander verschiedener Kulturen erzählt. Ausgezeichnet wurde Özdamar für einen Text, der später als Bestandteil des Romans *Das Leben ist eine Karawansei / hat zwei Türen / aus einer kam ich rein / aus der anderen ging ich wieder raus* (1992) publiziert wurde. Geboren 1946 im ostanatolischen Malatya, wuchs Özdamar in Istanbul auf, war von 1965 bis 1967 als Fabrikarbeiterin in Berlin tätig und kehrte zunächst in die Türkei zurück, bevor sie seit 1971 als Schauspielerin in der Bundesrepublik und in Frankreich lebte.

Nach einem Theaterstück in türkischer Sprache und dem Erzählband *Mutterzunge* (1990) ist *Das Leben ist eine Karawanserei* Özdamars erster Roman. In seinem Zentrum steht eine Ich-Erzählerin, die von ihrem Aufwachsen in der Türkei der 1950er und 1960er Jahre berichtet. Der Roman endet mit einer Zugfahrt nach Berlin, wo die Protagonistin als Industriearbeiterin tätig sein wird. Doch Erfahrungen von Marginalisierung, Transkulturalität und Migration prägen das Leben der Erzählerin bereits in der Heimat. In armen Verhältnissen aufwachsend, erlebt sie durch häufige Umzüge ihrer Familie die Gleichzeitigkeit archaischer Traditionen, moderner Großstadterfahrungen und westlicher Kultureinflüsse in der Türkei. Sämtliche Erinnerungen« sind von einer kindlich-naiven Perspektive geprägt.

Traumhafte Einschübe, Fantasien und die Integration von Volksmythologie, Aberglauben und lokalen Traditionen lassen eine Objektivierung der Handlungsebene immer wieder scheitern – was genau der Figur widerfährt, erschließt sich oft erst im Nachhinein oder bleibt gänzlich rätselhaft. Gesteigert wird diese Unzuverlässigkeit noch dadurch, dass sich die Berichte des Mädchens häufig auf Beobachtungen ihrer Mutter und ihrer Großmutter stützen, die ihre Gegenwart aus der Perspektive eines traditionellen Lebensstils wahrnehmen. Die Nähe zwischen der Protagonistin und der Autorin Özdamar dagegen durchkreuzt diese verfremdenden Effekte durch die Möglichkeit biografischer Authentizität.

Traumatische Erinnerungslücken kommen hinzu: Im Umfeld des Militärputsches von 1960 wird die Ich-Erzählerin offenbar aus dem heimischen Bursa deportiert. Sie selbst erinnert sich jedoch nur an eine Fahrt auf der Ladefläche eines Lkw, die ihr gegenüber als Sommerausflug bezeichnet wird. Es folgen traumhafte Erinnerungen an ein Picknick auf einem Friedhof und einen Flug durch die Luft, ehe die Erzählung mit einem Aufenthalt in Ankara fortfährt.

Rätselhaft ist bereits der Beginn des Romans. Kurz vor der Geburt der Ich-Erzählerin sitzt ihre Mutter als einzige Frau in einem Zug voller Soldaten, die auf dem Weg an die Front sind – der Geruch ihrer Mäntel, die nach »90.000 toten und noch nicht toten Soldaten stanken« (*Karawanserei*, 9), sind die ersten Wahrnehmungen der noch ungeborenen Protagonistin. Nach der Geburt wird das Mädchen von ihrer Mutter in ein offenes Grab gelegt – ein Ritual, bei dem festgestellt werden soll, ob das Neugeborene krank oder gesund ist. Errettet wird sie von ihrer Großmutter väterlicherseits, während die Großmutter mütterlicherseits bereits gestorben ist – Erzählungen zufolge wird sie auf grausame Weise von ihrem Großvater ermordet.

In die von diesen Riten geprägte Gesellschaft hält nun die Moderne Einzug. Während der Vater die Familie durch Falschspiel und Kreditbetrug ernährt und sich in einem Nachtklub vergnügt, will die Großmutter die häufig kranke Ich-Erzählerin mit magischen Ritualen heilen. Das kulturelle Irritationspotenzial, das der bevorstehende Berlin-Aufenthalt für die Ich-Erzählerin bedeuten wird, bleibt dabei nur angedeutet. Der Bericht der Ich-Erzählerin endet mit der Schilderung eines unfreiwilligen Zwischenstopps, den ihr Zug auf der Reise nach Berlin einlegen muss: Eine der Mitreisenden hatte die erste Aspirintablette ihres Lebens genommen und erleidet einen allergischen Schock. Metonymisch steht dieser für die Fremdheitserfahrungen, die die Reisenden in Berlin erwarten werden.

Nicht allein die Handlungsoberfläche, sondern auch die Sprache des Romans weist kulturelle Differenz aus (vgl. Ezli 2006). Die Erinnerungen der Ich-Erzählerin sind in einem idiosynkratischen Deutsch verfasst, das von wörtlichen Übersetzungen sprichwörtlicher und bildhafter Redewendungen aus dem Türkischen geprägt ist. Durch unkonventionelle Wortverbindungen und Sprachbilder entfaltet Özdamars Sprache eine eigentümliche Poetik, die als komplexes Sprachbild für kulturelle Heterogenität zu begreifen ist. Der Roman verweist damit auf kulturelle Heterogenität in Zeiten vernetzter Räumlichkeit und wird selbst zum Medium von Transkulturalität, das durch die eigene Form Übergänge zwischen Kulturen schafft.

Sonne auf halbem Weg. Unter diesem Titel hat Emine Sevgi Özdamar drei Romane zu einer *Berlin-Istanbul-Trilogie* vereint, die in Anlehnung an eigene Migrationserfahrungen von einem Aufwachsen in der Türkei (*Das Leben ist eine Karawanserei* [...], 1992), einem vorübergehenden Aufenthalt in Berlin und der Rückkehr in die Türkei (*Die Brücke vom Goldenen Horn*, 1998) und einem erneuten Aufbruch und dauerhaften Leben in Berlin berichtet (*Seltsame Sterne starren zur Erde*, 2003). Transkulturelle Erfahrungen macht die Ich-Erzählerin dabei in doppelter Weise: Nicht allein bleibt sie in Deutschland stets eine Fremde. Als sie nach Istanbul zurückkehrt, kann sie auch in ihrer ursprünglich vertrauten Umgebung nicht mehr heimisch werden.

Durch ein zunehmendes politisches Engagement der Protagonistin wandeln sich ihre Erinnerungen zu Zeitpanoramen, die die Gegenwart in Deutschland aus transkultureller Perspektive beschreiben. Bereits früh in Kontakt mit der Studentenbewegung in Berlin, grenzt sich die Ich-Erzählerin von ihrer Heimat auf zweifache Weise ab: Einerseits lehnt sie sich gegen die traditionellen Lebensweise auf, wie sie ihre Eltern verkörpern, andererseits widersetzt sie sich der Politik der Regierung, die insbesondere nach dem Militärputsch von 1971 gewaltsam und mit Folter gegen revoltierende Studentengruppen vorging. Die Redeweisen der drei politischen Lager, zwischen denen es zu immer gewalttätigeren Auseinandersetzungen kommt, nimmt sie als »drei Fremdsprachen« wahr (Özdamar: *Sonne auf halbem Weg*, 743).

Heterogenitätserfahrungen macht die Ich-Erzählerin auch als Grenzgängerin zwischen der Bundesrepublik und der DDR, wo sie – wie die Autorin selbst – an der Ost-Berliner Volksbühne tätig ist. Vor dem Hintergrund ihrer Repressionserfahrungen in der Türkei erscheinen ihr die ideologischen Diskussionen im Westberliner Kommunarden-Milieu als Luxusprobleme und Scheindebatten. Und auch der Bürokratismus der DDR bleibt ihr fremd.

Feridun Zaimoglu: *Kanak Sprak*. Mit seiner Prosaarbeit *Kanak Sprak. 24 Mißtöne vom Rand der Gesellschaft* (1995) erregte der in der Türkei geborene Autor Feridun Zaimoglu, der 1965 als Einjähriger mit seinen Eltern nach Deutschland migrierte, großes Aufsehen. Das Buch versteht sich als Milieustudie von Kindern und Kindeskindern jener ›Gastarbeiter‹, die in den 1960er Jahren aus der Türkei nach Westdeutschland einwanderten. In 24 Prosaminiaturen berichten typisierte Vertreter dieser Generation – vom »Müllabfuhr-Kanaken bis zum Kümmel-Transsexuellen, vom hehlenden Klein-Ganeff [...] bis zum goldbehängten Mädchenhändler, vom posenreichen Halbstarken bis zum mittelschweren Islamisten« (Zaimoglu: *Kanak Sprak*, 16 f.) – über ihr Leben und ihr Selbstverständnis. Selbst permanent durch die Mehrheitsgesellschaft abgelehnt, wollen sich die 24 Sprecher nun ihrerseits von den Deutschen abgrenzen, deren Anpassungsdruck sie nicht akzeptieren. Zugleich lehnen sie sich gegen den Traditionalismus der Eltern- und Großelterngeneration auf, der umso stärker wird, je verunsichernder das direkte Lebensumfeld wirkt. Das Schimpfwort »Kanake« wird bei dieser doppelten Abgrenzung zu einer identitätsstiftenden Selbstbezeichnung, die »mit stolzem Trotz« (9) verwendet wird und Selbsterhalt und Selbstwert proklamiert.

Akzeptanz statt Integration. Die 24 Monologe von *Kanak Sprak* hinterfragen das Paradigma der Integration und fordern die Akzeptanz der eigenen, heterogenen Lebensweise durch die Mehrheitsgesellschaft (vgl. Ernst 2006, 155). Diese Forderung richtet sich auch gegen die bisherige literarische Auseinandersetzung mit Migration, die, wie es im Vorwort heißt, eine »weinerliche, sich anbiedernde ›Gastarbeiterliteratur‹« (Zaimoglu: *Kanak Sprak*, 11 f.) hervorgebracht habe. Ziel ist vielmehr ein schonungsloser Blick auf die Wirklichkeit dessen, was im herrschenden Migrationsdiskurs eine »Parallelgesellschaft« genannt wurde. Um deren Heterogenität deutlich zu machen, will das Buch, so das Vorwort, die Sprache dieser Gemeinschaft rekonstruieren. Doch nicht die authentische Nachbildung jenes »herausgepreßten, kurzatmigen und hybriden Gestammel[s] ohne Punkt und Komma« (13) liegt im Text selbst vor, sondern dessen ästhetisierende »Nachdichtung«.

Zaimoglus *Abschaum – Die wahre Geschichte von Ertan Ongun* (1997) integriert das in *Kanak Sprak* geschilderte Milieu in eine Romanhandlung: Ein 25-jähriger Protagonist berichtet von seiner Existenz als Drogendealer und Kleinkrimineller. Unter dem Titel *Kanak Attack* ist der Roman 2000 verfilmt worden. Mit *Koppstoff* (1998) ergänzt Zaimoglu sein Projekt um die Perspektive von Deutschtürkinnen.

Literarische Integration. Bereits das Vorwort von *Kanak Sprak* macht deutlich, dass Zaimoglu selbst in Distanz zu dem von ihm geschilderten Milieu steht, zu dem er nur unter den größten Schwierigkeiten habe Zugang finden können. Er selbst sieht sich als Vertreter jener Mehrheitsgesellschaft, an die er sich mit der eigenen literarischen Praxis richtet; als Mittlerfigur wisse er jedoch um das Schicksal der Marginalisierten und wolle Formen schaffen, dieses zu vermitteln (vgl. dazu auch Zaimoglu/ Trojanow: *Ferne Nähe*).

In diesem Sinne entwickelt Zaimoglu in seinen späteren literarischen Texten eine Erzählweise, die stark an vorhandene Muster der deutschsprachigen Gegenwartsliteratur (s. Kap. 4) anschließt – Ich-Erzähler berichten im Gestus großer Unmittelbarkeit von eigenen Erfahrungen und Erlebnissen, die auch, aber nicht ausschließlich von Migrationskontexten geprägt sind. In Bezug auf die gewählten Romangenres orientiert sich Zaimoglu immer wieder an deutschsprachigen Erzähltraditionen – ein Verfahren, das als Beitrag zu einer neuen Weltliteratur gelten kann (Matthes 2015): Poetische Formen, die als spezifische Kulturtraditionen eines Landes gelten, werden aufgegriffen und weiterentwickelt, um transkulturelle Prozesse zu thematisieren. Form und Inhalt treten dabei in ein produktives Spannungsverhältnis, das stereotype Zuweisungen infrage stellt und anhand des eigenen Traditionsverhaltens deutlich macht, dass Kultur – im Mindesten in der Gegenwart – auf der Interaktion zwischen heterogenen Strukturen basiert.

Literarische Osterweiterung. Nach 1989/90 siedeln viele Menschen aus dem Gebiet der ehemals kommunistischen Staaten in die Bundesrepublik. In ihrem Umfeld entwickeln sich in den frühen 2000er Jahren einflussreiche und hoch innovative literarische Stimmen, die nicht allein Migrations- und Transkulturalitätserfahrungen artikulieren, sondern diese um politische Transformationserfahrungen ergänzen, um einen spezifischen Blick auf die neuen Wirklichkeiten der 1990er Jahre zu richten.

Die in Leningrad aufgewachsene Schriftstellerin Olga Martynova (*Sogar Papageien überleben uns*, 2010; *Mörikes Schlüsselbein*, 2013) gewann 2012 den Ingeborg-Bachmann-Preis. Die 1981 in St. Petersburg geborene Lena Gorelik, die als Journalistin und Schriftstellerin tätig ist, wurde 2007 mit *Hochzeit in Jerusalem* für den Deutschen Buchpreis nominiert. Die 1984 im Aserbaidschanischen Baku geborene Olga Grjasnowa (*Der Russe ist einer, der Birken liebt*, 2012; *Die juristische Unschärfe einer Ehe*, 2014) wurde mit verschiedenen Preisen und Stipendien ausgezeichnet.

Insbesondere durch den Nobelpreis für Herta Müller im Jahr 2009 entstand ferner eine neue Aufmerksamkeit für Schriftstellerinnen und Schriftsteller, die aus deutschsprachigen Minderheiten in Osteuropa stammen – Müller wuchs im rumänischen Teil des Banat auf und siedelte 1987 in die Bundesrepublik über. Ihre Texte thematisieren Fremdheit und Unterdrückungserfahrungen im Kommunismus (s. Kap. 5). Der in Bulgarien geborene Dimitré Dinev – der eine deutschsprachige Schule besuchte und 1990 nach Österreich floh – entfaltete seit 1991 ein umfangreiches Schaffen und legte mit *Engelszungen* (2003) einen viel beachteten, biografisch inspirierten Roman über Flucht und Migration vor.

Russendisko. Am wirkungsmächtigsten dabei war das – in vielerlei Hinsicht mit Zaimoglu *Kanak Sprak* vergleichbare – Projekt *Russendisko* (2000) des in Russland geborenen Schriftstellers und Journalisten Wladimir Kaminer, der kurz vor der Wiedervereinigung in die DDR einwanderte. In enger Anlehnung an die Biografie Kaminers berichtet ein männlicher Ich-Erzähler in kurzen Passagen von seiner Ausreise aus der kollabierenden Sowjetunion und den ersten Jahren in Ost-Berlin. Dort betreibt er in einem Club eine als »Russendisko« bezeichnete Veranstaltungsreihe, die zum Anlaufpunkt für Menschen mit unkonventionellen Lebensentwürfen wird – nicht allein aus dem migrantischen Milieu. Der hier entstehende Sound ist nicht allein ein literarischer: Mit dem Buch, einer Radiosendung sowie seiner Veranstaltung führt Kaminer eine neue Musikrichtung in die Pop-Kultur ein, die sich auf Elemente traditioneller russischer und ukrainischer Musikrichtungen beruft und in den 1990er Jahren als ein neuer, transkultureller Sound Einzug in die Clubszene erhält. Auch *Russendisko* wurde verfilmt.

Yōko Tawada. 1960 in Tokyo geboren und seit 1982 in Deutschland lebend, thematisiert die Schriftstellerin Yōko Tawada weit weniger die politischen, sozialen und historischen Gründe und Folgen von Migration als vielmehr die sprachlichen Konsequenzen. Migration und Transkulturalität sind für die Schriftstellerin ein selbst gewählter Weltzugang, der auf der eigentümlichen Poetizität einer neuen, noch zu erlernenden Sprache beruht. Sprache und Kultur stehen für Tawada in einem doppelten Abhängigkeitsverhältnis. Nicht allein prägt eine Kultur ihre Sprache entsprechend der eigenen Bedürfnisse – auch die Sprache selbst wirkt mit ihrer spezifischen Grammatikalität und ihrem eigentümlichen Wortschatz auf die Lebensweise und Vorstellungen der Menschen ein, die sie verwenden.

Sprachmutter statt Muttersprache. Dieses doppelte Bedingungsgefüge erklärt für Tawada die Irritationen, die sich aus dem Ausbrechen aus einem gewohnten in einen neuen, zunächst fremden Sprach- und Kulturraum ergeben. Zunächst bedeutet dies den Verlust an Sprach- und Verständigungsmöglichkeiten. Doch fremd in einer Sprache zu sein, eröffnet für Tawada neue Formen der Poetizität. Als Sprachlernerin liegt ihr eine neue Sprache zunächst in ihrer reinen Klang- und Bildlichkeit ohne eine konventionalisierte, kulturell tradierte Bedeutung vor. Viel intensiver noch als die Muttersprache kann sie daher für eigene Bedeutungs- und Sinnstiftungsprozesse genutzt werden. Sprachlernenden erschließt sich auf diese Weise ein unerschöpfliches Potenzial für das literarische Schreiben (vgl. Maurer 2010). In diesem Sinne wird ihre Schreibmaschine für Tawada zur »Sprachmutter«, die beim Lernen des Deutschen ein neues Idiom geboren hat (*Talisman*, 12). Diese neue Sprache artikuliert nicht allein Fragen des Fremdseins und Heimischwerdens, sondern dient als Ausdrucksmedium für jene Komplexität des Menschlichen, die die konventionalisierte Begriffssprache nicht kennt. Das Fremdsein in einer neuen Kultur steht am Ausgangspunkt dieser Fragen und liefert mit der neuen Sprache potenzielle Formen für ihre Beantwortung.

In ihren Essays stilisiert sich Tawada in diesem Sinne als Reisende, die durch die Begegnung mit anderen Kulturen eigene Gewohnheiten immer wieder bewusst durchbricht. Nicht die Angleichung, sondern die Simultanität und Vernetzung unterschiedlicher Lebensformen ist die Voraussetzung dafür, immer wieder aufs Neue »die seltsame Nacktheit der eigenen Stimme genießen« zu können, ohne sich dauerhaft an eine einzelne Gesellschaft oder Kultur »festzubinden« (Tawada: *Verwandlungen*, 8). Globalisierung ist die Bedingung der Möglichkeit für die permanente Überschreitung unterschiedlicher Kulturräume, die allein durch die unterschiedlichen Sprachen so heterogen sind, dass die Gefahr eines Verlusts an Differenz kaum droht.

Das nackte Auge. Auch in Tawadas Roman *Das nackte Auge* (2004) wird kulturelle Heterogenität zur Basis für poetische Beobachtungen der Gegenwart. Eine vietnamesische Schülerin erzählt von ihrer Reise ins Ost-Berlin der ausgehenden 1980er Jahre, die sie unternimmt, um auf einem SED-Parteikongress über die Folgen des Vietnam-Kriegs zu sprechen. Aus der fremden Großstadt flieht die junge Frau in Träume und Fantasien, die nicht von der äußeren Wirklichkeit des Romans unterscheidbar sind: Beim Abendessen im Hotel trifft sie auf Jörg, einen Studenten aus Bochum, mit dem sie – ob Traum oder Wirklichkeit, bleibt offen – nach Westdeutschland fährt, wo sie eine isolierte Existenz führt. Sie plant eine Flucht nach Moskau, um von dort aus zurück nach Ho-Hi-Minh City zu reisen. Doch versehentlich steigt sie in einen Zug nach Paris, wo sie als illegale Einwanderin lebt. In Paris wird das Kino zum einzigen Ort, an dem sie sich sicher glaubt. Hier wird sie zu einem ›nackten Auge‹, das über keine eigene personale Identität verfügt, aber gerade deshalb die Fähigkeit zur Beobachtung besitzt.

Inhalte von Kino-Filmen nehmen großen Raum in der Erzählung ein, wobei die Grenzen zwischen Filmhandlung und erzählter Wirklichkeit fließend werden. Bei dem Versuch, mit dem Pass einer fremden Person aus Frankreich zu fliehen, wird die Erzählerin inhaftiert. Aus ihrer Zelle heraus imaginiert sie eine Filmszene, identifiziert sich mit deren Protagonistin und kann plötzlich aus der Haft entkommen. Im Anschluss berichtet sie, wie sie »[b]arfuß und ungekämmt, kein Dach über dem Kopf, kein Visum im Pass, kein Pass in der Tasche, keine Tasche in der Hand, kein Name im Kopf« (Tawada: *Das nackte Auge*, 135) durch die Straßen von Paris irrt und später zurück nach Bochum gelangt.

Obwohl nur beiläufig erwähnt, werden der Fall des Eisernen Vorhangs und die Globalisierungseffekte der 1990er Jahre zum zentralen Strukturmoment für die – in ihrem Status unsichere – Romanhandlung. Vor dem Mauerfall ist eine Rückreise nach Vietnam undenkbar. Als sich die Grenzen zwischen Ost und West öffnen und ihre Mitmenschen zwischen Deutschland, Frankreich und Vietnam hin- und herreisen können, erlebt die Erzählerin ihre Existenz als umso trostloser, da nur sie als illegale Einwanderin von den neuen Reisemöglichkeiten ausgeschlossen ist. Mit dem Wegfall der Grenzkontrollen innerhalb der EU kann sie immerhin zurück nach Bochum gelangen, wo sie fortan an Jörgs Seite lebt. Ihre Bedenken, dort nicht mehr ihre geliebten Filme sehen zu können, werden durch die kulturelle Globalisierung ausgeräumt: »Du kannst einen Film überall auf der Welt sehen. Dafür hat man doch den Film erfunden« (168), beruhigt sie Jörg.

Sprachpolizei. Auch in lyrischen Texten verhandelt Tawada die Relativität räumlicher Entfernung und die Problematik unabschließbarer Identitätsprozesse. In Form eines Klangspiels ersetzt etwa das Gedicht »Slavia in Berlin« (2007) Alltagsgegenstände durch klangähnliche Ortsnamen. Die räumliche Ungebundenheit einer neuen, poetischen Sprache realisiert eine Ortlosigkeit, die auf den utopischen Nicht-Ort der Literatur verweist: »Du gehst in den Taunus zurück, / und ich fahre zu dem Bahnhof Nirgendzoo« (Tawada: *Sprachpolizei und Spielpolyglotte*, 10). Das Gedicht »Ein Gast« generiert aus Sprachverwirrung und kultureller Heterogenität poetisches Potenzial und macht deutlich, dass Transkulturalität konfliktreich und produktiv zugleich ist. Sie zerstört stereotype Wahrnehmungsmuster und nutzt das befreite Sprachmaterial für neuartige Sinnstiftungen:

Blutverschmiert
und ohne Wunde
krümmen sich die Lettern vor Lachen
und buchstabieren auf der Tischdecke
ein neues Liebesszenario.

(Tawada: *Wo Europa anfängt*, 37)

Statt den Verlust stabiler Identität zu beklagen, so Tawada in ihrer Tübinger Poetik-Vorlesung, solle ihr eigenes literarisches Schreiben Transkulturalität als »Verwandlung« im Sinne des antiken Konzepts der Metamorphose beschreiben. Diese Verwandlung betrifft das eigene Selbst und dessen Kultur ebenso wie die Sprache, die nicht mehr die eigene und nicht mehr die fremde, sondern eine neue, bislang unbekannte ist (Tawada: *Verwandlungen*, 60).

8.2 | Reiseliteratur

Insbesondere seit der Jahrtausendwende setzt sich Gegenwartsliteratur intensiv mit dem Motiv des Reisens auseinander – ein Phänomen, das in den Debatten der Literaturkritik unter dem Stichwort der »Welthaltigkeit« diskutiert wird (Döbler 2003; Radisch 2003). Diese Welthaltigkeit ist nicht als Oberflächlichkeit oder selbst gewählte Belanglosigkeit zu verstehen, sondern als ein literarischer Beobachtungsmodus für Globalisierungsphänomene und -diskurse: Sie zeigt äußere wie innere Folgen jener Raumausdehnung auf, die für viele Menschen zur zentralen Gegenwartserfahrung wird, und weist kritisch auf die Chancen und Risiken hin, die sich aus ihr ergeben.

Raum, Kultur, Identität. Fixer Bestandteil des literarischen Reisens der Gegenwart sind Motive des kartografischen Erfassens und der räumlichen Orientierung. Beidem stehen äußere wie innere Hindernisse entgegen – Versuche der Orientierung und/oder Kartografierung scheitern oder werden als ungenügend erlebt, weil die Komplexität des Raumes nicht in Form abstrahierender Zeichensysteme abgebildet werden kann. Der leere, ungestaltete Raum – insbesondere in Form von Wüsten, Bergen, Meeren oder Inseln – und eine fremde, rätselhafte Kultur vermitteln ästhetische Eindrücke, die in Form poetischer Sprache wiedergegeben werden. Der Aufbruch in die Fremde vermittelt damit auch im 21. Jahrhundert noch das, was in der Goethezeit »das Erhabene« hieß (Hoffmann 2006) – ein alles übersteigendes, nicht in (alltägliche) Worte zu fassendes Erlebnis.

Doch ist diese Erhabenheit nichts, was den auf der Reise erfahrenen Kultur- und Naturphänomenen per se zu eigen ist. Reiseliteratur der Gegenwart macht vielmehr deutlich, dass die Wirkungen, die von Naturphänomenen ausgehen, kulturell konstruiert sind und erheblich von persönlichen wie kulturellen Dispositionen des Reisenden bestimmt werden. Raum, Landschaft, das ›Fremde‹ und seine ›Natur‹ erweisen sich damit nicht aus sich selbst heraus als existenzielle Bedingungen. Was in fern entlegenen Gegenden als Kern der eigenen Persönlichkeit erlebt wird, besteht vielmehr aus Erinnerungen, kulturellen Konventionen und medialen Konstruktionen, die sich bereits im Gepäck befinden, bevor die oder der Reisende aufbricht. Eigene, vermeintlich authentische Erlebnisse sind auf diese Weise in erheblicher Weise kulturell prämediatisiert (Nünning 2008) – ein Umstand, den Reiseliteratur der Gegenwart ihrerseits reflektiert.

Spatial Turn. Reiseliteratur greift dabei zentrale Theoreme des sog. ›Spatial‹, ›Topological‹ oder ›Topographical Turn‹ auf (vgl. dazu Weigel 2009), einer Debatte in der Kulturtheorie der 1990er Jahre, die sich mit der kulturellen Konstruktion von Räumlichkeit und ihrer erkenntnistheoretischen Relevanz befasst. Das vermeintlich ›Fremde‹ zeigt sich den Reisenden nicht als authentische, sinnliche Erfahrung, sondern immer erst vor dem Hintergrund eigener Vorannahmen, die Wahrnehmungen selektieren und damit die Konstruktion dessen steuern, was als fremd erlebt und erinnert wird.

Zugleich hinterfragt die Reiseliteratur der Gegenwart jedoch die These der kulturellen Bedingtheit von Raumerfahrung und bringt eine poetische Redeweise ins Spiel, die in Anspruch nimmt, authentische Erlebnisse darstellbar zu machen. Eine Gleichzeitigkeit von Authentizitätspathos und dessen kritisch-dekonstruktivistischer Raum-Lektüre ist die Folge. Sie erzeugt ein Spannungsfeld, innerhalb dessen sich eine literarische Beobachterschaft von Welt als gleichermaßen authentisch und kulturell vorgeprägt ausweist und sich als kritisches Beschreibungsverfahren für Globalisierungsphänomene ins Spiel bringt.

Insbesondere Reiseliteratur, die auf ihre Autorfigur verweist, die die entsprechende Reise selbst unternommen haben will, weist diese Doppelstruktur auf. Die unmittelbare, sinnlich-körperliche Erfahrung von Ferne und Wildnis wird ihren medialen Reproduktionen, wie sie in der Informationsgesellschaft omnipräsent sind, entgegengehalten. Zugleich gilt die Reise der Suche nach Unversehrtheit und Ursprünglichkeit und damit nach einem Ort, der noch nicht von der globalen Netzwerkgesellschaft erfasst worden ist. Die Texte selbst machen jedoch deutlich, dass diese Suche hochgradig widersprüchlich ist. Selbst wenn sie erfolgreich wäre, würde die erhoffte Ursprünglichkeit im Moment des Eintreffens zerstört. Thomas Stangls Roman *Der einzige Ort* (2004) führt die entsprechenden Mechanismen am Beispiel der Erstbereisung von Timbuktu im 19. Jahrhundert vor Augen: Die beiden historischen Entdecker Alexander Gordon Laing und René Caillié machen sich unabhängig voneinander auf den Weg, um als erste die seit der Antike sagenumwobene Stadt zu erreichen. Laing gelangt als erster dorthin, doch wird er auf dem Rückweg ermordet. Seine Beschreibungen eines ursprünglichen, noch unentdeckten Timbuktu verschwinden. Caillié, dem der Rückweg und die Publikation seiner Aufzeichnungen gelingen, erreicht dagegen nur noch ein bereits entdecktes, nicht mehr ursprüngliches Timbuktu.

Viele der bereisten Räume erweisen sich im Verlauf der Erzählungen als durch die Reisenden selbst hergestellte ›weiße Flecken‹ auf der Landkarte, auf die sie ihre eigenen Anschauungen, Bedürfnisse und Sehnsüchte projizieren. Letztere – und nicht etwa die Natur selbst – sind dabei Gegenstand der eigentlichen Entdeckung.

Christoph Ransmayr. Mit seinem *Atlas eines ängstlichen Mannes* (2012) legt Christoph Ransmayr in Form von 70 kurzen Reiseberichten eine kumulative Autobiografie seiner steten Reisetätigkeit vor, die den Autor in die entlegensten Regionen der Welt führte. Alle Texte laufen auf einen kurzen epiphanischen Moment hinaus, in dem die Natur über sich selbst hinausweist auf ein für den Erzähler spürbares, nicht aber benennbares Jenseits. Häufig sind diese Erfahrungen das eigentliche Ziel der Reise, zugleich aber Gegenstand jener titelgebenden »Angst«, die der reisende Mann verspürt. Hinter ihr verbirgt sich vermutlich die Angst vor dem eigenen Tod.

Alle 70 Texte beginnen mit einem authentizitätsverheißenden »Ich sah«. Doch wird dieses relativiert durch ein Vorwort, in welchem Ransmayr die Kulturalität und Narrativität solcher Momente eingesteht. Inwiefern die entsprechenden Erlebnisse also ›wirklich‹ sind oder aber retrospektiv am heimischen Schreibtisch entstanden, bleibt offen. Diese Offenheit ist programmatisch. Sie verdeutlicht, dass zwischen Natur und Kultur, zwischen Authentizität und Erfindung fließende Übergänge bestehen. Viele Szenen machen diese Übergänge direkt deutlich – indem etwa die Grenze zwischen natürlichen Erscheinungen und Schriftzeichen fluide wird.

Fliegende Berge, fliegender Satz. Das Ineinanderfließen von Natur und Kultur thematisiert bereits Ransmayrs dezidiert als Fiktion ausgewiesenes Vorläuferprojekt *Der fliegende Berg* (2006). Der Roman handelt von einem irischen Brüderpaar, das bei einer Recherche im Internet auf das Foto einer Bergflanke im Himalaja stößt. Diese soll – so die Legende – zu einem bislang unentdeckten Berg gehören, der höher sei als der Mount Everest.

Nach intensiven Vorbereitungen machen sich die beiden Brüder auf den Weg nach Nepal, um diesen Berg zu besteigen. Der Text – die retrospektive Ich-Erzählung eines der Brüder – liefert unterschiedliche Signale, inwiefern dieser Berg tatsächlich existiert oder eine Imagination darstellt. In der Mythologie eines Stammes der Khampas-Nomaden, dem sich die beiden anschließen, finden sie die Existenz des Berges bestätigt. Für die Khampas, die fest von seiner Existenz überzeugt sind, ist eine Besteigung ein Tabu, dessen Übertretung grauenvolle Konsequenzen hätte. Doch das, was die beiden Bergsteiger für den ›fliegenden Berg‹ halten, kann auch ein Wetterphänomen oder eine optische Täuschung sein. Immer wieder entzieht der Berg sich der Wahrnehmung und ist immer nur in Teilen, nie als Ganzes sichtbar.

Für den Ich-Erzähler, der eine Liebesbeziehung zu einer Khampas-Frau eingeht, ist der Versuch, den ›fliegenden Berg‹ zu besteigen, Ausdruck des westlichen Entdeckungs- und Vermessungsstrebens, das den geografischen Gegebenheiten der Bergwelt, die eben nicht exakt vermessen werden kann, unangemessen ist. In der Mythologie und Religion der Khampas sind geografische Strukturen nur vorübergehend fixierbar – und auch nicht durch Höhenmesser, Karte oder GPS-Gerät, sondern mittels der Masten von Gebetsfahnen, die als ›Nägel‹ in die Berge gerammt werden.

In diesen im Wind wehenden Textfahnen findet auch die eigentümliche äußere Struktur des Romans ihre Begründung: Der Text ist von vershaften Zeilenumbrüchen geprägt, die die einzelnen Sätze in unterschiedlich lange Kurzzeilen von zwei bis acht Wörtern einteilen. Darin ähnelt der Text einem Versepos, ohne jedoch ein regelhaftes Metrum aufzuweisen.

Ein Vorwort Ransmayrs legt nahe, diesen »fliegende[n] Satz« (Ransmayr: *Der fliegende Berg*, 6) des Romans als Versuch zu betrachten, zwischen der naturgebundenen Schreib- und Denkweise der Tibeter und dem Roman der eigenen Gegenwart zu vermitteln – ein transkulturelles Projekt, das in der poetischen Transformierbarkeit von Sprache wurzelt und der Kritik einer im Namen der westlichen Vernunft vorangetriebenen Globalisierung dient. Auf der Handlungsebene des Textes erkennt der Ich-Erzähler die Fragwürdigkeit seines Entdeckungsversuchs von Beginn an: Beim Versuch der Besteigung kommt sein Bruder ums Leben – ein Verlust, der für den Hinterbliebenen den zentralen Erzählanlass darstellt.

Raoul Schrott. Auch Raoul Schrott inszeniert sich immer wieder als Autor, der entlegene, unwirtliche Gegenden besucht und aus den entsprechenden Erfahrungen poetisches Potenzial gewinnt. Im Zentrum seines Romans *Tristan da Cunha oder die Hälfte der Erde* (2003) steht die gleichnamige Insel im Südatlantik, der sich der Roman auf vier Zeit- und Erzählebenen widmet. In ihrer Auseinandersetzung mit der Insel, die in Form von Geschichtserzählungen, Tagebuchaufzeichnungen sowie Briefen und E-Mails erfolgt, machen die vier Erzähler nicht allein ihre persönliche Beziehung zu der Insel präsent, sondern auch deren Geschichte. Historisch fungierte die Insel immer wieder als utopischer Sehnsuchtsort und zog Entdecker, Aussteiger und Utopisten in ihren Bann. In der als dynamisch erlebten Natur und Geologie der Insel machen die Berichtenden immer wieder intensive, religiös konnotierte Erfahrungen.

Entschleunigungsinsel. Die Entdeckungs- und Besiedlungsgeschichte der Insel, die der Roman entfaltet, ist entscheidend von der Globalisierung geprägt. Durch ihre günstige Lage im Kreuzpunkt zentraler Schifffahrtsrouten wurde Tristan da Cunha im 19. Jahrhundert als potenzielle Proviantstation zum Gegenstand strategischer Interessen. Doch als durch den Suez- und den Panamakanal effizientere und sicherere Schifffahrtswege möglich wurden, versank die Insel in der ökonomischen Bedeutungslosigkeit und wurde zur ›Entschleunigungsinsel‹ im Sinne Hartmut Rosas (s. Kap. 1) außerhalb aller Wirtschafts- und Herrschaftsinteressen. Im 21. Jahrhundert reizt gerade diese Lage abseits der globalisierten Welt – und führt dazu, dass Tristan da Cunha wieder Bestandteil der globalen Netzwerke wird: Sie ist – wenn auch mühsam – für Reisende erreichbar, betreibt eine Webseite und verkauft selbst hergestellte Waren.

In weiteren Texten Raoul Schrotts sind es Wüsten, die für die Protagonisten als nicht von der Globalisierung erfasste Räume fungieren – etwa in *Die Wüste Lop Nor* (2000) oder *Khamsin* (2002). In dem als Logbuch bezeichneten Text *Die fünfte Welt* (2007) schildert Schrott, wie er als Teil einer Expedition einen vermeintlich noch nie zuvor bereisten Landstrich im Südwesten Afrikas betritt und dort archäologische Entdeckungen macht. Schrott schreibt auch, er habe auf der Reise festgestellt, der Völkermord im Südsudan sei im Wesentlichen eine mediale Kolportage – erboste Reaktionen in der Literaturkritik waren die Folge. Schrotts Romanerstling *Finis Terrae* (1995) widmet sich dem Mythos der Insel Thule – ein fiktiver Herausgeber ediert den Nachlass eines fiktiven Archäologen, der jenen antiken Reisebericht, auf den die Vorstellung einer Insel im äußersten Norden der damals bekannten Welt zurückgeht, wiedergefunden hat.

Literarische Boat People. Zahlreiche weitere Texte seit der Jahrtausendwende werfen Fragen des Verhältnisses von eigener und fremder Kultur, von Authentizität und kultureller Prämediation auf – nicht immer in Form von vielschichtigen, komplexen Erzählformen. Hans Christoph Buch etwa legt in großer Regelmäßigkeit Texte vor, die fiktionalisierende Bestandsaufnahmen eigener Reisetätigkeiten darstellen (*Reise um die Welt in acht Nächten*, 2009; *Apokalypse Afrika*, 2011; *Baron Samstag*, 2013). In seinem gleichlautenden Essay von 2014 werden kanonisierte Autoren der deutschen Literaturgeschichte zu *Boat People*, die in Form von literarischen Geisterschiffen laufend zu neuen Ufern aufbrechen. Auch für Felicitas Hoppe ist das Reisen ein literarisches Grundmotiv, das sie in fiktional-biografischen Mischformen aufgreift und mit diskontinuierlichem Erzählen kombiniert (*Pigafetta*, 1999; *Paradise, Übersee*, 2003). In *Verbrecher und Versager* (2004) werden fünf historische Reisende und erfolglose Glücksritter porträtiert. Mit *Der beste Platz der Welt* (2009) schildert Hoppe eine Existenz in einer Einsiedelei im Wallis, die sie der hyperbewegten Welt entgegenhält.

Mit *In 180 Tagen um die Welt* (2008) legt Matthias Politycki einen Bericht über eine Weltreise vor, die er als Gast einer Reederei auf einem Kreuzfahrtschiff unternommen hat. Anders als von seinen Gastgebern erwartet, beschreibt Politycki das Leben an Bord nicht etwa als glamouröses Abenteuer, sondern als von leeren Ritualen geprägt. Die betuchte Reisegesellschaft ist ausschließlich mit sich selbst beschäftigt und blind für die durchquerten Regionen und Naturphänomene. In *Das Schwei-*

gen am anderen Ende des Rüssels (2001) versammelt Politycki Reiseerzählungen, die den vermeintlichen Individualtourismus westlicher Reisender zum Gegenstand haben.

8.3 | Entdeckerromane und die Vorgeschichte der Globalisierung

Nicht allein gegenwärtige, sondern auch historische Reise- und Entdecker-Figuren werden im Umfeld der Jahrtausendwende zu einem äußerst populären Gegenstand. Autoren wie Alex Capus (*Reisen im Licht der Sterne*, 2005; *Eine Frage der Zeit*, 2007; *Himmelsstürmer*, 2008) oder Mirko Bonné (*Der eiskalte Himmel*, 2006) schildern in einer großen Vielfalt fiktionaler wie essayistischer Texte historische Protagonisten, die Reisen in entlegene oder unbekannte geografische Regionen unternehmen. Diese Texte sind zum einen als Reaktionen auf Raum- und Kulturalitätsdebatten zu verstehen, verweisen aber zugleich auf die Vorgeschichte einer globalisierten Gegenwart. Diese beginnt mit der Raumexpansion der Neuzeit, aus der der Kolonialismus hervorgeht.

Wegweisend für diese Texte waren Sten Nadolnys *Die Entdeckung der Langsamkeit* (1983) und Christoph Ransmayrs *Die Schrecken des Eises und der Finsternis* (1984). Beide reflektieren das Globalisierungsparadigma entdeckungs- und mobilitätsgeschichtlich, indem sie die Suche nach der Nordwest- und der Nordost-Passage zum Gegenstand machen. Von beiden Seewegen – die sich als unbeschiffbar erwiesen – versprach man sich im 19. Jahrhundert schnellere Schifffahrtsrouten für den globalen Handel.

Postkolonialismus. Die literarische Kritik an der Raumausdehnung des Westens steht auch im Zeichen des Postkolonialismus. Diese Denkrichtung in den Sozial- und Kulturwissenschaften untersucht die Bedeutung des westlichen Kolonialismus für den Fortbestand ungleicher Lebensverhältnisse auf der Welt (vgl. Purtschert/Schär 2011). Basis für diese Forschungsrichtung ist die Studie *Orientalism* (1981 [1978]) von Edward W. Said. Der palästinensisch-amerikanische Kulturtheoretiker deutet das lebhafte Interesse für den Orient im 19. Jahrhundert als Ausdruck von Herrschafts- und Explorationsinteressen, die zu einer negativen Konnotation eines gesamten Erdteils führen. Nicht die als ›fremd‹ oder ›anders‹ markierte Kultur des subsumierend als ›Orient‹ bezeichneten Erdteils fasziniert die Kolonialmächte, sondern vor allem die Rohstoffe dieser Länder.

Der indischstämmige Kulturtheoretiker Homi K. Bhabha (2000) greift diese Theorie auf und ergänzt sie durch psychoanalytische und diskursanalytische Herangehensweisen. Seine umfassende Wirkungsmächtigkeit erhält der Kolonialismus für Bhabha nicht allein durch die Ziele und Intentionen seiner Urheber, sondern durch die Repräsentationsformen und Medien, die in ihm generiert werden. Kulturelle Zeichen und Symbole werden dabei nicht nur bewusst im Sinne des Kolonialismus instrumentalisiert, sondern sind als solche bereits Bestandteile von dessen Zielen. Dies gilt für jede Konstruktion von ›eigener‹ und ›fremder‹ Identität: Schon das Reden von einem ›Anderen‹ dient nicht dem Versuch, dessen Kultur zu verstehen, sondern ist eine kolonialisierende Vereinnahmung, die Differenzen unterdrückt und Gleichheit erzeugt, wo keine ist. Im postkolonialen Sinne Identitäten zu untersuchen, bedeutet dagegen das Hinterfragen von Mustern und Bildern, die zur Erzeugung von Identitätszuweisungen genutzt werden.

Die Vermessung der Welt. Unter diesem Titel legte Daniel Kehlmann 2004 einen Roman vor, der mit Alexander von Humboldt und Karl Friedrich Gauß zwei historische Wissenschaftler zum Gegenstand hat, die sich auf je unterschiedliche Weise dem Vermessen von Raum widmen: Gauß als Mathematiker, Humboldt als Naturforscher, Reisender und Entdecker, der auf seiner Südamerika-Fahrt unbekannte Pflanzen, Tiere, geologische und geografische Phänomene beschreibt. Mit einem weltweiten Absatz von 6 Millionen Exemplaren wurde der Roman zu einem der größten internationalen Bestseller, die seit 1945 in deutscher Sprache erschienen.

In der Literaturkritik wie der Literaturwissenschaft wurde der Roman als fiktionalisierte Wissenschaftsgeschichte gedeutet, die zwei unterschiedliche naturwissenschaftliche Paradigmen in ihrer Ab- und Auflösung zeigt. Humboldt steht für das empirische Erfassen von Raum, der im goethezeitlichen Sinne als organisch verfasster Kosmos gedacht wird, Gauß für die abstrahierende Methode der Mathematik, deren nacheuklidische Geometrie von der Relativität des Raumes weiß. Auf verschiedenen Ebenen werden beide Wissensformen mit ästhetischen Anschauungs- und Erkenntnisweisen kontrastiert, die der Komplexität, Kulturalität und Gesellschaftlichkeit von Raum gerechter werden als die rationalistischen Zugänge der beiden Wissenschaftler selbst. Ein Dialog zwischen beiden Figuren, der den Roman beschließt, macht deutlich, dass sich Gauß im Unterschied zu Humboldt der engen Grenzen seiner Wissenschaft bewusst ist – der Roman rückt Gauß' Mathematik in die Nähe zu literarischen Verfahren.

Fremdheit, Freiheit, Vernunft. Insbesondere Humboldt wird in Kehlmanns Roman – ungeachtet aller Freiheitsideale, die ihn auszeichnen – zu einem Vorbereiter kolonialer Expansionsbestrebungen. Die aufwendige Reise unternimmt er zwar weitestgehend auf eigene Kosten, doch ausgestattet mit großzügigen Privilegien, die der deutsche Baron dem spanischen Hof mit der Aussicht abringt, Daten zur weiteren Erschließung des Kontinents zu liefern. Doch um die Treue Humboldts zur spanischen Krone ist es nicht allzu gut bestellt: Als er während eines Aufenthaltes in den eben unabhängig gewordenen USA deren Präsidenten Thomas Jefferson trifft, berichtet er diesem bereitwillig über die Infrastruktur und Verteidigungsstrategie, die Spanien in Mittel- und Südamerika unterhält. Ob dies ein Ausdruck von Naivität ist oder ein Akt politischer Sabotage gegen das kolonialistische Spanien, bleibt unkommentiert. Eine entsprechende Doppelrolle – einerseits koloniale Verhaltensweisen zu kritisieren, andererseits diese fortzuschreiben – zeichnet Humboldt von Beginn seiner Reise an aus. So beklagt er etwa die Sklavenhaltung als Bruch mit den Menschenrechten, ist jedoch selbst auf Sklaven angewiesen (was er seinerseits immer wieder verdrängt). Und auch Humboldts aufgeklärter Idealismus führt zu Verhaltensweisen, die als kolonialistisch zu betrachten sind: Die Religiosität der Amazonas-Indianer etwa ist für ihn ein irrationaler Aberglaube, den es durch die Progagierung von Vernunft und Freiheit auszumerzen gelte.

In der Figur Humboldts zeigt sich damit eine Dialektik der Aufklärung, die im Namen der Freiheit auch zu Unterdrückung und Ausbeutung führt. Diese Entwicklung kann Humboldt selbst nicht absehen, wohl aber Leserinnen und Leser der globalisierten Gegenwart. An sie ist die Darstellung eines ethisch zweischneidigen Idealismus adressiert, der exemplarisch für den schwierigen Umgang mit kultureller Heterogenität steht.

Der Weltensammler. Eine mit Kehlmanns Humboldt vergleichbare Figur stellt Ilija Trojanows Roman *Der Weltensammer* (2006) ins Zentrum einer historischen Reiserzählung. Der britische Offizier Richard Francis Burton versieht seinen Dienst im kolonialisierten Indien und will die ursprüngliche Religion und Kultur seiner Umgebung erforschen. Dazu begibt er sich in das Inkognito lokaler Gestalten, deren Sprache und Verhalten er bald perfekt imitieren kann. Auf diese Weise lernt er ein Indien kennen, das ihm als britischer Offizier verborgen bleibt. Später reist er nach Ägypten, unternimmt in Gestalt eines Moslems die Hadj zu den heiligen Stätten in Mekka und Medina und durchquert Ostafrika auf der Suche nach den Quellen des Nils.

Angesichts seiner perfekten Verwandlungskünste ist sich Burton bald seiner eigenen Identität nicht mehr sicher – ein Motiv, mit dem der Roman auf die kulturellen Folgen der Globalisierung verweist (Streim 2010, 84). Gänzlich ablegen kann Burton seine westlichen Wurzeln jedoch nicht. Während seiner Wallfahrt zu den heiligen Stätten des Islam, zu dem er sich schon in Indien bekehrt hatte, trägt er in seinem rituellen Amulett anstelle eines Korans eine Ausrüstung, die der Kartografierung dient. Ob Burtons Bekehrung zum Islam aus echter religiöser Überzeugung erfolgt oder deshalb, um jene Maskerade zu perfektionieren, die dem Befriedigen des westlichen Forscherdrangs dient, bleibt damit offen. Auch Burtons ›Sammeln‹ von Welten besitzt damit einen Gestus der Aneignung, die im Widerspruch steht zum eigenen Anspruch an transkulturelle Grenzüberschreitung.

Kultureller Zusammenfluss. Die historische Figur Richard Burtons verbindet Ilija Trojanow, der sich selbst als dezidiert transkultureller Schriftsteller inszeniert, auf das engste mit der eigenen Person. Trojanow wurde in Bulgarien geboren, erhielt mit seinen Eltern 1971 in der Bundesrepublik Asyl und lebte später in Kenia, Indien und Südafrika. Er gründete einen auf afrikanische Literatur spezialisierten Verlag und schrieb Berichte über ausgedehnte Reisen – darunter auch eine Pilgerreise nach Mekka, die er als konvertierter Moslem unternahm (*Zu den heiligen Quellen des Islam*, 2004). Burtons Versuch, durch einen Wandel der eigenen Identität an verschiedenen Kulturen teilzuhaben und die starre Dichotomie aus ›eigener‹ und ›fremder‹ Kultur zu verflüssigen, ist für Trojanow ein Muster, mit dem auch in der Gegenwart Konflikte entschärft oder verhindert werden könnten (Zaimoglu/Trojanow: *Ferne Nähe*, 2008). In *Kampfabsage* (Trojanow/Hoskoté 2008) widersprechen beide Autoren Huntingtons These vom »Kampf der Kulturen« (s. Kap. 6) und betonen, dass die bedeutendsten Zivilisationen auf dem Zusammenfluss verschiedener Kulturen beruht hätten.

Imperium. Eine literarische Kulturgeschichte des Kolonialismus legt Christian Kracht mit seinem Roman *Imperium* (2012) vor: Der Text erzählt die Geschichte des deutschen Aussteigers August Engelhardt, der 1902 in der Kolonie Deutsch-Neuguinea, dem heutigen Papua-Neuguinea, eine religiöse Gemeinschaft gründen wollte. Lebensgrundlage sollten der Anbau und Verzehr von Kokosnüssen sein, im Zentrum der kultischen Praktiken stand die Verehrung der Sonne. Der historische Engelhardt starb 1919 vereinsamt und unterernährt. Im Roman dagegen wird die Figur Engelhardt 1945 von amerikanischen Soldaten, die am Ende des Zweiten Weltkriegs seine Plantage besetzen, als verkommene, kaum noch zurechnungsfähige Gestalt in Gewahrsam genommen. In den USA wird Engelhardt zum Bestandteil eines weiteren, nun tatsächlich globalen ›Imperiums‹: Hollywood entdeckt seine Geschichte und bringt sie für die heimkehrenden GIs als exotisches Drama auf die Leinwand.

In der Literaturkritik wurde Krachts Roman eine distanzlose Haltung gegenüber den geistigen Strömungen am Anfang des 20. Jahrhunderts – Kolonialismus, Nationalismus und konservative Kulturkritik – und ein latenter Rassismus vorgeworfen (Dietz 2012). Diese Lektüre ignoriert jedoch die zahlreichen Ironiesignale, die die Erzählung begleiten. Sie machen den Roman zu einer zuweilen satirischen Pathogenese kolonialistischer Bestrebungen im Deutschen Reich, die als Bestandteile einer von irrationalen Weltanschauungen durchzogenen geistigen Konstellation um 1900 gelten.

8.4 | Globalisierungs- und Wirtschaftskritik

Literarische Texte greifen nicht allein die kulturellen, sondern auch die ökonomischen Dimensionen von Globalisierung auf, die seit den 1990er Jahren eine omnipräsente Gegenwartserfahrung darstellen. Als Folge von Marktliberalisierungen und sinkenden Transportkosten hat sich der grenzüberschreitende Warenhandel seit 1960 um den Faktor 18 erhöht, die Warenproduktion um das sechsfache. Zeitgleich sind die Unternehmen selbst zu ›global players‹ geworden, die in verschiedenen Ländern aktiv sind. Im letzten Drittel des 20. Jahrhunderts erhöhte sich die Anzahl transnationaler Unternehmen um ein Vielfaches (Fäßler 2007, 163). Ein globaler Markt für Waren und Dienstleistungen erzeugt in den 1990er Jahren in vielen westlichen Gesellschaften einen erheblichen Transformationsdruck. Unter dem Schlagwort der »Agenda 2010« wurde in Deutschland in den frühen 2000er Jahren der Arbeitsmarkt zugunsten von kurzfristigen und flexiblen Arbeitsverhältnissen reformiert, ein neuer Niedriglohn-Sektor entsteht. Zugleich werden Sozialleistungen reduziert und Bezugszeiten verkürzt.

New Economy, Dotcom-Blase und Finanzkrise. Die Digitalisierung ließ im Lauf der 1990er Jahre neue, global vernetze Wirtschaftszweige entstehen (›New Economy‹). An den Börsen führte dies Ende der 1990er Jahre zu einer enormen Spekulationsblase, die im März 2000 platze. Durch neue, elektronische Formen des Handels und zunehmend abstrakte Finanzprodukte, die sich von realwirtschaftlichen Zusammenhängen weitgehend lösten, intensivierte und beschleunigte sich der weltweite Finanzmarkt auch nach der Jahrtausendwende erheblich. Risiken einer kaum mehr durchschaubaren Vernetzung der internationalen Bankenbranche zeigten sich in der weltweiten Finanzkrise seit 2008: Die Pleite der US-amerikanischen Investment-Bank Lehman Brothers löste eine Kettenreaktion aus und führte weltweit in die Rezession.

Eine lange Reihe literarischer – insbesondere dramatischer (s. Kap. 10) – Texte der Gegenwart führt die Auswirkungen ökonomischer Globalisierung vor Augen. Poetische Beobachterschaft führt nicht allein zu komplexen Erzähltexten, die Simultanität und Heterogenität aufzeigen, Konstrukte und Stereotypen hinterfragen und Zuweisungen dekonstruieren. Die Mehrzahl der wirtschaftskritischen Texte der Gegenwart ist durch einen überzeichneten, zuweilen ins Groteske reichenden Realismus geprägt, der Leserinnen und Lesern deutlich macht, dass die Schilderung der entsprechenden Phänomene in grundlegend kritischer Absicht erfolgt.

Alles, was zählt. »Ich meine, mich dunkel an einen früheren Zustand der Ruhe zu erinnern, in dem ich keine Ziele verfolgte [...] Ich weiß nicht, wie ich es ausdrücken soll. Ich spürte meine Gegenwart deutlicher«. Urheber dieses Satzes ist der Bankangestellte Thomas Schwarz in Georg M. Oswalds *Alles, was zählt* (2000, 12). In einer lakonischen, unmittelbar an Leserinnen und Leser adressierten Erzählweise berichtet er von seiner Tätigkeit als Kreditabwickler. Für die Kreditnehmer bedeutet seine Tätigkeit den persönlichen Ruin – für die Bank dagegen ist nicht bedienter Kredit letztlich kein großes Problem.

Um sich und seiner Frau den sozialen Aufstieg zu ermöglichen, strebt er eine Beförderung an – ein Weg, der für den Workaholic, den angesichts eines von seiner Frau verordneten freien Tags Panikattacken befallen, markiert ist von Intrigen und Komplotten. Doch statt aufzusteigen, wird er gekündigt und erfährt nun selbst den sozialen Abstieg, den er zuvor bei anderen provoziert hat. Er wechselt ins Drogenmilieu und ist in der Geldwäsche tätig. Und auch hier kann er sich nicht von einer am Materiellen orientierten Lebensweise lösen, obwohl er deren negative Folgen einsieht. Gegenfolie zum Hang nach Geld und Luxus sind Kunst und Kultur. Doch empfindet er sich selbst als zu unbegabt, um selbst daran teilzuhaben. Eine »begrüßenswerte Anpassungsfähigkeit, eine leicht überdurchschnittliche Intelligenz« und eine »Mischung aus Bedachtsamkeit und Fleiß« (41) waren für seinen bisherigen Aufstieg die maßgeblichen Kompetenzen.

Kernkompetenz: anpassungsfähig. Im Zentrum von Terézia Moras Romanen *Der einzige Mann auf dem Kontinent* (2009) und *Das Ungeheuer* (2013) steht Darius Kopp, ein in der DDR geborener Computerspezialist, der im Digitalisierungsboom der 1990er Jahre eine steile Karriere macht. Nachdem er beim Platzen der Dotcom-Blase 2000 vorübergehend alles verliert, kann er als Vertriebsmitarbeiter schnell wieder Fuß fassen und wird zum einzigen Repräsentanten eines Unternehmens für Drahtlosnetzwerke in Kontinentaleuropa. Darius erweist sich als ein antriebsschwacher, aber selbstbewusster Blender, dessen Karriere auf der Kontingenz ökonomischer Entwicklungen beruht. Die Romanhandlung selbst – exakt auf jene Woche im September 2008 zu datieren, in der die weltweite Finanzkrise ihren Anfang nahm – ist von einem erneuten Job-Verlust geprägt: Sein Unternehmen wird von einem Wettbewerber übernommen, Darius ist damit von einem auf den anderen Tag arbeitslos.

Das Ungeheuer (2013) führt diesen Handlungsstrang fort: Nach einem Jahr des Siechtums und der Isolation – parallel zum Jobverlust geht auch seine Ehe in die Brüche – begeht Darius' Frau Selbstmord. Darius Kopp will ihre Asche in ihre Heimat Ungarn überführen. Doch seine Reise führt ihn immer weiter durch Südosteuropa bis nach Griechenland. Während dieser Reise liest er das Tagebuch Floras, die – wie sich ihm erst jetzt erschließt – unter schweren Depressionen litt. Darius' Reise und Floras Tagebuch finden simultan Eingang in den Roman: Auf den zweigeteilten Seiten befindet sich im oberen Teil ein Erzählerbericht, der – eng an Darius' Wahrnehmung gebunden – von der Reise berichtet, im unteren Teil Floras Tagebuch.

Bereits in *Der einzige Mann auf dem Kontinent* wird deutlich, dass Flora ein Gegenmodell zu der durch Darius Kopp repräsentierten Lebens- und Wirtschaftsweise darstellt. Sie interessiert sich für Kunst und Kultur und ist sprachlich hochbegabt. Doch als introvertierte, komplexe Person ist sie nicht in der Lage, ihre Fähigkeiten für eine berufliche Existenz zu nutzen. Das Problem ist für Flora nicht sie selbst, sondern die Gesellschaft, die sie umgibt. Ihr Tagebuch ist vom Wunsch nach Alternativen zur globalisierten Marktwirtschaft geprägt, die sich jedoch in einem post-utopischen Zeitalter nicht einmal mehr als Idee finden lassen.

Kapitalismus und Selbstbezug. Ernst-Wilhelm Händler schildert die Folgen eines selbstbezüglich gewordenen Wirtschaftssystems, das sich von sozialen Bezügen löst und nur noch um sich selbst kreist, in Form eines fragmentarischen, diskontinuierlichen und metaleptischen Erzählens, dessen einzelne Ebenen nicht immer eindeutig zu kohärenten Handlungssträngen zusammengefügt werden können. Bevor Händler sich für ein Leben als Schriftsteller entschied, war er selbst als Unternehmer und Geschäftsführer eines Familienunternehmens tätig. Eine weitere Grundlage für seine literarische Wirtschaftskritik ist eine wissenschaftskritische Dissertation (Händler 1980; 2012), die den Nachweis versucht, dass ökonomische Theorien selbstbezüglich sind und sich von empirischen Gegebenheiten loslösen. Sie bleiben notwendig reine Theorie und können keine Aussagen über Folgen wirtschaftlichen Handelns in der Wirklichkeit treffen.

Händlers Romane *Fall* (1997), *Wenn wir sterben* (2002) und *Der Überlebende* (2013) schildern die Geschichte eines Unternehmens für Steuerungstechnik, das sich von einem traditionsreichen Familienunternehmen zu einer inhabergeführten, profitmaximierten Gesellschaft wandelt und schließlich zum Bestandteil eines global agierenden, anonymen Großkonzerns wird, dessen Bestandteile nichts mehr voneinander wissen.

Der Ich-Erzähler in *Der Überlebende* (2013) – Leiter eines Produktionsstandortes – kennt weder die Entscheidungswege noch die Ziele und strategischen Hintergründe der von ihm verantworteten Projekte. Im Zentrum seiner Tätigkeit steht ein rätselhaftes Roboterlabor, das selbstständige, von ihrer Programmierung unabhängige Maschinen schaffen soll – ein Vorhaben, das metonymisch ist für die Logik einer selbstbezüglichen Wirtschaft. Entmenschlichende Herrschafts- und Kommunikationsrituale kennzeichnen die Unternehmenskultur, die niemand versteht, niemand beherrscht und niemand steuert. In *Fall* (1997) wird – verweisend auf die Biografie Händlers – die Unvereinbarkeit einer Welt der Kunst und einer Welt der Ökonomie deutlich gemacht: Das Unternehmen Voigtländer zerfällt, weil einer der beiden Geschäftsführer immer mehr Zeit mit der Schriftstellerei verbringt und – so die Kritik des anderen – das Unternehmen vernachlässigt. Im Roman wird das literarische Schreiben mit Rom als geografischer Chiffre markiert. Doch statt der wirklichen italienischen Hauptstadt wird eine fantastische Konstruktion aus literarischen Orten und Figuren skizziert, die auf andere literarische Texte verweisen. *Wenn wir sterben* (2002) verweist auf die libidinöse Struktur des ökonomischen Profistrebens, das sich als zutiefst irrational erweist und nicht allein auf eigenen Gewinn, sondern zugleich auf die Vernichtung des Anderen ausgerichtet ist.

Entmenschlichende Wirtschaft. Dass die hyperdynamischen Strukturen der Weltwirtschaft menschliche Werte außer Kraft setzen, macht Kathrin Röggla in verschiedenen Projekten deutlich. In *wir schlafen nicht* (2004) berichten Berufstätige der Gegenwart – Online-Redakteure, IT-Experten, leitende Angestellte und Unternehmensbeteiligte – von den persönlichen Folgen ihrer Tätigkeit. Ihre Monologe beruhen – so die paratextuelle Markierung – auf authentischen Interviews. In permanenter Überforderung gehen die Berichtenden Tätigkeiten nach, deren Sinn sich ihnen nicht erschließt. Dennoch können sie sich der ins Leere laufenden Dynamik ihrer Unternehmen nicht entziehen und rechtfertigen deren Auswüchse immer wieder. Zwar haben sie alle ein »exit-szenario« (Röggla: *wir schlafen nicht*, 201) entwickelt, wissen aber, dass dieses kaum realisierbar ist. Inwiefern das finale »sie lassen das jetzt sein. machen da jetzt nicht mehr mit« (220) eine reale Flucht darstellt oder vielmehr einen Wunsch, bleibt offen. Ein Ausstieg aus den hyperdynamischen Strukturen ist für die Workaholics, die nicht allein die Abhängigkeit, sondern auch die Droge selbst laufend neu hervorbringen, weder möglich noch wünschenswert. In *die alarmbereiten* (2010) schildert Röggla formal sehr ähnlich – in assoziativen, interpunktionslosen Monologen – Zerstörungs- und Untergangsszenerien, die die Gegenwart zum permanenten Ausnahmezustand machen.

Wirtschaft und Körper. Die Maßlosigkeit des eigenen Wirtschaftens erleben Protagonisten der Gegenwart auch als physische Reaktion (vgl. Ablass 2008). John von Düffels Roman *Ego* (2001) schildert einen Unternehmensberater, der den Zwang zur permanenten Optimierung auf den eigenen Körper projiziert und zum manischen

Bodybuilder wird, dessen Bauchnabeltiefe Kennwert für die eigene Produktivität ist. Bodo Kirchhoffs *Erinnerungen an meinen Porsche* (2009) ist der fiktive Bericht eines Bankers, der im Zuge der Finanzkrise in Depressionen verfällt – nicht allein wegen der drohenden Arbeitslosigkeit, sondern auch durch den Verlust seiner sexuellen Potenz, den er aufgrund eines Sex-Unfalls erleidet.

Kreativität und Kritik. Neben der Finanzbranche ist auch die Werbe- und Kreativwirtschaft Gegenstand einer literarischen Wirtschaftskritik. An ihr werden Ursachen wie Wirkungen von Absatz- und Profitmaximierung aufgezeigt: Vermarktet werden Produkte, die keinerlei Sinn oder Nutzen haben, und gleiches gilt für die Methoden und Praktiken, mit denen die entsprechenden Kampagnen zustande kommen. Die insbesondere im Umfeld der Dotcom-Blase boomende, in aller Regel aber legendenhaft überzeichnete Branche gilt daher als Inbegriff für die Selbstbezüglichkeit und Sinnlosigkeit eines hyperdynamischen Wirtschaftssystems, in dem viel Geld auf wenig Fachwissen und machtbesessene, triebgesteuerte und Drogen konsumierende Entscheidungsträger trifft. Mit seinem als autobiografisch inszenierten Roman *99 Francs* (2001) legte der französische Autor Frédéric Beigbeder ein in Deutschland unter dem Titel *Neunundreißigneunzig* intensiv rezipiertes Pathogramm der Werbebranche vor. Ganz analog beschreiben Joachim Bessings *Wir Maschine* oder Rainer Merkels *Das Jahr der Wunder* (beide 2001) anhand von plötzlichen Karrieren in der Werbebranche die Kontingenz und Sinnlosigkeit einer reinen Absatz- und Gewinnorientierung von Wirtschaftsunternehmen.

Zentrale Intelligenz Agentur. Doch die literarische Bewertung der im Lauf der 1990er Jahre neu entstehenden Arbeits- und Wirtschaftsformen ist nicht durchgängig negativ. Mit *Wir nennen es Arbeit* (2006) schildern Holm Friebe und Sascha Lobo die Praktiken einer auf Networking und unternehmerischer Selbstständigkeit beruhenden Kreativ-, Medien- und Internet-Wirtschaft als bessere, weil selbstgesteuerte Alternative zur konventionellen Festanstellung. Das Projekt entstammt der sich als Kreativ-Think Tank begreifenden »Zentralen Intelligenz-Agentur« (ZIA), die zwischen künstlerischen Praktiken und dem Produktmarketing vermitteln wollte. Prominentestes Mitglied ist die Bachmann-Preisträgerin Kathrin Passig, die etwa mit dem Blog *Techniktagebuch* (in drei Teilen 2015 und 2016 als E-Book erschienen) technische und mediale Entwicklungen reflektiert. Trotz eines ironischen, zuweilen zynischen Grundtons wird das kreative und kulturelle Potenzial von Digitalisierung, Beschleunigung und Globalisierung betont, die neue Formen von Selbstbestimmung ermöglichen, indem sie Entscheidungsoptionen vervielfältigen und individuelle Arbeitsweisen zulassen (Lobo/Passig: *Dinge geregelt kriegen – ohne einen Funken Selbstdisziplin*, 2010). Explizit plädiert Passig dabei für eine differenzierte Bewertung der entsprechenden Phänomene durch die »Kulturkritikbranche« (*Standardsituationen der Technologiekritik*, 2013, 9) und einen reflektierten Einsatz neuer Technologien.

Hilfsmittel

Literarische Reaktionen der Gegenwart auf Prozesse der Globalisierung sind literaturwissenschaftlich gut untersucht. Einzeluntersuchungen versammeln Amann u. a. (2010). Einen Fokus auf die kulturelle Globalisierung legt Biendarra (2012). Eine interdisziplinäre Einführung in Globalisierungsdiskurse bieten Niederberger/Schink (2011).

Repräsentative Einzelstudien zum Themenfeld Literatur und Migration versammelt Arnold (2006). Kurze Darstellungen zu einer Vielzahl von Autorinnen und Autoren, die Migrationserfahrungen haben, finden sich bei Chiellino (2007). Einzeldarstellungen zu historischen Reisenden in der Gegenwartsliteratur versammeln Hamann/Honold (2009) sowie Bay/Struck (2011). Literarische Reaktionen auf neue Arbeitsformen beschreiben unter anderem Biendarra (2011) und Schößler (2012), auf die Finanzkrise seit 2008 die Beiträge in Künzel/Hempel (2011).

9 Fantastik und Spekulation

Innerhalb der rasanten Veränderungen von der industriellen Gesellschaft zur globalen Vernetzung und von nationalen zu transnationalen Identitäten kommt der Literatur, besonders dem Roman, eine wichtige Rolle als Medium der Beobachtung und kritischen Untersuchung, aber auch der Spekulation über mögliche Alternativen zu. Nach einer bis heute vielzitierten Definition in Georg Lukács' *Theorie des Romans* (1916) ist der Roman eine »welthaltige« Gattung, für die die »jeweilige Gegebenheit der Welt« ein »letztes Prinzip« darstellt (Lukács 1994, 37). Dieses Bild vom Roman, der nur das darstellen kann, darf und muss, was ist, liegt in der Gegenwart den feuilletonistischen Forderungen nach einem, ja »dem« Wenderoman, 9/11-Roman, Afghanistanroman oder Wirtschaftsroman zugrunde. Aber neben dem realistischen Roman, der abbildet, was wirklich ist oder sein könnte, gibt es seit den Anfängen des europäischen Romans auch Texte, die darstellen, was nach gängigem Verständnis inexistent, irreal, zweifelhaft oder unwahrscheinlich ist: Utopien und Dystopien, Gespenstergeschichten und Weltraumreisen.

Utopische Spekulation. In diesen Texten wird das Vermögen des Romans erkennbar, Welt nicht nur abzubilden und zu enthalten, sondern neue Welten zu entwerfen, zu modellieren und zu vermehren. In der Literatur der Gegenwart ist ein großes Interesse an solchen Spekulationen zu beobachten. So lässt Leif Randt, einer der Shootingstars unter den jüngeren Autoren, sein vielbeachtetes Romandebüt *Schimmernder Dunst über CobyCounty* (2011) in einer durch und durch künstlichen Lifestyle-Welt spielen, in der oberflächliche Figuren ohne tiefe Gefühle vor sich hindümpeln. Randts Science-Fiction-Roman *Planet Magnon* (2015) intensiviert die Kritik an der kosmetisch behandelten Wohlstandsgesellschaft: Im Weltraum herrscht ewiger Friede, seit das System ActualSanity alle Ressourcen verwaltet. Die in Kollektiven organisierten Bewohner sedieren sich mit bunten Drogen, bis die aufrührerischen »Hanks« eine Revolte mit dem Ziel starten, den Schmerz wieder zuzulassen und den Menschen so in seinem vollen Potential zu realisieren. Wie schon in den Staatsromanen der frühen Neuzeit ist die Utopie hier nicht nur Spekulation über fremde Welten und eine ferne Zukunft, sondern zugleich Mittel der Kritik an gegenwärtigen Verhältnissen.

Utopisches und Dystopisches sind in der Gegenwartsliteratur oft schwer voneinander zu unterscheiden, weil die meisten Utopien auch negative Züge tragen und Zukunftsentwicklungen rasch in gesellschaftlichen Rückschritt umkippen lassen. Benjamin Stein entwirft in *Replay* (2012) ein Zukunftsbild, das sich eng an technologische Entwicklungen unserer Gegenwart anlehnt. Die Firmen Apple und Facebook gründen eine gemeinsame Corporation für grenzenlose Kommunikation. Als Interface dient ein sogenanntes »UniCom«, zunächst eine Weiterentwicklung des Smartphones, das später als Augen-Vollimplantat tragbar ist und für seine Nutzer Wahrnehmung, Erinnerung und Suggestion zunehmend ununterscheidbar macht. Deutlich will der Autor, der auch als IT-Journalist arbeitet, seine Leser vor einer solchen Entwicklung warnen. In Markus Orths' Weltraumsaga *Alpha & Omega* (2014) dagegen drohen zwar gleich zwei, durch die zeitlichen Ebenen des Romans ineinander verschachtelte Apokalypsen – die eine durch ein im Labor erzeugtes schwarzes Loch, die andere durch einen Meteoriten. Doch ist der Roman weniger düstere Prophezeiung als literarische Groteske irgendwo zwischen Wissenschaftssatire und schräger Familiengeschichte. Die Zukunftsgeschichte stiftet ein ungewohntes Setting, in dem experimentelle Erzählformen erprobt werden können.

Auch in Heinz Helles Postapokalypse *Eigentlich müssten wir tanzen* (2015) betrifft das spekulative Moment vor allem die Möglichkeiten des Erzählens selbst. Eine Gruppe von Freunden irrt durch eine brennende und zerstörte Landschaft, bis einer nach dem anderen an unterschiedlichen Verletzungen zugrunde geht. Was das Weltende ausgelöst hat, bleibt ungeklärt; brennende Städte und sterbende Menschen stiften die Kulisse für ein erzählerisches Experiment, das auslotet, wie die Zerstörung der Welt von den Protagonisten erlebt wird – in absoluter Gefühlskälte – und wie sie beschrieben werden kann – durch einen kalten, klinischen, auf das absolute Minimum reduzierten Stil, der schließlich nur noch die Atembewegungen des letzten Überlebenden wiedergibt. Besonders Science-Fiction-Romane verwenden häufig extreme, anti-mimetische Erzählverfahren für die Evokation fremder Welten – Verfahren, die sich auffällig von den Erzählkonventionen des realistischen Romans unterscheiden und einen Glauben an den Roman als Repräsentation von Wirklichkeit gar nicht erst aufkommen lassen (Richardson 2006).

Möglichkeitssinn. »Wenn es Wirklichkeitssinn gibt, muß es auch Möglichkeitssinn geben«, lautet eine berühmte Kapitelüberschrift in Robert Musils *Der Mann ohne Eigenschaften* (1930/32). Möglichkeitssinn wird bei Musil als Fähigkeit definiert, »alles, was ebensogut sein könnte, zu denken und das, was ist, nicht wichtiger zu nehmen als das, was nicht ist« (*Mann ohne Eigenschaften*, 16) – eine schöpferische Anlage, die bei Musil dem Protagonisten Ulrich zugeschrieben wird, die aber ebenso dem Roman über ihn, ja jedem Roman zukommt. Die erzählte Welt im Roman ist eine mögliche Welt, weil sie zur Primärwelt ihrer Leser als nicht notwendige Alternative hinzutritt. Diese Realitätsverdoppelung im Roman stellt Bedingungen dar, die in der Welt normalerweise nicht zu beobachten sind – beispielsweise die Gedanken und Gefühle anderer Menschen – und ermöglicht so die Beobachtung von und Reflexion über Welt und Wirklichkeit (Esposito 2007).

Spekulative, fantastische oder kontrafaktische Erzählungen, deren Alternativwelten deutlich von der Primärwelt des Lesers abweichen, machen eine Spielregel des Fiktionalen deutlich, die ohnehin immer gilt: Gemeint ist nicht die Welt außerhalb des Textes. Das heißt allerdings nicht, dass der Möglichkeitssinn des Romans nichts mit der Wirklichkeit des Lesers zu tun hätte. Da die Ideen des Möglichkeitssinns, so Robert Musil, »nichts als noch nicht geborene Wirklichkeiten sind«, ist der Möglichkeitssinn eine Art Wirklichkeitssinn, »aber es ist ein Sinn für die mögliche Wirklichkeit und kommt viel langsamer ans Ziel als der den meisten Menschen eignende Sinn für ihre wirklichen Möglichkeiten« (*Mann ohne Eigenschaften*, 17). Romane mit Möglichkeitssinn sind demnach nicht einfach eskapistisch, sondern lediglich in anderer Form auf ihre Gegenwart bezogen als solche, die einen mimetischen Wirklichkeitssinn haben. Das macht ihre Aussagen zu Modi einer grundsätzlichen Hinterfragung des Wirklichen – ebenso wie Ulrich, dem dieser Möglichkeitssinn bei Musil eignet, immer ein wenig »unzuverlässig und unberechenbar« ist.

Fantastik. Im engeren Sinne fantastische Texte inszenieren sich explizit um eine Grenze herum, die innerhalb der erzählten Welt den Gegensatz von Realem und Irrealem wiederholt, der jedes fiktionale Erzählen von seinem nicht-fiktionalen Außen unterscheidet (Simonis 2005). Der klassischen Definition Tzvetan Todorovs zufolge ist die Fantastik eine literarische Gattung, die vor allem im 19. Jahrhundert gepflegt wurde, weil sie einen Übergang von einem wunderbaren zu einem rationalistischen Weltbild markiert (Todorov 1972). Die Figuren fantastischer Romane und Erzählungen finden sich mit unerklärlichen Ereignissen konfrontiert, die natürliche oder übernatürliche Ursachen haben können. Nur, wenn die Unschlüssigkeit der Figuren

– und mit ihnen der Leserinnen und Leser – bis zum Ende unaufgelöst bleibt, handelt es sich nach Todorov um einen fantastischen Text. Weil das von Todorov beschriebene Erzählmuster sich allerdings nur in wenigen Texten des 19. Jahrhunderts findet und neuere Entwicklungen nicht erfassen kann, hat die jüngere Fantastikforschung seine »minimalistische« Definition zugunsten »maximalistischer«, offener und inklusiver Fantastikbegriffe zurückgewiesen (Durst 2001). Für Annette Simonis umfasst das Fantastische verschiedenartige kulturelle Repräsentationsformen, denen eine Grenzüberschreitung zwischen einer innerfiktiven Dimension des Realen und einem als fremd- oder andersartig gekennzeichneten Raum gemein ist (Simonis 2005). Das Fantastische hat deshalb immer mit Alteritätserfahrung zu tun.

Was in einem fantastischen Text als real, was als irreal gilt, hängt in der Gegenwart ganz vom »Realitätssystem« des jeweiligen Textes ab (Durst 2001). Ohnehin erweist sich die Grenze zwischen Wirklichem und Unwirklichem, Natürlichem und Wunderbarem im Wissenschaftszeitalter der allgemeinen Relativitätstheorie und der Quantenmechanik sowie im Zeichen sich auflösender religiöser Gewissheiten in der Gegenwart als zunehmend porös und unbestimmt. Dieser Durchlässigkeit gibt Benjamin Stein in seinem Roman *Die Leinwand* (2010) Gestalt, indem er zwei Geschichten aufeinanderprallen lässt. Der israelische Psychiater Amnon Zichroni und der zum Judentum konvertierte Journalist Jan Wechsler sind in die Affäre um den angeblichen Holocaust-Überlebenden Minsky verwickelt. Ihre Erzählungen beginnen an den beiden Außenseiten des Buches, das zwei Anfänge und kein Ende hat. Denn in der Mitte des Romans sind Wechsler und Zichroni aufeinandergestoßen, und einer muss den anderen ermordet haben. Aber wer hat wen umgebracht? Oder hat ein Identitätstausch stattgefunden?

Mit den Gattungskonventionen der Kriminalerzählung lässt sich der Aufeinanderprall der Geschichten nicht auflösen; stattdessen weisen die vielfältigen Anspielungen des Romans auf Seelenreisen, Verwandlungen, auf Gedankenlesen und Wunderheilungen in den Bereich des Fantastischen. Die Möglichkeit eines Wunders wird angedeutet, aber nicht beglaubigt – gerade diese Unschlüssigkeit der Figuren und des Lesers macht nach Todorovs Verständnis das Fantastische attraktiv für eine Moderne, die den Glauben an das Wunderbare verloren hat (Todorov 1972). Auch jenseits der Frage nach dem Wunder lässt *Die Leinwand* sich mit einem offeneren Fantastikbegriff als fantastischer Roman beschreiben: Annette Simonis verweist darauf, dass eine Unschlüssigkeit des Lesers auch durch unzuverlässiges Erzählen oder durch Gattungsmischungen wie die Überlagerung von Kriminalerzählung und fantastischem Schreiben ausgelöst werden kann (Simons 2005, 46 f.).

Peter Henischs *Der verirrte Messias* (2010) kreist ebenfalls um ungelöste religiöse Fragen: Ist sein Held Mischa Myschkin die Wiederkunft Christi auf Erden, oder leidet er unter dem Jerusalem-Syndrom, dessen Patienten sich mit Gestalten der Bibel identifizieren? Für beide Lesarten liefert der Roman Hinweise. Dass das Fantastische hier eher beiläufig auftritt, ist charakteristisch für fantastische Erzählweisen der Gegenwart, die sich oft mit anderen Verfahren der Ambiguitäts-Erzeugung mischen, beispielsweise mit polyphonem oder unzuverlässigem Erzählen, mit experimentellen Erzähltechniken und mit Motiven des magischen Realismus. Im Gegensatz zu den Klassikern der literarischen Fantastik nach 1800 (E. T. A. Hoffmann: »Der Sandmann« und »Der goldne Topf«) und nach 1900 (Gustav Meyrink: *Der Golem*; Hanns Heinz Ewers: *Vampir*) verursacht das Übernatürliche oder Unerklärliche in der Gegenwart oft keinen Bruch, Schock oder Skandal, sondern erscheint nur am Rande der Handlung oder wird als eine Möglichkeit unter verschiedenen in Betracht gezogen.

Im Spannungsfeld zwischen Katastrophenimagination und Globalisierungskritik, zwischen Wissens- und Erkenntnisskepsis und dem Erstarken neuer, fundamentalistischer Formen von Religion erweisen sich Romane und Erzählungen seit der Jahrtausendwende als Zone verringerter Realitätsfestigkeit, in der ontologische Grenzen überschritten werden, Figurenidentitäten, Räume und Zeiten in einander verschwimmen. Die folgenden Abschnitte dieses Kapitels zeichnen das spekulative Vermögen des Romans der Gegenwart auf vier Themenfeldern nach: Apokalypse (9.1), Weltraum (9.2), Jenseits (9.3) und Begegnung mit dem Göttlichen (9.4). Das Fantastischwerden der Wirklichkeit affiziert aber auch Themen, die bereits vor der Jahrtausendwende Gegenstand literarischer Darstellung und intensiver Debatten waren und nun literarisch neu gedeutet werden, insbesondere die NS-Zeit (in Benjamin Steins *Die Leinwand*) oder die Wende (in Uwe Tellkamps *Der Turm* und Lutz Seilers *Kruso*). Dabei werden realistische Paradigmen, die für den Roman der 1990er Jahre noch weitgehend Gültigkeit zu haben schienen, zunehmend in Frage gestellt durch neue Formen der Fantastik, der Science-Fiction und des unzuverlässigen Erzählens.

9.1 | Apokalypse

Die Abschaffung oder Auslöschung der Welt und des menschlichen Lebens durchzieht Romane, Filme und Fernsehserien der letzten Jahrzehnte wie ein Leitmotiv. Von Ridley Scotts Dystopie-Klassiker *Blade Runner* (1982) über den Schwarzenegger-Film *Terminator* (1984) und Kevin Costners Survival-Drama *Waterworld* (1995) bis zu Lars von Triers *Melancholia* (2011) häufen sich die Weltuntergangsszenarien. Das Sondergenre Zombie-Apokalypsen (*I am Legend; 28 Days Later; 28 Weeks Later; The Walking Dead*) lässt die Menschheit im Überlebenskampf gegen Untote ohne Bewusstsein antreten; internationale Romanbestseller wie Cormac McCarthys Pulitzer-Gewinner *The Road* (2006, Verfilmung 2009) oder Margaret Atwoods MaddAddam-Trilogie (*Oryx and Crake*, 2003; *The Year of the Flood*, 2009; *MaddAddam*, 2013) suchen nach neuen Erzählformen für eine vom Menschen zugrunde gerichteten Welt, die sich menschlichem Überleben und menschlichen Sinnstiftungsversuchen radikal widersetzt.

Für die Literaturwissenschaftlerin Eva Horn (2014) sind solche Imaginationsformen der Katastrophe nicht nur Ausdruck unseres Zukunftsverhältnisses, sondern sie bestimmen und formen es auch. Kulturelle Narrative »strukturieren die Art und Weise, wie wir Künftiges antizipieren, planen, aber vor allem auch zu verhindern suchen. Das Verhältnis zur Zukunft ist daher nicht denkbar ohne Metaphern, Bilder, Visionen oder hypothetische Szenarien möglicher künftiger Welten« (Horn 2014, 22 f.). In diesen Szenarien wird ausgehandelt, wie man sich zu einer möglichen Zukunft in der Gegenwart zu verhalten hat. Entwürfe einer Zukunft als Katastrophe besitzen einen besonderen epistemischen Status, weil sie nach der Verhinderung der Katastrophe verlangen, also eine Handlungsaufforderung an die Gegenwart richten. Der imaginierten Katastrophe kommt deshalb eine prädiktive Kraft zu, die etwas in der Gegenwart Gegebenes zutage treten lässt. Sie ist im Wortsinne apokalyptisch – enthüllend.

Auch motivisch knüpfen neue Katastrophennarrative an die alte Gattung der Apokalypse an. In den alttestamentlichen Prophetenbüchern finden sich zahlreiche Apokalypsen; besonders wirkmächtig ist in der Moderne aber die Offenbarung des Johannes geworden, das letzte Buch der Bibel, das Visionen der Wiederkunft Christi, des Endgerichtes und der Erschaffung eines neuen, himmlischen Jerusalem schildert. Von hier sickerte die Vorstellung von einem Ende oder Ziel der Geschichte auch in die säkulare Geschichtsphilosophie ein. Dabei verwandelte sich die Vorstellung von einem Ende als Enthüllung zum Ende ohne Neubeginn. Die Moderne entwirft vor allem nackte, um einen zentralen Teil apokalyptischer Semantik – das anbrechende Gottesreich – beschnittene Apokalypsen. Im Vordergrund moderner apokalyptischer Romane wie beispielsweise Alfred Kubins *Die andere Seite* (1909), Gustav Meyrinks *Das grüne Gesicht* (1916) oder Alfred Döblins *Berge Meere und Giganten* (1924) stehen Untergang und Überleben in der Endzeit.

Kybernetischer Realismus. Alban Nikolai Herbst: *Thetis. Anderswelt* (1998)

In dieser Tradition moderner Apokalypsen steht das Anderswelt-Projekt des Berliner Schriftstellers Alban Nikolai Herbst (d. i. Alexander Michael von Ribbentrop) mit den drei Romanen *Thetis. Anderswelt* (1998), *Buenos Aires. Anderswelt* (2001) und *Argo. Anderswelt* (2013) sowie dem Blog »Die Dschungel. Anderswelt« (http://albannikolaiherbst.twoday.net, seit 2004).

Handlungsauslösender Weltuntergang ist in *Thetis. Anderswelt* eine ökologische Katastrophe: Die Polkappen sind abgeschmolzen, halb Europa vom Thetis-Meer überflutet. Nach einem desaströsen dritten Weltkrieg ist nur noch ein schmaler Streifen Mitteleuropas von Nancy bis Krakau durch eine riesige Mauer vor dem Untergang geschützt. Dieser Streifen ist in drei Zonen unterteilt: Im Osten schuften Arbeitssklaven, in der Mitte verwalten Funktionäre, im Westen residieren die Herrscher. In dieser brutalen Dystopie werden Menschen im Arbeitsprozess rücksichtslos verschlissen, ihre Körper noch nach dem Tod als Ersatzteillager und Nährstoffquelle ausgebeutet und die Nachkommen der Meergöttin Thetis geopfert, verkauft oder schlicht aufgefressen.

Nicht nur die Kulissen der endzeitlichen Welt, auch ihre Figuren sind einer düsteren Science-Fiction-Imagination entnommen. Gegenspieler des aus dem Osten stammenden Graffiti-Künstlers Achilles Borkenbrod ist der nach Weltherrschaft strebende, durch einen medizinischen Coup unsterblich gewordene Milliardär Tonio Ungefugger; deutlich orientiert sich Herbsts Roman damit an dem »für die Apokalypse konstitutiven Gegensatz von institutioneller Ordnung und subversiver Gegengewalt« (Brittnacher 2008, 34). Im Zentrum der Handlung steht der Weg Borkenbrods in den Westen, um auf einem Schiff das legendäre Traumatoll Leuke zu erreichen. Unterwegs schließt Borkenbrod sich dem Widerstand gegen das System an und zeugt mit der Amazone Meroe ein Kind, das einer Verheißung zufolge »der Meeresgöttin dargebracht, Unsterblichkeit erhielte und [...] zurückkehrte dann, um die Europäische Stadt und alles Leben in ihr ein für jedes Mal und allen Willen auszulöschen; auf dass Ruhe werde auf Erden und sämtliches Leiden verwische« (*Thetis*, 461).

Trägt der Roman einerseits deutliche Züge seiner Entstehungszeit – die apokalyptischen Topoi spiegeln Mauerfall, Klimakatastrophe, Balkankriege und Ost-West-Gefälle (Brittnacher 2008, 35) – so stellt *Thetis* andererseits keine reine Untergangsgeschichte, keine Säkularisierung oder Trivialisierung des Apokalyptischen wie in populären Filmen dar, sondern liefert mit seiner Dialektik von Katastrophe und Verheißung, Antichrist und Messias eine Erfüllung, ja Übererfüllung biblischer Apokalypse-Muster. Dennoch bleibt die Anderswelt auf bizarre Art Effekt gegenwärtiger Berliner Subkulturen. Sie entsteht nämlich, indem die Figur Hans Erich Deters, die auch in anderen Romanen Herbsts begegnet, in einem Berliner Café sitzt, sich betrinkt und dabei die erzählte Apokalypse herbeifantasiert. Immer wieder wird die Grenze zwischen Deters' Fantasie und ihren Ausgeburten durchbrochen: Deters findet Objekte aus der Anderswelt in Berlin, das Café Silberstein/ Samhain dient als Durchgangsort zwischen den Welten. Schließlich taucht Deters in der eigenen Erzählung auf, ebenso Herbst selbst, der Prenzlberg-Dichter Bert Papenfuß und der US-Schauspieler Bruce Willis. *Thetis* ist ein fantastischer Roman, dessen Mehrfachwelten nicht getrennt voneinander existieren, sondern sich überschneiden und durchdringen. Die Apokalypse ist die Kehrseite des gegenwärtigen Berlin, so wie die Odyssee sich in James Joyces *Ulysses* innerhalb und unterhalb von Dublin abspielt. Wie Joyce arbeitet Herbst zudem an einer Korrektur des Mythos durch die Moderne, wenn er seinen Helden mythologische Namen gibt (Achilles, Meroe).

Damit gibt sich Herbsts Anderswelt-Projekt zu erkennen als »Literatur, die in erster Linie nicht auf Wirklichkeit, sondern auf andere Literatur antwortet«, insbesondere auf die apokalyptischen Romane von Thea von Harbou, Ernst Jünger, Philip K. Dick und William Gibson (Brittnacher 2008, 36). Im Zentrum steht die Welten schaffende Fantasie des Autors; programmatisch beginnt Thetis mit einer Anrufung der Stadt durch Deters: »Ich will Dich Buenos Aires nennen. Ich nenn Dich nicht Paris, nenn Dich nicht Rom, schon gar nicht Prag, und auch Belgrad nicht und nicht London, geschweige so, wie Du heißt« (*Thetis*, 9). Das so ins Leben gerufene Weltensystem wird von Roman zu Roman weiter ausgebaut. Beispielsweise stellt in *Buenos Aires. Anderswelt* (2001) eine Gruppe von Programmierern eine Brücke oder Schleuse zwischen den Welten Buenos Aires, Garafff und der wirklichen Welt her, wobei sich Daten aus Buenos Aires und der »GarafffKopie« nach chaotischen Gesetzmäßigkeiten durcheinander mischen: »als hätte das unübersehbare Maß von Verbindungen in der sagen wir Membran, die unsere Netzwerke erzeugt hatten, ein ganz eigenes Leben, eine Biosphäre entwickelt, in der die Dinge wie Lebewesen reagierten« (Herbst: *Buenos Aires*, 97 f.).

Buenos Aires trägt die Gattungsangabe »kybernetischer Roman«; gemeint ist der Wechsel der Identitäten, Zeiten und Räume, die wie Datenströme ausgetauscht werden. Kybernetik ist eine Disziplin aus dem frühen Computerzeitalter, die sich mit Prozessen innerhalb geschlossener, selbstregulierender Systeme befasste; ein solches System soll der Roman *Buenos Aires* sein. Auch der gesamte Anderswelt-Komplex funktioniert nach den Gesetzen der Kybernetik, unter denen der Text sich selber generiert. Sieht es zunächst so aus, als gäbe es eine Instanz (die Programmierer), die alles kontrolliert, so handelt der Romankomplex schließlich vom zunehmenden Kontrollverlust des Erzählens. Die Erfindungen beginnen sich selbständig zu machen, und es wird immer unsicherer, wer das gesamte System autorisiert hat.

Die ungewöhnliche Genrebezeichnung »kybernetisch« lässt die Grenze zwischen Fiktion und Realität hinter sich, die bei »fantastischer Roman« (der Gattungsangabe zu *Thetis*) noch wirksam war. Letztlich geht es dem Anderswelt-Projekt nicht um Heilsgeschichte – die mythische Heilsfigur Niam Goldenhaar erlöst nicht, sondern macht lediglich nutzbar, was sonst Zerstörung bringt – sondern um die Kraft des Erzählens, die über das apokalyptische Material verfügt. Das Erzählen von der Apokalypse wird zur Apokalypse des Erzählens (Brittnacher 2008, 37). Für Christoph Jürgensen zielt das kybernetische Erzählverfahren darauf, »vorgängige Konzeptionen von Ich und Welt endgültig für obsolet zu erklären und die Möglichkeiten der Ästhetik im digitalen Zeitalter auszuloten« (Jürgensen 2008, 109). Im Gegensatz zu anderen avantgardistischen Positionen ist das bei Herbst aber kein fröhliches postmodernes Spiel, sondern ein düsteres Untergangsszenario.

Harte und weiche Apokalypsen. Neben ›harte‹ Apokalypsen vom Roland-Emmerich-Typus treten in der Gegenwart ›weiche‹ oder langsame Apokalypsen, in denen nur einzelne Endzeitereignisse erscheinen und die soziale Ordnung sich nur langsam auflöst. In der französischen TV-Serie *Les revenants* (2012–2015, US-Remake *The Returned*, 2015) kehrt eine Reihe verstorbener Bewohner in ein französisches Alpenstädtchen zurück. Es handelt sich jedoch um keine allgemeine Auferstehung des Fleisches, auch andere endzeitliche Ereignisse bleiben aus. Die US-Serie *The Leftovers* (2014-) spielt drei Jahre nach der rätselhaften »Sudden Departure«, in der zwei Prozent der Weltbevölkerung von einem Moment auf den anderen verschwanden. Das Ereignis lehnt sich an die von evangelikalen Fundamentalisten erhoffte Entrückung (*rapture*) an, aber auch hier fehlen andere Endzeitereignisse. Die Serienerzählung zielt nicht auf Erklärungen, sondern beschreibt in einem realistischen Stil das Weiterleben in der Kleinstadt Mapleton; dabei bleibt offen, ob es sich bei der »Sudden Departure« überhaupt um die Entrückung handelte. »Leftover« sind deshalb nicht nur die Figuren in Mapleton, sondern »leftovers« sind auch die Überreste christlicher Dogmatik, die in der Serie unter der Prämisse behandelt werden, dass sie möglicherweise nicht gelten. ›Weiche‹ Apokalypsen warnen nicht vor menschengemachten Katastrophen, sondern sie erkunden, wie Menschen nach dem Zusammenbruch von Sinnsystemen weitermachen. Ihr Kernanliegen ist folglich ein hermeneutisches.

Thomas Lehr: *42*. Der abnehmende Sinnhorizont der Gegenwart ist ebenso die Folge einer post-Einsteinschen Naturwissenschaft wie der schwindenden Deutungsmacht der Religion. Im verwirrenden neuen Universum der allgemeinen Relativitätstheorie werden der dreidimensionale Raum und die eindimensionale Zeit – bis dahin strikt getrennt – zu relativen Aspekten eines vierdimensionalen Raum-Zeit-Kontinuums. Atome sind nicht solide, unzerstörbare Bausteine des Universums, sondern größtenteils leer, und die Zeit vergeht unterschiedlich schnell, je nachdem, mit welcher Geschwindigkeit sich ein Reisender bewegt. Das stabile Newton-Universum ist durch ein System ersetzt worden, das zweideutig, unsicher und instabil ist. Damit öffnet sich ein gigantischer Raum für Spekulationen und Imaginationen, der von den *Star Trek*-Serien mit Materie-Antimaterie-Generatoren, Wurmlöchern und Zeitreisen intensiv ausgelotet wurde. In diesem Imaginationsraum siedelt die Handlung von Thomas Lehrs Roman *42* (2005). Der Titel greift die Universalerklärung auf, die der Supercomputer in Douglas Adams' SciFi-Komödie *The Hitchhiker's Guide to the Galaxy* (1979–1992) für den Sinn des Lebens findet. Aber Lehrs Roman ist keine Komödie, sondern ein spannungsvolles Erzählexperiment, das die Darstellung einer unglaubwürdigen Welt mit deren unzuverlässiger erzählerischer Vermittlung verbindet.

Nach einer Gruppenführung durch den Teilchenbeschleuniger CERN muss der Journalist Adrian Haffner feststellen, dass die Zeit – Zeit im physikalischen Sinne – stehengeblieben ist. Die Erde dreht sich nicht mehr, die Sonne steht starr am Himmel, alles Leben verharrt unbeweglich in seinen Positionen. Die Gruppe der 70 CERN-Besucher jedoch hat jeweils um sich herum eine Zeitblase, die sogenannte Chronosphäre, innerhalb derer Zeit normal verstreicht. Von diesem Moment an spielt der Roman an einem einzigen, über fünf Jahre andauernden Tag. *42* wird von Adrian vom Ende her erzählt und berichtet auf zwei ineinander verschachtelten Ebenen von der Suche der Figuren nach einer Erklärung für das unerhörte Ereignis des Zeitstillstandes. Es werden sowohl theoretisch-physikalische als auch spekulativ-philosophische und solche Erklärungsansätze durchgespielt, die aus dem Repertoire der literarischen Fantastik und der Science-Fiction stammen. Aber keiner der von unterschiedlichen Figuren vorgeschlagenen Ansätze kann die erzählte Welt logisch konsistent erklären. Auch das Experiment FÖNIX, mit dem die Figuren aus der stillgestellten FOLIE in die Normalzeit zurück gelangen wollen, wirft mehr Fragen auf, als es Antworten liefert.

Die narrative Konstruktion des Romans greift das spekulative, innerhalb der theoretischen Physik seriöse Modell möglicher Welten auf und kombiniert es mit einer erzählstrukturellen Realisierung der Relativierung der Zeit, wie sie in den Naturwissenschaften seit der allgemeinen Relativitätstheorie angenommen wird. Damit rekurriert der Roman auf Annahmen und Theorien, die sich im kollektiven Imaginären bisher kaum durchgesetzt haben, weil sie jeder unmittelbaren Erfahrung entzogen bleiben, und inszeniert sie so, als seien sie ein Element der Welterfahrung. Dass für ein Photon »die Zeit zu nichts, ins Nichts« verschwindet, ist für die Chronifizierten Wirklichkeit geworden – allerdings ohne dass dadurch auch »die Zukunft, die Vergangenheit« und »[der] Raum, jedes Bild« in einem »immer voranexplodierenden Sein[ ]« verschwände (Lehr: *42, 286*). Lehrs Roman klärt die philosophische Frage »Was also ist, verflucht noch mal, die Zeit?« (221) nicht in der Abstraktion eines naturwissenschaftlichen Modells, sondern durch die anschauliche Schilderung phänomenaler Erfahrung. Im Experimentalsetting der »*Neuen Physik*« (51) erweist sich Zeit vor allem als »Vereinbarung, Rhythmus, Organisation« (91). Erlebte Zeit ist weitaus bedeutsamer als ihre physikalische Erklärung: »Das Zeitschiff sind immer wir« (192).

Der Zeitstillstand schafft auch Raum für die Artikulation metaphysischer Fragen: Gibt es dahinter einen Demiurgen, »etwas Aktives und ganz Enormes [...], die Handlung einer höheren Intelligenz« (150)? Sind die CERN-Besucher gar Opfer eines Experiments, »das den Stillstand von tausenden Städten und Millionen Menschen zur Voraussetzung hatte« (153)? Dass wir auf diese Fragen keine Antwort erhalten, liegt auch daran, dass Adrians Erzählung im Laufe des Romans immer unglaubwürdiger wird. Adrian gibt sein Wissen über die Welt, durch die er sich bewegt, erst nach und nach, häppchenweise und nie vollständig preis. Das Ausmaß seiner Verbrechen – Missbrauch und Massenvergewaltigungen, vielleicht bis hin zum Mord – bleibt ebenso im Dunkeln wie seine Rolle in den rätselhaften Ereignissen der Romanklimax. Am Ende des Romans findet Adrian sich alleine in der Chronostase – der Zirkel des Erzählens schließt sich, ein Ausweg scheint nicht denkbar. Dass das Ende direkt in den Anfang mündet, lädt die Leser jedoch dazu ein, den Roman unter veränderten Vorzeichen erneut zu lesen.

Thomas Glavinic: *Die Arbeit der Nacht*. Eine eng verwandte Poetik der Zeitkrise verwendet der Österreicher Thomas Glavinic in seinem Roman *Die Arbeit der Nacht* (2006), dem ersten Teil der Jonas-Tetralogie mit den weiteren Bänden *Das Leben der Wünsche* (2009), *Das größere Wunder* (2013) und *Der Jonas-Komplex* (2016). Der Name der Figur Jonas kann auf das alttestamentliche Buch Jona bezogen werden, eine Apokalypse, in der das Ende abgewehrt wird, weil die Bewohner der Stadt Ninive auf Jonas Warnungen hören. Tatsächlich verweist *Die Arbeit der Nacht* explizit auf den biblischen Jona: »Ich und der Fisch« kritzelte Glavinics Jonas einst auf die Toilettenwand im Haus seiner Eltern (*Arbeit der Nacht*, 61). Später allerdings hat Jonas das »der« ebenso durchgestrichen wie das F und das s des letzten Wortes: Übrig bleibt »Ich und ich« – Jonas, ganz allein mit sich.

In *Die Arbeit der Nacht* ist die Apokalypse zwar eingetreten, aber aus unbekanntem Grund und in ihrer ›weichen‹ Form, ohne brutale Zerstörung. Jonas wacht an einem 4. Juli morgens auf und muss feststellen, dass er der einzige Mensch ist – in Wien, in Österreich und wahrscheinlich auch weltweit. Ist eine Atombombe explodiert? Hat ein Meteoriteneinschlag die übrigen Menschen getötet? Diese beiden Möglichkeiten, die Jonas anfangs in Erwägung zieht, sind Standardauslöser säkularer Apokalypsen (*The Day After, Deep Impact*). Beide Vermutungen lassen sich jedoch nicht erhärten, und verschiedene logische Inkonsistenzen der erzählten Wirklichkeit sprechen auch dagegen, dass es eine rationale Erklärung für das außergewöhnliche Ereignis geben kann. Die Menschen sind nicht tot, sondern spurlos verschwunden; der Strom funktioniert wochenlang weiter, obwohl niemand mehr im E-Werk arbeitet; auch das Telefon geht, das Internet hingegen nicht.

Zunehmend operiert Jonas im Prozess seiner Deutungsbemühungen mit Erklärungsmustern, die nicht aus dem apokalyptischen Repertoire, sondern aus der Tradition der literarischen Fantastik, der *weird fiction* und des magischen Realismus stammen. So überlegt er, ob es hinter der menschenleeren Wirklichkeit noch etwas anderes gibt – eine zweite, zeitlich anders strukturierte Dimension, die Ewigkeit. Jonas sucht in den Gräbern der Toten nach Antworten, und er fragt sich in Anlehnung an Flann O'Brians fantastische Groteske *The Third Policeman*: »War er gestorben und in die Hölle gekommen?« (Glavinic: *Die Arbeit der Nacht*, 64). Um die Hypothese zu überprüfen, dass es hinter der sinn-, arbeits- und menschenleeren Wirklichkeit noch eine zweite, übernatürliche Dimension gibt, wagt Jonas schließlich selbst den Schritt in die Ewigkeit und stürzt sich vom Turm des Stephansdoms. Die letzten Seiten des Romans schildern seine Gedanken während des Falls, endend mit Erinnerungen an glückliche Kindheitstage. Obwohl die Zeit sich dabei zäh zerdehnt, endet der Roman, bevor die unendliche Langsamkeit Jonas töten kann. Der Aufprall und Jonas' Tod sind ebensowenig Teil der Erzählwelt wie ein möglicher Übertritt in eine ewige Dimension. Damit wird die Möglichkeit einer Aufklärung der rätselhaften Voraussetzungen der Handlung dem Leser verweigert.

Säkulare Apokalypsen. Die apokalyptische Dimension von Glavinics *Die Arbeit der Nacht* liegt ebenso wie diejenige von Lehrs *42* in einer säkularisierten Apokalyptik, die nicht ein zukünftiges göttliches Heil offenbart, sondern einen innerweltlichen Endpunkt menschlicher Geschichte markiert – das Ende der linearen und abstrakten Zeiterfahrung des spätmodernen Subjekts. Allerdings stellen beide Romane neben der kritischen Auseinandersetzung mit den Temporalstrukturen der späten Moderne und ihren Auswirkungen auf das Selbstverhältnis von Subjekten auch die Frage nach möglichen transzendenten Ursachen des eingetretenen Stillstandes. Mit der gewählten postapokalyptischen Ausgangssituation entsteht die Möglichkeit, die großen Sinnfragen des Menschen – wer sind wir, woher kommen wir, wo gehen wir hin – aus einem laborförmigen Experimentalsetting heraus neu zu stellen. Insofern der moderne Roman immer eine Simulation von Wirklichkeit ist, entsteht durch diesen Kunstgriff eine Meta-Simulation des fiktionalen Entwurfs von Wirklichkeiten, die auch als poetologische Reflexion über das Wirklichkeitenentwerfen im Erzählen gelesen werden kann.

9.2 | Weltraum

Eng verwandt mit dem apokalyptischen Topos ist das Thema Weltraum in der Gegenwartsliteratur. Viele säkulare Apokalypsen spielen ganz oder teilweise im Weltraum. Der literarische Topos der Weltraumreise existiert seit der Aufklärung; in der Gegenwart ist er jedoch stark beeinflusst von den Genre-Regeln der Science-Fiction, einem lange anglo-amerikanisch dominierten Genre, zu dem seit einigen Jahren wichtige deutsche Beiträge erschienen sind und das eine große deutsche Fangemeinde hat. Als Genre ist Science-Fiction notorisch schwierig zu definieren. Der Zeitschriftenherausgeber Hugo Gensback prägte den Begriff in den 1920er Jahren als Programm einer neuen Art von Erzählungen, aber schon die ältesten Science-Fiction-Texte greifen vorliegende literarische Formen auf: fantastische Reisen, Utopien, Katastrophenromane, Erfindergeschichten.

Science-Fiction-Erzählungen mischen naturwissenschaftliche Extrapolierung und rationalistische Logik, entwerfen aber zugleich eigene Mythologien und eine spezifische Vorstellung des Wunderbaren und des Erhabenen (Mendlesohn 2003, 2). Letztlich, so die Science-Fiction-Theoretikerin Sherryl Vint, handelt es sich bei der Science-Fiction weniger um ein Genre als um einen kulturellen Modus der Auseinandersetzung mit den sozialen und philosophischen Implikationen naturwissenschaftlicher Entdeckungen und technologischer Entwicklungen (Vint 2014, 4). Science-Fiction ist ein Phänomen der Moderne – die Literatur einer Epoche rasanten und durchgreifenden technologischen Wandels und ein Feld, in dem die westliche Kultur den Schock des Neuen verarbeitet. Ihre Themen sind Intelligenz und Gehirn, genetische Mutation, die Beziehungen zwischen Spezies, Fortpflanzung, Geschlechteridentität und Geschlechterbeziehungen, Evolution, Gentechnik, Umwelt und Biosphäre. Weil sie eine radikal veränderte Welt imaginieren, verursachen Science Fiction-Erzählungen eine kognitive Verfremdung, die ihre Leser dazu anregt, die eigene Realität unter neuen Bedingungen zu reflektieren (Suvin 1979). Oft hat diese Diskussion mit dem Universum einen postapokalyptisch-dystopischen Charakter (Mendlesohn 2003, 2).

Dietmar Dath, streitbarer Journalist und langjähriger Feuilleton-Redakteur der *FAZ*, ist ein bekennender Sozialist. Seine Science-Fiction-Romane *Die Abschaffung der Arten* (2008) und *Feldevávye* (2014) spielen die Transformation gesellschafts- und kulturtheoretischer Paradigmen in Bezug auf menschliche Identitäts- und Gesellschaftsbildung durch und münden in eine sozialistische Utopie, wie Dath sie in der Streitschrift *Maschinenwinter* (2008) als politisches Programm vorstellte. Zusammen mit dem Roman *Pulsarnacht* (2010) können *Die Abschaffung der Arten* und *Feldevávye* als Trilogie gelesen werden, die sich unter verschiedenen Gesichtspunkten mit den Thesen aus Max Horkheimers und Theodor Adornos *Dialektik der Aufklärung* beschäftigt, das menschliche Subjekt entstehe als Ergebnis von Naturbeherrschung, und Aufklärung und Erkenntnis schlügen notwendig in Irrationalismus und Unfreiheit um.

Die Abschaffung der Arten wurde viel rezipiert, weil der Roman 2008 auf der Shortlist zum Deutschen Buchpreis stand. In einer überkomplexen Handlungsanlage versucht Dath, Antworten auf die Frage zu finden, wie eine Subjektposition geschaffen werden kann, die sich außerhalb des ideologischen Rahmens des Humanismus bewegt. Allerdings gelingt es dem Roman nicht, ein handlungsfähiges Subjekt darzustellen, das nicht humanistisch und damit ideologisch geprägt ist. Die Erzählung setzt 500 Jahre nach dem gewaltsamen Ende der menschlichen Vorherrschaft ein. Die Erde wird von den sogenannten »Gente« beherrscht, Hybridwesen zwischen Tieren und Menschen; das wird allerdings erst auf den letzten hundert Seiten des Romans enthüllt. Bis dahin muss der Leser glauben, dass die Gente modifizierte Tiere, und nicht modifizierte Tier-Mensch-Hybride sind. Nach einem Krieg mit den Keramikanern, einer zweiten intelligenten Lebensform aus Mensch-Maschine-Hybriden, fliehen die Gente ins All, teils in ihrer physischen Gestalt, teils aber auch als auf Rechnern gespeicherte Information. Nach einer Jahrtausende dauernden Lücke in der Erzählchronologie wachsen auf den Planeten Mars und Venus die Zwillinge Padmasambhava und Feuer auf, ferne Nachfahren der ersten Gente. Sie kehren am Schluss des Romans, nach dem apokalyptischen Untergang von Mars und Venus, auf die Erde zurück, um diese neu zu besiedeln. Ob sich damit die Prophezeiung erfüllt, nach der es »den Gente bestimmt ist, etwas Flüchtiges, das wir nur erst dem Umriß nach erkennen, zu suchen, zu bergen und zu beschützen«, bleibt offen (*Abschaffung*, 163). Sicher ist nur, dass Feuer und Padmasambhava vorerst die einzigen bewusstseinsbegabten Lebewesen sind und sich die Erde erneut untertan machen müssen.

Die Abschaffung der Arten ist ein Hybrid zwischen Science-Fiction, utopischem oder dystopischem Roman und postmodernem Gedankenexperiment – Dath selbst spricht von »spekulativer Fiktion« (Dath/Oehmke 2009). Diese Hybridität ist charakteristisch für die neuere Science-Fiction, in der technologische Erfindungen und Entdeckergeschichten oft das Gerüst für *gender*-theoretische und biopolitische Fragen bilden. Die Hauptthese des Romans besteht darin, dass Leben nach dem Menschen möglich, aber schwer vorstellbar und deshalb auch nur schwer erzählbar ist. Obwohl zoologische Taxonomien und Klassifikationspraktiken durch den Wegfall der Artengrenzen programmatisch aufgelöst werden, genetische Codes sich zu frei flottierenden und frei kombinierbaren Signifikanten wandeln, geschieht die Abschaffung der Biologie nur oberflächlich. Tatsächlich scheinen die gefallenen biologischen Grenzen neue kulturelle Grenzen, soziale und tradierte Hierarchien zwischen Klassen und Spezies geradezu zu forcieren. Erkennbar ist das an der fortbestehenden Bezeichnungspraxis – die Gente referieren aufeinander mit den alten Tierbezeichnungen, die zudem mit den Inhalten und Semantiken der europäischen Fabeltradition aufgeladen sind. Auch die Erzählstruktur bleibt, obwohl sie über große Zeiträume mäandert und eher Spezies und Zivilisationen als Individuen zu Protagonisten hat, konventionell. Das Erzählen ist zielgerichtet, das Romantelos steht unverrückbar fest, und der Sinn der Experimente wird von den allwissenden Figuren Cordula Späth und Sankt Oswald erläutert (Borgards 2013, 223).

Reinhard Jirgl: *Nichts von euch auf Erden*. Dietmar Dath ist nicht der einzige Gegenwartsautor, dessen Fantasie den Planeten Mars besiedelt, den eingefleischte Science-Fiction-Fans längst zugunsten der Weiten des Weltraums hinter sich gelassen zu haben meinten. Auch Reinhard Jirgl, der bis dahin vor allem als Erzähler düsterer deutscher Familiengeschichten bekannt geworden war, erzählt in *Nichts von euch auf Erden* (2013) von der Rückeroberung der Erde durch Mars-Exilanten. Während die Erdbewohner durch das Detumeszenz-Gen-Programm friedfertig und selbstgenügsam geworden sind, Fortpflanzung und Fruchtbarkeit ablehnen und als höchstes Ideal eine stoische Selbstsorge pflegen, vertreten die von ihnen abstammenden Marsianer einen Fortschrittsgedanken, der nur durch Krieg und Gewalt zu verwirklichen ist. Sie führen das Geldwesen wieder ein, restaurieren Staat und Familie und praktizieren »Anmaßung&Grauen der-Fortpflanzung« (Jirgl: *Nichts von euch*, 138). Die Sympathie des Romans liegt dabei ganz auf Seiten der irdischen Fortschrittsgegner; das macht der vorausgestellte Prolog deutlich, der nostalgisch »DAS LAND« beschwört, »das in den Abend gehend Dienacht betrat« und die Zerstörung dieses ursprünglichen Raums durch »des Menschen = Gier«, durch »Extasen Revolutionen nie dagewesene Hekatomben Mensch«, »Spiel Suff Drogen Rausch Kino Musick Hoch hinaus Climax Orgasmus« betrauert (5).

Ebenso wie *Die Abschaffung der Arten* ist *Nichts von euch auf Erden* ein Thesenroman. Im Gegensatz zu *Abschaffung* wird eine veränderte Zukunft aber nicht herbeigesehnt, sondern vor einer zu gewärtigenden Katastrophe gewarnt. *Nichts von euch auf Erden* verwirklicht die Form der *praemeditatio malorum* – das ist die auf Seneca und die Stoa zurückkehrende »geistige, in der Vorstellung eingeübte Vorwegnahme des schlimmstmöglichen Übels«, die Reinhard Jirgl seiner Rede zum Büchnerpreis mit dem Titel »Praemeditatio malorum – Schreiben am mitternächtigen Ort« als poetisches Programm voranstellt (2010). Jirgls vorwegnehmendes Sehen erweitert die Kulturkritik Horkheimers und Adornos um poststrukturalistische und diskursanalytische Ansätze. Politisch lässt sich seine Ausweitung der einst DDR-spezifischen Utopielosigkeit auf eine globalisierte Gegenwart schwer einordnen; für Heribert Tommek (2013) steht Jirgl zwischen linker Machtanalytik und rechter Ablehnung des Herdenmenschen aus der Zwischenkriegszeit.

Georg Klein: *Die Zukunft des Mars*. Im gleichen Jahr wie Jirgls Dystopie erschien Georg Kleins *Die Zukunft des Mars* (2013). In einem postapokalyptischen Setting ist die Menschheit dezimiert und technologisch zurückgeworfen. Die Russischlehrerin Elussa und ihre Tochter Alide führen im weitgehend zerstörten »Freigebiet Germania« unter der Herrschaft des Warlords Don Dorokin eine entbehrungsreiche Existenz. Ein zweiter Handlungsstrang spielt auf dem Mars; hier herrscht eine archaische, streng in Kasten unterteilte matriarchale Gesellschaft, geführt von der »Barmherzigen Schwester« und dem »Panik-Rat«. Auch auf dem Mars herrscht Mangel. Technik- und Materialreste der Marsmission des 20. Jahrhunderts sind begehrte Baustoffe, alles andere Lebensnotwenige liefert »Freund Mockmock«, unter dem man sich zunächst eine Pflanze vorstellt, der sich aber später als Tier erweist. Erzähler der tagebuchartigen Mars-Passagen ist Porrporr, der als einziger die »Heiligen Bücher« lesen kann, um die sich die religiöse Erinnerungskultur des Mars rankt. Ihre Herkunft bleibt lange unklar, bis sich zeigt, dass es sich um die Tagebücher des alten sowjetischen Ingenieurs Spirthoffer handelt, die auf der Erde geschrieben wurden und die als Transportmittel auf den Mars dienen. In einem der Bücher werden am Ende auch Elussa und Alide auf den Mars geschickt. Daneben gibt es weitere rätselhafte Verbindungen zwischen Mars und Erde: So träumt eine Nebenfigur auf der Erde von Gegenständen und Personen auf dem Mars, und fast alle Figuren haben Doppelgänger auf dem jeweils anderen Planeten.

Dass gerade Bücher als Reisemittel dienen, ist Teil der Medienkritik des Romans: Auslöser der Apokalypse ist »das große Zappeln« gewesen, eine Hyperaktivitäts-Pandemie, die durch »ein nicht einmal fingerdickes, schulheftgroßes [...] Gerät« ausgelöst wird – durch Tablet-Computer also (Klein: *Zukunft des Mars*, 293). Die auf die Gegenwart gerichtete Kritik ist bei Klein aber nicht düster wie bei Jirgl, sondern Teil einer überbordenden, spielerischen und höchst komischen Fantasie. Das Spiel mit der Kunstautonomie, in dem Bücher nicht nur in der Fantasie, sondern ganz real zu Raumschiffen werden können, vermittelt kein gesellschaftliches oder politisches Anliegen. Eher lässt Klein sich unter diejenigen Autoren der Gegenwart einreihen, die mit der Trennung von fiktiver Welt und Wirklichkeit auch diejenige von Fakten und Fiktionen durchlässig machen, indem sie selbst in ihren Texten auftreten (wie Felicitas Hoppe in *Hoppe* oder Clemens Setz in *Indigo*), Figuren zu Autoren ihrer Romane machen (wie Olga Martynova in *Mörikes Schlüsselbein*) oder ihre Leser durch eine Überfülle von Fiktionsebenen verwirren und so an einer postmodernen Fortentwicklung der romantischen »Poesie der Poesie« arbeiten.

9.3 | Jenseits

Seit den Anfängen der literarischen Fantastik um 1800 ist deren Spekulation über alternative Realitäten eng mit dem Prozess der Säkularisierung verbunden. Tzvetan Todorov sieht in der Unschlüssigkeit des Fantastischen zwischen natürlichen und übernatürlichen Erklärungen einen Weg zur Artikulation weltanschaulicher Fragen, auf die Theologie und Philosophie keine verbindlichen Antworten mehr zu geben scheinen (Todorov 1972). Wenn nicht ein allwissender Gott die Geschicke der Welt lenkt, wer steckt dann hinter zufälligen Begegnungen und rätselhaften Ereignissen? So fragen Verschwörungsromane wie Friedrich Schillers *Der Geisterseher* (1787–1789) und Carl Friedrich Grosses *Der Genius* (1791–1795) und finden die Antwort in einer allmächtigen Geheimgesellschaft. In den Erzählungen E. T. A. Hoffmanns verwandelt sich das nicht mehr geglaubte Wunder in das poetisch realisierte Wunderbare. Für eine weitgehend säkulare Gegenwart, zu deren paradoxer Epochensignatur die Abnahme religiösen Glaubens, das gleichzeitige Erstarken religiöser Fundamentalismen und ein erweitertes Spektrum von Glaubensannahmen jenseits tradierter Positionen gehören (Taylor 2009), bietet die Unschlüssigkeit des Fantastischen die Möglichkeit, in einem offenen Sinne über Transzendenz, Jenseits und Ewigkeit zu sprechen, ohne deren Wirklichkeit beglaubigen zu müssen.

Daniel Kehlmann: *Der fernste Ort*. Was kommt nach unserem Tod? Wie sieht das Jenseits aus? Julian, der Protagonist von Daniel Kehlmanns frühem Roman *Der fernste Ort* (2001), ertrinkt bei dem Versuch, seinen eigenen Tod vorzutäuschen, indem er durch einen See mit einer gefährlichen Strömung schwimmt. Dass Julian dabei tatsächlich stirbt, wird im Roman nicht direkt gesagt, aber sehr stark impliziert. Julian kommt wieder zu sich in einer Welt, der der realen bis aufs Haar gleicht, doch ist sein verstorbener Vater wieder am Leben, sein Bruder kommt überraschend in seine Wohnung, und immer wieder schwimmen ominöse Schlingpflanzen durch die Luft. Der Roman scheint realistisch erzählt zu sein, folgt aber einer Traumlogik von Assoziationen zwischen Figuren und Ereignissen und von durchlässigen Grenzen zwischen Leben und Tod, Wirklichkeit und Irrealität.

Auch andere Kehlmann-Romane sind um fantastische Kippmomente erzählt. In Kehlmanns Debüt *Beerholms Vorstellung* (1997) betritt der Held nach dem ersten Viertel des Romans eine selbstgebastelte Fantasiewelt und lebt fortan nurmehr in der eigenen Imagination. Aus dieser Verwicklung kann er sich am Ende nur durch den eigenen Selbstmord erlösen: sein Sprung präfiguriert denjenigen Jonas' in dem Roman *Die Arbeit der Nacht* des Kehlmann-Freundes Thomas Glavinic. In dem Globalisierungs-Roman *Die Vermessung der Welt* (2005) gerät die Figur Humboldt immer wieder in fantastische Schwellensituationen zwischen Leben und Tod – sei es als Bergwerksassessor, der mit selbstgebastelten Atemgeräten experimentiert, sei es bei der Einnahme des Nervengiftes Curare oder bei der Besteigung der Anden (s. Kap. 8). Dabei erweisen Leben und Tod sich als für einander durchlässige Seinszustände, keine absoluten Gegensätze. In seinen Göttinger Poetikvorlesungen beruft Daniel Kehlmann sich auf den lateinamerikanischen magischen Realismus; Ziel einer Literatur, die »nicht die Regeln der Syntax bricht, sondern die der Wirklichkeit« sei es, eine »Berührung mit den Grundtatsachen unseres Daseins« zu ermöglichen (*Diese sehr ernsten Scherze*, 137, 26). Allerdings funktioniert das Verhältnis von Realität und Irrealität bei Kehlmann signifikant anders als in Texten des magischen Realismus, in denen das Wunderbare Bestandteil der Wirklichkeit ist. Kehlmanns Helden dagegen müssen eine fantastische Grenze überschreiten, um von der realen in die wunderbare (Jenseits-)Welt überzutreten.

Sibylle Lewitscharoff: *Blumenberg*. Jenseitswelten sind literarische Welten. Die Vorstellung von Jenseitsräumen seit der Renaissance verdankt sich im wesentlichen Dantes *Göttlicher Komödie*, John Bunyans *Pilgrim's Progress* und Thomas Moores *Utopia* (Lobsien 2012). In der deutschen Gegenwartsliteratur schreiben neben Daniel Kehlmann auch Ernst Augustin (*Robinsons blaues Haus*, 2012) und Sten Nadolny (*Weitlings Sommerfrische*, 2012) an einer Jenseitsästhetik, die im Gegensatz zu den frühmodernen Imaginationen nicht als feste Wirklichkeit, sondern als offener Möglichkeitsraum gestaltet ist. Kaum jemand allerdings hat sich diesem Projekt so sehr verschrieben wie Sibylle Lewitscharoff, deren Romane *Consummatus* (2006), *Apostoloff* (2009) und *Blumenberg* (2012) eine ephemer die Wirklichkeit der Figuren durchdringende transzendente Sphäre präsentieren, die durch den eigenen Tod besucht werden kann und von der eine Schleuse in ein nicht mehr erzählbares Jenseits führt. Mit feiner Ironie wird diese Durchdringung in Lewitscharoffs bislang jüngstem Jenseitsroman ausgerechnet an der Figur Blumenberg demonstriert, die sich bis ins Detail an den realen Philosophen Hans Blumenberg anlehnt, einen wichtigen Theoretiker der Säkularisation.

Im Gegensatz zu älteren Säkularisierungstheorien, beispielsweise derjenigen des Staatsrechtlers Carl Schmitt, definiert Hans Blumenberg die Säkularisierung in seiner erstmals 1966 erschienenen Studie *Die Legitimität der Neuzeit* nicht als Verfremdung genuin theologischer Gehalte, sondern als »Umbesetzung« vakant gewordener Fragen, auf die sich in der Moderne keine theologischen Antworten mehr finden lassen (Blumenberg 1988). Lewitscharoffs Roman konfrontiert die Figur Blumenberg nun mit eben jenem Theologischen, das Blumenberg aus seiner Philosophie ausgeklammert hat. Der scheue Professor wird in seiner abgeschotteten Gelehrtenstube von einem mirakulösen Löwen besucht, den außer ihm nur die Nonne Käthe Mehliss sehen kann. Fraglos verkörpert der Löwe für Blumenberg ein Wunder – und das, obwohl Blumenberg die »Überrumpelung durch das Wunder« eigentlich ablehnt; »mit einer zarten Anmeldung des Wunderbaren hätte er sich vielleicht arrangieren können« (Lewitscharoff: *Blumenberg*, 87 f.). Der Besuch des Löwen als »Einbruch des Absoluten« stellt das gesamte Weltbild Blumenbergs in Frage, weil der Löwe die von Blumenberg ausgeblendete transzendente Dimension der Wirklichkeit fokussiert. Im Verlauf des Romans lernt Blumenberg jedoch, die absolute Alterität des Löwen zu akzeptieren, die immer wieder »suggestiv ins Numinose, Göttliche und irritierend Christusförmige« schillert (Lobsien 2012, 277). Am Ende begleitet der Löwe Blumenberg in einen postmortalen Zwischenraum, in dem er anderen verstorbenen Figuren wiederbegegnet, bevor er von dem Löwen mit einem Prankenhieb ins Jenseits gestoßen wird. Ein genuines Jenseits mit Himmel, Paradies und neuem Jerusalem wird im letzten Kapitel über Zitatfetzen angedeutet, aber selbst nicht dargestellt.

Detailliert ausgestaltet ist dagegen der Übergangsraum der postmortalen Höhle, ein durch und durch literarischer Raum, dessen Ausstattung sich aus der Blumenbergschen Höhlenphilosophie ebenso wie aus dem ihr zugrunde liegenden Platonischen Höhlengleichnis und aus modernen Höllenimaginationen bei Beckett und Sartre speist (Lobsien 2012, 300). Ähnlich wie der Löwe bleibt die Höhle ontologisch doppeldeutig, wirklich und unwirklich zugleich. Für Verena Lobsien stellt die von einem hochgradig ironischen Erzähler vorgetragene Fantastik bei Lewitscharoff eine Umkehrung moderner Verfremdungspoetik dar, ein »Vertrautwerden mit dem Unvertrauten, bis dato Unvorstellbaren« – nicht nur für die Figur Blumenberg, sondern auch für die Leser des

Romans (Lobsien 2012, 280). Löwe und Höhle fungieren über die subjektive Bedeutung für Blumenberg hinaus als Bestätigung der Möglichkeit von Transzendenz, des Zugangs zu einem ganz Anderen. Denn gerade gegenüber Individuen, die die Gültigkeit theologischer Deutungsrahmen verdrängt oder ausgeklammert haben, wird deren Wahrheit und Wirksamkeit am Ende des Lebens dokumentiert.

Während das Fantastische um 1800 um die Frage einer allwissenden Lenkung und die anhaltende Präsenz des Wunderbaren in einer entzauberten Welt kreiste, oft in Form einer unheimlichen Wiederkehr des Verdrängten, ist es nach der Schwelle zum dritten Jahrtausend das Sterben und die Frage nach einem Leben nach dem Tod, die eine säkulare Kultur wieder auf das Wunderbare stößt. Dessen Bestätigung verdankt sich bei Lewitscharoff allerdings einem unzuverlässigen Erzählverfahren. In zwei reflexiven Einschüben verweist der Erzähler des Romans darauf, dass er vieles von dem, was er sagt, gar nicht wissen kann: »Mit welcher Überlegenheit auch immer der Erzähler vorgibt, Bescheid zu wissen, er fischt hier bloß Luft aus der Luft. Wenn er ehrlich wäre, müßte er passen« (*Blumenberg*, 82). Dass die fantastische Grenzüberschreitung hier – wie auch bei Kehlmann oder Augustin – durch ein unzuverlässiges Erzählverfahren produziert und nicht einfach behauptet wird, stellt einen Innovationsschub der deutschen Gegenwartsliteratur in der Neubestimmung des Verhältnisses von Realismus und Fantastik dar.

9.4 | Begegnung mit dem Göttlichen

Eine Wirklichkeit, die zusätzliche, mit bisherigen Wissensmodellen nicht erklärbare und nicht erkennbare Dimensionen enthält, öffnet sich erneut für Transzendenzerfahrungen, die mit dem Fortschreiten der Säkularisierung im Verschwinden begriffen schienen. Dass das Säkularisierungsmodell nicht zwangsläufig und nicht eindimensional gültig ist, haben Religionssoziologen, Philosophen und Theologen in den letzten Jahrzehnten vielfältig aufgezeigt (Casanova 1994; Berger 1999; Davie 2002; Barth 2003). Hochmoderne Gesellschaften wie die USA oder Südkorea erleben eine wahre Renaissance der Religion, und auch weitgehend säkularisierte Gesellschaften wie die ostdeutsche zeigen ein neues und vielfältiges Interesse an Religion und Spiritualität (Wohlrab-Sahr u. a. 2009). In Medien und Öffentlichkeit werden Religion und Religiosität seit den 9/11-Anschlägen und dem Erstarken des islamischen Fundamentalismus aufmerksam wahrgenommen. Zeitungen wie *Die Zeit* bieten eigene Rubriken an, die dem Phänomen Religion gewidmet sind, Radio- und Fernsehsendungen untersuchen regelmäßig die unterschiedlichen Erscheinungen von Religion in der heutigen Zeit.

Postsäkulare Poetiken. Literarisch wird eine Rückkehr der Religion bei Autoren wie Sibylle Lewitscharoff, Patrick Roth, Martin Walser, Arnold Stadler, Peter Henisch, Ilija Trojanow oder Benjamin Stein anschaulich, deren Romane Möglichkeiten der Transzendenzerfahrung in neuen Formen ansprechen. Im Gegensatz zur philosophischen Diskussion, beispielsweise dem Gespräch zwischen Jürgen Habermas und Joseph Ratzinger im Jahr 2004 (Assheuer 2004), betonen die hier entwickelten postsäkularen Poetiken nicht die Vernunftkompatibilität von Religion, sondern stellen vielmehr die Rolle der Religion für Bereiche jenseits der Vernunft heraus. So gibt Arnold Stadler in *Salvatore* (2008) der Suche nach einer Spiritualität Ausdruck, die nicht Moderne-kompatibel ist, und Ilija Trojanow führt in *Der Weltensammler* (2006) an seinem *alter ego* Richard Francis Burton die gleichzeitige Sehnsucht und Unmöglichkeit des Glaubens vor (s. Kap. 8). Martin Walser plädiert in *Muttersohn* (2011) für eine Kunst, in der das Wunderbare und Übernatürliche zwar nicht mehr bekräftigt, wohl aber aufgehoben werden kann. Die religiöse Prägung dieser Romane ist insofern neuartig, als in ihnen – anders als in der klassischen Moderne – religiöses Wissen und religiöse Semantiken nicht allein in Formen der Intertextualität oder als stoffliches Substrat begegnen, sondern im Kontext phänomenaler Glaubenserfahrungen der Figuren präsentiert werden. Andere Autoren wählen ambivalentere Formen der Begegnung mit dem Göttlichen.

Patrick Roths Romane *Riverside. Christusnovelle* (1991), *Johnny Shines oder Die Wiedererweckung der Toten. Seelenrede* (1993) und *Corpus Christi* (1996), später als *Resurrection. Christustrilogie* aufgelegt (2003), stellen Schlüsseltexte für die Entwicklung postsäkularer Poetiken innerhalb der deutschsprachigen Gegenwartsliteratur dar. Die Romantrias ist aufgebaut wie ein Triptychon, dessen flankierende Teile im Palästina der unmittelbar nachösterlichen Zeit spielen, der Mittelteil dagegen im Kalifornien des Jahres 1993. Insbesondere der Mittelteil *Johnny Shines* artikuliert eine postmoderne, synkretistische Religiosität, die sich verschiedener, entlegener, verfremdeter und miteinander inkongruenter Versatzstücke bedient. Zentrale Glaubensinhalte des Christentums werden aus ihren Zusammenhängen gelöst und mit popkulturellen Anspielungen, beispielsweise auf den Blues-Sänger John Ned »Johnny« Shines, neu kombiniert. Bei ihrem Erscheinen zunächst wenig bemerkt, gelten die drei Romane in der literaturwissenschaftlichen und literaturtheologischen Forschung mittlerweile als Paradebeispiel für eine neue Art des literarischen Umgangs mit Religion (Langenhorst 2005; Kaiser 2008; Kopp-Marx 2010).

Ebenso wie die beiden rahmenden Teile besteht *Johnny Shines oder Die Wiedererweckung der Toten. Seelenrede* zu großen Teilen aus ungefiltertem Figurendialog ohne Verba dicendi. Doch ist die scheinbare Rücknahme des Erzählers trügerisch, denn der Roman arbeitet mit einem hochgradig unnatürlichen Erzählverfahren. Als unnatürliches Erzählen (»unnatural narrative«) bezeichnen Jan Alber, Stefan Iversen, Henrik Skov Nielsen und Brian Richardson ungewöhnliche und innovative Erzähltechniken, die ein mimetisches Verständnis von Erzählen durch die Evokation physisch oder logisch unmöglicher Welten, unnatürlicher psychischer Zustände und unnatürlicher Erzählakte herausfordern (Alber u. a. 2010). Das geschieht in *Johnny Shines* dadurch, dass der Roman die Abgrenzung der Erzähler- und Figurenidentitäten gegeneinander ständig unterläuft und letztlich offenlässt, ob überhaupt ein äußeres Geschehen geschildert wird und ob es andere Figuren als den Protagonisten gibt, oder ob sich der Roman auf dessen interne »Seelenrede« beschränkt.

Johnny Shines ist vom Ende her erzählt und bettet die Geschichte des Protagonisten in einer Reihe von Rückblenden in zwei verschiedene Dialoge mit zwei weiblichen Gesprächspartnerinnen ein, deren Identität und ontologischer Status unsicher bleibt. Die erste leitet den Roman als Erzählerin ein; sie will Johnny nachts in einer Gefängniszelle interviewt haben, obwohl diese »gut verschlossen« war (*Johnny Shines*, 13). Die zweite, eine gewisse Hallie Doniphan, soll Johnny ermordet und teilweise verspeist haben. Allerdings gibt es für dieses Verbrechen innerhalb der Romanwirklichkeit keine Belege. Auch die Differenzierung der beiden Frauen untereinander stößt auf Schwierigkeiten. Zwar ist der Dialog mit Hallie formal in den ersten, mit der Erzählerin, eingelagert. Doch zieht die Erzählerin sich seit dem Beginn der Unterhaltung mit Hallie vollständig aus dem Roman zurück. Selbst aufmerksamen Lesern kann so leicht entgehen, wo die eine Gesprächssituation endet und die andere anfängt. Die starke Verbindung beider Frauen zu Johnnys Unbewusstem (Träume und Verdrängtes) legt es ohnehin nahe, sie als innerpsychische Instanzen des Protagonisten und den gesamten Roman als dessen »Seelenrede« zu lesen.

Im Zentrum der ineinander verschachtelten Seelenrede steht die apokryphe Legende von Jesus in der Löwengrube, die Johnny und seiner Schwester einst vom Vater, einem fundamentalistischen Prediger, erzählt wurde. Sie berichtet, wie der zwölfjährige Jesus den gleichaltrigen Judas ermordete – und wieder zum Leben erweckte, indem er Judas' Blut trank und sein Herz aß. Eine perverse und literale Kontrafaktur des Abendmahls also, mit dem der Vorgang von Hallie denn auch explizit parallelisiert wird. Der apokryphen Legende zufolge steht Judas tatsächlich wieder auf und geht davon – um Jesus zwanzig Jahre später zu verraten. Angesichts der Unzuverlässigkeit der Erzählung und ihrer vielfältigen Bezüge ist schwer feststellbar, wie ernst dem Autor diese religiöse Bezugsebene ist. Neben zahlreichen Referenzen auf biblische und außerbiblische Intertexte steht eine zweite, mit der ersten vollständig inkongruente Gruppe von Anspielungen auf den Westernklassiker *The Man Who Shot Liberty Valance* von John Ford (1962). Patrick Roth mischt sakrale und profane intermediale und intertextuelle Bezüge so, dass der sakrale Bereich (Auferstehung, Christuslegende) profaniert und das Profane (Johnny, *The Man Who Shot Liberty Valance*) sakralisiert wird. Das resultierende Verständnis von Auferstehung ist rein innerweltlich, ohne Bezug auf eine endzeitliche Totenerweckung. Damit wird die Auferstehung als zentraler Glaubensinhalt des Christentums aus ihren heilsgeschichtlichen Zusammenhängen gelöst.

Michael Köhlmeier: *Die Abenteuer des Joel Spazierer.* Neben seinem umfangreichen Romanwerk ist der Vorarlberger Michael Köhlmeier vor allem durch seine Nacherzählung biblischer Geschichten für den ORF bekannt geworden. In seinem Roman *Die Abenteuer des Joel Spazierer* (2013) nähert Köhlmeier sich dem Göttlichen jedoch nicht über tradierte Figuren und Ereignisse, sondern über eine ungewöhnliche Gestalt: die unmoralische Trickster-Figur Joel Spazierer, der von einigen als Engel oder Heiliger gesehen, von anderen jedoch verteufelt wird. Spazierer ist 1949 in Budapest geboren; als seine Großeltern 1953 in einer stalinistischen Verfolgungswelle verhaftet werden, bleibt der Vierjährige fünf Tage und vier Nächte lang allein in der Wohnung, bis seine Mutter ihn durch Zufall findet. In dieser Zeit wird er von rätselhaften Tieren besucht, die sein Leben seither phasenweise begleiten und die einerseits aus den Geschichten seiner Großmutter, einer Ägyptologin, zu stammen scheinen, die für Spazierer selbst andererseits jedoch wirklich sind. Durch dieses Schlüsselerlebnis erhält er erstmals ein Bewusstsein seiner selbst; gleichzeitig bleibt seine Seele im Alter eines Kindes stehen und entwickelt sich nicht weiter: »Alles, was ich erlebt habe«, so schreibt Spazierer in der Lebensbeichte, die den Text des Romans bildet, »bekommt Sinn und Form, wenn ich es aus den Augen des Vier-, Fünf-, Sechs-, Siebenjährigen betrachte und von dessen weltanschaulicher Warte aus analysiere« (*Joel Spazierer*, 25). So lernt er nie, gut und böse zu unterscheiden und entwickelt sich zu einem gut aussehenden, aber gewissenlosen Verführer.

Mit siebzehn erschießt Spazierer bei einem Einbruch die Mutter eines Freundes und wird dafür zu zwölf Jahren Gefängnis verurteilt. Im lückenlos wiedergegebenen Plädoyer des Staatsanwalts wird Spazierer, der im Verlauf des Romans verschiedene Namen trägt, als Lügner, Teufel und Prinzip der satanischen Weltverneinung bezeichnet; er sei ein Ding, kein Mensch, erst recht kein Kind (306 f.). Spazierer selbst wird sich nie darüber klar, was er eigentlich ist; die Welt, durch die er sich bewegt, bleibt ihm ebenso ein Rätsel wie deren moralische und religiöse Ordnung. Nach dem Mord ist ihm ein alter Mann begegnet, den er für »den Gott« hält; später trifft er auch andere, »denen der

Gott erscheinen ist – oder einer seiner Abgesandten – oder der Teufel erschienen ist – oder einer seiner Abgesandten« (293). Aber alle diese Treffen bleiben wirkungslos, die Betroffenen können später nicht darüber sprechen und glauben schon bald nicht mehr an die übernatürlichen Begegnungen. In einem späteren Teil des Romans wird Spazierer in Ost-Berlin Professor für wissenschaftlichen Atheismus, doch auch das ist für ihn nur Pose und angemaßte Identität, wie denn der Leser überhaupt dem nach den Gattungsregeln des Schelmenromans verfassten Bericht nicht trauen sollte, dessen Verfasser früh gelernt hat, »dass es bei der Beantwortung einer Frage nicht darauf ankommt, die Wahrheit zu sagen, als viel mehr, den Frager in Erstaunen zu versetzen, indem man genau das sagt, was er hören will« (37).

Begegnungen mit dem Göttlichen in der Gegenwartsliteratur sind vieldeutig und interpretationsoffen. Eine Rückkehr der Religion ist in Romanen der Gegenwart immer nur eine Deutungsoption unter anderen, nie vollständige Gewissheit, und sie ist untrennbar mit den Formen der sie vermittelnden Narrative verquickt. Deren postsäkulare Poetiken inszenieren ein neues Verständnis von Religion mit neuen Mitteln literarischer Ambivalenzerzeugung, in denen sich fantastische, magisch-realistische, unzuverlässige und unnatürliche Erzählverfahren mischen. Darüber hinaus stehen die vielfältigen Deutungsmöglichkeiten gegenwartsliterarischer Gottesbegegnungen in einem religiösen Pluralismus. Das Ende von Peter Henischs *Der verirrte Messias* verdeutlicht diese Pluralität: Nachdem das erwartete Weltende ausgeblieben ist, steht das Jesus-Double Mischa Myschkin vor der Wahl, sich zurück – zum Judentum – oder vorwärts – zum Islam zu bekehren. Ob Mischa, der schwache oder negative Messias, sich für eine dieser Optionen entscheiden wird, bleibt jedoch offen. In der letzten Szene des Romans lädt er zwei Männer in einer römischen Kneipe ein, Brot und Wein mit ihm zu teilen. Die Bezüge der Szene zum letzten Abendmahl Jesu und zur Emmaus-Geschichte sind suggestiv, aber sie bleiben in der Schwebe. Dass diese Berufung Konsequenzen haben wird, ist wenig wahrscheinlich.

Hilfsmittel

Die Fantastik-Theorie Tzvetan Todorovs (1972) ist und bleibt Meilenstein auch der neueren Fantastikforschung. Allerdings liegen eine ganze Reihe von Vorschlägen aus den letzten 15 Jahren vor, die Todorovs Modell der fantastischen Unschlüssigkeit erweitern oder modifizieren, so Annette Simonis' Arbeit zu Fantastik als »Grenzüberschreitung« (2005). Uwe Durst (2001) versucht, Ordnung ins Dickicht der Fantastiktheorien zu bringen. Einen umfassenden Überblick bietet das interdisziplinäre Fantastik-Handbuch von Richard Brittnacher und Markus May (2013).

Über Utopien im 21. Jahrhundert reflektiert Rudolf Maresch (2004); Eva Horn hat sich dem Topos der Zukunft als Katastrophe in einer gut lesbaren Studie gewidmet (2014). Die einführende Literatur zur Science-Fiction ist fast ausschließlich englischsprachig; wichtige Monografien stammen von Darko Suvin (1979), Roger Luckhurst (2005) und Sherryl Vint (2014); informativ in vielen Einzelaspekten wie z. B. *gender* und Religion in der Science-Fiction ist der *Cambridge Companion to Science Fiction* (James/Mendlesohn 2003). Der Begriff des »Postsäkularen« wurde u. a. von dem Religionsphilosophen Hans-Joachim Höhn profiliert (2006); in Bezug auf gegenwärtige Literatur spricht John McClure von einer »postsecular fiction« (2007). Einen kommentierenden Überblick über das Themenfeld Gott und Religion in der deutschsprachigen Gegenwartsliteratur liefert der Theologe Georg Langenhorst (2009).

10 Drama und Theater

Keine andere literarische Gattung hat sich in den letzten Jahrzehnten derart intensiv mit den sozialen, ökonomischen und politischen Veränderungen einer rasant sich beschleunigenden Moderne auseinandergesetzt wie das Drama. Von der Kommerzialisierung der Innenstädte über die Occupy-Bewegung, den internationalen Waffenhandel, Prostitution und Menschenhandel bis zu Migration, Flucht und Asyl reicht die Spannbreite der auf Theaterbühnen der letzten 25 Jahre verhandelten Themen der öffentlichen Diskussion. Viele Theaterschaffende verstehen sich explizit als Mitwirkende am öffentlichen Diskurs. Führende Dramatiker wie Elfriede Jelinek und René Pollesch, Rainald Goetz und Werner Schwab, Albert Ostermaier und Roland Schimmelpfennig gestalten ihre Dramen als Instrumente der Beobachtung und Kritik aktueller Entwicklungen und als Beiträge zu einer Theorie der späten Moderne. Durch direkte Zitate und indirekte Verweise reflektieren Dramen der Gegenwart die von dem Soziologen Zygmunt Baumann (2008) beschriebene Entwicklung von einer festen zur flüssigen Moderne, von der Disziplinar- zur Kontrollgesellschaft, in der gouvernementale Strategien die Subjekte in toto durchdringen (Deleuze 1993) sowie »von sedierender Passivisierung durch Konsum und Massenkultur zu aktivierender Überidentifikation mit McJob und interaktiver Massenkultur« (Diederichsen 2014, 9).

Dekonstruktion des Theaters. Nicht nur inhaltlich, auch formal schließen Dramen der Gegenwart an aktuelle Theoriebildung an, besonders an die Subjekt- und Wahrheitskritik im französischen Poststrukturalismus und an die Überbrückung von U- und E-Kultur in der anglo-amerikanischen Postmoderne (Fuchs 1996). Seit den späten 1980er Jahren entstehen vermehrt Monologe ohne Rollenzuschreibungen (Jelinek: *Wolken. Heim.*, 1988) oder stumme Stücke (Handke: *Die Stunde da wir nichts voneinander wußten*, 1992), die sich klassischen Dramenkonzepten verweigern und von einem dekonstruktiven Umgang mit dem Theater zeugen. Insbesondere die richtungsweisenden Dramen Elfriede Jelineks arbeiten gezielt gegen den Menschen, gegen den Sinn, gegen die Handlung, gegen die Illusion und gegen den Text an. Ohne Szenen- oder Akteinteilung, ohne Rollenzuschreibungen und ohne Regieanweisungen montiert Jelinek diskursive Reste aus Medien, Religion, Technik und Politik, »die durch eben diesen Restcharakter qua De-Kontextualisierung nur noch ›flottierenden‹, supplementären Geltungsanspruch haben« (Lücke 2004, 233). Ihre Stücke kombinieren karikierte Alltagssprache mit teils wörtlichen, teils veränderten Zitaten aus Philosophie und Psychoanalyse, Medien, Politik und Religion, lassen aus diesen Sprachresten aber einen ganz eigenen ›Jelinek-Sound‹ entstehen. René Pollesch schreibt und inszeniert ein Theater ohne Figur, Fabel und Mimesis in Form von Sprechpartituren, die sich den Spielregeln der Theaterwelt verweigern. Regiekollektive wie Rimini Protkoll, andcompany&Co oder Gob Squad setzen in neuen Formen des Dokumentartheaters Laien als ›Experten des Alltags‹ ein und laden auch Zuschauer zur Teilnahme an der Theatersituation ein. Sozialwissenschaftliche Methoden der Feldforschung, Interviews und Reenactments durchbrechen das Illusionsversprechen des Theaters und die Trennung zwischen Kunst und Wirklichkeit.

Postdramatik. Für die neuen Dramenformen, die das deutschsprachige Theater seit den 1990er Jahren dominieren, hat der Theaterwissenschaftler Hans-Thies Lehmann den Begriff des ›postdramatischen Theaters‹ geprägt (Lehmann 2015). Zentraler Gründungstext der Postdramatik ist Peter Handkes *Publikumsbeschimpfung*, entstanden 1966 im Kontext der beginnenden Studentenbewegung. Indem er einen Schauspieler die anwesenden Zuschauer beschimpfen lässt, nimmt Handke Impulse der Happening- und Aktionskunst-Bewegung auf und konfrontiert mit ihnen die Institution des bürgerlichen Theaters (Klessinger 2015, 10).

Der Zündfunke der Postdramatik liegt in der Auseinandersetzung mit der veränderten Rolle des Theaters, das sich nicht mehr als Ausdrucksforum einer bürgerlichen Öffentlichkeit versteht, sondern als einer von mehreren medialen Öffentlichkeitsräumen und als Raum von Gegenöffentlichkeit. Handke begegnet dem Bürgertum, das glaubt, auf dem Theater repräsentiert zu werden, mit Verweigerung, ja Anklage. Seine *Publikumsbeschimpfung* schließt an ältere Alternativformen zum bürgerlichen Theater an, insbesondere an Bertolt Brechts episches Theater und Antonin Artauds Theater der Grausamkeit, die ebenfalls darauf zielten, konventionelle Erwartungen zu enttäuschen und so einem neuen Bewusstsein Raum zu geben. Richtungsweisend für die Vermittlung dieser Avantgarden an das Theater der 1990er Jahre war die von Brecht initiierte Tradition des DDR-Theaters mit Regisseuren wie Benno Besson und Frank Castorf. Heiner Müller, mit Stücken wie *Hamletmaschine* (1977) und *Germania Tod in Berlin* der zweite wichtige frühe Postdramatiker neben Peter Handke, stammt aus dieser Tradition (s. Kap. 3).

Postdramatische Texte verwischen gezielt die Grenzen zwischen Gattungen und Genres, zwischen Drama und Prosa, Theater und Wirklichkeit. Die Dramen entstehen oft als Auftragswerke für bestimmte Aufführungen und verdanken sich der engen Zusammenarbeit der Autoren mit namhaften Regisseuren. Postdramatik ist deshalb nicht nur eine Text-, sondern auch eine Inszenierungspraxis, wie sie von Regisseuren wie Bob Wilson, Einar Schleef, Jürgen Manthey, Achim Freyer, Peter Brook, Pina Bausch, Anne Teresa de Keersmaeker und Leander Haußmann vertreten wird – im Zusammenhang mit explizit postdramatischen ebenso wie konventionell dramatischen Theatertexten. Auch wenn einzelne Autoren wie Elfriede Jelinek und René Pollesch immer wieder als Postdramatiker bezeichnet werden, ist die Postdramatik weniger als einheitliche Bewegung denn als längerer Umwälzungsprozess zu verstehen, in dem elementare Parameter des Theaters (Raum, Licht, Körper, Bewegung, Geste, Stimme) aus ihrer Unterordnung unter den Dramentext befreit werden.

Postdramatische Produktionen experimentieren mit der Dichte der Theaterzeichen – durch eine Überfülle oder aber einen Mangel an Requisiten, durch Musikalisierung, visuelle Dramaturgien und durch selbstgenügsame Körperlichkeit. Mit Durchbrechungen des illusionierenden Guckkastenprinzips der Theaterbühne und der Ideologie der »vierten Wand« überwindet die Postdramatik den Status des Theaters ebenso wie dessen Inszenierungspraktiken. Einbrüche des Wirklichen in den Bühnenraum – wirkliche Tiere, wirkliches Rauchen, wirkliches Essen oder das Spiel mit Material – führen in der postdramatischen Aufführungspraxis zu einem Changieren zwischen Realität und Kunst. So eröffnen postdramatische Theaterformen Raum für ungewohnte Wahrnehmungen, indem sie das Theater als künstlerisch gestaltete Situation neu erfahrbar machen (Primavesi 2004).

Theater in der Gegenwart. Die ästhetischen Formen der Postdramatik stellen auch eine Reaktion auf die veränderten Bedingungen dar, unter denen Theater in der Gegenwart stattfindet. Das Theater selbst ist Teil des ökonomischen und des politischen Feldes und muss seit 1989 einschneidende Rationalisierungsmaßnahmen hinnehmen. Die Wende zog Strukturdebatten, Finanz-, Orientierungs- und Funktionsprobleme nach sich (Lehmann 1999, 15). In vielen ostdeutschen Theatern wurden Sparten zusammengelegt, Ensembles trotz steigender Auslastung seit den frühen

1990er Jahren abgebaut und ganze Häuser geschlossen (Schößler/Bähr 2009). Statt fester Anstellungsstrukturen nehmen Projektarbeit und kurzfristige Beschäftigungsverhältnisse zu (Schößler 2013).

Die Reflexion dieser organisatorischen und ökonomischen Veränderungen und ihres Zusammenhangs mit einer Flexibilisierung von Arbeitsverhältnissen und der Selbstausbeutung in Ich-AGs ist ein wichtiges Thema in postdramatischen Texten, beispielsweise in Roland Schimmelpfennigs *Trilogie der Tiere* (2007), René Polleschs *Kill your Darlings Streets of Berladelphia* (2014) oder der Produktion *Der (kommende) Aufstand nach Friedrich Schiller* des deutsch-niederländischen Regiekollektivs andcompany&Co (2012). Darüber hinaus reagieren Formen der Postdramatik auf Veränderungen im Verhältnis von Privatheit und Öffentlichkeit, die Privatisierung des öffentlichen Raums (durch Kommerzialisierung, durch öffentliche Sicherheitsdienste) und die Veröffentlichung des Privaten (durch Kommunikation in sozialen Netzwerken). Diese Veränderungen ändern auch die Rahmenbedingungen der Theaterkultur. Theater ist kein geschützter Innenraum bürgerlicher Selbstverständigung mehr. Der Ort des Theaters in der Gesellschaft ist nicht mehr selbstverständlich – das betrifft dessen räumliche, institutionelle und ästhetische Verortung (Primavesi 2004).

Zwischen Literatur und Theater. An die Literaturwissenschaft stellt das Theater spezifische Herausforderungen, handelt es sich doch um einen Gegenstand zwischen Repräsentation (wie andere Literaturformen) und Präsenz (wie Bildkunst und *performance art*). Dramentexte werden zumeist auf eine Aufführung hin geschrieben und erleben erst auf dem Theater ihre Verwirklichung. In der theatralen Aufführung aber stellt der linguistische Text, der als Buch oder im Programmheft veröffentlicht werden kann, nur eine erste Textebene dar. Zu ihm tritt der Inszenierungstext, der in einer Theaterarbeit realisiert wird und der wiederum im Performance-Text, verstanden als alle Aspekte der Aufführung umfassende Theatersituation, sichtbar wird (Lehmann 2015, 143).

Erst die Theateraufführung lässt aus dem Bühnengeschehen und der Rezeption der Zuschauer einen gemeinsamen Text entstehen – und zwar auch dann, wenn gesprochene Rede im realisierten Drama gar nicht vorkommt (wie in Peter Handkes *Die Stunde da wir nichts voneinander wußten*). Das Theater ist folglich ein Ort zwischen Literatur, Kunst, Gesellschaft und Politik, dessen Analyse mehrere Kompetenzen erfordert: literaturwissenschaftliche Dramenanalyse, theaterwissenschaftliche Inszenierungsanalyse, soziologisch-empirische Analyse, aber auch Kompetenzen der *visual studies*, der Tanzwissenschaft usw. Das gilt erst recht für das postdramatische Theater, in dem die Bedeutung des Textes zugunsten von visuellen, Performance- und Happening-Elementen abnimmt und in dem der vorgegebene Text und der Inszenierungstext »von einer *veränderten Auffassung des Performance Text* her in neue Beleuchtung gesetzt« werden« (Lehmann 2015, 145).

Post-Postdramatik? 1966 konnte Peter Handke das Publikum mit seiner Beschimpfung noch schockieren; inzwischen sind Theaterpublikum und Kritik abgebrüht. Wie stark die Postdramatik mittlerweile in den Textekanon integriert ist, lässt sich daran ablesen, dass der Mülheimer Dramatikerpreis, der wichtigste Dramenpreis im gegenwärtigen Literaturbetrieb, in den letzten 25 Jahren überwiegend an postdramatische Stücke vergeben wurde – unter anderem an Rainald Goetz (*Katarakt*, 1993; *Jeff Koons*, 2000), Elfriede Jelinek (*Macht nichts*, 2002; *Das Werk*, 2004; *Rechnitz (Der Würgeengel)*, 2009; *Winterreise*, 2011), an René Pollesch (*world wide web-slums*, 2001; *Capucetto Rosso*, 2006), an die Gruppe Rimini Protokoll (*Karl Marx, Das Kapital: Teil I*, 2007) und an Peter Handke (*Immer noch Sturm*, 2012). Aber seit der Jahrtausendwende wurden an deutschen Theatern auch viele neue Stücke jüngerer, oftmals unbekannter Autoren uraufgeführt, die sich nicht klar als postdramatisch klassifizieren lassen. Die Kritik spricht von einer Post-Postdramatik oder auch von einer neuen Mimesis, einem neuen Realismus auf dem deutschen Theater. Insgesamt hat sich die Theaterlandschaft seit den 1990er Jahren pluralisiert. Im Folgenden zeichnen wir diese Entwicklung anhand der postdramatischen Stücke Elfriede Jelineks (Kap. 10.1), der Auseinandersetzung mit Medien und Orten des Theaters bei Albert Ostermaier, René Pollesch und Ewald Palmetshofer (10.2), der besonderen Bedeutung kollektiver und partizipativer Formen im gegenwärtigen Drama (10.3) und der Rückkehr der Mimesis bei Dea Loher, Moritz Rinke und Roland Schimmelpfennig nach (10.4).

10.1 | Postdramatik *par excellence*: Elfriede Jelinek

»Ein Nobelpreis für die Subversion« – so betitelte die *FAZ* am 14. Oktober 2004 ihren Artikel zur Vergabe des Literaturnobelpreises an Elfriede Jelinek. Tatsächlich kann Jelinek in mehrfacher Hinsicht als eine subversive Autorin bezeichnet werden – bezogen auf Form und Inhalt ihrer Dramen, aber auch auf ihre Inszenierung als politische Autorin. Jelineks im Jahrestakt erscheinende Stücke, meist in Form eines ungegliederten Sprachstroms ohne Rollen und ohne Nebentext oder mit nur minimalem Nebentext, sind richtungsweisend für das postdramatische Theater. Für Jelinek ist der Text eines Dramas keine zu inszenierende Vorlage, sondern nicht mehr als ein Vorschlag, der sich erst in der Aufführung realisiert.

Bereits in ihrem frühen Essay *Ich möchte seicht sein* (1983) formuliert Jelinek eine Reihe von Thesen zum Theater in Anlehnung an Antonin Artaud, die auf eine Ablehnung der Repräsentation und auf die Preisgabe traditioneller dramatischer Mittel wie Charakter, Dialog und Regieanweisung hinauslaufen. In einer Regieanweisung zu *Die Kontrakte des Kaufmanns* heißt es:»Der Text kann an jeder beliebigen Stelle anfangen und aufhören. Es ist egal, wie man ihn realisiert« (Jelinek: *Drei Theaterstücke*, 209). Auch an anderen Stellen gibt Jelinek dem Regisseur explizit Freiheit, Eingriffe am Text vorzunehmen. Die für Jelinek ungewöhnlich detaillierte einleitende Regieanweisung zu *Rechnitz (Der Würgeengel)* endet mit den Worten »Man kann das natürlich, wie immer bei mir, auch vollkommen anders machen« (*Drei Theaterstücke*, 55).

Jelinek fordert eine Aufführungspraxis, die sich auf Bertolt Brechts Theatertheorie stützt und in der der Text als Material dient, das in der Aufführung beliebig umgestellt, gekürzt, um andere Texte erweitert, kommentiert oder verfremdet werden kann (Klessinger 2015, 8). Damit setzt sie Maßstäbe für die postdramatische Praxis: Jeder Dramentext, auch ein klassischer, kann in der Postdramatik zu Material werden, und dieses Material kann sich Prosatexte, Theoriefragmente und Partikel des öffentlichen Diskurses einverleiben. Explizite Postdramen reflektieren jedoch von sich aus ihren Materialcharakter durch intertextuelle Verweise, den Einsatz narrativer Vermittlungsinstanzen, Kommentarstrukturen und intermediale Bezüge zu Film, Musik und bildender Kunst sowie durch einen experimentellen Umgang mit tradierten Dramenstrukturen – fragmentierte Handlungen, Gattungsmischungen und enthierarchisierte Textinstanzen (Klessinger 2015). Dieser dekonstruktive Umgang ist für Jelinek aber keine formale Spielerei, sondern verbindet sich mit kritischen politischen Anliegen.

Bambiland. Die US-Invasion im Irak war kaum vorüber, als Jelineks Irak-Drama *Bambiland* im Dezember 2003 in der Regie von Christoph Schlingensief am Wiener Burgtheater uraufgeführt wurde. Wie viele Jelinek-Stücke arbeitet *Bambiland* mit einer variablen Sprecherposition, die zwischen ›ich‹ und ›wir‹ hin- und herschwingt, gelegentlich unterschiedliche Personen und Gruppen anredet und immer wieder die Reden Anderer parodiert – Medienberichte, Stammtischparolen, Politfloskeln und Diskursfetzen. Der Dramentext ist weder Figurenrede noch Erzählung, sondern medialer Echoraum für Sprachspiele, für ein assoziatives Springen zwischen inkongruenten Themen über Wortähnlichkeiten und für die Montage unpassender Versatzstücke wie Kriegsrhetorik auf der einen und Süßigkeitenreklame auf der anderen Seite. Seine kompositorischen Prinzipien sind das ›Um-Kopf-und-Kragen-Reden‹ des Geständnisses und das ›Kennen Sie den schon?‹ der Comedy-Show. Dennoch vertritt *Bambiland* ein ernsthaftes aktuelles Anliegen: die Kritik an der Privatisierung des Krieges durch das Profitstreben des Bush-Clans (Halliburton und die Offshore-Firmen) und durch den Einsatz privater Söldnertruppen.

Indem sie den Irakkrieg mit der Aischylos-Tragödie *Die Perser* überblendet, erzeugt Jelinek einen hohen Ton, der in den Sprachflächen *Bambilands* auf Comedy- und Reklame-Versatzstücke sowie auf mit Austriazismen durchsetzte Umgangssprache prallt und satirische Kontraste erzeugt. Die moderne Medienberichterstattung über den Irak-Feldzug und die Reaktionen der Zuschauer erscheinen vor dem Hintergrund der antiken Tragödie oberflächlich und hohl. Zugleich parodiert die überhöhende Rede von einem »goldnen Heer« (der Perser bei Aischylos) die Kreuzzug-Rhetorik der Bush-Administration. Bush selbst wird als Jesus dargestellt, doch zielt die Rede vom Heiligen bei Jelinek nicht auf eine metaphysische Größe, sondern deckt vielmehr den angemaßten Status der Selbstvergötzung auf. In der Überblendung antiker, biblischer und moderner philosophischer Zitate und Diskurse – unter anderem werden Walter Benjamin, Jean Baudrillard und Giorgio Agamben eingespielt – erscheint Geschichte als ›Retro-Szenario‹; zugleich nimmt der Titel des Stückes Baudrillards Kritik an Amerika als »Disneyland« auf. Jelinek zeigt eine infantilisierte Gesellschaft, die den Irakkrieg als Medienspektakel und »War-tainment« erlebt (Lücke 2004, 242). Die Uraufführungs-Inszenierung von Christoph Schlingensief allerdings verwendete von dieser Vorlage – ganz im Sinne der Autorin – nur Partikel im Promillebereich, wie die Rezensenten übereinstimmend feststellten. Statt einer Textumsetzung verwandelte Schlingensief *Bambiland* in ein visuelles Bombardement mit Filmeinspielungen von Vietnamkriegsverletzten, des Wiener Aktionismus, einer Prozession durch Wien, angeführt von Udo Kier und Margit Carstensen, kulminierend in einem finalen professionellen Porno-come-Shot.

Subversion. Inwiefern ist das Jelinek-Theater »subversiv«? Der Literaturwissenschaftler Thomas Ernst unterscheidet vier Arten von Subversion, die bei Jelinek in unterschiedlicher Weise zum Tragen kommen: (1) politisch-revolutionäre Aktivitäten, die von Staatssicherheitsdiensten als subversiv gekennzeichnet werden; (2) künstlerisch-avantgardistische Subversion, wie sie von den Avantgarden des 20. Jahrhunderts und auch von der Postdramatik realisiert wird; (3) die minoritär-distinktive Subversion diskriminierter Gruppen und schließlich (4) eine dekonstruktivistische Subversion, die sich im Gegensatz zur minoritären Subversion nicht um Emanzipation, sondern um die Auflösung von Identitäts- und Sinnformationen bemüht (Ernst 2008, 2013). Jelineks frühe Theaterstücke wie beispielsweise *Was geschah, nachdem Nora ihren Mann verlassen hatte oder Stützen der Gesellschaft* (1979) oder *Krankheit oder Moderne Frauen* (1987) bedienen zunächst im Sinne von (3)

Diskurse minoritär-distinktiver Subversion, wenn sie Geschlechterverhältnisse problematisieren (s. Kap. 7.1); auf einer zweiten Ebene lassen sich aber bereits diese Stücke auch als Problematisierung minoritärer Subversion verstehen (Subversion 4), weil die Darstellung »subversiv-groteske[r] Körper« dazu dient, Vorstellungen einer Natürlichkeit des Geschlechtskörpers zugunsten eines Spiels der Maskeraden zurückzuweisen (Pełka 2005, 179f.).

Darüber hinaus handelt es sich bei Jelineks Dramen auch formal um avantgardistisch-subversive Texte (Subversion 2), die mit den etablierten Konventionen des repräsentierenden Rollentheaters brechen, statt mit rollengebundenem Sprechen mit chorisch zu realisierenden Sprachflächen arbeiten und durch die Freiheit, die sie der Inszenierung explizit zugestehen, auch die Regeln des hierarchischen Theaterbetriebs verschieben. Die politisch-revolutionäre Subversion der RAF schließlich (Subversion 1) wird in den Jelinek-Dramen *Wolken.Heim.* (1988) und *Ulrike Maria Stuart* (2006) zum Thema. Zudem inszeniert Jelinek sich selbst als politisch subversive Autorin, die mit ihrer Tätigkeit in der KPÖ, dem Parteiaustritt, ihrem ostentativen Rückzug aus der österreichischen Öffentlichkeit und dem vorübergehenden Aufführungsverbot der Stücke in Österreich eine erhebliche mediale Präsenz mit einem hohen Wiedererkennungswert als Autor-Persona entfaltet hat.

Jelinek und Österreich. Immer wieder hat Jelinek sich in ihren Stücken mit verdrängten Aspekten der österreichischen Vergangenheit und Gegenwart auseinandergesetzt, die österreichische NS-Geschichte ebenso wie österreichische Fremdenfeindlichkeit plakativ auf die Bühne gebracht. Seit den 1970er Jahren wurde Jelinek in Österreich deshalb von Politik und Medien als »Nestbeschmutzerin« diffamiert. Anlässlich der Wiener Gemeinderatswahlen 1995 zettelte die rechtspopulistische FPÖ eine regelrechte Hasskampagne an und machte mit dem Slogan »Lieben Sie Scholten, Jelinek, Häupl, Peymann, Pasterk ... oder Kunst und Kultur?« Hatz auf die Dramatikerin, auf den Burgtheaterdirektor Claus Peymann sowie auf die österreichischen Kommunal- und Kulturpolitiker Rudolf Scholten, Michael Häupl und Ursula Pasterk. Der FPÖ-Spitzenpolitiker Jörg Haider polemisierte mehrfach öffentlich gegen Jelinek und bezeichnete sie als »zutiefst frustrierte Frau«, und die *Kronenzeitung* reimte refrainartig »Jelinek« auf »Dreck« (Janke 2004).

Inhaltliche Kritik an österreichischer Geschichtsklitterung und politischer Verlogenheit verbindet sich bei Jelinek mit einer Auseinandersetzung zweiter Ordnung, die zugleich die Theaterformen, Orte und Traditionen in den Blick nimmt, innerhalb derer diese Kritik formuliert wird. So nutzte Jelinek das Burgtheater in dem Drama *Burgtheater* (1985) und in der legendären Uraufführung von *Ein Sportstück* in der Regie von Einar Schleef (1998) – dem ersten Stück, das nach dem Aufführungsverbot wieder in Österreich uraufgeführt wurde – als Ort, an dem das Österreichische inszeniert wird und wurde, an dem diese Inszenierung aber zugleich problematisiert werden kann. Formal ist *Ein Sportstück* postdramatisches Theater par excellence: die Ausstellung körperlicher Vorgänge, rhythmischer Bewegungen und rhythmisch-chorischen Sprechens ausgehend von einer Textvorlage, die sich gänzlich von herkömmlichen dramatischen Strukturen gelöst hat.

Auch wenn das Österreichische für Jelinek in gewisser Weise immer mit der verdeckten Präsenz der nationalsozialistischen Vergangenheit identisch ist, handelt *Ein Sportstück* zugleich von »Verwertungsökonomien (der Körper) wie Medien, Sport und Fitnessmärkte« (Pewny 2011, 156). So entwickelt Jelinek ein nicht nur inhaltlich subversives Theater, das »Konzepte politisch-revolutionärer, minoritärer und dekonstruktivistischer Subversion präsentiert, archiviert, problematisiert und mit- und gegeneinander verhandelt« (Ernst 2008, 201), sondern sie schreibt vor allem am Diskurs über die Subversion weiter – »nicht als Verkünder seiner ›Wahrheit‹, sondern als Impulsgeber kritischer Selbstreflexion, innerhalb derer die Wirkungslosigkeit, Paradoxien und Aporien subversiver Strategien offenbar werden« (ebd.).

Weiterentwicklungen. Allerdings kommt es in diesem Prozess zu einer zunehmenden Abnutzung des subversiven Potentials ihrer Stücke. Jelineks Dramen skandalisieren zwar noch Teile des Publikums, besonders an kleineren Häusern, aber innerhalb des Literatur- und Theaterbetriebs sind sie durch Jelineks Wahl zur Dramatikerin des Jahres (1993), die Verleihung des Georg-Büchner-Preises (1998), die zweimalige Vergabe des Mülheimer Dramatikerpreises (2002 und 2004) und schließlich den Literaturnobelpreis (2004) weitgehend akzeptiert. Die erfolgreiche Positionierung Jelineks auf dem Feld des Theaters wird auch darin ersichtlich, dass nicht nur jüngere Autoren wie der Jelinek-Kronprinz Ewald Palmetshofer, sondern auch die Regisseure, mit denen Jelinek eng zusammenarbeitet, das postdramatische Theater Jelinekscher Prägung in deren Sinne weiterentwickeln. Der Dramatiker John von Düffel stellt rückblickend fest, dass Jelinek, Werner Schwab und Marlene Streeruwitz Anfang der 1990er Jahre versucht hätten, »das alte Medium Theater durch eine bestimmte Sprache, durch eine Form von Diskurs zur erschüttern, der für den gängigen Theaterapparat zum Teil recht widerständig war« (Schößler 2004b, 315). Seit den 2000er Jahren jedoch ist das Theater Jelineks »selbst ein Teil jenes (veränderten) Kanons geworden, dessen Macht- und Ausschlussverfahren es einst offenlegte« (Ernst 2008, 200).

10.2 | Medien und Orte des Theaters

Eines der erkennbarsten Mittel postdramatischen Theaters ist die Verwendung neuer Medien auf der Bühne. Dabei können Film- und Videoprojektionen zum Einsatz kommen oder aber filmische Verfahren in eine theatrale Ästhetik transformiert werden (Roselt 2004, 35). Damit wird zum einen der Platz des Theaters in einer modernen Mediengesellschaft befragt; zum anderen wird durch den Einsatz von Film, beispielsweise in den Inszenierungen Frank Castorfs, die Wahrnehmung im Theater selbst zum Thema, und der Medienkonsum der Zuschauer, der sonst unauffällig in den Alltag integriert ist, spielt sich in den Vordergrund. Indem Medien und ihre Nutzung »nach vorne geschubst«, ihre Verfahren ausgestellt und vorgeführt werden, wird »die Selbstverständlichkeit medialer Vermittlung im Alltag auf der Bühne in Frage gestellt« (Roselt 2004, 37).

Vorstufen eines theatralen Medieneinsatzes finden sich bereits bei Erwin Piscator: Dessen Inszenierung von Ernst Tollers *Hoppla, wir leben!* von 1927 verband eine als Spielgerüst gestaltete Bühne mit Leinwandprojektionen. Der Repräsentationsanspruch des bürgerlichen Theaters im 19. Jahrhundert strebte eine möglichst vollständige Illusionierung der Zuschauer an, die die Künstlichkeit der Aufführung hinter der unsichtbaren vierten Wand zwischen Bühne und Auditorium verschwinden ließ. Gegen diese Illusionierung bringen Avantgarde-Theaterformen seit dem frühen 20. Jahrhundert verschiedene Mittel der Illusionsdurchbrechung ins Spiel. Visualität, Rhythmik, Körperlichkeit und Sound von Theateraufführungen betonen den dynamischen Aufführungscharakter und die Performativität des Theaterereignisses. Im Spannungsfeld von leiblicher Präsenz und Materialität auf der einen, Medialität auf der anderen Seite konstituieren sich eine Reihe ganz unterschiedlicher Spielarten postdramatischen Theaters.

Spiel mit Realismus-Ebenen. Albert Ostermaier: *Death Valley Junction* (2000)

Im Jahr 2000 inszenierte Nicolas Stemann, der für seine Realisierung postdramatischer Dramen bekannt ist, am Deutschen Schauspielhaus Hamburg das Drama *Death Valley Junction* von Albert Ostermaier. Im Gegensatz zu den Dramen Elfriede Jelineks gibt es hier auf den ersten Blick durchaus so etwas wie eine Dramenhandlung mit Figuren, Dialogen und Psychologie: Das Yuppiepärchen Desmond und Valery begegnet bei einem Geburtstagsausflug ins Death Valley den Gangstern Beat und Tracey, mit denen sie vor einem Jahr in Las Vegas einen Partnertausch veranstaltet haben und die nun in Begleitung ihres brutalen Komplizen Hal wieder auftauchen – und Rache suchen. Die Konstellation zweier Paare, die sich in hassverzerrten Wahlverwandtschaften überkreuzen, ist Edward Albees Klassiker *Who's Afraid of Virginia Woolf* entlehnt; allerdings veranstalten Beat und Tracey nicht nur Psychospielchen, sondern es kommt zu handfester Gewalt – Entführung, Vergewaltigung, Verstümmelung, am Ende vielleicht gar Mord. Ist das Ganze ein misslungenes Picknick, eine Falle von Valery oder ein schlechter Trip? *Death Valley Junction* ist ein Dialogstück, aber kein realistisches, sondern ein »Spiel mit Realismus-Ebenen« – so der Regisseur Stemann im Inszenierungsgespräch (*Death Valley Junction*, 99). Ebenso wie der Handlungsort in Schichten verläuft – von der Salzwüste Badwater über den Zabriskie Point bis hoch zum Aussichtspunkt »Dante's View«, dem höchsten Punkt im Death Valley – ist auch das Drama in Schichten aufgebaut. Dabei wird die Topografie des Spielortes mit Dantes Inferno überlagert, der Zabriskie Point zudem durch die Filmmythologie Michelangelo Antonionis aufgeladen und die Sprache der Figuren mal mit Dante- und Schiller-Zitaten, mal mit Fäkalslang durchsetzt. Bei dieser Verbindung alter und neuer Mythen kommt es Ostermaier darauf an, »daß der Ort die verschiedenen Mythologien, verschiedene Situationen, die Formen des Überlebens und Stimmungen und eine Reise vorgibt. Diese Reise verläuft bei mir umgekehrt zur ›[Göttlichen] Komödie‹«, also vom Himmel zur Hölle und nicht umgekehrt (92). Angeordnet ist das Drama in »Bildern«, die jeweils mit einer präzisen Beschreibung des Settings einsetzen: »Eine Salzwüste, sechsundachtzig Meter unter dem Meeresspiegel. Im Hintergrund das Panorama der Schlammberge, über deren Gipfeln die Wolken wie Leichentücher hängen, auf denen der Abendhimmel sich allmählich schlafen legt. Der Boden ist ein rissiges Mosaik aus Salzkrusten« (63). Nicolas Stemann beschreibt das Stück deshalb als ein Filmskript und schließt, in der Genauigkeit der Beschreibungen liege der Schlüssel zum Verständnis der Handlung: »Valery inszeniert im Grunde diesen Film, in dem Desmond dann gefangen ist« (96). Seine Inszenierung arbeitete allerdings genau gegen die Visualität der Textvorlage an. Die Regieanweisungen wurden nicht visuell umgesetzt, sondern von den Figuren in Mikrophone gesprochen als Anweisung an die Zuschauer, sich selbst innere Bilder zu erschaffen.

»Wer in die Wüste geht, wird nicht derselbe bleiben« (69). Der Spielort Wüste fungiert in *Death Valley Junction* als Erkenntnisort: Anfang und Schluss des Dramas präsentieren Desmond und Valery in der Hölle ihrer Zweisamkeit, die übrigen Figuren und die übrige Handlung sind vielleicht nur imaginiert, Teil der inneren Bilder Desmonds, die am Schluss als Projektionen auch für die Zuschauer sichtbar gemacht werden. Dabei stellt die letzte Szene eine Variante des Anfangs dar, in der alles noch einmal, aber kürzer und anders passiert. Diese Godot-artige Wendung erklärt, wieso Desmond zu Anfang gleichzeitig lebend auf der Bühne stehen und tot im Kofferraum des eigenen Autors liegen kann: Das Ende ist wie in einem Möbiusband zugleich Fortsetzung und Kehrseite des Anfangs, eine unauflösbare

Plotstruktur, die sich an die Kultfilme David Lynchs anlehnt (*Lost Highway, Mulholland Drive*). Letztlich handelt *Death Valley Junction*, wie Franziska Schößler zu Recht feststellt, deshalb vom Theater selbst – von Inszenierung und Regie und davon, »welche Inszenierung von ›Wirklichkeit‹ sich durchsetzt« (Schößler 2004a, 89).

Site specific performances. Raum und Ort sind nicht nur ein wichtiges Thema postdramatischer Stücke; viele Pioniere des postdramatischen Theaters suchten für ihre Aufführungen auch nach alternativen Spielorten, um sich an ungewöhnlichen oder Originalorten mit den Schauplätzen ihrer Geschichten auseinanderzusetzen. Bereits 1977 inszenierte Klaus Michael Grüber eine *Winterreise* nach Texten Hölderlins im Berliner Olympiastadion; in den 1980er Jahren realisierte die Wiener Gruppe »Angelus Novus« um den Theatermacher Josef Szeiler mit Aktionen wie *Homer Lesen, Fatzer, Hamletmaschine* oder *Der Tod des Hektor* jeweils »radikale Versuche, vorgefundene Räumlichkeiten ernst zu nehmen, nicht nur als Kulisse zu verwenden, sondern bei einer Aufführungsdauer von 12 oder 24 Stunden zu einer eigenständigen, auch körperlich anstrengenden Erfahrung werden zu lassen« (Primavesi 2004, 14).

Für besonderes Aufsehen sorgte im Jahr 2000 Christoph Schlingensiefs performative Containeraktion *Bitte liebt Österreich – erste österreichische Koalitionswoche* im Rahmen der Wiener Festwochen. In fünf Containern vor der bei Touristen beliebten Wiener Staatsoper wurden zwölf Asylbewohner untergebracht, von denen täglich einer per Anruf oder SMS abgewählt und abgeschoben wurde. Vor den Containern wurde ein weithin sichtbares Schild »Ausländer raus!« aufgestellt. Diese Protestaktion gegen die Politik der neuen ÖVP-FPÖ-Regierung rief wiederum heftige Gegenreaktionen auf den Plan; beispielsweise demontierten linke Demonstranten das »Ausländer-raus«-Schild – obwohl Mitarbeiter der Wiener Festwochen vor der Containeraktion mit Handzetteln darauf hinwiesen: »Das ist Kunst!« Der theatrale Täuschungsvertrag, der besagt, dass Kunst Wirklichkeit abbildet, funktionierte hier »so perfekt, dass Kunst und Wirklichkeit in der *Containeraktion* ununterscheidbar [wurden]« (Pewny 2011, 142).

René Pollesch. Ein Verschwimmen zwischen Theater und Leben, Fantasie und Wirklichkeit steht auch im Mittelpunkt der Arbeiten René Polleschs, eines der originellsten Postdramatiker. Pollesch entstammt der sogenannten Gießener Schule, die sich im Umfeld des Instituts für Angewandte Theaterwissenschaft an der Universität Gießen formierte, an dem Hans-Thies Lehmann die Theorie des postdramatischen Theaters entwickelte, aus dem aber auch Praktiker wie René Pollesch oder die Gruppe Rimini Protokoll hervorgingen. Ebenso wie Rimini Protokoll versteht Pollesch sich nicht als Dramatiker, der lediglich den Text einer Aufführung liefert, sondern er erarbeitet den Text selbst mit einem Regiekollektiv und versucht so, »grundsätzlich die Funktion der einzelnen Beteiligten des arbeitsteiligen Unternehmens Theater neu zu bestimmen« (Diederichsen 2014, 8). Auch die Auftretenden verkörpern bei Pollesch keine einzelnen Personen, sondern stellen Subjektpositionen dar, die in erster Linie dazu dienen, »dass Sätze auf den Widerstand einer Person treffen, um die Sätze selbst dann wieder als übertragbar und austauschbar vorzuführen« – so Diedrich Diederichsen in seiner Laudation auf René Pollesch anlässlich der Verleihung des Else-Lasker-Schüler-Preises (Diederichsen 2014, 10).

Wenn Pollesch im Anschluss an Elfriede Jelinek neue theatrale Formen entwickelt, dient das auch der Reflexion über das Theater selbst. Die metatheatrale Reflexion schließt bei ihm ökonomische und politische ebenso wie ästhetische Faktoren ein. Ein zentrales Thema der Stücke Polleschs ist die zunehmende Prekarisierung von Arbeit im Allgemeinen und der Theaterarbeit im Besonderen. In einem Interview sagt er:

> **Die New Economy spricht vor allem Individuen und Künstler an, die nur genügend kreativ sein sollen und dann schon Jobs finden werden. Im Moment wird ja von jedem erwartet, er solle Künstler sein und vierundzwanzig Stunden täglich selbstausbeuterisch an seiner Selbstverwirklichung arbeiten. Da der Markt aber kaum die entsprechende Anzahl von Jobs bereithält, liegen alle mit ihrem Traum vom Künstlertum irgendwann in der Gosse, während die, die es geschafft haben, als Erfolgsrezepte herhalten.**

(Pollesch: *www-slums*, 343)

Diese Veränderungen der Arbeitswelt betreffen nicht nur das Theater, aber am Theater zeigt sich besonders deutlich die Veränderung des Subjekts vom Arbeitnehmer zur Ich-AG, die ihre Arbeitskraft selbst vermarktet und selbst ausbeutet. In der Theater- und Internetserie *World Wide Web Slums* setzt Pollesch sich mit diesen Folgen am Beispiel der Heimarbeiterin Heidi Hoh auseinander, die einsehen muss, dass sie keinen Standpunkt außerhalb des Systems beanspruchen kann. Pollesch selbst hingegen ist mit der Reflexion prekärer Arbeitsbedingungen und Produktionsverhältnisse inner- und außerhalb des Theaters außerordentlich erfolgreich. 1999 und 2000 war er Hausautor am Luzerner Theater und am Deutschen Schauspielhaus Hamburg und von 2001 bis 2007 künstlerischer Leiter des Praters an der Volksbühne am Rosa-Luxemburg-Platz in Berlin, wo unter anderem seine kapitalismuskritischen Stücke *Stadt als Beute* (2001), *Insourcing des Zuhause. Menschen in Scheißhotels* (2001) und *Sex* (2002) uraufgeführt werden.

Kill your Darlings Streets of Berladelphia. »Die besten Szenen werden wir heute Abend nicht zeigen, denn die könnten wir alle gar nicht ertragen. Ich auch nicht, ich könnte nie wieder ein Theaterstück spielen, und Sie könnten nie wieder in einen Theaterabend hineingehen, denn: Sie haben das Beste bereits gesehen, und Sie werden es nie wieder erleben ...« (Pollesch: *Kill your Darlings*, 289 f.). René Polleschs Theaterabend *Kill your Darlings Streets of Berladelphia*, 2012 an der Berliner Volksbühne am Rosa-Luxemburg-Platz uraufgeführt, beginnt mit einer ausführlichen Reflexion über das Wesen des Theaters, das Wesen der Kunst. Wieviel Schönheit ist erträglich, bevor wir den Boden unter den Füßen verlieren?

»Kill your darlings«, lautet der Ratschlag zahlreicher Schreibratgeber an junge Schriftsteller: Sie sollen ihre Lieblingssätze streichen. Was mögen die schönsten Sätze sein, die Pollesch gestrichen hat? Der Text des Abends speist sich weniger aus der poetischen Arbeit des Dramatikers Pollesch als aus dessen Theorie-Lektüren, unter anderem Boris Groys und Luc Boltanski, die während der Proben in sinnlich erfahrbare Formen verwandelt und in eine Art Essay in Theaterform mit einer Message am Ende übersetzt wurden. Dieser Essay, gesprochen von dem Schauspieler Fabian Hinrichs, mit dem Pollesch oft eng zusammenarbeitet, hat zwei Themen: Kapitalismus und Liebe. Und einen Ort: Kapitalismus und Liebe auf der postdramatischen Bühne. Was heißt Liebe in einer Ära postfordistischer Selbstausbeutung in befristeten Projekten? »Ich muss Projekte ablehnen, die ein ganzes Leben dauern, so wie dich.« Welche Konsequenzen hat diese freiwillige Selbstabschaffung des Subjekts und seiner Gefühle für das Theater? Polleschs Theater nimmt seinen Ausgang von der avantgardistischen Tradition des Brechtschen epischen Theaters, das durch den berühmten Planwagen der Mutter Courage und einen mit dem Brecht-Titel »Fatzer« beschrifteten Brecht-Vorhang anzitiert wird. Aber im Zeitalter des Netzwerks muss sich der Chor vom Brechtschen Kollektiv zur Verkörperung des kapitalistischen Netzwerks verwandeln. In Gestalt einer Berliner Turnergruppe in mit Dollarnoten bedrucktem Sportdress lässt Pollesch »Chöre des Kapitalismus« Gestalt annehmen und entgegnet dem Vorbild Brecht damit: Das Kollektive ist nicht immer das Gute!

Kill your Darlings ist politisches Theater und Theater über das Theater zugleich. Die Verwendung von Theorie bei Pollesch ist weder ironisch, wie bei Jelinek, noch dient sie als arroganter Distinktionsmarker. Vielmehr geht es Pollesch um die Einforderung der Anwendbarkeit theoretischer Modelle im Alltag (Diederichsen 2008, 106 f.). Polleschs Stücke reagieren auf ein grundlegendes Problem im Verhältnis von Theater und Leben: »Was macht das Theater, wenn wir uns alle fortgesetzt und unter ökonomischem Druck selbstverwirklichen müssen? Wenn wir also im so genannten Leben und im Alltag unausgesetzt keine Rolle spielen und quasi permanent Performance Art produzieren – nicht um aus freien Stücken das Verhältnis zwischen Körper und Selbst zu erproben, sondern weil wir davon leben?« (Diederichsen 2008, 103). Die Bühne wird zu einem Beobachtungsort, an dem das, was sich auch im Alltag vollzieht, per Verfremdung in der Performance sichtbar und beobachtbar werden kann.

Zu diesem Zweck knüpft Pollesch an ältere Traditionen des Avantgarde-Theaters an und führt sie weiter bis an einen Punkt, wo die Aufführung sich nur noch schwer als »Drama« beschreiben lässt. Fabian Hinrichs ruft Theorie, schreit Theorie und flüstert Theorie; Sprache wird zu Sprechkunst. Die Berliner Turner illustrieren, komplementieren und konterkarieren Theorie durch ihre Körperaktionen; Tempo, Dynamik und Lichtregie verbinden sich zu einem sinnlichen, visuell-auditiven Gesamtkunstwerk, das eher einem Konzert mit Solist und Chor als einem Drama gleicht. Dabei befinden sich die Darsteller »erkennbar nicht in einem alltäglichen Modus der Selbst-Identität, doch ihre Präsenz ist auch überhaupt nicht vom Begriff des Schauspiels gedeckt« (Diederichsen 2008, 107). In dieser Weise entwickelt Pollesch ein »durchlässiges und aufnahmefähiges System für Themen« (Düffel/Schößler 2004, 45), das eine Scharnierfunktion zwischen Literatur, Theorie, Politik und Kunst erhält.

Ewald Palmetshofer: *faust hat hunger und verschluckt sich an einer grete.* Im Jahr 2008 wurde der junge österreichischer Dramatiker Ewald Palmetshofer, geboren 1978, von der Zeitschrift *Theater heute* zum Nachwuchsautor des Jahres gekürt. Palmetshofer ist einer der erfolgreichsten jungen Theaterautoren. 2009 war er Hausautor am Schauspielhaus Wien, in der folgenden Saison am Nationaltheater Mannheim – beide Häuser sind führende Aufführungsstätten der Postdramatik mit zahlreichen Uraufführungen und Auftragswerken. Palmetshofer knüpft durch seine prägnante Kunstsprache an die postdramatischen Sprechstücke und Sprachflächen Elfriede Jelineks an und wird von der Presse deshalb manchmal als ›Jelineks Kronprinz‹ bezeichnet, schreibt aber auch die durch Heiner Müllers *Hamletmaschine* vorgeprägte Tendenz fort, bekannte Bezugstexte der Dramentradition postdramatisch zu übermalen.

Sein 2009 am Schauspielhaus Wien uraufgeführtes Stück *faust hat hunger und verschluckt sich an einer grete* schreibt Goethes berühmten Prätext fort, verbindet den intertextuellen Bezug aber mit einer neuen Form sozialen Dramas und mit postdramatischen Verfremdungen. Die banale Handlung ist schnell erzählt: Zwei Singles der Generation thirty-something lernen sich auf einer Grillparty kennen, doch die neue Beziehung scheitert rasch. Der Mann lässt die schwangere Geliebte sitzen, die ihr Kind gewaltsam abtreibt. Der Fall kommt in die Medien, und es wird eine Fernsehdokumentation darüber gedreht – eine Geschichte wie aus dem Unterschichtenfernsehen. Allerdings wird die Handlung auf der Bühne nur retrospektiv aus der Perspektive der anderen Partygäste rekonstruiert; dabei geht es weniger um die Handlung selbst als vielmehr um deren mediale Aufbereitung im Talkshowformat.

Die beiden Protagonisten werden in den Aussagen der Anderen stets Faust und Grete genannt, ihre wahren Namen kennt man nicht, und sie selbst kommen nicht vor. Zwar trägt die rekonstruierte Handlung Züge der Gretchentragödie, doch dient Goethes Prätext hier eher als Negativfolie: In Palmetshofers Stück gibt es keine große Tragik, alles ist banal. Mit der Form des Coverdramas lehnt Palmetshofer sich an wichtige postdramatische Vorbilder wie Heiner Müllers *Hamletmaschine* oder Elfriede Jelineks *Ulrike Maria Stuart* an, aber seine Figuren sind individualisierter. Sowohl in der Wiener Uraufführung als auch in der Mannheimer Inszenierung wurden Rollenwechsel der Figuren durch Kostümwechsel markiert; auch die Perspektiven der Anderen auf die Figur Grete sind unterschiedlich – mal romantisch, mal wütend oder von Schuldgefühlen geprägt. Palmetshofers Figuren sind wenigstens teilweise individualisiert, und auch die Inszenierungen zeigten die Schauspieler als Individuen, nicht als gesichtsloses Kollektiv agierend. Damit nähert Palmetshofer sich wieder an die dramatischen Strukturmerkmale Handlung und Figur an, ohne jedoch deswegen zum Illusionstheater zurückzukehren. Ebenso wie andere Postdramen seit der Jahrtausendwende lässt sich *faust hat hunger* als eine kritische Bilanzierung verstehen, die in Form von Selbstzitaten und selbstironischen Kommentaren an einer Selbstkritik des Postdramas arbeitet (Klessinger 2015).

10.3 | Kollaboration und Partizipation

Die Repolitisierung des Theaters reagiert auf Veränderungen städtischen Lebens im Zuge des globalen Neoliberalismus und auf die Krise politischer Repräsentation im Zeichen einer Postpolitik, die wichtige Entscheidungen an Nicht-Politiker delegiert, Ideologien misstraut und auf die Selbstregulierung der Märkte hofft (Crouch 2008). Besonders Performance-Kollektive wie Rimini Protokoll, Gob Squad und andcompany&Co haben in den letzten Jahren ein alternatives Theater entwickelt, das sich mit diesen Entwicklungen auseinandersetzt und dabei Protestformen wie Demonstrationen, *flash mobs* und *squats* in seine Inszenierungen einbezieht. Mit dem kollektiven Entstehungsprozess ihrer Stücke und deren Verlegung in den öffentlichen Raum grenzen diese Gruppen sich explizit vom klassischen Staatstheater, seinem Bühnen- und Zuschauerkonzept ab und reagieren damit auch auf die Krise des kürzungsgeplagten Kulturbetriebs. Die politische Wirkungsabsicht ihrer partizipativen Formen ist jedoch unterschiedlich stark ausgeprägt.

Rimini Protokoll: *Call Cutta*. Die drei Mitglieder des deutsch-schweizerischen Regiekollektivs Rimini Protokoll, Helgard Haug, Stefan Kaegi und Daniel Wetzel, haben wie René Pollesch am Gießener Institut für Angewandte Theaterwissenschaft studiert. In ihrem Reality-Theater schaffen sie eine Zone zwischen Realität und Fiktion, indem sie zu ihren Produktionen Laien einladen, die beruflich oder privat mit dem jeweiligen Schwerpunkt befasst sind und die als »Experten der Wirklichkeit« bezeichnet werden. Bei der 2007 mit dem Mülheimer Dramatikerpreis ausgezeichneten Produktion *Karl Marx, das Kapital* traten beispielsweise die Herausgeber von Marx' Schriften auf, aber auch Menschen, die allgemeiner mit Kapital zu tun haben wie etwa ehemalige Spieler, Hochstapler, Kapitalismuskritiker und Globalisierungsgegner. Die Produktionen von Rimini Protokoll werden sowohl auf Bühnen als auch im Stadtraum entwickelt.

Für den Theaterspaziergang *Call Cutta. Mobile Phone Theatre* (Hebbel Theater Berlin, 2005) konnten sich die Zuschauer beim Hebbel Theater anmelden und bekamen dort Handys ausgehändigt. Vor dem Theater erhielten sie einen Anruf aus einem indischen Call-Center, in dem sie über Kopfhörer Anweisungen bekamen, wie sie sich durch die Berliner Straßen bewegen sollten. Die hierarchisch gegliederte Theatersituation von Regie, Darstellung und Rezeption löste sich vollkommen auf, als die Zuschauer sich durch den Berliner Stadtteil Kreuzberg bewegten, den viele von ihnen kannten, in dem sie aber nun durch die Instruktion aus dem Call-Center zu Performern wurden, die sich durch den öffentlichen Raum bewegen und dabei von anderen wahrgenommen werden. Die Mitarbeiter des Call-Centers wiederum wurden zu Regisseuren, die die Bewegungen der Besucher/Performer durch den Raum dirigierten und ihnen beispielsweise die Anweisung gaben, jemandem zu winken oder bestimmte Bewegungen auszuführen (Pewny 2009, 50).

Call Cutta greift die Form des Radioballetts auf, die 2002 von der Hamburger Radiogruppe Ligna erfunden und als Zwischenraum zwischen künstlerischer und politischer Intervention inszeniert wurde. So bewegten sich im Juni 2005 zwölf Performer durch die Kärntnerstraße in Wien, klopften an Schaufenster und legte die Ohren daran. Als Mitarbeiter der privaten Sicherheitsdienste, die die teuren Geschäfte der Kärntnerstraße bewachen, die Performer aufforderten, ihre Aktionen zu unterlassen, machten sie die Privatisierung des öffentlichen Raums sichtbar. Das eben war das Ziel der Aktion: Die kritischen Performances im Radioballett zielen im Gegensatz etwa zum ›unsichtbaren Theater‹ nicht auf Debatten oder Konflikte, sondern auf das Sichtbarmachen verborgener Verhältnisse und Machtstrukturen (Pewny 2009, 52).

Die Inszenierungen von Rimini Protokoll haben oft Ähnlichkeit mit solchen Interventionen globalisierungskritischer Gruppen, die sich eher aus künstlerischen Praktiken wie den *dérives* der Situationisten herleiten als aus der Theatertradition. *Call Cutta* hat jedoch kein explizit kritisches Ziel. Im Mittelpunkt steht hier nicht die Darstellung (für die Zuschauer), sondern die Erfahrung (der Besucher), und diese Erfahrung ist banal, gleicht einem Kinderspiel: Jemand gibt mir eine Anweisung, und ich befolge sie. In einer anderen Produktion von Rimini Protokoll, *Situation Rooms* (Ruhrtriennale 2013), schlüpften die Besucher mit Hilfe eines iPad mini und eines Headset in die Rolle verschiedener Menschen, die alle mit Waffenbesitz, Waffengebrauch und Waffenhandel zu tun haben. Diese brisanten Themen wurden, wie viele Kritiker bemerkten, aber höchstens angerissen; zudem waren die Zuschauer mit der Benutzung der iPads so beschäftigt, dass sie gar nicht zum Reflektieren kamen (Heppekausen 2013).

andcompany&Co: *Der (kommende) Aufstand nach Friedrich Schiller.* »How do you squat an imaginary space within an imaginary context?« 2012 besetzte das Berliner Theaterkollektiv andcompany&Co zusammen mit flämischen und niederländischen Theatermachern den Exerziersaal, eine Spielstätte des Oldenburgischen Staatstheaters, um dort den Aufstand zu proben. In grauen Pferdedecken und mit weißen Halskrausen als Kreuzung zwischen Bettlern und niederländischen Kaufleuten des goldenen Zeitalters aufgemacht, verwiesen die Schauspieler ihre Zuschauer auf den Geuzenaufstand, den historischen Abfall der Niederlande von Spanien und die Entstehung der ersten Republik der Neuzeit. Aber Geuzen, also Bettler, sollten auch die Zuschauer werden. Sie wurden in den Protest der Schauspieler gegen dramatische Kürzungen des niederländischen Kulturetats einbezogen, von dem vor allem das in den Niederlanden chronisch unterfinanzierte Theater betroffen ist. Wie bei den *human-microphone*-Aktionen der Occupy-Bewegung wurden die Zuschauer zum chorischen Mitsprechen des Theatertextes aufgefordert und so zu einem Teil der Aufführung. Mit der Einbindung der Zuschauer inszeniert andcompany&Co das Theater als Ort eines neuen kooperativen Stils jenseits der Politik, an dem es möglich wird, neue Formen sozialer Organisation zu imaginieren.

Der historische Geuzenaufstand markierte den Beginn einer liberalen Wirtschaftsordnung. Durch eine Auseinandersetzung mit den Dramen, die Goethe (*Egmont*) und Schiller (*Don Carlos*) über den Abfall der Niederlande schrieben, erzeugen andcompany&Co einen Spannungsbogen vom Anfang zum Ende des Kapitalismus, das in dem innerhalb globalisierungskritischer Protestbewegungen vielgelesenen Pamphlet *Der kommende Aufstand* verkündet wird (2008). Ähnlich wie bei René Pollesch werden Theorie und Diskurs auf das Theater gebracht, wenn unterschiedliche Reizwörter zum Thema »Aufstand« zusammengetragen werden. Anders als bei Pollesch folgt dieses Zusammentragen bei andcompany&Co jedoch einer klaren politischen Wirkungsabsicht, ausgehend von der Frage: Wie kann das Theater Protestbewegungen nicht nur darstellen, sondern selbst angemessen darauf reagieren?

10.4 | Rückkehr der Mimesis

Immer wieder ist das postdramatische Theater in den letzten Jahren totgesagt worden. Eine Postdramatik-Bilanz der Zeitschrift *Theater heute* gipfelte 2008 in einem Essay, in dem der Dramaturg Bernd Stegemann eine Ära *Nach der Postdramatik* verkündete (Stegemann 2008). 2010 beschrieb der französische Theaterwissenschaftler Patrice Pavis einige der in Avignon gezeigten Stücke als post-postdramatisches Theater (Pavis 2010). Tatsächlich lässt sich in Stücken seit der Jahrtausendwende vermehrt eine Reaktivierung von Referenz beobachten: Theaterzeichen verweisen nicht mehr nur auf sich selbst, sondern auf die Welt außerhalb oder jenseits der Bühne. Die Wiederkehr der Parameter Figur, Text und Handlung führt aber nicht notwendig zu großen Erzählungen, sondern hat oft eher die Form kleinerer Anekdoten, in denen Lakonisch-Alltägliches erzählt wird – so, wenn die Stücke von Sibylle Berg oder Dea Loher die Banalität von Lebensläufen vorführen.

Dea Loher: *Klaras Verhältnisse*. 2008 erhielt Dea Loher den Mülheimer Dramatikerpreis für *Das letzte Feuer*. Nach der Auszeichnung der Gruppe Rimini Protokoll für die postdramatische Performance *Karl Marx, das Kapital, der erste Band* im vorausgehenden Jahr wurde damit wieder ein klassischer Theatertext prämiert. Acht Figuren setzen sich mit der Schuld am Unfalltod eines Jungen auseinander. Dabei gehen sie durch die Räume eines auf eine Drehbühne gebauten Bühnenbildes, während die Bühne sich in die entgegengesetzte Richtung dreht, so dass die Schauspieler auf der Stelle zu treten scheinen. Bereits 2001 schrieb Loher mit *Klaras Verhältnisse* ein konventionelles Stück mit klar konturierten Charakteren, aber nur angedeuteten Konflikten. Klara ist eine junge Frau, die sich gesellschaftlichen Zwängen entzieht, indem sie, statt Gebrauchsanweisungen für technische Geräte zu verfassen, die Benutzer dazu auffordert, diese Geräte nicht mehr zu benutzen. Klara kann sich nicht für einen Partner entscheiden und pflegt Beziehungen zu zwei Liebhabern. Doch wird daraus kein tragischer Konflikt: Im Vergleich zu Elfriede Jelinek oder auch Marlene Streeruwitz schreibt Dea Loher ein »leises, unspektakuläres Theater, das durch die unaufdringliche Suche nach Authentizität beeindruckt« – oder, wie Michael Hofmann kritisch anmerkt, vielleicht auch nicht (Hofmann 2004, 57).

Moritz Rinke: *Republik Vineta*. In Dramen seit Beginn der 2000er Jahre nimmt die Auseinandersetzung mit Themen der Wirklichkeit an Bedeutung zu – im Gegensatz zur Präokkupation mit Theaterformen in der Postdramatik der 1990er Jahre. Darin zeigt sich auch der Einfluss der internationalen Dramatik, insbesondere der englischen ›Brutalists‹ Sarah Kane und Mark Ravenhill, die wieder Geschichten im Sinne eines sozialen Realismus erzählen. Ein wichtiges Thema in vielen nicht mehr postdramatischen Stücken ist das der Arbeit. In Moritz Rinkes *Republik Vineta*, 2001 Stück des Jahres der Zeitschrift *Theater heute*, planen Manager in einem abgelegenen Hotel in Thüringen eine künstliche Ferieninsel in der Ostsee, die die Reize verschiedener Gegenden vereinen soll. *Republik Vineta* reiht sich ein in die Staatsutopien: Effiziente Managementmethoden werden in den Dienst der technokratischen Verwirklichung von Menschheitsträumen gestellt. Doch das ganze Unternehmen ist nur simuliert, und die ausbrechenden Konflikte zwischen den Teilnehmern enden in Mord und Selbstmord.

Die Figur des Managers greift auf Urs Widmers *Top Dogs* (1996) zurück, eine Art Königsdrama der Wirtschaft, das sich ebenfalls mit der Arbeitslosigkeit von Managern beschäftigte. Weitere Arbeitslosendramen der letzten Jahre stammen von Oliver Bukowski (*London – L. Ä. – Lübbenau*; *Gäste*), Roland Schimmelpfennig (*Push up. 1–3*), John von Düffel (*Elite I.1*) und Dea Loher (*Der dritte Sektor*). Bei Rinke ist die realistische Präsentation der Arbeitswelt jedoch durch fantastische und Science-Fiction-Elemente verfremdet. Auch die klassische Konfliktführung des Dramas wird gebrochen durch eine merkwürdige Konstellation von Opfern und Tätern, in der die Macher der Arbeitswelt scheitern und zu Opfern werden. Der Unterstellung Franziska Schößlers und Christine Bährs, genau recherchierte Wirtschaftsdramen böten die Möglichkeit,»den Legitimationsproblemen des Theaters in einer veränderten politisch-kulturellen Landschaft zu begegnen und ihm neue Relevanz zu verschaffen« (Schößler/Bähr 2009, 10), ist deshalb mit Vorsicht zu begegnen.

Roland Schimmelpfennig: *Trilogie der Tiere*. Roland Schimmelpfennig gilt als der derzeit meistgespielte deutsche Bühnenautor. Seine *Trilogie der Tiere* (2007) folgt Figuren und Szenen in Form kurzer Szenen mit Figurenmonologen oder knappen, lakonischen Dialogen. Hauptfiguren sind die Halbgeschwister Isabel und Peter, die in dem ersten Drama *Besuch bei dem Vater* beide Schauspieler werden wollen. Isabel träumt davon, Miltons *Paradise Lost* auf die Bühne zu bringen, doch im mittleren Teil *Das Reich der Tiere* sind Peter und Isabel bei einem Tier-Musical angestellt, das schon seit sechs Jahren läuft und demnächst durch ein Stück ersetzt werden soll, in dem ein Spiegelei, eine Ketchupflasche und ein Toastbrot auftreten.

In dem am frühesten entstandenen, chronologisch aber an letzter Stelle stehenden *Ende und Anfang* schließlich treffen wir Peter und Isabel nach dem Ende ihrer Schauspielkarrieren als Angestellte eines Tierversuchslabors – zwei gescheiterte Existenzen, ohne nennenswerte soziale Beziehungen in prekären Umständen lebend. Peter haust in einer zugemüllten Messie-Wohnung, kann sich nur mühsam zur Arbeit durchringen und jammert:»wenn du jetzt aufgibst, wenn du dich jetzt geschlagen gibst, wenn du da morgen hingehst, zu einer Zeit, zu der du sonst erst heimgekommen wärst, wenn du das machst, wird es kein Zurück mehr geben, keine Umkehr« (*Trilogie der Tiere*, 171). Verstärkt wird der larmoyante Zug des Stückes durch eine Reihe flankierender Szenen um eine Gruppe verwahrloster Trinker am Kiosk und ein Mädchen, das sich im Brautkleid der Oma sein eigenes Grab gräbt.

Die Themen Arbeit und Familie, die Gestaltung von Charakteren und die Verwendung von Dialogen sprechen dafür, *Trilogie der Tiere* als ein nicht mehr postdramatisches Theater zu verstehen. Auch über die zahlreichen intertextuellen Bezüge auf Ibsen, Strindberg und Tschechov reiht Schimmelpfennig sich in die Tradition des realistischen sozialen Dramas ein. Aber die formale Makrogestaltung von *Trilogie der Tiere*, besonders von *Ende und Anfang*, nimmt auch postdramatische Impulse auf. Nicht die Handlung, sondern die Sprache der Figuren steht im Mittelpunkt des Interesses; Textcollagen und Dialogfetzen geben dem Stück Rhythmus und Struktur. Die Aneinanderreihung von Szenenfragmenten statt eines kohärenten Dramentextes erinnert an die Montagestücke Heiner Müllers. Die Rückkehr der Mimesis ist hier kein einfaches Zurück zum Drama vor der Postdramatik, sondern eine um postdramatische Elemente bereicherte Rückkehr.

Bei der Kritik fielen die drei Stücke durch: *Ende und Anfang* bezeichnete Helmut Schödel in der Süddeutschen Zeitung als »nicht mehr als das Machwerk eines postdramatischen Modespießers«, und Kai Krösche reagierte auf die österreichische Erstaufführung von *Das Reich der Tiere* mit einem wütenden Brief an den Autor Schimmelpfennig: »Was mich wütend macht, sind die Plattitüden und Klischees in Text und Inszenierung, nicht nur in dieser blödsinnigen, weil simplen und zeitgleich in ihrer Überzeichnung niemals scharfen Tiergeschichte, sondern vor allem in den Zwischenszenen, in denen die Ängste und Sorgen dieser Figuren in kargen, dabei aber formverliebten (ja! Da hilft auch Ihre furchtbar kokette Behauptung im Programmheft nicht, die Form spiele für Sie ohnehin nur eine untergeordnete Rolle!) und hohlen Sprachwiederholungen zunichte gemacht werden« (Krösche 2015). Doch demonstriert Schimmelpfennigs Trilogie ebenso wie die Stücke von Dea Loher und Moritz Rinke, aber auch von John von Düffel, Nis-Momme Stockmann und anderen: Eine starre Entgegensetzung von Postdramatik und neuem Realismus ist angesichts der Vielfalt der Ausdrucksformen des Gegenwartstheaters nicht haltbar (Klessinger 2015, 250).

Hilfsmittel

Unverzichtbar für ein Verständnis des postdramatischen Theaters ist die Einführung von Hans-Thies Lehmann, die in vielen, mehrfach überarbeiteten Auflagen erschienen ist. Wir zitieren sie hier nach der neusten Ausgabe (2015). Einen breiten Überblick über Formen und Autoren postdramatischen Theaters bieten zudem der Text + Kritik-Sonderband *Theater fürs 21. Jahrhundert* sowie die Studie *Drama und Theater nach 1989* von Franziska Schößler (2013). Die Vorgeschichte der Postdramatik in den Theater-Avantgarden des 20. Jahrhunderts zeichnet Hanna Klessinger nach (2015). Mit dem *Drama des Prekären* hat sich Katharina Pewny auseinandergesetzt (2011). Neue Dramenautoren stellt Stefan Tigges in seiner Monografie *Dramatische Transformationen* und einem Sammelband vor (Tigges 2008; Tigges u. a. 2010).

Das postdramatische Theater ist Gegenstand zahlreicher Tagungen gewesen, deren Ergebnisse überwiegend in verschiedenen Reihen des Bielefelder transcript-Verlags publiziert wurden. Ein Band von Franziska Schößler und Christine Bähr beschäftigt sich mit Ökonomie im Theater der Gegenwart (2009); Nina Birkner, Andrea Geier und Urte Helduser mit *gender* und Alterität im postdramatischen Theater (2014); zahlreiche Aspekte versammelt der umfangreiche Band von Artur Pełka und Stefan Tigges (2011).

11 Lyrik

Gedichte sind eine besondere Literaturform, die sich in vielem von dem unterscheidet, was wir bisher über Gegenwartsliteratur geschrieben haben. Auch wenn einige Lyriker in ihren Gedichten aktuelle Themen der Gegenwart behandeln – so etwa Durs Grünbein und Thomas Kling mit ihren 9/11-Gedichten (Kap. 6) – ist die dichterische Arbeit des Gedichts vor allem eine Arbeit an der Sprache selbst. Über diese Arbeit an der Sprache zu sprechen und zu schreiben ist schwierig, weil Erkenntnis und Einsicht des Gedichts sich oft jenseits des propositional Aussagbaren bewegen – was nicht heißt, dass Gedichte keine Erkenntnis bieten. Aber ihre Erkenntnis liegt in assoziativen, bildhaften und klanglichen Verknüpfungen, die sich nicht ohne Verlust in Alltagsprosa oder in wissenschaftliche Metasprache übertragen lassen.

Die Ordnung des Gedichts in Versen folgt einem rhythmischen und/oder grafischen Gliederungsprinzip, das oft genug quer zu syntaktischen Konventionen steht. Allerdings gibt es auch lyrische Texte ohne Vers. Gedichte erzeugen Irritation, Überraschung oder Staunen, transportieren aber nicht unbedingt Information und Botschaft. Wer ein Gedicht vorschnell zu verstehen versucht, geht oft genug in die Irre; und doch kann ich durch ein Gedicht etwas verstehen, was mir anders nicht zugänglich wäre. Über Gedichte in einem eigenen Kapitel zu sprechen, ist also ein Wagnis, das sich von den anderen Unternehmungen dieser Einführung kategorial unterscheidet. Und doch hat Lyrik eine Präsenz in der Gegenwartsliteratur, die ein eigenes Lyrik-Kapitel unvermeidbar macht.

»Das Gedicht ist da« – so lautet der Titel eines poetologischen Essays der Berliner Lyrikerin Monika Rinck (*Risiko und Idiotie*, 57–106). Emphatisch behauptet Rinck eine besondere Gegenwarts-Affinität des Gedichts, das in seiner besonderen Gleichzeitigkeit etwas abbildet, »das auf eine vertrackte oder offensichtliche Weise der Gegenwart entspricht« (57). Diese Gegenwärtigkeit des Gedichts setzt sich in der Rezeption fort: Gedichte richten einen starken Appell an ihre Leser. Für Franz Josef Czernin wird die Lektüre zum »Teil des metaphorischen Prozesses, den zu erleben und zu erfassen das Gedicht verlangt« (»Zu Poesie und einem Gedicht«, 67). Für Monika Rinck hat das Da-Sein des Gedichts noch eine zweite Bedeutung: Innerhalb der Gegenwartsliteratur entfaltet Lyrik eine stärkere Ausstrahlung, als das in den Jahrzehnten zuvor der Fall war. 2015 gewann Jan Wagner für seinen Gedichtband *Regentonnenvariationen* den Preis der Leipziger Buchmesse, der bis dahin ausschließlich an narrative Prosawerke vergeben worden war. Bereits in der ersten Aprilwoche 2015 erklommen die *Regentonnenvariationen* daraufhin den fünften Platz der Spiegel-Bestsellerliste – das hatte bis dahin kein Lyrikband geschafft. Zahlreiche Feuilleton-Artikel beschworen eine neue Relevanz der Lyrik; im Frühjahr 2016 stand mit Marion Poschmanns *Geliehene Landschaften* wiederum ein Gedichtband auf der Auswahlliste zum Buchmesse-Preis.

Gedichte werden regelmäßig in großen Zeitungen (*FAZ* und *Die Zeit*), in vielgekauften Lyrikkalendern und in Lyrikanthologien veröffentlicht. Das zweijährig erscheinende *Jahrbuch der Lyrik* bietet einen breiten Überblick über die aktuelle Lyrikproduktion; die bisher drei Bände *Lyrik von JETZT* widmen sich dezidiert der Lyrik junger Autoren. Gedichtbände werden in großen Publikumsverlagen (Suhrkamp, Hanser, C. H. Beck, Schöffling, Luchterhand u. a.) ebenso wie in kleinen Spezialverlagen publiziert (kookbooks, Urs Engeler, Peter Engstler), in Literaturzeitschriften (*Sinn und Form, Neue Rundschau, Bella triste, EDIT*) und eigenen Lyrikorganen (*Das*

Gedicht, Wespennest) sowie auf Lyrikwebsites (lyrikline.org; lyrikwelt.de; lyrikder-gegenwart.de; poetenladen.de). Lyrikfestivals wie die Frankfurter Lyriktage, das Poetree Lyrikfestival Göttingen, das Lyrikertreffen Münster, das Lyrik Festival Innsbruck oder das Internationale Lyrikfestival Basel, Open Mikes und Poetry Slams sind gefragte, gut besuchte Veranstaltungen. Mit wichtigen Preisen ausgezeichnete jüngere Lyrikerinnen wie Nora Gomringer oder Ann Cotten stammen aus der Poetry-Slam-Szene, in der sich die Grenzen zwischen U und E, zwischen Literatur, Musik und Performance verwischen.

Allerdings wird bei Poetry Slams nicht nur Lyrik in einem strikten literaturwissenschaftlichen Verständnis gelesen, und der klassische buchförmige Gedichtband bleibt ein exklusives Produkt. Wagners *Regentonnenvariationen* bilden eine Ausnahme – im Allgemeinen klafft zwischen dem Verkaufserfolg eines Romans und dem eines Gedichtbandes ein Abstand im Umfang mindestens einer Dezimalstelle, und Lyrikrezeption schwankt oft genug zwischen Unverständnis und Banalisierung. Lyrik ist und bleibt eine schwierige Gattung mit insgesamt wenigen Lesern, die allerdings durch zahlreiche Preise und Stipendien gut gefördert wird. Wichtige Lyrikpreise sind der jeweils für den besten im Vorjahr erschienenen Gedichtband verliehene Peter-Huchel-Preis, der Ernst-Meister-Preis und der Hölty-Preis.

Abweichungspoetik. Zum Teil liegt die Unzugänglichkeit des Gedichts in der gattungsspezifischen Verknappung seiner Form und in der daraus erwachsenden Differenz zur Alltagssprache begründet. In einem gewissen Ausmaß ist jedes Gedicht – immer und überall – unverständlicher als andere Arten der Sprachverwendung. Zum größeren Teil erwächst die Schwierigkeit zeitgenössischer Lyrik jedoch aus einem Dichtungsverständnis, das diese Differenz zu einem Qualitätskriterium oder gar zur *conditio sine qua non* der Zugehörigkeit zur Lyrik erhebt. In seiner Münchner Rede zur Poesie unter dem Titel »Vom Zählen der Silben« verweist Heinrich Detering auf das Prinzip der Abweichungspoetik, das 1916 von dem russischen Formalisten Viktor Šklovskij formuliert wurde und seither ein modernes Literaturverständnis, insbesondere Lyrikverständnis bestimmt. Kunst ist demnach »Erschwerung der Form«; das Poetische an der Poesie liegt nicht in ihrer Rolle als Appell, Weltanschauung oder Selbstzeugnis (das alles gibt es auch in anderen Gattungen), sondern im Vers als stärkster Abweichung von der Alltagsrede (Detering: »Vom Zählen der Silben«; vgl. Šklovskij 1981). Erst dieser Widerstand der Form erschließe die Welt neu. In einem ähnlichen Sinne bezeichnet Ulrike Draesner Lyrik als Motor sprachlicher Innovation: »Poesie ist einer der Kanäle, durch die etwas Neues in die Welt tritt« (*Die fünfte Dimension*, 9). Und für Monika Rinck verdankt sich Lyrik einer »dichterische[n] Entscheidung für widerständige, uneigentliche Sprachgebungen« (*Risiko und Idiotie*, 11).

Auch literaturwissenschaftliche Lyrikdefinitionen orientieren sich am Prinzip der Abweichungspoetik. Für Rüdiger Zymner ist Lyrik »diejenige Gattung, die Sprache als Medium der sprachprozeduralen Sinngenese demonstriert bzw. demonstrativ sichtbar macht, die mithin den Eigensinn von Sprache vorzeigt« (Zymner 2009, 96). Lyrik ist diesem Verständnis nach Zurschaustellung von Sprache als Medium von Sinnhaftigkeit; der lyrische Text lenkt die Aufmerksamkeit seiner Rezipienten vom Inhalt seiner Aussage auf deren sprachlichen Gestalt und auf die Sprache als solche. Das allerdings ist in einzelnen Gedichten in unterschiedlichem Ausmaß der Fall; entsprechend groß sind die Schwierigkeiten der Literaturwissenschaft, überhaupt festzustellen, was ein Gedicht ist – und was nicht.

Der berühmten Lyrikdefinition Dieter Lampings zufolge ist ein Gedicht eine »Versrede« oder »Rede in Versen«, das lyrische Gedicht eine »Einzelrede in Versen« (Lamping 1989, 23). Nur: Viele Gedichte der Gegenwart (beispielsweise von Barbara Köhler, Daniela Seel oder Uljana Wolf) sind nicht in Versen verfasst – aber über ihre Veröffentlichungskontexte als Lyrik ausgewiesen; haben Reime – aber nicht an den Zeilenenden (etwa bei Norbert Hummelt); sind keine Einzelreden, sondern mehrstimmige Langgedichte (Paulus Böhmer: *Zum Wasser will alles Wasser will weg*; Oswald Egger: *Herde der Rede*), Versromane (Durs Grünbein: *Vom Schnee*), lyrische Romane (Oswald Egger: *Die ganze Zeit*) oder Versepen (Ann Cotten: *Verbannt!*). Gedichte können lang oder kurz, fiktional oder nicht-fiktional, in Versen verfasst oder prosaförmig sein. Um als Gedicht erkennbar zu sein, muss ein Text starke Merkmale sprachlicher Gestaltung erkennen lassen; gleichwohl gibt es Grenzfälle, in denen lediglich der Veröffentlichungskontext einen Text als Gedicht ausweist.

Poetisches Denken. Das von Lyrikern selbst vertretene Verständnis der Lyrik ist weniger definitorisch. Aus dem Umfeld des innovativen Berliner Lyrikverlags kookbooks stammt der Vorschlag, lyrische Texte nicht über ihre Form von der Prosa zu unterscheiden, sondern durch das poetische Denken, das ihnen zugrundeliegt und zu dem sie anregen. Der kookbooks-Autor Steffen Popp spricht in seiner Dankrede zum Peter-Huchel-Preis von einem »intuitiven Misstrauen [...], das ich gegenüber eigenen Ideen und Konzepten empfinde« und vom poetischen Denken als einem »Widerstand, den man dem gewohnten Denken, seinen Logiken und rhetorischen Mustern gegenüber aufbringen muss, wenn sich etwas einstellen soll, man im Text eine Erfahrung vermitteln will, die diesen Namen verdient«. Gedichte sind für Popp eine Form von Reflexion, aber im Gegensatz zu begrifflichem Denken halten sie sich »in einem noch nicht determinierten Zustand«. Unabhängig von den Gegenständen, um die das Gedicht sich »sprechend bemüht, wird dieser Zustand selbst zum Gegenstand des Interesses« (»Gedichte – Was mit Begriffen?«, 20). Und die kookbooks-Verlegerin Daniela Seel beschreibt die eigene Suche nach einer »form, die beweglich ist und trotzdem treffend und die denken kann. die vorstellungen freisetzt, statt durch zu viel beschreibung zu beschränken. die erfahrungen lieber bereitstellt, als sie mitzuteilen« (*Was weißt du schon von Prärie*, 69).

Die von Ann Cotten, Daniel Falb, Hendrick Jackson, Steffen Popp und Monika Rinck verfasste Kollektivpoetik *Helm aus Phlox* behandelt Fragen der Poetik programmatisch nicht als »Lehre oder Theorie des poetischen Textes«, denn die Regeln, nach denen Texte geschrieben werden, seien »nicht explizierbar, ohne dass ihre ästhetische Evidenz sich verflüchtigt«, und wendet sich statt dessen den »Sensibilitäten, Bewusstseinslagen und allgemein den Lebensformen [zu], die die Produktion poetischer Texte [...] umgeben und die ihren Vorhof bilden« (*Helm aus Phlox*, 7). *Helm aus Phlox* ist ein Text zwischen Theorie und Dichtung; mit der Veröffentlichung im linken Theorie-Verlag Merve schalten die Verfasser sich provokant-spielerisch in die wissenschaftliche Lyrik-Diskussion ein, indem sie auf das notwendige Scheitern aller Theorie hinweisen: »erstens wissen wir nicht, was das Poetische ist, und zweitens, wenn es das gibt, dann ist es bei jedem was anderes« (38). Das Gedicht gilt in den Lyriktheorien der Lyriker nicht als feste Form, sondern als unfertiger und offener Prozess, der auf Erkenntnisse jenseits seiner selbst zielt. Dieses neuartige Lyrikverständnis wird auch in vielen Gedichtbänden wirksam.

Gedicht und Ich. Wenn das Gedicht »der Wirklichkeit gegenüber keine passiv beschreibende oder rhetorische, sondern eine aktive, forschende Haltung einnimmt« (Avanessian u. a.: *Poesie und Begriff*, 13), verändert sich auch das Verhältnis von Gedicht und Ich. Dass eine Verbindung zwischen lyrischem Werk und dichterischer Biografie besteht, ist für Monika Rinck selbstverständlich, allerdings liegt zwischen dem Dichter und dem Text die Arbeit, die ein Chaosgenerator, ein Prisma, eine Verrichtung; die Lektüre, Diebstahl, Entfremdung, Gnade und Verstockung ist und die die biografische Verbindung auflöst. Glücklicherweise installiert die Arbeit, oder besser gesagt der erarbeitete Text dann später irgendwann ein ganz neues und auf viel bessere Art fiktives Ich: das lyrische [...] Ich.

(Rinck: *Risiko und Idiotie*, 16)

Das lyrische oder »Schreib-Ich«, wie Ulrike Draesner formuliert, ist weder identisch mit der Person des Dichters noch völlig unterschieden davon; statt als Entität lässt es sich besser als Prozess beschreiben: »Das Schreib-Ich ist da, gewiss, präsent – und unfühlbar zugleich. Löst sich auf, erfährt sich als etwas, das klein und dadurch durchlässig wird. Ist ›Selbst‹ ganz in Bezug auf« (*Die fünfte Dimension*, 10).

Eine Auflösung oder Aufspaltung des Ich ist nicht nur theoretische Voraussetzung und praktische Erfahrung, sondern auch häufiges Thema in zeitgenössischer Lyrik. So bringt Paulus Böhmer in seinem Langgedicht *Zum Wasser will alles Wasser will weg*, 2015 Gewinner des Peter-Huchel-Preises, gleich drei Ichs ins Spiel. Wasserkopf, Schöps und Saul sind Facetten derselben Figur – und grammatisch eigenständige Subjekte. Die Auflösung des Ich findet allerdings immer noch vor dem Erwartungshorizont der Erlebnislyrik statt. Auch da, wo das Ich »fortschreitend restringiert, reduziert, aufgelöst, überschritten, aber auch geöffnet und ins Fließen gebracht wird«, behält das Muster ›Erlebnislyrik‹ in Wandlungen seine Macht (Kaiser 1996, 30). Für Ulrike Draesner ist Poesie deshalb der »Ort, an dem wir, weil wir in ihr versuchen, unsere Welt und uns im Spiegel der Sprache mit Hilfe dieses Spiegels zu betrachten, notgedrungen auf unseren blinden Fleck und unsere Grenzen stoßen« (*Die fünfte Dimension, 7*).

11.1 | Zwischen Ost und West

Im Jahr 1995 verlieh die Deutsche Akademie für Sprache und Dichtung den Georg-Büchner-Preis – den wichtigsten für ein Gesamtwerk vergebenen deutschen Literaturpreis – an den jungen Dresdner Lyriker Durs Grünbein. Grünbein war zu diesem Zeitpunkt 33 Jahre alt und hatte gerade einmal drei Gedichtbände veröffentlicht. Bereits vor der Preisvergabe erhielt er im Frühjahr 1995 auch den Peter-Huchel-Preis. In seiner Laudatio zum Büchnerpreis skizziert der Grünbein-Freund und -Förderer Heiner Müller das Bild eines Dichters, dessen Lyrik »das landläufig Poetische ausschließt« und eine neue lyrische Ära einläutet, die bisherige Ost-West-Gegensätze hinter sich lässt und an eine internationale Moderne anschließt. Müllers Titel »Porträt des Künstlers als junger Grenzhund« zitiert einen Gedichtzyklus aus Grünbeins *Schädelbasislektion*, in dem der Dichter sein Ich als »Hund, in Grenzen wunschlos, stumm« beschreibt: »Gleich fern von Ost und West, im Todesstreifen« (*Schädelbasislektion*, 101). Grünbein stellt hier eine suggestive Beziehung zu James Joyces autobiografischem Roman *A Portrait of the Artist as a Young Man* her, in dem Joyce mit seinem Helden Stephen Daedalus das Portrait einer ganzen Generation junger Intellektueller in der Spätphase der britischen Kolonisierung Irlands zeichnet. Heiner Müller folgt Grünbeins Selbstinterpretation: In dessen Gedichten sei »eine Generationserfahrung Form geworden, die sich bislang eher als Verweigerung von Form artikuliert hat. Es ist die Generation der Untoten des kalten Kriegs, die Geschichte nicht mehr als Sinngebung des Sinnlosen durch Ideologie, sondern nur noch als sinnlos begreifen kann« (Müller 1995). Diese Generationserfahrung sei aber nicht DDR-spezifisch, sondern die Erfahrung der Moderne schlechthin, eine Erfahrung, »die im Blitzlicht von Kafkas *Prozeß* ebenso zu Hause ist wie im *Schatten* Edgar Allen Poes«.

Durs Grünbein, *Grauzone morgens*. Der spektakuläre Erfolg Durs Grünbeins – kein anderer Lyriker seiner Generation wurde so früh und so umfangreich anthologisiert – verdankt sich einer glücklichen Fügung. Grünbeins lässige Urbanität und sein Anschluss an die internationale Moderne prädisponierten ihn zu einem neuen, gesamtdeutschen Dichtertypus, einem »alle Interessierten hinreißenden Götterliebling«, wie es ihn seit »den Tagen des jungen Enzensberger, ja, vielleicht seit dem ersten Auftreten Hugo von Hofmannsthals in der deutschsprachigen Lyrik« nicht mehr gegeben habe – so der enthusiasmierte Literaturkritiker Gustav Seibt (1994). Tatsächlich bringt Grünbeins erster Gedichtband *Grauzone morgens*, 1988 im westdeutschen Suhrkamp-Verlag erschienen, einen neuen Ton in die DDR-Lyrik. Zwar findet sich mit dem Protest gegen die Monotonie des Alltags noch eine DDR-spezifische Motivik, aber die für eine ältere Generation (etwa Volker Braun oder Günter Kunert, s. Kap. 3) so wichtige Thematik der Utopie spielt bei Grünbein keine Rolle, nicht einmal als verfehlte Utopie. Grünbeins Gedichte gestalten keine Kollektiverfahrungen, sondern die kalte, emotionslose Selbstwahrnehmung eines radikal vereinzelten Ich, das sich weniger als reflektierendes Subjekt denn als biologischer Körper betrachtet. So heißt es in dem Gedicht »Farbenlehre«:

> **Vom Fenster abgerutscht**
> **mit dem Schienbein auf-**
> **geschlagen am Gitterrand**
> **einer Hortensienrabatte**
>
> **sahst du zum erstenmal**
> **deinen Knochen bloßgelegt**
> **gelblichrot und wo kein**
> **Blut war elfenbeinweiß.**
>
> **So gesehen das weißt du**
> **nun prägen sich Farben**
> **besonders fest ein.**
>
> **(Grünbein: *Grauzone morgens*, 75)**

Eine spezifisch ostdeutsche Identität im Sinne einer Identifikation mit einem kollektiven Subjekt lässt sich aus Grünbeins Bestimmung des Menschen als materielles Körperwesen nicht ableiten. Dennoch zeigt sich in Grünbeins frühen Gedichten eine eigenständige ostdeutsche Aneignung der internationalen Moderne und Postmoderne – eine »Post-Ost-Moderne«, zu der auch andere aus der DDR stammende Lyriker beitragen und die sich von den postmodernen Poetiken ihrer westdeutschen Generationsgenossen unterscheidet (Pabst 2016).

Uwe Kolbe, Christian Lehnert, Kurt Drawert. Die starke Beschäftigung mit dem eigenen Ich, besonders in Formen der Selbstentfremdung, verbindet Grünbein mit seinen etwas älteren Generationsgenossen Uwe Kolbe und Kurt Drawert und mit dem sieben Jahre jüngeren Christian Lehnert. In »Begegnen ... dem Tag« aus Grünbeins *Schädelbasislektion* findet sich das Ich als Anderer wieder: »Im Telefonnetz zappelnd, in den gelben Zellen nachts / Kopfunter aufgehängt, mein Echolot ›Ich bins‹ / Bin ichs« (50). Eine vergleichbare Szene gestaltet Christian Lehnert im poeto-logischen ersten Gedicht seines Debütbandes *Der gefesselte Sänger* (1997), in dem das »er« – die distanzierende Selbstanrede des Sprechers – von einem »fremde[n]« beobachtet wird. Auf den ersten Blick erinnert diese Konfrontation an die DDR-Er-fahrung allgegenwärtiger Bespitzelung durch die Stasi; ebensogut kann sich hinter dem Anderen jedoch eine Selbstabspaltung des Ich, ein innerer Dialogpartner ver-bergen: »ein fremder, ein feind, / den er braucht, so // für die wirklichen / aussagen über sich, die authentische / sehnsucht in den worten« (Lehnert: *Der gefesselte Sän-ger*, 13). Eins steht fest: Ein Ich, das nur als »er« von sich sprechen kann und das zu-dem eines Feindes bedarf, um Wirklichkeit und Authentizität des eigenen Sprechens zu beglaubigen, ist weit entfernt von der Selbstbestimmung des autonomen Subjekts und dessen sprachlichem Ausdruck als lyrisches Ich.

Zweifellos stehen diese Entfremdungserfahrungen in Zusammenhang mit dem ra-dikalen Identitätsbruch, den das Jahr 1990 für jüngere Ostdeutsche verursachte. Re-signiert resümiert Kurt Drawert in seinem Gedicht »Zustandsbeschreibung, Zwi-schenbericht« (1993): »Was bleibt, / ist der Name / für meine vermutete Person, // wie er auf amtlichen / Kopfbögen steht« (*Idylle rückwärts*, 66). Häufig begegnen skeptische Selbstbefragungen nach Reiseerfahrungen – also in Alteritätskontexten, in denen sich das Ich besonders stark als ein fremdes erfährt. Reisen durch Jordanien und Israel in Lehnerts *Der gefesselte Sänger* werden als Selbstentfremdung im eige-nen Körper und in der Muttersprache dargestellt; Uwe Kolbes *Nicht wirklich plato-nisch* (1994) bewegt sich von Berlin nach Rom, wo das Ich ein Befremden über »Vi-netas Idiom aus der Tiefe« befällt (*Nicht wirklich platonisch*, 97). Das lyrische Idiom der Prenzlauer-Berg-Szene, für das »Vineta« das poetische Schlagwort liefert, funk-tioniert in einem fremden Kontext nicht mehr; die Distanz des Ich zur vertrauten Sprache verwandelt Rom in eine stumme Bilderwelt (Grimm 2000). Die Erfahrung des Identitätswechsels durch den Systemwechsel 1990 sensibilisiert diese Autoren für die postmoderne Durchdringung des Subjekts mit Medienbildern, Sinneseindrü-cken, Imaginationen und Erinnerungen. Im Gegensatz zu gleichaltrigen westdeut-schen Lyrikern, die diese Durchdringung ebenfalls poetisch fruchtbar machen, wird sie aus ostdeutscher Perspektive jedoch als fundamentale Verunsicherung, nicht als freies Spiel erlebt – eine Hemmung, die sich etwa in dem Lehnert-Titel *Der gefesselte Sänger* ausdrückt.

Aber *Der gefesselte Sänger* ist mehr als eine poetologische Chiffre für den Dichter Lehnert. Die Anspielung auf den gefesselten Orpheus deutet auf eine Verschiebung mythologischer Bezüge in der Lyrik jüngerer ostdeutscher Autoren hin. Ebenso wie Lehnert spielt Uwe Kolbe in dem Rom-Gedicht »Nicht wirklich« mit dem Motiv des Umdrehens auf den Orpheus-Mythos an (*Nicht wirklich platonisch*, 32). Damit wen-det er sich vom Bild des steinerollenden Sisyphos ab, das in der Spätphase der DDR als Verständigungsmetapher für die Rolle des Dichters in der Arbeitergesellschaft diente. Wehmütig distanziert sich Kurt Drawert in seinem Gedicht »Sisyphos« von der Vorstellung, mit Dichtung etwas erreichen zu wollen: »Das waren noch Zeiten, / als es einen Gegenstand gab, / den es zu bewegen galt« (*Idylle rückwärts*, 85). Die Neuorientierung auf den mythischen Sänger Orpheus in diesen Gedichten signali-siert einen Abschied von der »Grauzone« DDR und deutet zugleich die Möglichkeit einer Selbststabilisierung im Schönen an (Grimm 2000).

Dioskuren? 1988 traf Durs Grünbein auf der Frankfurter Buchmesse den eben-falls im Verlag Suhrkamp debütierenden Rheinländer Thomas Kling. »Eine Weile lang«, so Grünbein in seinem Nachruf auf den 2007 verstorbenen Kling, »wurden wir damals als Dioskuren gehandelt, ungeachtet der schroffen Unterschiede, als das ungleiche Vorzeigepaar einer neuen deutsch-deutschen Dichtergeneration« (Grünbein: »Dioskurenklage«). Bereits das Kling gewidmete Deutschland-Gedicht »O Heimat, zynischer Euphon« markiert das Bestreben Grünbeins, gemeinsam mit Kling eine führende Position in einer gesamtdeutschen Lyrikszene einzunehmen (Grünbein: *Schädelbasislektion*, 111). Die unterstellte Nähe der Positionen beruht jedoch auf einer strategischen Verkennung Grünbeins. Kling, der in einem seiner letzten Texte Grünbeins antikisierende Lyrik als »Sandalenfilme aus den Grünbein-Studios« bespöttelte (Kling: *Auswertung der Flugdaten*, 49), dürfte sich kaum als dessen Zwilling im Geiste gefühlt haben. Auch in den späten 1980ern, der von Grünbein angesprochenen Phase, findet sich bei Kling keine mit Grünbein vergleichbare Wahrnehmung der deutsch-deutschen Situation, kein »›Gieren‹ nach einer topologisch begründeten – Dresden als höfisch-barockes Phantomschmerzbild der deutschen Geschichte – nationalen Berufung des Dichters im Zeichen einer Wiedererweckung von ›Weltkultur‹« – so resümiert Heribert Tommek Grünbeins »Heimat«-Gedicht (Tommek 2015, 465).

Sprachinstallationen. Thomas Kling: »Gewebeprobe«

Ebenso wie Durs Grünbein tritt Thomas Kling in den späten 1980er Jahren als Vertreter einer neuen Lyrikergeneration auf; beide werden in Rezensionen der 1990er Jahre deshalb oft miteinander verglichen. Doch erschöpfen sich die Parallelen rasch. Während Grünbein sich nach den ersten Bänden klassisch-antikisierenden Formen zuwendet, schreibt Kling eine emphatisch moderne Lyrik in Medien, Sounds und Loops. Im westdeutschen dichterischen Generationswechsel inszeniert er sich als Antipode zur Neuen Subjektivität oder, negativ formuliert, Betroffenheitslyrik der 1970er Jahre, ein *enfant terrible*, das die Düsseldorfer Literaturszene mit Auftritten schockt, die sich an der Performance-Kunst Joseph Beuys' orientieren und seither den Erwartungshorizont für *oral-poetry*-Formen abstecken. Eine enge Freundschaft verbindet ihn mit dem aus der avantgardistischen Wiener Gruppe stammenden Lyrikerpaar Friederike Mayröcker und Ernst Jandl. Jandl, ein begnadeter Vorleser, hatte bereits mit traditionellen Dichterlesungen gebrochen. Klings Poetik ist auditiv. Seine Gedichte leben vom besonderen Kling-Sound der Leseperformances, für die seine Texte lediglich die Sprachpartitur darstellen, indem sie den exzentrisch-ekstatischen Vortragsstil Klings mit seinen extremen Amplituden zwischen Schreien und Flüstern durch Besonderheiten der grafischen Anordnung wiedergeben. Die Orthografie Kling'scher Gedichte ist durchweg phonetisch, man liest also, was man hört – ein »spruchband / textband weißn rau- /schnnz« (Kling: *morsch*, 15). Lyrik ist für Kling mehr als Text, mehr auch als Sprache: »Die Einbeziehung ALLER existierenden Medien ist gefragt«, das Gedicht wird zur »Sprachinstallation« (Kling: *Itinerar*, 15). Das poetologische Gedicht »Gewebeprobe« verwendet das Bild eines stürzenden Baches, um diese Klanglichkeit und Vielschichtigkeit der eigenen Dichtung von einem linearen Spruch- oder Textband abzugrenzen:

GEWEBEPROBE
der bach der stürzt
ist nicht ein spruchband
textband weißn rau-
schnnz;
    schrift schon;
der sichtliche bach di
textader, einstweilen
ein nicht drossel-, nicht
abstellbares textadersystem,
in rufweite; in auflösnder
naheinstellun'.
    bruchstücke,
ständig überspült; über-
löschte blöcke, weiße schrift-
blöcke und glitschige, teils,
begreifbare anordnungen: ein un-
unterbrochn ununterbrochenes.
am bergstrich krakelige unruhe
und felsskalpell. schäumendes
ausschabn.
    bezifferbarer bach,
der bach der stürzt: guß,
megagerinnsel, hirnstrom.

(Kling: *morsch*, 15)

Durch den Titel weist sich das Gedicht als entnommenes Teilstück eines lebenden Organismus aus; dieser Organismus ist die Klingsche Poesie. Zugleich ist »Gewebe« eine Textilmetapher, und zwar eine topische poetologische Metapher. Gewebe ist Schrift, Schrift Gewebe. Aber die Probe des Gedichts löst diese Bezüge auf. Denn der Bach ist nicht einfach Text, sondern komplex-dynamisches Textadersystem, aber auch dasjenige, was den eigentlichen Text, die Blöcke und ihre unbegreifbaren Anordnungen überspült. Will diese Verschachtelung von Bildern überhaupt verstanden werden, oder soll der Bach als Geräusch wahrgenommen werden? Sein Fluss lässt sich nicht fixieren, ist Sprachstrom, akustischer Schwall und »hirnstrom« zugleich.

Elke Erb, *Unschuld, du Licht meiner Augen*. Anfang 1991 kam es zu einer Ost-West-Begegnung zweier Dichterinnen, der Ost-Berliner Lyrikerin Elke Erb und der Wiener Avantgardistin Friederike Mayröcker, die eine Art Gegenmodell zur Dioskurenlegende um Kling und Grünbein darstellt. Elke Erb hatte als Vertreterin einer älteren Generation und als Frau eine Sonderstellung in der Samisdat-Szene im Prenzlauer Berg, war Mitherausgeberin der wichtigen Lyrik-Anthologien *Berührung ist nur eine Randerscheinung* (1985) und *Jahrbuch der Lyrik* (1986). Nun fuhr sie nach Wien, um für den Reclam-Verlag Leipzig eine Auswahl aus Mayröckers Gedichten zu edieren. Mayröcker war früh in Kontakt mit Mitgliedern der Wiener Gruppe, besonders mit H. C. Artmann gekommen und hatte eine führende Stellung innerhalb der westlichen Avantgarde-Lyrik. Elke Erb kehrt von der Begegnung mit einer Tasche voller Bücher zurück und bleibt, wie sie rückblickend schreibt, »von da an in [Mayröckers] Gesellschaft« (Erb: *Unschuld*, 25). Die Gedicht-Auswahl erschien 1993 unter dem Titel *Veritas*; wichtiger jedoch war die Ausbeute für Erbs eigenes Schreiben. 1994 publizierte Erb einen eigenen Lyrikband unter dem Titel *Unschuld, du Licht meiner Augen*, dessen Texte Zeugnis von der Begegnung mit Mayröcker und mit ihrer Lyrik ablegen und zugleich eine Chronik persönlichen Wandels in den politischen und sozialen Umbrüchen der Nach-Wende-Jahre skizzieren.

Für Erb eröffnet die »Lesebegegnung« mit Mayröcker eine neue Literaturwelt jenseits der Grenzen der DDR, denn Mayröcker und ihre Texte sind für Erb »Existenz ›von drüben‹« (*Unschuld*, 25). Bereits Thomas Kling hatte seine Sprachinstallationen an Mayröckers poetischem Bewusstseinsstrom-Stil und an dessen polyphoner Integration von Fragmenten, Gedankensplittern, fremden Stimmen und Zitaten geschult. Für Elke Erb wird die Auseinandersetzung mit diesem Stil zu einer »Kräftigung« der eigenen poetischen Existenz, deren »Text-Echos« – datierte und chronologisch geordnete Gedichte nach dem Vorbild der tagebuchartigen Aufzeichnungstechnik Mayröckers – aus Berlin nach Wien zurückgeschickt werden (ebd.). Erb stellt ihren eigenen Gedichten Motti von Mayröcker voran, imaginiert in »Sie in meinem Haus« einen Gegenbesuch Mayröckers in Berlin und zitiert Briefe von und an Mayröcker. Mehr als ein biografisches Zeugnis der Begegnung beider Frauen sind die Gedichte in *Unschuld, du Licht meiner Augen* poetische Auseinandersetzung mit einer für Erb neuen Art von Lyrik. Die chronologische Anordnung der Texte führt die enge Verschränkung von Schreiben und Alltag in Mayröckers Gedichten fort und stiftet fließende Übergänge zwischen Gedichten, Briefen und Tagebuchnotizen. Die »Lesebegegnung« ermöglicht Erb die Klärung und Neuorientierung der eigenen Biografie in Auseinandersetzung mit einer Anderen: »Hier ergab es sich, wie der begegnende Text ein anderes Ich der Erinnerung aus mir herausrüttelte (Rastersiebe), eben weil ich ihn nicht annektierte« (26).

Pluralisierung. Seit Mitte der 1990er Jahre verliert sich der Gegensatz von Ost- und Westlyrik in einer größeren Vielfalt von Lyrikszenen. 1999 gab es allerdings noch einmal einen handfesten Knall. Die von Michael Braun und Hans Thill herausgegebene Anthologie *Das verlorene Alphabet* (1998) wurde von dem ostdeutschen Literaturwissenschaftler Peter Geist, einem ausgewiesenen Kenner der ostdeutschen Lyrikszene, der bis 1996 an der Universität Leipzig lehrte, als modisch-tendenziöse, von westlicher Postmoderne und Dekonstruktion beeinflusste Auswahl kritisiert. Das »ölige[ ] Kommunikationsdesign« dieser »Stopfganslyrik« vernachlässige ostdeutsche Lyriker (Geist 1999, 171). Geists Kritik scheint den deutsch-deutschen Literaturstreit fortzusetzen, in dem es neben der Repräsentation ostdeutscher Autoren in einem westlich dominierten Literaturbetrieb ja auch und vor allem um unterschiedliche Literaturverständnisse und Poetiken ging.

Dass der Streit hier in einem lyrikspezifischen Kontext neu aufgewärmt wird, macht auf zwei Reibepunkte im Prozess der Normalisierung der 1990er Jahre aufmerksam, die nicht übersehen werden sollten: Zum einen kam es in der ostdeutschen Lyrikszene zu Karrierebrüchen, wie sie kein westlicher Dichter in diesen Jahren erlebte. Beispielsweise traten die DDR-Lyriker Stefan Döring, Raja Lubinetzki und Leonhard Lorek, die in tonprägenden Anthologien wie *Vogel oder Käfig sein* vertreten waren, seit dem Ende der 1980er Jahre kaum noch an die Öffentlichkeit. Zum anderen entwickelten jüngere westdeutsche Lyriker, etwa Dirk von Petersdorff, in den 1990er Jahren eine selbstironische Sprachhaltung, die durch das Spiel mit Versatzstücken auf die Vergeblichkeit der Suche nach einem authentischem Ausdruck aufmerksam machte – die empörte Reaktion Peter Geists verdeutlicht, wie fremd diese westliche Postmoderne östlichen Lesern blieb. Mittlerweile lassen jedoch auch diese Gegensätze nach. Bei Thomas Kunst oder Thomas Böhme weisen Thematik und Tonlage der Gedichte nicht mehr dezidiert auf eine ostdeutsche Herkunft hin. Mit der gewachsenen Mobilität und den erweiterten Lesehorizonten einzelner Dichter sind die Lyrikszenen flexibler geworden; die relativ homogenen Formen- und Motivrepertoires der Leipziger und Ostberliner Lyrikszenen, die in der DDR als Gruppen- und Generationsphänomene wahrgenommen wurden, haben sich aufgelöst.

11.2 | Avantgarde und Tradition

Sollen Gedichte vor allem binnensprachliche Abenteuer inszenieren – oder sollen sie in eine Welt außerhalb der Sprache führen? Eine Debatte über die Gewichtung von Sprache und Welt, über Experimente in und Auswege aus Gedichten entspann sich 2007 zwischen den Lyrikern Ulf Stolterfoht und Steffen Popp. In einem Essay für die Literaturzeitschrift *Bella triste* mit dem Titel »Noch einmal: Über Avantgarde und experimentelle Lyrik« rollte Stolterfoht den alten Gegensatz zwischen Avantgarde und Tradition neu auf und sprach sich gegen eine »konventionelle« Lyrik aus, die auf »Epiphanien« ziele. Damit meint er eine Dichtung, die mit sprachlichen Mitteln außersprachliche Einsichten erzeugt. Stattdessen plädiert Stolterfoht für eine »experimentelle« Lyrik – für Texte, »deren Aussage (falls vorhanden) nicht schon vor Beginn des Schreibprozesses feststeht, die also nicht ein vorgegebenes Bedeutungsziel ansteuern oder dieses womöglich entsprechend illustrieren. Freiheit ist immer auch Absichtsfreiheit.« Stolterfoht will in seinem Essay begründen, warum er es weiterhin für sinnvoll hält, eine Form von Lyrik zu schreiben, die als besonders schwierig gilt, weil sie sich primär mit der eigenen sprachlichen Verfasstheit beschäftigt, die in den politisch aufgeladenen Lyrikdiskussionen der 1960er und 70er Jahre für tot erklärt worden war und die seither trotzdem wiederholte Konjunkturen erlebt hat. Dabei beruft er sich auf das »Pfingstwunder der deutschsprachigen Lyrik« Mitte der 1980er Jahre, als kurz nacheinander die ersten Gedichtbände von Peter Waterhouse, Thomas Kling und Bert Papenfuß erschienen (Lehmkuhl 2003). Experimentelle Lyrik, so Stolterfoht, ist selten, aber sie ist deshalb nicht bedeutungslos. Nur sind die »Evidenzen, um die es der experimentellen Lyrik geht«, immer »binnensprachliche Evidenzen, ein Nachdenken der Sprache über sich selbst, und das, was im Gedicht an Welt zum Vorschein kommt, bleibt immer als sprachlich konstruiert erkennbar (Stolterfoht: »Noch einmal«).

Diesem Plädoyer widersprach Steffen Popp in der folgenden Ausgabe der *Bella triste*. »Gedichte, die ihr Heil in einer wie auch immer angelegten Analyse der Sprache suchen«, seien »auf unerträgliche Art fleischlos, tot« (»Poesie als Lebensform«). Ihm, Popp, gehe es nie darum, »das Gedicht zu verfassen, immer nur darum, das Gedicht zu verlassen, in Richtung auf ein größer-schöner-tiefer angelegtes Ding«. Das »eigentlich poetische Projekt« sei nicht das Gedicht selbst, sondern die »Verwirklichung [poetischer] Praxis als Lebensform«. Ein romantisches Programm: Alles soll Poesie werden. Damit allerdings löst sich auch der Gegensatz von Dichtung und Nicht-Dichtung auf, zumal offen bleibt, warum nicht auch experimentelle Lyrik die Verwirklichung einer Lebensform sein kann.

»Avantgarde« und »Tradition« fungieren in den Lyrikszenen der Gegenwart nicht mehr als echte Gegenbegriffe, höchstens stellen sie Schlagworte der Experimentellen dar. Insgesamt ist die Lyrik der Gegenwart eher traditionell. Auch experimentelle Dichtung skandalisiert nicht mehr, sondern ordnet sich über vielfältige Bezüge auf Dada, auf die Wiener Gruppe und andere in eine ältere Tradition ein, eben die der Avantgarden. Gerhard Falkner spricht in einem Aphorismus von »Avantgardismus als Retardiertheit«: »*Die Revolution ist zu den Grundsätzen zurückgekehrt, mit denen sie begonnen hat. Sie ist zu Ende.*« (*Hölderlin Reparatur*, 79).

Oskar Pastior. Zentraler Gewährsmann für die sprachexperimentelle Position Ulf Stolterfohts ist der Rumäniendeutsche Oskar Pastior, der in seinen Bänden *Vokalisen & Gimpelstifte* (1992), *Das Hören des Genitivs* (1997) und *Villanella & Pantum* (2000) mit Anagrammen und Palindromen spielt, alte Formen wie Villanelle und Canzone variiert. Was dabei mitunter wie Artistik anmutet, ist in Wahrheit Folge eines komplexen Sprachprozesses, in dem Pastior wie in einem Algorithmus selbst die Regeln festlegt, nach denen Sprache funktioniert. So entstehen methodisch streng komponierte *Gedichtgedichte* (1973), eigene lyrische Formen, die vorgefundenes Material weiterschreiben, indem sie dessen Bedeutung lustvoll destruieren. Nicht aus der Semantik, sondern aus dem Klang der Worte erzeugt Pastior Spiel- und Denkmodelle, die das scheinbar Selbstverständliche – die reibungslose, weitgehend unbemerkte sprachliche Verständigung – radikal in Frage stellen. Nicht verstehen oder verständlich machen will diese Dichtung, sondern Chaos und Rätsel mehren. Für Ernest Wichner, der die Laudatio zur Verleihung des Peter-Huchel-Preises hielt, übersetzt Pastior damit eine präadamitische Sprache und verwirklicht so einen alten Dichtertraum (Wichner 2001).

Ann Cotten, Dagmara Kraus. Oskar Pastior lebte und schrieb als Angehöriger einer Sprachminderheit in einer einst mehrsprachigen, seit der Nachkriegszeit nationalsprachlich geprägten Umgebung. Auch seine vielfältige Tätigkeit als Übersetzer rumänischer, englischer, französischer und russischer Lyrik trug zu seiner komplexen sprachlichen Arbeit bei. Vielleicht ist es kein Zufall, dass seine Sprachexperimente in den letzten Jahren von zwei jüngeren Lyrikerinnen weitergeführt worden sind, die ebenfalls einen gemischtsprachigen Erfahrungshintergrund haben. Ann Cotten, 1978 im US-Staat Iowa geboren, wuchs seit 1987 in Wien auf und lebt seit 2006 in Berlin; Dagmara Kraus, geboren 1981 in Wrocław (Breslau), kam im Alter von sieben Jahren nach Deutschland, lebt heute in Paris, schreibt auf deutsch und übersetzt aus dem Polnischen. Cottens Lyrikdebüt *Fremdwörterbuchsonette* (2007) komponiert 78 Doppelsonette – Großsonette aus je zwei aufeinanderfolgenden Sonetten – von denen wiederum jeweils zwei in einer chiastischen Anlage so aufeinander bezogen sind, dass ihre Zahl sich zu 79 ergänzt. Wie in einem Rätselspiel erläutert jedes dieser Paare ein Fremdwort oder ein Fremdwörterpaar (Loxodrom, Palindrom, Flex usw.), das zugleich den poetischen Algorhitmus des jeweiligen Sonettpaars vorgibt. Dagmara Kraus verwendet in *kummerang* (2012) eine Fülle überraschend-komischer Neologismen und Komposita, präsentiert Fundstücke aus Fremd- und Fachwörterbüchern oder komponiert durch anagrammatische Vertauschung Gedichte kanonischer Dichter (Stefan George, Christine Lavant) neu.

Uljana Wolf: ***Meine schönste Lengevitch.*** Im Jahr 2011 initiierte Ulf Stolterfoht eine Debatte über das kritische Engagement experimenteller Lyrik, die auf mehreren Dichtertreffen geführt und in dem Kollektiv-Blog *Timber!* veröffentlicht wurde. Die junge Berliner Lyrikerin Uljana Wolf, die ihren Beitrag unter dem Eindruck der Räumung des New Yorker Occupy-Camps schrieb, bejaht ein solches Engagement dezidiert und fordert

> hybride Formen, ein Schreiben, das Genre- und Sprachgrenzen überschreitet, und von Kompositionseinheiten ausgeht, die weniger contained sind, weniger klar begrenzt und konsumierbar, weniger beschränkt in der Möglichkeit, Beziehungen und Strukturen über größere Räume hinweg zu erfahren und zu befragen.

(Wolf: *Beitrag 8*)

Um ein solches Schreiben zu realisieren, wolle sie sich in einer »Mittelwelt ewig unfertigen Sprechens und Sprachvermischens« einrichten.

Wie eine solche Mittelwelt aussieht, führt der 2013 erschienene Band *Meine schönste Lengevitch* vor Augen: wie ein »Doppelgeherrede« – so der Titel eines Textes, der programmatisch auch auf dem Buchcover abgedruckt wurde. *Meine schönste Lengevitch* spielt zwischen und mit Sprachen und eröffnet einen neuen, intralingualen Konnotationsraum, in dem sich Begriffe wie eben »Doppelgeherrede« ergeben. Der Bedeutungsraum der einen Sprache wird in den der anderen nicht übersetzt, sondern aufgenommen, und im Zwischenspiel entsteht etwas Drittes. Das klingt dann etwa so:»bricklebrit steht ohne reiter da, ruckt sich nicht, ein ungelöstes riddle. sieh genau hin: die glider rideren im!« (17) Das ist, wie der Rezensent Jan Kuhlbrodt bemerkt,»als würde Wolf die Sprachen kontrolliert kollidieren lassen und somit sich ein Material schaffen, das – neu zusammengesetzt – ihre Gedichte bildet« (Kuhlbrodt 2013). Schon Wolfs zweiter Gedichtband *falsche freunde* (2009) gewann sein poetisches Programm aus einer übersetzerischen Unschärfe: Als ›faux ami‹ oder ›falsche freunde‹ werden fremdsprachige Wörter bezeichnet, die ähnlich klingen wie ein Wort der eigenen Sprache, aber etwas anderes bedeuten.

Marcel Beyer: *Graphit*. Während experimentelle Lyrikerinnen und Lyriker wie Ann Cotten, Herta Müller, Uljana Wolf, Anja Utler oder Daniel Falb die eigene Dichtung als Fortführung des Projekts der Avantgarde verstehen, stellt der Anschluss an die Avantgarden für andere Dichter nur eine Möglichkeit unter anderen dar, Traditionen in ihre Texte einzubauen. So geht die von Thomas Kling inspirierte Medien- und Sprachreflexion bei dem Kling-Freund Marcel Beyer einher mit einer Rückbesinnung auf eine Tradition der modernen Lyrik, deren Referenzpunkte Hölderlin, Baudelaire, Trakl, T. S. Eliot, Benn und Celan darstellen. Aber Beyer beruft sich, ebenso wie Kling, auch auf die Avantgarde-Dichter Mayröcker und Pastior.

Beyers Gedichtband *Graphit* (2014) arbeitet, wie bereits die Bände *Falsches Futter* (1997) und *Erdkunde* (2002), mit einem found-footage-Verfahren, das Zitate, Klänge, Medien und Bilder in die Gedichte einbettet. Der gesamte Band ist als Hommage an Thomas Kling konzipiert. Die Musenanrufung in »Wespe, komm« (*Graphit*, 125) verweist auf Kling und dessen Markenzeichen, einen gelb-schwarz gestreiften Pullover; das mehrteilige Gedicht »Das Rheinland stirbt zuletzt«, das den Einsturz des Kölner Stadtarchivs behandelt, ist auf einer zweiten Ebene als Gang in eine Unterwelt lesbar, in der für beide Dichter bedeutsame Textfragmente lagern. Über einzelne Anspielungen ebenso wie durch das Aufrufen ganzer Traditionen klärt Beyer in *Graphit* das eigene Verhältnis zum Toten und zu dessen Poetik. Beyers Stil ist weniger schroff als der Klings, was beide jedoch verbindet, ist die Einbeziehung aller Medien und die Technik des *sampling*. Während die Sprach- und Formexperimente bei Cotten, Wolf und Kraus eigene Ausdrucksmöglichkeiten ausloten – und so im Sinne Ulf Stolterfohts auf binnensprachliche Evidenz zielen –, fokussiert Beyer das Verhältnis zu anderem Sprechen und zu fremden Texten.

Lutz Seiler: *im felderlatein*. »Das neue Reich« lautet der Titel eines Gedichtes aus Lutz Seilers *im felderlatein* (2010). Emphatisch ruft Seiler damit die Seherpose Stefan

Georges auf, dessen Sammlung *Das neue Reich* (1928) ein elitäres Dichterethos verkündete – und konfrontiert Georges Rückzug in eine Kunstwelt des Schönen mit dem Setting einer verfallenden Vorstadt, eine Konfrontation, die das Gedicht in den Schlussworten »komm in / den totgesagten technikpark – fischgrätenestrich« wie in einem Kurzschluss zusammenführt (*im felderlatein*, 11). Das berühmte George-Gedicht »Komm in den totgesagten Park und schau« forderte den Dichter und seine Adepten dazu auf, sich an einer künstlich zugerichteten Natur für das eigene ästhetische Empfinden zu bedienen und »was übrig blieb von grünem leben« zu verweben. Seilers Gedicht lehnt diese ästhetizistische Position ab.

Seilers synästhetische Evokation von »fernsprechrauschen« und »vogelhusten« – Klängen, die den Sprecher in seiner Erinnerung an einen früheren Besuch in der Vorstadt begleiten – schließt an die Einbindung von Medien bei Thomas Kling oder auch bei Jürgen Becker an (s. Kap. 3); vor allem jedoch erzeugt sie einen Kontrast zu den Hofmannsthal-Reizwörtern »labyrinth« und »chandoshysterien«. Nicht Rückzug oder Sprachkrise, »kein / labyrinth & keine chandoshysterien, nur // wortgeruch & falsche nelken« folgen aus einer hässlichen Wirklichkeit, sondern ein unaufgeregtes Sich-Einrichten im Imperfekten. Drei Seiten später bekräftigt das Gedicht »der rohe ton« die befremdete Ablehnung des hohen Tons (»wer dachte ins mark?«, 14) und plädiert stattdessen für einen rohen Ton (»als ob / ein langes atmen langsam, knirschend durch / den körper geht«). Über intertextuelle Anspielungen wird hier ein einflussreiches Dichtungsbild der Moderne aufgerufen, das Lyrik als von der Wirklichkeit abgeschotteten Raum konzipiert – um diese Vorstellung zu verwerfen. Implizit plädiert Seiler in »Das neue Reich« für ein Realismusprinzip: Lyrik soll Wirklichkeit nicht zur Kunstwelt verklären, sondern das, was ist, aus der Anschauung heraus zeigen.

11.3 | Landschaft und Natur

»Rede, Park, rede nur, daß ich dich sehe«. Mit dieser Anrede ruft Marion Poschmann in ihrem jüngsten Gedichtband *Geliehene Landschaften* (2016) ein berühmtes Zitat aus Johann Georg Hamanns *Aesthetica in nuce* (1760) auf: »Rede, daß ich Dich sehe! – Dieser Wunsch wurde durch die Schöpfung erfüllt, die eine Rede an die Kreatur durch die Kreatur ist«. Für Hamann, den ›Magus des Nordens‹ und Stichwortgeber des Sturm und Drang, ist die Schöpfung Gottes Poesie – an den Menschen gerichtete Rede und Muttersprache des Menschen zugleich. In diesem Sinne zitiert Poschmann in einem der Motti ihres Bandes Hamanns These der Poesie als »Muttersprache des menschlichen Geschlechts; wie der Gartenbau, älter als der Acker« (*Geliehene Landschaften*, 7).

Mit dem veränderten Zitat »Rede, Park, rede nur, daß ich dich sehe« wird allerdings keine göttlich geschaffene Natur, sondern ein Volkspark in Kaliningrad, dem ehemaligen Königsberg, angeredet – ein »Pop-up Park« mit »Blumenrabatten, bepflanzt mit Metallkombinaten«, unter dem »Tonnen von Knochen« begraben liegen (*Geliehene Landschaften*, 10). Aus Königsberg stammte Hamann; dessen Idee, dass Poesie eine Art Gartenbau ist, wird in *Geliehene Landschaften* mit einer künstlichen, auf die Erholung postsowjetisch-postindustrieller Kleinbürger zugerichteten Natur kontrastiert. Auch Poschmanns Oden sind ihrem Ursprung entfremdete, eben »geliehene« Landschaften, variieren raffiniert die von dem Hamann-Zeitgenossen Friedrich Gottlieb Klopstock ins Deutsche eingeführte Odenform und brechen deren hohen Ton durch wiederholte Hinweise auf die vergiftete Erde der osteuropäischen *bloodlands*. Kann Natur – seit der Antike eines der wichtigsten Lyrik-Themen und seit der Goetheschen

Erlebnislyrik privilegierter Ort, an dem ein lyrisches Ich zu sich findet – nach der Postmoderne nur noch Zitat und Pastiche sein, zugänglich lediglich über die Lyrik Anderer als »loerkes pfründe, schwärende wunde vergil« (Ulf Stolterfoht: *Neu-Jerusalem,* 65)? **Christian Lehnert:** *Aufkommender Atem.* Viele Lyriker sind sich einig darin, dass Gedichte eine Erkundung oder Erforschung der Wirklichkeit leisten. Poesie ist für die *Phlox*-Gruppe »Jagd als Sondierung, Raubzug und Forschung jeweils bezüglich Material, Medium und Perspektive« (*Helm aus Phlox,* 28). Das gilt nicht nur für innersprachliches oder intertextuelles Material, sondern ebenso für die Auseinandersetzung mit einem Außen. Natur und Landschaft bleiben in der Gegenwart wichtige Erfahrungsräume. Dass das Gedicht dabei selbst zum Medium der Suche und Erkundung wird für das, was dem Ich begegnet, ist eine genuin neue Entwicklung, die neuartige Formen phänomenologischer Lyrik begründet.

Christian Lehnert führt in seinem sechsten Lyrikband *Aufkommender Atem* (2011) ein Naturtagebuch aus datierten, teilweise mit Ortsangaben versehenen Gedichten. Auch wenn die tagebuchartige Komposition an Friederike Mayröcker oder Elke Erb erinnert, tragen Lehnerts Gedichte im Inneren kaum tagebuchartige Alltagsspuren von Begegnungen, Lektüren oder Unterhaltungen. *Aufkommender Atem* ist weniger Tagebuch eines Ich als Tagebuch einer Landschaft, in der ein Ich nur schwach zum Ausdruck kommt; dessen Selbstgefühl äußert sich vor allem in den Deutungen, die Naturwahrnehmungen gegeben werden und die oft naturmystisch, an einigen Stellen auch explizit christlich geprägt sind.

Vorfrühling

Die Amsel zögert noch in einer Welt,
die innen stumm ist, außen kaum zu fühlen,
im Schnee. Als hätte sie sich vorgestellt,
zum Fliegen sei ein Ton herabzukühlen,

der Wind sei ein bestimmtes Intervall,
so klar wie Eis. Im Schwarm allein, das eine
gefiederte Erwachen, Widerhall –
wie Schatten gleiten Vögel über Steine

in gläsernes Gezweig, in hartes Moos.
Noch scheint die Sonne aus der Luft gegriffen,
noch wirkt die Scheune völlig schwerelos,
fossiler Zahn von Zeit und Traum verschliffen.

(Lehnert: *Aufkommender Atem,* 9)

An keiner Stelle führt das den Band eröffnende Gedicht »Vorfrühling« das Wort »Ich« im Mund. Aber es lässt auf verschiedenen Wegen erkennen, dass es nicht objektive Aussagen über eine Amsel sammelt, sondern in eine subjektive Weltwahrnehmung hineinführt. Die Amsel ist kein gegebenes Naturelement, sondern eine perspektivisch wahrgenommene und mit Wahrnehmungsqualitäten ausgestattete Amsel. Der Sprecher des Gedichts wird durch die Vorstellungen greifbar, die er mit dem Vogel verbindet (Zögern, Stummheit), durch die Wirkungen, die Sinneseindrücke auf ihn haben (vor allem den konjunktivischen Versuch, sich in die Amsel hineinzuversetzen und ihre Vorstellungen zu imaginieren), und durch die Bilder, der er für diese Wirkung findet (Schwerelosigkeit, fossiler Zahn).

Damit folgt das Gedicht einer Grundeinsicht der Phänomenologie, nach der Wahrnehmung in einem spezifischen Raum stattfindet, von diesem Raum ebenso beeinflusst wird wie von der Gestimmtheit des Subjekts und wiederum auf dessen Raumwahrnehmung zurückwirkt. Zugleich mit dem Hineinsprechen in den Naturraum der unregulierten Elbe bei Wittenberg spricht sich »Vorfrühling« in einen pathosfreien hohen Ton hinein, der den gesamten Band musikalisch grundiert. *Aufkommender Atem* erfindet Naturlyrik als musikalisches Stimmungstagebuch; Gedichte von Lehnert wurden von Bernd Franke, Frank Schwemmer und von Hans Werner Henze vertont, für den Lehnert auch das Libretto zur Konzertoper »Phaedra« schrieb.

Nico Bleutge teilt Lehnerts Aufmerksamkeit für Räume und Wahrnehmungen – wenn auch innerhalb ganz anderer Umgebungen und in offeneren lyrischen Formen. Sein Band *verdecktes gelände* (2013) inszeniert einen Selbstverlust in unheimlicher und gefährlicher Landschaft, in der Architektur in pflanzliche Wucherung übergeht, Innen und Außen ineinander verschwimmen. Im zweiten Gedicht des Bandes, »am ufer ankommen«, beispielsweise löst sich

> [...] moos, die rohe verflechtung
> löste sich aus dem raum, löste sich auf im gehen
> das schon innen war. wände verschwanden, zellen
> wuchsen in die gänge ein, porig, vertraut
> mit den fugen, ließen sie, ringsum verlängert
> pflanzen austreiben, wuchernde blattformen
> führten tiefer ins ufer hinein
>
> (Bleutge: *verdecktes gelände*, 10)

Das Eindringen der Vegetation macht auch vor dem Ich nicht Halt, wenn der Regen »durch die Stirn« streicht und Äste »fest in die knochen« greifen: »so trocken / so schnell« (9). Der Ort des Sprechers in dieser gefährlichen Anti-Idylle ist oft unsicher, nur schemenhaft erkennbar. Im Gegensatz zur Norm des Erlebnisgedichts, in dem alle Wahrnehmungen vom Ich ausgehen und emphatisch auf dessen Gefühle bezogen sind, scheinen die Wahrnehmungen in *verdecktes gelände* von einer autonomen Außenwelt auszugehen, die nur eventuell auch die Innenwelt des Ich ist. Wie in den Traumbildern der Romantik ist hier alles Dämmerung, Schwanken, Zwielicht.

In diesem Zwielicht entwickelt Bleutge eine differenzierte Phänomenologie der Wahrnehmungsqualitäten, in der Objekte so sehr von allen Seiten gesehen werden, dass sie sich nicht mehr zu konventionellen Beschreibungen und Benennungen zusammensetzen lassen. So wird in »grauwacke« (14) das Grau der Landschaft zu einer reichen Empfindungswelt aufgefächert. Die Unpersönlichkeit polysensueller Kamerafahrten manifestiert sich grammatisch in der Vermeidung konjugierter Verbformen zugunsten des Infinitivs: »muster fixieren« (20), »wasser im sinn haben« (25) oder »fischhaare finden« (31) sind Tätigkeiten, die jedem offen stehen und von denen offen bleibt, wer sie hier im Einzelfall ausübt oder was sich aus ihnen ergibt.

Daniela Seel: *Was weißt du schon von Prärie?* Die kookbooks-Verlegerin Daniela Seel entwickelt ihre Naturvision mit Hilfe ganzseitiger schwarz-weißer Landschaftsfotografien mit starken hell-dunkel-Kontrasten, die jeweils einen der Zyklen des Bandes *Was weißt du schon von Prärie?* (2015) einleiten. In Form versloser lyrischer Reflexions- und Assoziationsketten antworten Seels Texte den Bildern durch ein »Zu Wänden sprechen, sich in Verhältnisse setzen« (9). Dichten erscheint als ganzkörperliche Aktivität, die von einem Außen ausgeht, das die Zunge leckt, an das der

Körper sich anschmiegt, aus dem der Atem fließt. Die kontrastreichen Fotografien führen dieses Außen vor Augen: öde Landschaften, rauhes Gestein, Geröll und Felsen.

Die Texte stehen in einem doppelten Verhältnis – zu den rauhen Wänden der Schlucht auf der Fotografie und zur Fotografie selbst. Ihre Rede ist tentativ, ein Ausprobieren von Worten und Formulierungen, in dem sich manchmal Reime einstellen (»Habe Kleister, Kanister, sinistre Register«; 13) – meist jedoch nicht. Einzelne Zyklen des Bandes scheinen jeweils Sequenzen zu unterschiedlichen Landschaftstypen auf den Fotografien zu bilden; so spiegelt die Abfolge voneinander abgesetzter Aphorismen in »Saga« den Aufbau der Gerölllandschaft und die Schichtung von Licht und Schatten auf der einleitenden Fotografie. Zwar liefern die Texte keine Ekphrasen der Fotografien, sondern bestenfalls suggestive Analogien, doch fordert das Gedicht »Maschen zählen« (60) dazu auf, Verknüpfungen herzustellen und die Gedichte als »karten von dingen, die man nicht aufzeichnen kann«, zu behandeln, ihre Entzifferung als »kulissen aus geografie, prospektiv«. Die Evidenz dieser Verknüpfungslogik bleibt ganz der Leserin überlassen, gemäß dem Motto: »Je größer die Immanenz, desto mehr haftet an« (30).

11.4 | Einblicke in Eigentliches

Einer These des Literaturwissenschaftlers Karl Eibl zufolge liegt die Unzugänglichkeit der Lyrik im ursprünglich religiösen Kontext des Gedichts begründet (Eibl 2013). Als referenzloses oder referenzarmes Spiel mit der Sprache antworte das Gedicht auf Irritationserfahrungen des Menschen, die sich nicht mit referenzieller Sprache bewältigen lassen. Religionen halten Rituale bereit, die Irritationen auffangen können und in denen lyrische Texte wie die Psalmen ihren Ort haben. In der Moderne löse sich die Lyrik aus dem Ritual, behalte aber ihre schwierige Form und könne so das Begehren, zu verstehen, auf das die kognitive Ausstattung des Menschen ausgerichtet ist, ebenso bedienen wie dessen Unerfüllbarkeit angesichts überwältigender Erfahrungen von Liebe oder Tod.

Schon ein kurzer Blick in Lyrikveröffentlichungen der letzten Jahre zeigt allerdings: Die Lösung der Lyrik von einem religiösen Untergrund ist höchstens eine partielle. Auch in einer weitgehend säkularen Gegenwart inszenieren Gedichte mit der ihnen eigenen Nähe zu prophetischer Rede eine Offenheit der Wirklichkeit für epiphane Erfahrungen. Die Naturmystik des Theologen Christian Lehnert etwa mündet immer wieder in explizite Gottesbezüge; Lehnerts Band *Windzüge* (2015) enthält mit »Der brennende Dornbusch« einen ganzen Theophanie-Zyklus. Daniela Danz imaginiert in *Pontus* (2009) zwei Offenbarungsszenen von »Gabriel an Maria« und »Gabriel an Mohammed«, Hendrick Jackson betitelt seinen fünften Gedichtband *Im Lichte der Prophezeiungen* (2012), und Carl-Christian Elze nennt seine Gedichte *Diese kleinen, in der Luft hängenden, bergpredigenden Gebilde* (2016).

Heinrich Detering: »unbeschuht«. Schon in seinem dritten Gedichtband *Wrist* (2009) hatte Heinrich Detering, Inhaber eines Lehrstuhls für Neuere deutsche Literatur an der Universität Göttingen und Präsident der Deutschen Akademie für Sprache und Dichtung, eine Reihe (wenn auch ambivalenter) Gottesbegegnungen imaginiert. Das Gedicht »unbeschuht« aus Deterings sechstem Band *Wundertiere* (2015) nimmt dieses Thema in veränderter Form auf.

unbeschuht

ohne Schuhe
komm ich nach Haus
dunkle Ruhe
breitet sich aus

fremde Stille
tritt in mich ein
niemandes Wille
ist mehr mein

fortgenommen
Klang und Bild
angekommen
und gestillt

(Detering: *Wundertiere*, 85)

Formal und klanglich bildet »unbeschuht« ein Echo des wohl bekanntesten Erlebnis-
gedichtes überhaupt, Goethes »Maifest« (1771). Goethe beginnt auftaktig (»Wie herr-
lich leuchtet«), aber davon abgesehen bestehen auffällige Parallelen zwischen beiden Gedichten, die darauf hindeuten, daß »Maifest« eine Folie darstellt, vor der »unbeschuht« gelesen werden kann und will: die auffällig kurzen Zeilen mit je nur zwei
Hebungen und die Verwendung von Choriamben (»komm ich nach Haus« / »mir die
Natur«) für einen Einzelvers. Bei Goethe stehen Choriamben allerdings an wenigen
Stellen als Mittel besonderer Emphase; Detering hingegen setzt Choriamben in der
ersten Hälfte des Gedichts regelmäßig in jedem zweiten Vers ein. Im Gegensatz zu
Goethe verwendet er zudem durchgehend Kreuzreime und erreicht damit bei den
sehr kurzen Versen eine extreme klangliche Dichte und Konzentration.

Der größte Kontrast zwischen »unbeschuht« und seinem metrischen Vorbild besteht auf der thematischen Ebene. Schrieb Goethe mit »Maifest« ein, ja vielleicht das
Liebesgedicht schlechthin, so verweist Deterings Titel auf den Orden der unbeschuh-
ten Karmelitinnen, der 1562 durch Teresa de Jesus gegründet wurde. Teresa war eine
Schlüsselfigur in der Spätphase der europäischen Mystik; Detering bezieht sich
durch die Motive der Stille, der Entleerung und der Negation auf diese Tradition. So
entwirft »unbeschuht« eine *via negativa* zur *via positiva* des Goetheschen Liebeser-
lebnisses. Statt dem Herausgehen in die Natur herrscht Einkehr, statt der lachenden
Flur Stille. Das Ich, von dem in Deterings erster Strophe noch die Rede ist – wenn
auch nicht, wie bei Goethe, emphatisch (»*mir* die Natur«), sondern auf einer Sen-
kung – verschwindet nach und nach aus dem Gedicht. In der zweiten Strophe ist es
nurmehr Objekt der Rede, in der dritten fehlt es ganz. Auch finden sich in der dritten
Strophe keine konjugierten Verben mehr, sondern Perfekt-Partizipien, die eine bereits erreichte Stillung, ja Vollendung anzeigen.

Norbert Hummelt: *Pans Stunde*. Starke, affirmative religiöse Bezüge wie diese
Einübung in eine mystische Entleerung mögen in der Lyrik der Gegenwart selten
sein. Schwächere, offene oder gebrochene Evokationen einer Wirklichkeit, die alltägliche Erfahrung übersteigt, finden sich jedoch zahlreich. In Norbert Hummelts *Pans
Stunde* (2011) entgeht ein Paar auf seinen Ausflügen durch Brandenburg nur knapp
dem panischen Schrecken, als es vom Getränkemarkt aus »ein stück querfeldein«
spaziert. Als die beiden vom Sonnenlicht geblendet werden, das auf den See trifft, be-

ginnen sich »die dinge um uns wie neu zu benennen« – »u. eine stunde lang war eine / stunde da wo weder du noch ich vorher gewesen war« (9). Ambivalenz und Unwirklichkeit dieses Erlebnisses werden durch Hummelts Eigenart verstärkt, Reime nicht am Versende einzusetzen. So entsteht eine klangliche Verschiebung, die sich wie ein Kontrapunkt gegen sich selbst wendet und durch die jedes Wort auf zwei Ebenen wahrgenommen werden kann – als Teil des klanglichen Verses und der optischen Zeile. Umso stärker tritt in diesem Verfahren das letzte Reimwort »war« mit seiner starken Schließung hervor, das die poetische Stunde als echt zu bestätigen scheint.

Nadja Küchenmeister inszeniert in *Unter dem Wacholder* (2014) eine moderne Epiphanie. Moderne oder säkulare Epiphanien sind Augenblicke der Fremderfahrung, die unerwartet eintreten, nicht willentlich herbeigeführt werden können, die das Subjekt überwältigen und nicht aus ihm selbst zu kommen scheinen. Literaturgeschichtlich sind solche Erfahrungen seit der Romantik einschlägig; die Moderne kennt aber auch ausbleibende Epiphanien oder regelrechte Anti-Epiphanien, die peinigend und alltäglich sind – besonders ausgeprägt in James Joyces *Dubliners*-Erzählungen oder in der Gegenwartsliteratur bei Wilhelm Genazino und Martin Mosebach. Küchenmeister allerdings knüpft nicht an diese Tradition an. Bereits das den Band eröffnende Motto aus Rainer Maria Rilkes »Requiem. Für eine Freundin« (1908) evoziert ein Moment der Emphase. In ihren Gedichten verwendet Küchenmeister vielfach einen symbolistisch und romantisch inspirierten hohen Ton und setzt hohe poetische Topoi ein. Aber das Erhabene bleibt bei ihr in der Schwebe, denn ähnlich wie Hummelt verwendet sie oft Reime, die nicht an den Zeilenenden stehen, und spielt darüber hinaus metrische Einheiten – meist fünfhebige Jamben – querstehend in ihre Verse ein. In dieses Verfahren einer weichen poetischen Einbettung gehören auch die an Rilke und Eichendorff, aber auch Trakl oder – näher an der Gegenwart – an Peter Huchel erinnernden Natur- und Traummotive, die Küchenmeisters Gedichte miteinander verzahnen.

Das Gedicht »Epiphanie« greift die romantischen Motive des Krähenflugs und des Mondes auf, die bereits in früheren Gedichten des Zyklus »verzeih« begegnen, wendet die Motive jedoch von Naturbildern zu einer surrealen Logik, in der die Krähen sich »an den mond [halten] wie du«.

epiphanie

spät kommen die krähen, wer weiß woher, verfangen
sich in den ästen der erle und halten sich an den mond
wie du. rauch steigt auf. das haus gegenüber steht

schwarz gegen die schwärze des winterabends, in pech
gegossen, ein stummer spion. so leicht deine knochen
so weich zieht die luft in die lichtlose höhle des körpers

bei nacht; und zeigt auch das fenster ein blasses gesicht:
dein blut kennt den weg und auch die gefahren ...
du bleibst, wo du bist. du sehnst dich nach nichts.

(Küchenmeister: *Unter dem Wacholder*, 25)

Der angedeutete Weg wird in diesem Stimmungsgedicht nicht eingeschlagen, das »du« – der in vielen Gedichten angesprochene Geliebte – bleibt an seinem Ort. Metrisch wird dieses Verharren durch den starken Schließungscharakter der doppelten auftaktigen Choriamben bekräftigt. Das erinnert an die Konsequenzlosigkeit

Joyce'scher Anti-Epiphanien, bei denen erwartete Ereignisse regelmäßig nicht eintreten. Aber im Gegensatz zu Joyce schließt Küchenmeister mit einer Bekräftigung; die peinigende Enttäuschung des Nicht-Ereignisses wird hier emphatisch abgewiesen – vielleicht zu emphatisch.

Michael Krüger: *Umstellung der Zeit*. Besonders häufig finden sich moderne Epiphanien in dem Band *Umstellung der Zeit* des langjährigen Hanser-Verlegers Michael Krüger (2013). Krüger spricht von »Erleuchtung« oder »Lichtung«, doch bleibt deren Inhalt offen. So vermittelt *Umstellung der Zeit* eine nie ganz greifbare Einsicht. Das poetologische Gedicht »Wie Gedichte entstehen«, dessen Manuskript auch auf dem Buchcover abgedruckt wurde, verbindet diese Offenheit programmatisch mit dem Poetischen an sich:

> *Wie Gedichte entstehen*
>
> Jeder kennt den Moment,
> da man auf die Lichtung tritt
> und die Hasen,
> nach einer Sekunde des Zögerns,
> im Unterholz verschwinden.
> Es gibt kein Wort,
> das sie aufhalten könnte.
> Du bist wohl nicht bei Trost,
> sagte mein Vater,
> wenn mir die Tränen kamen.
> Wie soll man ein Ganzes denken,
> wenn man nicht weiß,
> was ein Ganzes ist?
>
> (Krüger: *Umstellung der Zeit*, 58)

Gedichte entstehen für Michael Krüger aus Momenten tieferer Einsicht – die »Lichtung« ist eine Heidegger-Metapher für mystische Erkenntnis. Diese Einsicht liegt jedoch, anders als bei Heidegger, nicht außerhalb der Sprache, sondern im Gedicht selbst als (vielleicht einziger) Möglichkeit, ein platonisches Ganzes in einer Moderne zu denken, die nicht mehr weiß, was das Ganze ist.

Das Gedicht kann einen Ausstieg aus der linearen Zeitordnung der Moderne darstellen, weil ihm eine höhere Gleichzeitigkeit eignet als der linearen Prosa. In seiner Konzentration kann es Einsichten vermitteln, die der Prosa nicht offenstehen, indem es den Leser in seine Stimmung hineinnimmt und auf einen Offenbarungsmoment zu führt. Allerdings finden sich in Gedichten der Gegenwart keine fundamentalen Deutungen der menschlichen Existenz, wie sie in früheren Epiphanie-Phasen, etwa in Rilkes *Duineser Elegien*, vermittelt wurden. Stattdessen begegnen offene Epiphanien, die vor allem die Erfahrung, weniger den Gegenstand einer Offenbarung zeigen; oder aber die Epiphanie enthält gar keine explizite Offenbarung, sondern besteht nur im Gefühl der Überwältigung. In der Erwartung, dass sich etwas ereignet, zeigt sich jedoch ein Hunger nach wirklicher Erfahrung. Dieser Wirklichkeitshunger, aus dem auch die Erkundungen gegenwärtiger Naturlyrik leben, bildet eine Gegenbewegung zu Ulf Stolterfohts sprachexperimenteller Position. Das sprachexplorative Moment ist eine Form von poetischem Denken neben anderen, das Gedicht ist nicht nur in der Sprache.

Hilfsmittel

Für eine erste Orientierung empfehlen wir Dieter Burdorfs *Einführung in die Gedicht-analyse* (2015). Burdorfs *Geschichte der deutschen Lyrik* (2015) gibt Anweisungen in der Frage:»Wie lese ich Gedichte der Gegenwart?« Wer sich einen Überblick über gegenwärtige Lyrik verschaffen will, halte sich an den jeweils neusten Band des *Jahrbuchs der Lyrik* und der *Lyrik von JETZT*. Einen guten Einstieg bietet auch der von Karen Leeder herausgegebene Band *Schaltstelle* (2007), der literaturwissenschaftliche Aufsätze in einen Dialog mit lyrischen Texten stellt. Hermann Korte informiert über *Deutschsprachige Lyrik seit 1945* (2004) und über *Deutschsprachige Lyrik der 1990er Jahre* (2004). Wichtige Aufsätze über Entwicklungen in der Lyrik der 1990er Jahre stammen ebenfalls von Hermann Korte (1999; 2000) und von Achim Geisenhanslüke (2004). Der jüngeren Lyrikergeneration widmet sich der Text + Kritik-Band *Junge Lyrik* (2006).

12 Literatur, Markt und Medialität in der Gegenwart

Seit den 1990er Jahren verändern Digitalisierung und Globalisierung (s. Kap. 6) die Medienbranche grundlegend. Das wirkt sich erheblich auf die wirtschaftlichen und medialen Rahmenbedingungen für die Produktion, die Verbreitung und Rezeption von Literatur aus. Neue, vor allen digitale Medien für die Kommunikation über Literatur entstehen, vorhandene Kanäle – insbesondere das Fernsehen – haben an Einfluss verloren oder sich fundamental gewandelt. Zugleich lösen sich literarische Texte langsam vom gedruckten Buch und finden neue elektronische Verbreitungsformen. Die Fülle neuer medialer Angebote macht es für die Literatur möglich, aber auch erforderlich, sich im Rahmen einer »Ökonomie der Aufmerksamkeit« (Franck 1998) neuer Verfahren zur Erzeugung von Öffentlichkeit zu bedienen. Schlagworte wie Medialisierung, Ökonomisierung, Skandalisierung und Eventisierung (Assmann 2012, 242) beschreiben die entsprechenden Entwicklungen.

12.1 | Betriebsklimawandel: Instanzen und Institutionen des Literaturbetriebs

Als ›Literaturbetrieb‹ wird in der Forschungsliteratur ein soziales System begriffen, innerhalb dessen Literatur geschrieben und gelesen, diskutiert, vermittelt, vermarktet und kanonisiert wird. Autorinnen und Autoren haben daran ebenso Anteil wie Verlage, die Literaturkritik, Schulen und Hochschulen sowie zahllose weitere öffentliche wie private Instanzen und Institutionen. Deren Bandbreite reicht von der Kulturförderung über Autoren- und Buchhandelsverbände bis zu den Medien (Plachta 2008). Auch die Politik setzt wichtige Rahmenbedingungen – etwa durch das Urheberrecht oder die Schaffung gesonderter Marktbedingungen durch die Buchpreisbindung oder die reduzierte Mehrwertsteuer. Was als Förderinstrument für das Medium Buch etabliert wurde, ist derzeit Gegenstand intensiver politischer Debatten.

Verlagslandschaft und Verlagsbetrieb sind – nicht erst seit den 1990er Jahren – durch erhebliche Konzentrations- und Rationalisierungsprozesse gekennzeichnet. Die meisten der für belletristische Gegenwartsliteratur einschlägigen Verlage sind Bestandteile von drei global agierenden Medienkonzernen (vgl. Plath 2013, 30).

- S. Fischer, Rowohlt sowie Kiepenheuer & Witsch gehören zu der in 120 Ländern vertretenen Holtzbrinck-Gruppe.
- Blessing, btb, die Deutsche Verlagsanstalt und Luchterhand gehören zu Random House und damit zu Bertelsmann – mit über 100.000 Mitarbeitern und 17 Milliarden Euro Gesamtumsatz der größte europäische Medienkonzern.
- Piper und Ullstein sind im Besitz der schwedischen Mediengruppe Bonnier, die mit 10.000 Mitarbeitern in 17 Ländern aktiv ist.

Dennoch liegt nicht der gesamte Handel mit belletristischer Gegenwartsliteratur in der Hand großer Konzerne. Unternehmerisch eigenständig sind etwa noch die Verlage Carl Hanser, C. H. Beck, Klett-Cotta und Suhrkamp, die ihrerseits andere Verlage aufgekauft haben. Auch Diogenes als wichtigster Belletristik-Verlag der Schweiz ist selbständig. Als ehemaliger DDR-Verlag ist der Aufbau-Verlag bis heute unabhängig und hat eine eigene Verlagsgruppe gegründet. Ebenfalls eigenständig ist der Mitteldeutsche Verlag.

Unabhängige Verlage. Unter dem Dach des Börsenvereins des Deutschen Buchhandels hat sich die Interessengemeinschaft unabhängiger Verlage gebildet, die sich als Statthalter kultureller Vielfalt begreift. Unabhängige Verlage setzen immer wieder wichtige Akzente, könnnen durch ihren geringeren finanziellen Rückhalt jedoch nicht dieselbe Aufmerksamkeit für sich erzeugen wie die großen Verlagshäuser. Gerade seit den 1990er Jahren werden viele kleine, unabhängige Verlage neu gegründet, entwickeln anspruchsvolle Programme und können immer wieder einflussreiche Titel platzieren. Schöffling & Co. etwa, 1993 gegründet, ist bis heute inhabergeführt und hat beispielsweise die Autorin Juli Zeh entdeckt. Ähnliches gilt für die Frankfurter Verlagsanstalt, seit 1994 durch Joachim Unseld übernommen, den Wallstein Verlag oder Matthes & Seitz.

Verleger, Lektoren. Veränderte ökonomische Rahmenbedingungen wirken sich auch auf die Berufsfelder im Inneren eines Verlags aus. Steigende Renditeerwartungen führen zu einem erhöhten Kostendruck, auf den die Verlage durch Auslagerung und Flexibilisierung von Beschäftigungsverhältnissen reagieren. Verleger und Lektoren betreuen in Frage kommende Titel immer stärker unter ökonomischen Aspekten. Vertriebsaussichten bestimmen die Zusammensetzung des Programms, wobei insbesondere der bisherige Verkaufserfolg eines Autors oder einer Autorin ausschlaggebend ist (Holzmeier 2009, 49). Über die ökonomische Bewertung hinausgehende Lektoratsleistungen werden häufig von externen Kräften auf Honorarbasis erledigt.

Zu Beginn des neuen Jahrtausends wurde bereits das Zukunftsszenario des »Verlags ohne Verleger« (Schiffrin 2000) heraufbeschworen – eine reine Absatz- und Gewinnmaximierungsinstanz ohne jede inhaltliche Programmatik. Deutlich wird jedoch auch, dass ein Literaturverlag ohne ein ästhetisches und programmatisches Profil allenfalls eine kurzfristige ökonomische Größe darstellt. Eine langfristig aufgebaute Backlist von Titeln, die über einen langen Zeitraum hinweg verkauft werden, erweist sich gerade in Zeiten steigenden Kostendrucks als wertvolles ökonomisches Fundament, wie etwa der Suhrkamp-Verlag beweist.

Literaturagenturen. Der steigende ökonomische Druck auf die Verlage führt in den 1990er Jahren zu einem regelrechten Boom in der Gründung von Literaturagenturen, die im Auftrag von Autorinnen und Autoren Bücher an Verlage vermitteln und die wirtschaftlichen Bedingungen aushandeln. Dabei geht es nicht mehr nur um Honorar- und Lizenzfragen, sondern auch um die Platzierung im Programm oder das Marketing-Budget (Töteberg 2013). Etwa um die Jahrtausendwende gehen schätzungsweise 85 Prozent der Bucherfolge in Deutschland auf das Wirken von Agenturen zurück (Holzmeier 2009, 48). Dies erhöht den Kostendruck, da durch die Agenturleistungen weitere Kosten (in Höhe von etwa 15 Prozent des Autorenhonorars) einkalkuliert werden müssen, und führt zugleich dazu, dass die kreative Arbeit am Text nicht mehr in den Verlagen stattfindet, sondern sich zunehmend zwischen Autor und Agent abspielt (Beilein 2009). Literaturagenturen nehmen dabei auch Einfluss auf die Produktion und Vermarktung von Gegenwartsliteratur – indem sie innerhalb der Literaturkritik Netzwerke organisieren und Einfluss auf die Schreibweisen von Autorinnen und Autoren nehmen (Böttiger 2009).

Schreibschulen fungieren seit den 1990er Jahren ebenfalls als neuartige Vermittlungsinstanzen insbesondere für angehende Autorinnen und Autoren. Insbesondere das Deutsche Literaturinstitut Leipzig (DLL) und der Studiengang Kreatives Schreiben und Kulturjournalismus an der Universität Hildesheim sind wichtige professionelle Ausbildungsinstanzen, deren Ziel es ist, ihren Studierenden die Grundlagen für eine professionelle Existenz als Autorin oder Autor zu vermitteln. Aus Sicht der Verlage und Agenturen bieten diese Ausbildungsgänge durch ihr selektives Aufnahmeverfahren eine Vorauswahl – Absolventinnen und Absolventen haben eine deutlich größere Chance auf eine Prüfung und Begleitung von Manuskripten. Häufig wird kritisiert, dass diese Ausbildungsgänge eine gewisse Uniformität von Gegenwartsliteratur zur Folge haben. Von den Ausbildungsinstitutionen selbst wird dies jedoch energisch zurückgewiesen: Ziel sei es, dass die Studierenden eine je individuelle Schreibweise ausprägen (vgl. etwa Hummelt 2010).

Beschleunigung im Buchhandel. Mit dem Internet-Handel erhält der konventionelle Ladenbuchhandel seit Ende der 1990er Jahre eine starke Konkurrenz, die zu erheblichen Konzentrationsbewegungen führt. Gegen die Buchhändler im Internet kann sich am besten ein großes und ausdifferenziertes Sortiment behaupten. Dieses kann vor allem durch große Buchhandelsketten bereitgehalten werden, die ihre Bücher nicht mehr über große Zwischenhändler, sondern direkt von den Verlagen beziehen und eigene Zentrallager betreiben. Platzhirsche unter den Buchhandlungen in Deutschland sind dabei die DBH-Holding (Weltbild, Hugendubel) und Thalia (vgl. Plath 2013), die kleine, inhabergeführte Buchläden verdrängen. Die großen Buchhandelsketten konzentrieren sich im Bereich Belletristik insbesondere auf den kurzfristigen Absatz von Novitäten, die für wenige Wochen zentral präsentiert werden und – sofern sie sich in dieser Zeit nicht verkaufen – retourniert werden (Johannsen 2012, 266). Im Zusammenhang mit immer schnelleren Produktionszyklen innerhalb der Verlage wird Literatur dadurch tendenziell zu einer Art Saisonware, die sich entweder schnell verkauft oder gar nicht.

Doch durch ein gut ausgewähltes Sortiment, das Kundinnen und Kunden direkt in Augenschein nehmen können, sowie eine persönliche Beratung kann sich der stationäre Buchhandel einen recht stabilen Marktanteil bewahren: Auch wenn der Anteil der online gekauften Bücher steigt, geht dies aufgrund eines insgesamt leicht gestiegenen Umsatzvolumens zumindest bis 2014 noch nicht unmittelbar zu Lasten des stationären Buchhandels (Vergleichszeitraum: 2008 bis 2014, Quelle: Börsenverein 2015). 2015 kauften 64 Prozent der Lesenden ihre Bücher beim Stöbern im Buchladen, 59 Prozent treffen ihre Entscheidung aufgrund von Empfehlungen in der Buchhandlung. Nur 32 Prozent entscheiden sich beim Stöbern im Internet, lediglich drei Prozent durch Hinweise in Foren und Blogs. Besonders wichtig ist der Online-Buchhandel jedoch in der Altersgruppe 20–39 Jahre (Anteil fast 50 Prozent) – entsprechend wird er in der Zukunft wohl weiter zunehmen.

Lesungen, Festivals, Messen. Unter dem Stichwort der »Erlebnisgesellschaft« hat der Soziologe Gerhard Schulze (1992) ein Konsumverhalten beschrieben, das auf das persönliche Erleben setzt – Waren werden danach beurteilt und gekauft, welche Emotionen sie auslösen. Der Literaturbetrieb reagiert auf diese Erwartungen und entwickelt eine Vielzahl von Veranstaltungsformaten, die Literatur erlebbar machen. Dazu zählen nicht allein die beiden jährlichen Buchmessen im deutschsprachigen Raum – die Frankfurter Buchmesse im Herbst und die Leipziger Buchmesse im Frühjahr. Neben zahllosen weiteren Festivals vereinen etwa die lit.COLOGNE, das internationale Literaturfestival Berlin (beide seit 2001) oder das Literaturfest München (seit 2010) über mehrere Tage hinweg verschiedenste Veranstaltungen rund um die Literatur. »Leipzig liest« – ein Lesefestival rund um die Leipziger Buchmesse – existiert seit 1991 und besteht aus etwa 3000 einzelnen Veranstaltungen. Neben die klassische ›Wasserglaslesung‹ – Autorinnen und Autoren lesen Texte, beantworten Fragen und signieren anschließend Bücher – sind zunehmend modulare Formate getreten, bei denen Besucherinnen und Besucher zwischen verschiedenen, meist kurzen

Lesungen, Autorgesprächen und Podien wählen können. Bewusst wird Literatur dabei zu einem Partyerlebnis, das aus Vortragssälen in Clubs und Kneipen verlagert wird (Vandenrath 2002) und mit Auftritten von Bands und DJs sowie crossmedialen Formaten und Performances vereint wird.

Poetry Slams sind eine eng an die Aufführungspraxis gebundene Form von Literatur, die im Laufe der 1990er Jahre populär wird: In rap-artigen Sprechstücken treten Autorinnen und Autoren gegeneinander an – fast alle Gattungen und Konventionen literarischen Schreibens werden dabei bedient und gemischt (Ditschke 2008). Die Texte liegen ausschließlich performativ vor, werden aber nach ihrer Aufführung häufig im Internet viral. Das Video der Slammerin Julia Engelmann aus dem Jahr 2013 wurde bis 2016 über 9 Millionen Mal angesehen. Verkaufserfolge von Büchern und CDs schlossen sich erst daran an.

Literaturhäuser sind ein zentraler Bestandteil des Trends zur Eventisierung der Literatur. Sie entstehen seit den 1990er Jahren im gesamten deutschsprachigen Raum (bisher: 14). In der Trägerschaft von Vereinen, hinter denen in aller Regel die Verlagswirtschaft und/oder der Buchhandel stehen und die z. T. auch öffentliche Förderung in Anspruch nehmen, dienen sie als öffentliche Foren für die literarische Debatte. Analog zum Theater, dem Kino oder Konzertsaal erhält Literatur auf diese Weise einen festen Anlaufpunkt für literarisch Interessierte – und dadurch, so die Hoffnung derjenigen, die sie initiiert haben, einen konkreten Ort im öffentlichen Bewusstsein.

Literaturpreise. In engem Zusammenhang mit Literaturevents steht die Vergabepraxis von Literaturpreisen. Mit dem Ziel einer größtmöglichen Publikumswirksamkeit inszeniert, dienen Literaturpreise nicht allein der finanziellen Förderung von Autorinnen und Autoren, sondern als Marketinginstrumente für die Literatur, indem sie Öffentlichkeit erzeugen und zur Debatte anregen. Zugleich stellen sie zentrale Kanonisierungsinstanzen von Gegenwartsliteratur dar, die dem Lesepublikum eine Auswahl von (aus der Sicht der jeweiligen Jury) relevanten Texten liefern. Zum Georg-Büchner-Preis und dem Ingeborg-Bachmann-Preis sind nach der Jahrtausendwende zwei weitere Buchpreise hinzugetreten, die die Debatten um Gegenwartsliteratur immer wieder dynamisieren: Der Deutsche Buchpreis, verliehen am Vorabend der Frankfurter Buchmesse, zeichnet seit 2005 den jeweiligen »Roman des Jahres« (so die Selbstbeschreibung auf der Homepage) aus. Der Preis der Leipziger Buchmesse – in den Kategorien Belletristik, Sachbuch und Übersetzungen verliehen – wird während der Leipziger Buchmesse im Frühjahr vergeben. Teilnahmeberechtigt sind Verlage, die auf der Leipziger Buchmesse vertreten sind. Die beiden Preise sind aus dem Deutschen Bücherpreis hervorgegangen, der auf der Leipziger Buchmesse 2002 bis 2004 verliehen worden ist.

In beiden Fällen ist die Vergabepraxis ein hochgradig ritualisiertes Medien-Event (Jürgensen 2013), das über gezielt eingesetzte Spannungsmomente verfügt und über ein ganzes Kalenderjahr hinweg Kommunikationsanlässe bietet – von der Bekanntgabe der Juryzusammensetzung über die Veröffentlichung von Long- und Shortlists bis zur Preisverleihung selbst, die mit Würdigungen und Dankesreden einhergeht.

Beide Preise haben erheblichen Einfluss auf den Buchhandel: Verlage nutzen Buchpreisnominierungen als Verkaufsargumente und weisen Nominierungen und Auszeichnungen auf dem Cover aus. Große Buchhandelsketten platzieren die nominierten Bücher häufig auf separaten, gut sichtbaren Büchertischen. Der Deutsche Buchpreises vermarktet seine Shortlist durch eine Anthologie aus Leseproben, auch online steht umfangreiches Material zur Verfügung. Im Anschluss an die Preisvergabe erfolgt eine schon vorab organisierte Lesereise des Preisträgers.

Um den Imagewert eines Preises hoch zu halten, ist es im Interesse der Preisstifter, Romane auszuzeichnen, die sich anschließend auch tatsächlich zu Verkaufserfolgen entwickeln. Die Auszeichnung von Arno Geigers Familienroman *Es geht uns gut* (2005) legte auf diese Weise nicht nur die Grundlage für den Verkaufserfolg des Romans, sondern dieser wiederum die Basis für die Glaubwürdigkeit des Deutschen Buchpreises. Kritiker sehen in den Buchpreisen daher einen Bärendienst für die Literatur: Sie promoten mehrheitsfähige, international absatzfähige Texte und vernachlässigen alle anderen.

Preise unabhängiger Verlage. Ferner werden aus der Sicht von Kritikern vorzugsweise Bücher der großen Verlagshäuser nominiert und ausgezeichnet. Der sog. »Preis der Hotlist«, ein Zusammenschluss unabhängiger Verlage, versucht dem entgegenzuwirken und auch unabhängigen Verlagen zu mehr Öffentlichkeit zu verhelfen. Für den jährlich in Trägerschaft eines gemeinnützigen Vereins vergebenen Preis können diese jeweils ein Buch einreichen. Eine Jury trifft zunächst eine Vorauswahl, die Preisträger werden durch eine Publikumsabstimmung im Internet ermittelt. Der Kurt-Wolff-Preis, jährlich auf der Leipziger Buchmesse vergeben, prämiert einen unabhängigen Verlag für seine Arbeit.

Lesen 2.0. Mit der Entwicklung des Internets weg von einem Informations- zu einem Interaktionsmedium entstehen seit der Jahrtausendwende zahlreiche neue Formen der Bewertung, Empfehlung und Kanonisierung von Literatur. Leseerfahrungen werden über soziale Medien – insbesondere Facebook und Twitter – geteilt und kommentiert. Dies geschieht wahlweise verbal oder non-verbal durch Likes, Emoticons oder Bilder. Literarische Texte werden dabei nicht allein aufgrund einer in ihr vermuteten intellektuellen Substanz rezipiert, sondern gelten als Imagewerte, die der Schärfung des eigenen Profils dienen (Porombka 2012). Analog zu Urlaubsbildern, Partyfotos oder Kochrezepten werden auch Lektüreerlebnisse geteilt, um die eigene Unverwechselbarkeit auszudrücken und sich für potenzielle Follower und Freunde interessant zu machen. Auch die meisten Autorinnen und Autoren sowie alle relevanten Verlage, Zeitungen und Magazine betreiben Facebook-Seiten und Twitter-Accounts, um eine Community an sich zu binden und die eigene Botschaft möglichst breit zu streuen. Unter dem Stichwort ›Social Media Marketing‹ entwickelt sich seit der Jahrtausendwende eine eigene Branche innerhalb der Unternehmenskommunikation, die (nicht nur im Auftrag von Verlagen) die Positionierung von Konsumentenprodukten im Web 2.0 unterstützt.

Empfehlungspraxis. Im Online-Handel entwickelt sich nach 2000 eine neuartige, durch Algorithmen gestützte Empfehlungspraxis für Literatur: Aus jenen Titeln, die von Nutzerinnen und Nutzern angesehen oder gekauft werden, können Rückschlüsse darauf gezogen werden, welche weiteren Bücher oder anderen Produkte interessant sein können – insbesondere Amazon hat dieses Verfahren perfektioniert. Unter dem Claim »Meet your next favorite book« sammelt die Leseplattform goodreads.com Bewertungen und Lektüreeindrücke von Nutzerinnen und Nutzern und empfiehlt auf dieser Basis weitere Titel. Über 50 Millionen Leserinnen und Leser weltweit sind bei goodreads.com registriert. 2013 kaufte Amazon das Projekt und erhielt damit auch Zugang zu Bewertungen von Literatur, die nicht auf der eigenen Webseite veröffentlicht wurden – Kritiker warnten vor der Monopolisierung des Wissens darüber, was Menschen heute lesen und über Bücher denken.

Laien- und Kundenrezensionen werden mit dem immer größer werdenden Einfluss von Online-Handelsplattformen wie buecher.de oder Amazon zu einem wichtigen Rezeptions- und Kanonisierungsinstrument. Laienrezensionen sind in Bezug auf ihre Selbstansprüche und ihre Qualität äußerst heterogen und reichen von »unbedingt lesen« bis zu sehr differenzierten Wertungen (vgl. Stein 2015). Als sogenannte »Top Rezensenten« erreichen einzelne Kundinnen und Kunden großen Einfluss auf die Bücherkäufe anderer und sind für Verlage wichtige Multiplikatoren, die mit Privilegien wie kostenfreien Rezensionsexemplaren bedacht werden. Doch wer genau sich hinter den Amazon-Nutzernamen verbirgt und welche Interessen er oder sie verfolgt, bleibt oft verborgen – es könnten die Verlage selbst sein.

Blogs bleiben auch nach dem Aufkommen des Web 2.0 die klassische Möglichkeit, unabhängig von einer professionellen Tätigkeit als Literaturkritikerin oder Literaturkritiker online Literatur zu bewerten. Durch das Aufkommen sozialer Medien werden sie nicht etwa abgelöst, sondern ergänzt, indem via Facebook und Twitter auf neue Blogbeiträge hingewiesen wird. Als Johannes Schneider (2012) klagte, es gebe keine relevanten Literaturblogger in Deutschland, zog dies einen Aufschrei in der Web-Community nach sich, zumal die Bloggerin Gesine von Prittwitz seit längerem das Gegenteil beweisen wollte: Ihr Blog Steglitzmind rund um den gegenwärtigen Literaturbetrieb stellte bis 2015 eine lange Reihe »bibliophiler Blogger« vor, die ihrerseits zahllose weitere Literaturblogs empfehlen. Einige 100 Litertaturblogs werden auf diese Weise vernetzt.

Literaturkritik. Der Kostendruck, der durch die Medienrevolution der vergangenen Jahre auf den konventionellen Zeitungen und Magazinen lastet, wirkt sich insbesondere auf die Rezensionsseiten aus, die traditionell als ein imageträchtiges, aber umsatzschwaches Segment gelten. Dennoch konnte die konventionelle Literaturkritik in den Feuilletons ihre Deutungshoheit im literarischen Diskurs der Gegenwart weitgehend behaupten. Auch 2016 ist kaum ein Blogbeitrag, eine Twitternachricht oder eine Kundenrezension von ähnlichem Einfluss auf die Stellung eines Textes im Diskurs wie eine Rezension in einer der großen, überregionalen Zeitung. 48 Prozent der Leserinnen und Leser folgen bei ihren Kaufentscheidungen Empfehlungen der Literaturkritik, deren Einfluss damit ebenso groß ist wie der von Bestsellerlisten (Quelle: Börsenverein 2015). Doch auch für die *Süddeutsche Zeitung*, die *FAZ* oder die *Zeit* ist ihr Online-Angebot das zentrale Medium, um einen großen Kreis an Leserinnen und Leser an sich zu binden und durch Online-Werbung neue Geschäftsfelder zu erschließen. In diesem Sinne hat die Digitalisierung auch die Literaturkritik erheblich dynamisiert. Ernst (2015, 102) unterscheidet drei Hauptgattungen der Online-Literaturkritik:

- Online-Präsenzen von bestehenden Print-Organen
- Neue, redaktionell betreute Online-Formate
- Online-Kritik als User Generated Content.

Stimmenvielfalt. Nicht nur in den neuen Medien, sondern auch in der konventionellen Literaturkritik nimmt die Zahl derer, die Literatur öffentlich bewerten, zu. Einflussreiche Kritikerinnen und Kritiker großer Zeitungen können nach wie vor die Rezeption eines Textes erheblich beeinflussen; doch variiert die Zusammensetzung dieses Personals seit der Jahrtausendwende stärker als zuvor. In Nachrufen auf den 2013 verstorbenen Marcel Reich-Ranicki etwa dominierte der Tenor, dass die Zeit für derartige »Großkritiker« vorbei sei – ein Umstand, der oft im Gestus des Bedauerns beschrieben wurde. Fraglich dabei ist jedoch, inwieweit diese Stimmen- zugleich auch eine Meinungsvielfalt ist: Beim Vergleich verschiedener Rezensionen lassen sich immer wieder ähnliche Werturteile finden – die Wertungspraxis einzelner Rezensenten scheint also das Urteil anderer zu beeinflussen.

perlentaucher.de hat sich seit Ende der 1990er Jahre zu einer einflussreichen Meta-Instanz für die konventionelle Literaturkritik entwickelt und stellt für die Gegenwartsliteraturforschung ein unverzichtbares Rechercheinstrument dar: Eine Redaktion wertet täglich die Feuilletons aller überregionalen Tageszeitungen aus und stellt dabei – neben anderen Produkten – in Form der »Bücherschau des Tages« kurze Notizen zu den erschienenen Buchrezensionen zusammen. Wer wo welches Buch rezensiert hat und zu welchem Urteil er oder sie dabei gekommen ist, lässt sich bis ins Jahr 2000 zurückverfolgen. Verzeichnet werden jedoch nur Texte, die in einem der ausgewerteten Medien rezensiert worden sind. In Form der täglichen »Kulturrundschau« wird bereits morgens um 9 Uhr ein Kurzresümee der wichtigsten Beiträge rund um Literatur (und andere Sparten) geboten. Mit lit21.de betreibt Perlentaucher ein Meta-Blog, das literarische Debatten in Blogs, Zeitungswebseiten und anderen Quellen zugänglich macht und sich von der Fokussierung auf die überregionalen Tageszeitungen lösen möchte.

Rankings und Listen haben einen erheblichen Einfluss auf Lektüre- und Kaufentscheidungen des Lesepublikums. In aller Regel wirken sie als Verstärker für einen ohnehin schon bestehenden Verkaufserfolg – einflussreiche Titel werden durch sie umso einflussreicher. Die bedeutsamste Empfehlungsliste im deutschsprachigen Raum ist die bereits in den 1970er Jahren etablierte SWR-Bestenliste: Eine ausschließlich aus professionellen Kritikerinnen und Kritikern zusammengesetzte Jury gibt monatlich in freier Auswahl in Form eines Punktesystems Bewertungen zu aktuellen Neuerscheinungen ab – daraus errechnet sich ein Ranking von zehn Büchern, die als besonders empfehlenswert gelten. Von großem Einfluss ist zudem der monatliche »Bücherbrief« von perlentaucher.de, der einzelne Titel empfiehlt. Die einflussreichste Bestseller-Liste ist die des Nachrichtenmagazins *Der Spiegel*, die auf einer Auswertung der Buchbestellungen von rund 350 ausgewählten Buchhandlungen besteht (Fischer 2009, 202) und nach verschiedenen Sparten und Segmenten vorgeht. Auch das Börsenblatt betreibt eine Bestseller-Statistik (boersenblatt.net/bestseller).

Das Fernsehen hat seine Rolle als Leitmedium des literarischen Diskurses nach der Jahrtausendwende weitgehend eingebüßt. Seit der Erstausstrahlung im Jahr 1988 bis zum Ende der Sendung 2001 war die Kritikerrunde der ZDF-Sendung *Das literarische Quartett* unter Federführung von Marcel Reich-Ranicki diskursbestimmend dafür, welche Neuerscheinungen als gut oder schlecht, empfehlenswert oder unlesbar galten. Empfehlungen der aus drei festen Persönlichkeiten der Literaturkritik und einem Gast bestehenden Gesprächsrunde waren mitunter entscheidend für den Verkaufserfolg eines Titels. Im Zentrum der Sendung stand Reich-Ranicki, der Texte wesentlich an Maßstäben realistischen Erzählens maß (Böttiger 2009) und insbesondere durch seine zuspitzenden und polarisierenden Urteile bekannt war. Nach dem Ende des *Literarischen Quartetts* hat unter anderem *Druckfrisch* (ARD, Moderation: Denis Scheck) versucht, die entstandene Lücke zu füllen, konnte jedoch nicht an die Erfolge des an die Person Reich-Ranickis gebundenen Formats anknüpfen. Die ARD-Sendung *Lesen!* – äußerst einflussreich für die Verkaufserfolge einzelner Titel (Lang/Homann 2009) – wurde nach 5-jährigem Bestehen 2008 abgesetzt, nachdem die Moderatorin Elke Heidenreich eine Kontroverse um den Kulturauftrag des öffentlich-rechtlichen Fernsehens initiiert hatte, die die Verantwortlichen des Senders als Vertrauensbruch werteten. Eingestellt wurden auch *Wickerts Bücher* (ARD, 2006–2007) und *Bücher, Bücher* (HR, 1991–2003). Eine Neuauflage des *Literarischen Quartetts* im Jahr 2015 mit einem weitgehend unveränderten Konzept hat bisher wenig

Einfluss auf Debatten gezeigt. Kritische Stimmen monierten unter anderem eine »Verlags-Monokultur« bei der Zusammensetzung der Debattierenden und das »Zufallsprinzip« (Moritz 2016) bei der Auswahl der besprochenen Titel.

Gegenwartsliteratur in der Schule. Auch der Schulunterricht hat sich zu einer bedeutenden Kanonisierungsinstanz für Gegenwartsliteratur entwickelt. Immer mehr Texte, die nach 1989/90 erschienen sind, erhalten Eingang in schulische Lehrpläne. Etwa zu Daniel Kehlmanns *Die Vermessung der Welt* (2004) oder Bernhard Schlinks *Der Vorleser* (1995) entstehen in der Folge Unterrichtsmaterialien und Lektüreschlüssel speziell für den schulischen Bedarf.

Literaturbetrieb und Schreibweisen. Dass sich die Veränderungen im Literaturbetrieb auch auf die Texte selbst, auf ihre Schreibweisen und Selbstansprüche auswirken, darf als gesichert gelten (vgl. dazu v. a. Bierwirth u. a. 2012). Doch die Frage nach den konkreten Effekten ist schwierig zu beantworten, da Literatur und Literaturbetrieb sich gegenseitig bedingen – wer hier wen beeinflusst, gleicht der Frage nach Henne und Ei. Zudem sind die Veränderungen innerhalb des Literaturmarkts Folgen übergreifender ökonomischer und medialer Entwicklungen, auf die literarische Texte ebenfalls explizit wie implizit rekurrieren (s. Kap. 8). Inwiefern bestimmte Formen von Gegenwartsliteratur auf ökonomische Phänomene generell oder den Buchmarkt im Speziellen verweisen, ist nicht trennscharf zu beurteilen.

»Literaturbetriebsliteratur«. Thomas Glavinic: *Das bin doch ich* (2007)

Eine Vielzahl literarischer Texte der Gegenwart nutzt den Literaturbetrieb als Motiv oder zentralen Handlungshintergrund. Der Entstehungsprozess, die Vermarktung und Rezeption literarischer Texte werden auf diese Weise ihrerseits literarisch reflektiert – ein Phänomen nicht erst der Gegenwart, das im Künstlerroman seine historischen Wurzeln hat. Dennoch lässt sich insbesondere seit der Jahrtausendwende eine enorme Konjunktur entsprechender Texte feststellen. Neben einzelnen Texten von Bodo Kirchhoff, Andreas Maier und Ernst-Wilhelm Händler (vgl. Assmann 2014) oder Martin Walsers Skandalroman *Tod eines Kritikers* (2002) stellt Thomas Glavinics *Das bin doch ich* (2007) das vielleicht markanteste Beispiel für das Genre der »Literaturbetriebsliteratur« (Assmann 2014, 471) dar.

Glavinics Text ist durch ein Spiel mit der Identität von Autor und Erzählerfigur geprägt: Ein Ich-Erzähler mit Namen Thomas Glavinic berichtet von der Veröffentlichung seines soeben abgeschlossenen Romans *Die Arbeit der Nacht* (s. Kap. 9) und den damit verbundenen Hoffnungen auf einen Veröffentlichungserfolg. Der hoch neurotische Ich-Erzähler erweist sich als stereotype Autor-Figur. Er ist von Eitelkeit und unstillbarem Ehrgeiz ebenso getrieben ist wie von dauernden Ängsten und Selbstzweifeln (»Finde ich einen guten Verlag? Wird mein Buch ein Erfolg? Komme ich auf die Buchpreisliste?«, Glavinic: *Das bin doch ich*, 16). Die Folge ist, dass er sein Leben als Kette dauernder Niederlagen empfindet. Im Kontrast zum eigenen Misserfolg steht der Erfolg seines Freundes Daniel Kehlmann, der Glavinic per SMS über die aktuelle Auflagenhöhe seines Bestsellers *Die Vermessung der Welt* informiert.

Als Hauptgrund für seine missliche Lage empfindet der Ich-Erzähler den Literaturbetrieb, mit dessen Mischung aus Smalltalk, unverbindlicher Freundlichkeit und geschäftlichen Interessen er sich nur schwer arrangieren kann. Dennoch findet er – unter Vermittlung einer einflussreichen Literaturagentur – einen bekannten Verlag, der seinen Roman publiziert. Doch bleibt die Enttäuschung zurück: Der Text endet mit der Entdeckung, dass sich sein Roman nicht wie erhofft auf der Longlist zum Deutschen Buchpreis wiederfindet.

Der Eindruck des Protagonisten bleibt ambivalent: Nicht nur die Beschreibung des Literaturbetriebs, auch seine Selbstbeschreibungen sind in einem satirischen Grundton gehalten, durch den äußere wie innere Wahrnehmungen fragwürdig erscheinen – ob der Literaturbetrieb tatsächlich verkommen ist oder nur aus der Perspektive des neurotischen Autor-Ichs, bleibt daher offen. Und auch die Ironie hat nicht das letzte Wort. Seinerseits gebrochen wird der satirische Grundton dadurch, dass das Buch selbst (und sein großer Erfolg im Literaturmarkt) auf jene Mechanismen angewiesen ist, die auf der Handlungsebene als Machtgebaren und schiere Kontingenz ausgewiesen werden. Anders als *Die Arbeit der Nacht* schaffte es *Das Leben der Wünsche* 2008 sogar bis auf die Shortlist des Deutschen Buchpreises.

12.2 | Bedingungen von Autorschaft

Als eine in der heuristischen Praxis über einen gewissen Zeitraum hinweg tot geglaubte Instanz (Barthes 2005) erfährt die Autorschaft eines literarischen Textes innerhalb des Literaturbetriebs der Gegenwart einen erheblichen Bedeutungsgewinn. Die Inszenierung und Vermarktung literarischer Texte wird heute in hohem Maß an Autorpersönlichkeiten gebunden, indem enge Beziehungen zwischen einem Text und seiner Autorinstanz suggeriert werden. Im Zentrum stehen etwa eigene biografische Erfahrungen, aber auch Lebensweisen, Weltanschauungen und Überzeugungen von Autorinnen und Autoren, die parallel zu ihrem fiktionalen Werk kommuniziert werden und dessen Rezeption intensivieren sollen. Zumindest implizit werden dabei auch Deutungsangebote für literarische Texte unterbreitet.

Autor-Marketing. Insbesondere das Autorenfoto hat für das Marketing literarischer Texte eine große Bedeutung gewonnen – ein einziges Foto der damals weitgehend unbekannten Autorin Judith Hermann begleitete etwa den Erfolg ihres Erstlingsbandes *Sommerhaus, später* (1998) und schien all das visuell zu vermitteln, wofür der literarische Text stand (Biendarra 2001). Die zunehmend an Events gebundene Inszenierungspraxis (Johannsen 2012; Biendarra 2010) verlangt von Autorinnen und Autoren Kompetenzen, die über das Verfassen literarischer Texte weit hinausgehen. Im Rahmen von Lesungen, Podien und Bühnenshows (s. o.) müssen sie in der Lage sein, mit ihrem Publikum nicht allein über das Medium Text, sondern persönlich zu interagieren und potenzielle Leserinnen und Leser durch ihr Auftreten zu überzeugen. Autorinnen und Autoren werden auf diese Weise zu Performance-Künstlern, die ihre Inszenierungen auf der Bühne mit der intendierten Rezeptionsweise ihrer Texte in Einklang bringen. Vorbei ist damit die Zeit, in der Autorinnen und Autoren ein vor der Öffentlichkeit verborgenes Dasein führen konnten – der Autorentypus des »scheuen Zeitgenossen« (Hage 1998, 30), wie ihn etwa Peter Handke, Botho Strauß, Patrick Süskind oder Christoph Ransmayr in den 1980er Jahren verkörperten, ist selten geworden.

Gruppen, Trends, Strömungen. Teil der Vermarktung einzelner Autorinnen und Autoren ist deren Zuordnung zu Gruppen, Stilen und Trends – die auch in der Literaturwissenschaft gängigen Chiffren des »Fräuleinwunders« oder der »Popliteratur« (s. Kap. 4) sind dafür die prägnantesten Beispiele. Die entsprechenden Zuordnungen bieten Leserinnen und Lesern Möglichkeiten der Wiedererkennung und dienen der

Erzeugung eines Erwartungshorizonts; beides soll Kauf- und Leseanreize stiften. Inwiefern diese Mechanismen auch bei Autorinnen und Autoren wirken, die mit ihren Texten bewusst oder unbewusst etablierte Schemata bedienen, kann nur vermutet werden. Auch Verlage sind um die Ausprägung spezifischer Images bemüht, die sich auf die Lektüreweise von Texten auswirken. So steht der Verlag Kiepenheuer & Witsch eher für unmittelbar gegenwartsbezogene, unkonventionelle und zugleich leichtgängige Prosa, Suhrkamp traditionell für anspruchsvolle Hochkultur (Biendarra 2010). Leserinnen und Leser können diese über einen langen Zeitraum hinweg gezielt aufgebauten Schemata bei ihrer Lektüre kaum ausblenden und ordnen einen Text unbewusst entsprechend zu.

Poetikvorlesungen haben seit der Jahrtausendwende einen zentralen Einfluss auf die Inszenierung und Selbstinszenierung von Autorinnen und Autoren gewonnen (vgl. Bohley 2012). Als zentrale Bestandteile von Poetik-Dozenturen sind sie nicht allein finanzielle Förderinstrumente, mit denen Universitäten einen Beitrag zur materiellen Existenz von Gegenwartsliteratur leisten. Indem Autorinnen und Autoren in Form authentischer Rede über ihre eigenen Überzeugungen und Ansprüche, über Einflüsse und Kontexte ihres Schreibens berichten, sind Poetikvorlesungen Instrumente der Rezeptionssteuerung. In aller Regel in Buchform publiziert, nehmen sie in Anspruch, die ›Theorie‹ zu liefern für jene Praxis, die in Form der literarischen Texte vorliegt, und können daher deren Deutung entscheidend beeinflussen.

Neben dieser genuin inhaltlichen Dimension besitzen Poetikvorlesungen zunehmend einen ästhetischen Eigenwert und ein eigenes, genrekonstitutives Formeninventar: Ironisierung, erzählerische Unzuverlässigkeit oder ein ostentativer Verweigerungsgestus hinterfragen die Authentizität ihrer Inhalte und weisen diese als Effekte des Literaturbetriebs aus. »Glauben Sie keinem Poetik-Dozenten« (Kehlmann: *Diese sehr ernsten Scherze*, 5) – mit dieser paradoxalen Wendung beginnt etwa Daniel Kehlmann seine Göttinger Vorlesung. Sie ist von einem Spiel aus Fragen und Antworten geprägt, das den Text als Inszenierung ausweist, die ihrem Urheber immer wieder zu entgleiten droht.

In der hochschuldidaktischen und wissenschaftlichen Auseinandersetzung mit Gegenwartsliteratur dominiert dagegen (noch) die genuin inhaltliche Dimension von Poetikvorlesungen, die – so die Erwartung – jene Diskurse explizieren, auf die Autorinnen und Autoren ihre Texte bezogen sehen möchten. Methodisch (s. Kap. 1) stellen sie daher eine wertvolle Quelle dar, dürfen aber nicht unreflektiert als auktoriale Positionen für die Deutung literarischer Texte begriffen werden.

Die erste – und bis heute wohl renommierteste – Poetik-Dozentur entstand 1959 unter Förderung des S. Fischer-Verlags, später des Suhrkamp-Verlags an der Goethe-Universität Frankfurt. Die erste Inhaberin war Ingeborg Bachmann. Analoge Formate bestehen etwa an der Universität Duisburg-Essen, in Göttingen, Heidelberg, Mainz, Paderborn oder Tübingen.

Autoreninterviews sind eine weitere zentrale Inszenierungspraxis, im Rahmen derer Autorinnen und Autoren Aufmerksamkeit für sich und ihre Texte erzeugen – für eine literaturwissenschaftliche Analyse von Gegenwartsliteratur bieten sie daher dieselben Chancen und Risiken wie Poetikvorlesungen. Sie bieten Einblicke in die von Autorinnen und Autoren intendierten Wirkungen eines Textes, auf die sich deren Deutung jedoch nicht beschränken muss (und sollte). Auch Interviews besitzen nicht allein eine werkpolitische (Martus 2007) und kanonbildende Funktion, sondern sind selbst von einer spezifischen Ästhetik geprägt, die sie zum Bestandteil eines literarischen Gesamtwerks werden lassen (Hoffmann/Kaiser 2014, 11).

Blogs und Tagebücher dienen – insbesondere seit der Jahrtausendwende – ebenfalls der Inszenierung von Autorschaft. Oft erscheinen sie in Form von gedruckten Büchern, entstehen aber sukzessive als Blogs und sind während dessen für das Lesepublikum einsehbar. Neben Reflexionen der eigenen Schreibpraxis umfassen sie vor allem tagesaktuelle Beobachtungen und (oft) kritische Statements. Rainald Goetz' *Abfall für alle* oder Wolfgang Herrndorfs *Arbeit und Struktur* sind die wohl prominentesten Beispiele. Herrndorfs Text erlangte traurige Berühmtheit dadurch, dass er die Auseinandersetzung seines Autors mit einer unheilbaren, tödlich verlaufenden Krankheit zum zentralen Gegenstand hatte und immer wieder auf die Möglichkeit eines selbstbestimmten Todes verwies, den Herrndorf im Jahr 2013 tatsächlich vollzog.

Geld oder Schreiben. Der Versuch, mit dem Schreiben literarischer Texte den eigenen Lebensunterhalt zu bestreiten, ist in der Gegenwartsliteratur mehr denn je hoch riskant. Die Höhe von Honoraren ist tendenziell gesunken (Johannsen 2012, Biendarra 2010). Zugleich hat sich das Verhältnis zwischen Autor und Verlag gewandelt: weg von einer ideellen, gelegentlich mäzenatischen und oft lebenslangen Partnerschaft hin zu einer auf gegenseitigen Wirtschaftsinteressen begründeten, projektbezogenen Beziehung. Verlagswechsel sind damit häufiger geworden. Zunehmend sind Autorinnen und Autoren auf Förderungen durch Stiftungen oder andere öffentliche wie private Institutionen angewiesen. Neben Preisvergaben (s. o.) kommen dabei insbesondere Stipendien zum Tragen – etwa 50 verschiedene Stipendien lassen sich dabei zählen (Plachta 2008, 162).

Stadtschreiber. Auf kommunaler Ebene sind diese Stipendien häufig an den Aufenthalt an einem bestimmten Ort gebunden. Städte und Gemeinden erhoffen sich durch den Aufenthalt profilierter Autorinnen und Autoren einen Imagegewinn, die ihrerseits für einen begrenzten Zeitraum ein gesichertes monatliches Einkommen haben. Die frühneuzeitliche Instanz des Stadtschreibers erlebt auf diese Weise eine erneute Konjunktur (ebd., 163).

Literarische Callboys. Als »Künstlerunternehmer« (Dückers) suchen Autorinnen und Autoren zunehmend projektbezogene Tätigkeiten in Bereichen, die ästhetische Praktiken nur indirekt benötigen. Norbert Kron bezeichnet das Dasein als Autors unter den Bedingungen einer globalisierten Wirtschaft ironisch als das eines »literarischen Callboys«, dem »[w]eder Verlagshonorare noch staatliche Künstlerförderung« eine »autarke Schaffenssituation« verschaffen könne: »Der einstmals so genannte freie Schriftsteller lässt sich heute mieten, er ist wieder Hofschreiber, Angestellter« (Kron: *Der literarische Callboy*, 170). Dieser müsse sich gezielt der Mechanismen des Wirtschaftssystems und des Literaturbetriebs bedienen, um wirksam Kritik zu üben. Auf seiner Webseite (www.norbert-kron.com/art-escort) bietet Kron ironisch den Begleitservice art-escort an, über den zahlungskräftige Kunden Künstler als »Escort-Artisten« buchen können.

Essayistik. Aufsätze in Tages- und Wochenzeitschriften sowie eigene literaturkritische Beiträge bieten Autorinnen und Autoren der Gegenwart einerseits eine weitere (jedoch nicht viel lukrativere) Einnahmequelle, andererseits die Möglichkeit für poetologische Positionierungen, indem sie Normen, Maßstäbe und literarische Bezugsgrößen deutlich machen. Daniel Kehlmann etwa verfasst immer wieder literaturkritische und literaturhistorische Aufsätze, in denen er Vorbilder und Vorläufer des eigenen poetologischen Projekts benennt. In Buchform publiziert (*Lob. Über Literatur*, 2010; *Wo ist Carlos Montúfar. Über Bücher*, 2005), werden diese Texte in engem Zusammenhang mit Kehlmanns fiktionalem Schaffen rezipiert.

12.3 | Medialität von Literatur

Durch die hoch dynamische Entwicklung digitaler Medien liegt ein literarischer Text heute in den unterschiedlichsten medialen Formaten vor. Diese haben die Distribution von Literatur günstiger und flexibler gemacht und bieten potenziell auch Chancen für Klein- und Kleinstauflagen. Der Einfluss dieser neuen Vertriebsformen auf breit und öffentlich geführte literarische Diskurse ist jedoch noch weitgehend unbestimmbar.

Book-on-demand (BoD). Neue, digitale Drucktechniken ermöglichen es seit Mitte der 1990er Jahre, Bücher erst dann zu produzieren, wenn sie im Buchhandel bestellt worden sind. Da das Risiko wegfällt, die erste Auflage eines Titels vollständig vorfinanzieren zu müssen, ist BoD insbesondere für Kleinverlage zu einer risikoarmen Alternative geworden. Statt unter den Titeln im eigenen Programm auf künftige Bestseller zu spekulieren, können Verlage auch durch eine Vielzahl von Nischenprodukten überleben (Blumenkamp 2009, 194).

E-Books machen Texte als elektronische Datensätze verfügbar, die durch spezielle Reader oder Apps am Computer, Smartphone oder Tablet lesbar werden. Der Online-Buchhandel hat diesen Verbreitungsweg erheblich beflügelt, da E-Books unmittelbar nach dem Kauf heruntergeladen werden können – das Warten auf bestellte Titel entfällt. Fast alle Titel der großen Verlage sind seit einigen Jahren sowohl gedruckt als auch als E-Book erhältlich. Amazon erlaubt es, die ersten Seiten eines bestellten und bezahlten Buchs elektronisch vorab zu lesen, bevor die gedruckte Variante im heimischen Postkasten landet.

In den Diskursen um Buchhandel und -verbreitung häufig zum zentralen Zukunftstrend stilisiert, ist der Marktanteil von E-Books jedoch bisher marginal – lediglich vier Prozent der Umsätze mit Büchern entfallen auf sie, und nur 11 Prozent der Leserinnen und Leser geben an, im Zweifelsfall E-Books zu bevorzugen (Börsenverein 2015). Insbesondere in den Genres Krimi und Science-Fiction ist der Anteil an E-Books jedoch deutlich höher, dies oft im Zusammenhang mit Self-Publishing. Zu weiteren Hoffnungen Anlass bietet aus Sicht der Branche das Enhanced E-Book (Töteberg 2013), das den Buchtext durch die Bereitstellung von audiovisuellen Inhalten anreichert, die auf Tablets und Smartphones rezipiert werden können.

Hörbücher sind etwa seit der Jahrtausendwende eine weitere Neuentwicklung in der Buchbranche. Bei belletristischer Gegenwartsliteratur fungiert dabei häufig die Autorin oder der Autor des Textes als Sprecher. Doch auch hier ist der Marktanteil mit 4 (Frauen) bzw. 5 (Männer) Prozent gering (Börsenverein 2015). Durch das Verleihen von Hörbüchern und digitale Kopierverfahren liegt die Reichweite von Hörbüchern jedoch wohl höher, als die tatsächlichen Umsatzzahlen wiedergeben – als mp3-Dateien gewandelt, finden sich Hörbücher vor allem auf Smartphones und bieten Literaturgenuss insbesondere für bildungsbeflissene Berufspendler.

Self-Publishing bezeichnet das Produzieren und Vertreiben von Büchern ohne einen (klassischen) Verlag. Autorinnen und Autoren organisieren den Vertrieb ihrer Texte selbst. BoD und E-Books sind dabei die zentralen technischen Grundlagen. Amazon hat sich auf die Vermarktung von selbstveröffentlichten E-Books spezialisiert, übernimmt dabei die zentrale Vertriebsfunktion von Verlagen und ist im Fall eines finanziellen Erfolgs mit Erlösanteilen zwischen 30 bis 70 Prozent beteiligt. Der weitaus größte Teil von selbst veröffentlichten Texten ist der Unterhaltungsliteratur zuzuordnen. Auf 40.000 Titel schätzt Matthias Matting – Betreiber der Ratgeberseite selfpublisherbibel.com – die jährliche Zahl an selbstpublizierten E-Books. 2000 Autorinnen und Autoren hätten professionelle Ansprüche, eine »niedrige dreistellige Zahl« unter ihnen könne vom Schreiben leben (N. N. 2016). Zunächst im Selbstverlag publizierte Texte werden dabei auch von großen Print-Verlagen entdeckt und ins eigene Programm genommen: E. L. James' erotische Romantrilogie *Fifty Shades of Grey* (2011–2012) erschien zunächst online als Fan-Fiction, später auf einer eigenen Webseite, dann als E-Book im Selbstverlag und erst daraufhin als Taschenbuchreihe, von der bis 2013 weltweit über 100 Millionen Exemplare verkauft worden sind (vgl. Töteberg 2013).

Netzliteratur. Als ›Netzliteratur‹ bezeichnen wir literarische Texte, die für die Publikation im Internet verfasst werden, ausschließlich dort verfügbar sind und dessen spezifische technische Möglichkeiten nutzen (zum Definitionsproblem vgl. Gendolla 2013). Unter dem Schlagwort ›Hyperfiction‹ beflügelte das Aufkommen von Links, Hypertext und interaktiven html-Anwendungen Mitte der 1990er Jahre die Hoffnung auf eine neue literarische Kunstform. Sie sollte den postmodernen Traum vom endlosen Text wahr machen, der weder chronologisch noch linear zu lesen sei (vgl. Müller 2014). Von dieser Euphorie getragen, entwickelten sich Mitte bis Ende der 1990er Jahre kurzfristige Initiativen zur Beförderung von Netzliteratur: Von 1996 bis 1998 schrieb die Wochenzeitung *Die Zeit* den Netzliteraturwettbewerb *Pegasus* aus, zeitgleich entstand das Literaturfestival *Softmoderne*, das im selben Zeitraum den Brückenschlag zwischen Netzkunst und Literatur suchte und sich zunehmend in Richtung multimedialer, interaktiver Formate entwickelte (vgl. Ortmann 2001). In beiden Fällen wurde deutlich, dass die Erwartungen der Literaturkritik und -wissenschaft das tatsächlich verfügbare Angebot an Netzliteratur bei weitem überstiegen. Hyperfiction-Experimente wie Susanne Berkenhegers *Zeit für die Bombe* (1997) gelten aus heutiger Sicht als wenig überzeugend: Den Textkern »hat man in ein paar Minuten erfasst, klickt noch etwas herum, und das war's« (Gendolla 2013, 82). Berkenhegers Nachfolgeprojekt *Die Schwimmmeisterin* (2002) steht heute als »moderne Ruine« im Netz und kann nur von PCs mit einem fast 20 Jahre alten Betriebssystem aufgerufen werden.

Die gegenwärtige Relevanz von Netzliteratur ist schwer zu beurteilen, da sich der entsprechende Diskurs weitgehend unabhängig von der Debatte über konventionell publizierte Literatur vollzieht. Literarische Texte, die von der professionellen Literaturkritik und von Literaturpreisjurys für relevant gehalten werden, sind bisher ausschließlich in konventionellen Verlagshäusern erschienen und über den Buchmarkt zu beziehen. Das bedeutet jedoch nicht, dass sich abseits dieser etablierten Pfade keine einflussreiche Netzliteratur entfalten kann. Zentrale Foren für Netzliteratur sind Literaturblogs, die neben Reaktionen auf (gedruckt erschienene) Texte auch eigene literarische Texte publizieren; im Unterschied zu früheren Versuchen von Netzliteratur bestehen diese jedoch nicht aus interaktiven Anwendungen, sondern sind Texte, die grundsätzlich auch in gedruckter Form erscheinen könnten. Doch auch hier ist ein Kanon von Netzliteratur, der im Zentrum eines von Leserinnen und Lesern geteilten Diskurses stünde, zumindest derzeit nicht erkennbar.

Medienkonkurrenz. Dass die Zahl von Leserinnen und Lesern durch die gestiegene Bedeutung elektronischer, zunehmend auch audiovisueller Medien generell abgenommen hat, ist nicht feststellbar (wobei auch in Zeiten von Web 2.0 das Lesen eine der zentralen Tätigkeiten von Internetnutzenden darstellt). Zwischen 2008 und 2014 ist eine nur sehr leicht gesunkene Zahl an Literaturrezipienten feststellbar. 17 Prozent der Gesamtbevölkerung in Deutschland (2008: 10 Prozent) lesen weniger als sieben Bücher pro Jahr, 22 Prozent (2008: 25 Prozent) dagegen mehr als 18 (Börsenverein 2015).

Rückkehr der Haptik. Verlage haben durch eine aufwendige Buchgestaltung auf die nicht-gedruckten Verbreitungsformen von Literatur reagiert. Dies geschieht auch mit dem Ziel, Leserinnen und Leser zum Kauf eines Titels als Hardcover zu animieren, der für die Verlage renditestärker ist als das günstigere Taschenbuch. Haptik, Schriftsatz und grafische Gestaltung interagieren dabei mit dem Inhalt des Buches und sind integrale Bestandteile von dessen Ästhetik. Im Falle der Graphic Novel oder des Foto-Romans werden bildliche und textgebundene Verfahren kombiniert. Aufwendig gestaltet werden aber auch konventionelle Romane: Georg Kleins *Die Zukunft des Mars* (2013) etwa besitzt einen gediegenen Leineneinband mit dezenten Gestaltungselementen im Stil von Comics der 1950er Jahre, die auch auf der Handlungsebene des düsteren Zukunftsromans eine Rolle spielen. In seiner konkreten Erscheinung als sinnlich-haptisches Gesamtkunstwerk will Kleins Band das eigene, dystopische Szenario, das auch von einem Bedeutungsverlust des Lesens geprägt ist, unterlaufen und den Wert des Buches betonen. Mit diesem Projekt ist der Romancier Klein offenbar nicht allein: 51 Prozent aller Deutschen – unabhängig davon, ob oder wie viel sie lesen – konnten sich im Jahr 2015 ein Leben ohne Bücher nicht vorstellen (Quelle: Börsenverein 2015).

Hilfsmittel

Der gegenwärtige Literaturbetrieb und seine zentralen Instanzen sind in Form verschiedener Sammelbände literaturwissenschaftlich erforscht – am hilfreichsten sind Arnold/Beilein (2009) sowie Bierwirth u. a. (2012). Plachta (2008) bietet einen Überblick über die historischen Entwicklungen. Beiträge zur aktuellen Situation der Literaturkritik versammeln Kaulen/Gansel (2015). Eine auf perlentaucher.de im Sommer 2015 geführte Debatte zur Chance von Literaturkritik im Netz findet sich hier: https://www.perlentaucher.de/essay/perlentaucher-debatte-literaturkritik-im-netz. html.

Das Deutsche Literaturarchiv Marbach hat wichtige Beispiele von Netzliteratur archiviert (http://literatur-im-netz.dla-marbach.de/), ein wichtiges Forum bietet ferner www.netzliteratur.net. Eine Liste mit zentralen Poetik-Vorlesungen und ihren Vortragenden bis 2008 bietet Schmitz-Emans u. a. (2009), 445–464. Grimm/Schärf (2008) führen exemplarisch in die Autor-Inszenierung ein. Zentrale Erkenntnisse zur Entwicklung des Buchmarkts liefert Börsenverein (2015).

13 Anhang

13.1 | Literaturverzeichnis

Zitierte Primärliteratur

Becker, Jürgen: *Foxtrott im Erfurter Stadium*. Frankfurt a. M.: Suhrkamp 1993.

Berg, Sibylle: *Sex II*. Leipzig: Reclam 1998.

Bessing, Joachim: *Tristesse royale. Das popkulturelle Quintett mit Joachim Bessing, Christian Kracht, Eckhart Nickel, Alexander v. Schönburg und Benjamin v. Stuckrad-Barre*. Berlin: Ulstein 1999.

Beyer, Marcel: *Flughunde*. Frankfurt a. M.: Suhrkamp 1995.

Beyer, Marcel: *Erdkunde. Gedichte*. Köln: DuMont 2002.

Beyer, Marcel: *Graphit*. Berlin: Suhrkamp 2014.

Biller, Maxim: *Bernsteintage. Sechs neue Geschichten*. Köln: Kiepenheuer & Witsch 2004.

Biller, Maxim: Letzte Ausfahrt Uckermark. In: *Die Zeit* v. 20.02.2014. http://www.zeit.de/2014/09/deutsche-gegenwartsliteratur-maxim-biller.

Bleutge, Nico: *verdecktes gelände*. München: Beck 2013.

Braun, Volker: *Gegen die symmetrische Welt*. Halle: Mitteldeutscher Verlag 1974.

Braun, Volker: *Die Zickzackbrücke. Ein Abrißkalender*. Halle: Mitteldeutscher Verlag 1992.

Braun, Volker: *Lustgarten. Preußen. Ausgewählte Gedichte*. Frankfurt a. M.: Suhrkamp 1996.

Braun, Volker: *Werktage: Arbeitsbuch 1977–1989*. Frankfurt a. M.: Suhrkamp 2009.

Brussig, Thomas: *Helden wie wir*. Berlin: Volk und Welt 1995.

Buschheuer, Elke: *www.else-buschheuer.de. Das New York Tagebuch*. Köln: Kiepenheuer & Witsch 2002.

Cotten, Ann/Falb, Daniel/Jackson, Hendrik/Rinck, Monika/Popp, Steffen: *Helm aus Phlox. Zur Theorie des schlechtesten Werkzeugs*. Berlin: Merve 2011.

Czernin, Franz Josef: Zu Poesie und einem Gedicht, das ein oder kein Palast ist. Dialog. In: Armen Avanessian/Anke Hennig/Steffen Popp (Hg.): *Poesie und Begriff. Positionen zeitgenössischer Dichtung*. Zürich/Berlin: diaphanes 2014, 49–67.

Dath, Dietmar: *Die Abschaffung der Arten*. Frankfurt a. M.: Suhrkamp 2008.

Dean, Martin R./Hettche, Thomas/Politycki, Matthias/Schindhelm, Michael: Was soll der Roman? In: *Die Zeit* v. 23.06.2005. www.zeit.de/2005/26/Debatte_1/komplettansicht.

Delius, Friedrich Christian: *Die Verlockungen der Wörter oder Warum ich immer noch kein Zyniker bin*. Berlin: Transit 1996.

Detering, Heinrich: *Vom Zählen der Silben: Über das lyrische Handwerk*. München: Stiftung Lyrik Kabinett 2009.

Detering, Heinrich: *Wundertiere*. Göttingen: Wallstein 2015.

Draesner, Ulrike: *für die nacht geheuerte zellen*. München: Luchterhand 2001.

Draesner, Ulrike: *Mitgift*. München: Luchterhand 2002.

Draesner, Ulrike: *Die fünfte Dimension*. München: Stiftung Lyrik Kabinett 2015.

Drawert, Kurt: *Wo es war. Gedichte*. Frankfurt a. M.: Suhrkamp 1996.

Drawert, Kurt: *Idylle rückwärts: Gedichte aus drei Jahrzehnten*. München: Beck 2011.

Dückers, Tanja: Künstlerunternehmer. Von der Kulturindustrie zur Kreativwirtschaft. In: Ludger Heidbrink (Hg.): *Unternehmertum. Vom Nutzen und Nachteil einer riskanten Lebensform*. Frankfurt a. M.: Campus 2010, 97–114.

Erb, Elke: *Unschuld, du Licht meiner Augen*. Göttingen: Steidl 1994.

Erpenbeck, Jenny: *Heimsuchung*. Frankfurt a. M.: Eichborn 2008.

Falkner, Gerhard: *Hölderlin Reparatur*. Berlin: Berlin Verlag 2008.

Franck, Julia: *Die Mittagsfrau*. Frankfurt a. M.: Fischer 2007.

Glavinic, Thomas: *Die Arbeit der Nacht*. München: Hanser 2006.

Glavinic, Thomas: *Das bin doch ich*. Roman. München: dtv 2010 (zuerst München: Hanser 2007).

Goetz, Rainald: *Rave. Erzählung* [1998]. Frankfurt a. M.: [8]Suhrkamp 2015.

Goetz, Rainald: Subito [1983]. In: Robert Niemann/Eberhard Rathgeb (Hg.): *Inventur. Deutsches Lesebuch 1945–2003*. Lizenzausgabe. Bonn: Bundeszentrale für politische Bildung 2003, 267–270.

Grass, Günter: Kopfgeburten oder die Deutschen sterben aus [1980]. In: Ders.: *Werkausgabe*. Darmstadt: Luchterhand 1987, Bd. 6, 139–271.

Grass, Günter: Ein Schnäppchen namens DDR. In: *Die Zeit* v. 05.10.1990. http://www.zeit.de/1990/41/ein-schnaeppchen-namens-ddr.

Grass, Günter: *Ein weites Feld*. Göttingen: Steidl 1995.
Grass, Günter: *Im Krebsgang*. Göttingen: Steidl 2002.
Grünbein, Durs: *Grauzone morgens*. Frankfurt a. M.: Suhrkamp 1988.
Grünbein, Durs: *Schädelbasislektion*. Frankfurt a. M.: Suhrkamp 1991.
Grünbein, Durs: *Galilei vermißt Dantes Hölle und bleibt an den Maßen hängen. Aufsätze 1989–1995*. Frankfurt a. M.: Suhrkamp 1996.
Grünbein, Durs: *Kosmos im Kopf*. Frankfurt a. M.: Suhrkamp 2000.
Grünbein, Durs: *Erklärte Nacht*. Frankfurt a. M.: Suhrkamp 2002.
Grünbein, Durs: Dioskurenklage. In: *Süddeutsche Zeitung* v. 21.6.2007.
Gstrein, Norbert: *Das Handwerk des Tötens*. Frankfurt a. M.: Suhrkamp 2003.
Hacker, Katharina: *Die Habenichtse*. Frankfurt a. M.: Suhrkamp 2006.
Hahn, Ulla: *Unscharfe Bilder*. München: DVA 2003.
Handke, Peter: *Eine winterliche Reise zu den Flüssen Donau, Save, Morawa und Drina, oder Gerechtigkeit für Serbien*. Frankfurt a. M.: Suhrkamp 1996.
Händler, Ernst-Wilhelm: *Logische Struktur und Referenz von mathematischen ökonomischen Theorien*. Univ. Diss., München 1980.
Händler, Ernst-Wilhelm: Das Wissen der Ökonomie. Theorie und Praxis, Formen und Grenzen. In: *Merkur* 66 (2012), H. 753, 89–101.
Hanika, Iris: *Das Eigentliche*. Graz: Droschl 2010.
Herbst, Alban Nikolai: *Thetis. Anderswelt. Fantastischer Roman*. Reinbek: Rowohlt 1998.
Herbst, Alban Nikolai: *Buenos Aires. Anderswelt. Kybernetischer Roman*. Berlin: Berlin Verlag 2001.
Herrmann, Judith: *Sommerhaus, später. Erzählungen* [1998]. Frankfurt a. M.: Fischer Taschenbuch ²2007.
Herrndorf, Wolfgang: *Sand*. Berlin: Rowohlt Berlin 2011.
Hettche, Thomas: *Woraus wir gemacht sind*. Köln: Kiepenheuer & Witsch 2006.
Hilbig, Wolfgang: *Das Provisorium*. Frankfurt a. M.: Fischer 2000.
Hochgatterer, Paulus: *Eine kurze Geschichte vom Fliegenfischen: Erzählung*. Wien: Deuticke 2003.
Hoppe, Felicitas: *Paradiese, Übersee*. Frankfurt a. M.: Fischer Taschenbuch 2006 (zuerst Reinbek: Rowohlt 2003).
Hummelt, Norbert: *Pans Stunde*. München: Luchterhand 2011.
Jelinek, Elfriede: *Lust*. Reinbek: Rowohlt 1989.
Jelinek, Elfriede: *Gier*. Reinbek: Rowohlt 2000.
Jelinek, Elfriede: Ich meine alles ironisch. Ein Gespräch. In: *Sprache im technischen Zeitalter* 153 (2000), 21–31.
Jelinek, Elfriede: *Bambiland*. Frankfurt a. M.: Suhrkamp 2004.
Jelinek, Elfriede: *Drei Theaterstücke: Die Kontrakte des Kaufmanns, Rechnitz (Der Würgeengel), Über Tiere*. Reinbek: Rowohlt 2009.
Jirgl, Reinhard: *Die Unvollendeten*. München: Hanser 2003.
Jirgl, Reinhard: Praemeditatio malorum – Schreiben am mitternächtigen Ort. Dankrede zum Georg-Büchner-Preis. http://www.deutscheakademie.de/druckversionen/DankredeBuechner.pdf (2010).
Jirgl, Reinhard: *Nichts von euch auf Erden*. München: Hanser 2013.
Kehlmann, Daniel: *Diese sehr ernsten Scherze. Poetikvorlesungen*. Göttingen: Wallstein 2007.
Kim, Anna: *Die gefrorene Zeit*. Graz: Droschl 2008.
Klein, Georg: *Die Zukunft des Mars*. Reinbek: Rowohlt 2013.
Kling, Thomas: *morsch*. Frankfurt a. M.: Suhrkamp 1996.
Kling, Thomas: *Itinerar*. Frankfurt a. M.: Suhrkamp 1997.
Kling, Thomas: *Sondagen. Gedichte*. Köln: DuMont 2002.
Kling, Thomas: *Auswertung der Flugdaten*. Köln: DuMont 2005.
Köhlmeier, Michael: *Abendland*. München: Hanser 2007.
Köhlmeier, Michael: *Die Abenteuer des Joel Spazierer*. München: Hanser 2013.
Kolbe, Uwe: *Nicht wirklich platonisch*. Frankfurt a. M.: Suhrkamp 1994.
Kolbe, Uwe: *Vineta. Gedichte*. Frankfurt a. M.: Suhrkamp 1998.
Kordić, Martin: *Wie ich mir das Glück vorstelle*. München: Hanser 2014.
Kracht, Christian: *Faserland. Roman*. Frankfurt a. M.: Fischer Taschenbuch 2015 (zuerst Köln: Kiepenheuer & Witsch 1995).
Krauß, Angela: *weggeküßt*. Frankfurt a. M.: Suhrkamp 2000.
Krauß, Angela: *wie weiter?* Frankfurt a. M.: Suhrkamp 2002.
Kron, Norbert: Der literarische Callboy. Vom schelmischen Widerstand der Literatur im Feudalkapitalismus. In: Stephanie Waldow (Hg.): *Ethik im Gespräch. Autorinnen und Autoren über das Verhältnis von Literatur und Ethik heute*. Bielefeld: transcript 2011, 157–172.

Kronauer, Brigitte: *Teufelsbrück*. Stuttgart: Klett Cotta 2000.

Krüger, Michael: *Umstellung der Zeit*. Berlin: Suhrkamp 2013.

Küchenmeister, Nadja: *Unter dem Wacholder*. Frankfurt a. M.: Schöffling 2014.

Kunert, Günter: *Mein Golem*. München: Hanser 1996.

Kunert, Günter: *NachtVorstellung. Gedichte*. München: Hanser 1999.

Kunert, Günter: *Unterwegs nach Utopia*. Berlin (Ost): Aufbau 1980.

Kunze, Reiner: *ein tag auf dieser erde. gedichte*. Frankfurt a. M.: Fischer 1998.

Kurbjuweit, Dirk: *Kriegsbraut*. Reinbek: Rowohlt 2011.

Lange-Müller, Katja: *Verfrühte Tierliebe*. Köln: Kiepenheuer & Witsch 1995.

Lehnert, Christian: *Der gefesselte Sänger*. Frankfurt a. M.: Suhrkamp 1997.

Lehnert, Christian: *Aufkommender Atem*. Berlin: Suhrkamp 2011.

Lehnert, Christian: *Windzüge*. Berlin: Suhrkamp 2015.

Lehr, Thomas: *42*. Berlin: Aufbau 2005.

Lehr, Thomas: *September. Fata Morgana*. München: Hanser 2010.

Lewitscharoff, Sibylle: *Blumenberg*. Berlin: Suhrkamp 2012.

Meinecke, Thomas: Handlung lenkt ab. In: *Spex*, H. 227 (1999), 34.

Meinecke, Thomas: *Musik*. Frankfurt a. M.: Suhrkamp 2004.

Melle, Thomas: *3000 Euro*. Berlin: Rowohlt Berlin 2014.

Menasse, Eva: *Vienna*. Köln: Kiepenheuer & Witsch 2005.

Meyer, Clemens: *Als wir träumten*. Frankfurt a. M.: Fischer 2006.

Mora, Terézia: *Alle Tage*. München: Luchterhand 2004.

Mosebach, Martin: *Das Blutbuchenfest. Roman*. München: Hanser 2014.

Müller, Heiner: *Germania 3: Gespenster am toten Mann*. Köln: Kiepenheuer & Witsch 1996.

Müller, Herta: *Atemschaukel*. München: Hanser 2009.

Musil, Robert: *Der Mann ohne Eigenschaften* [1930/32]. Reinbek: Rowohlt 1978.

Neumeister, Andreas: *Gut laut*. Frankfurt a. M.: Suhrkamp 1998.

Ortheil, Hanns-Josef: *Abschied von den Kriegsteilnehmern*. München: Piper 1992.

Ostermaier, Albert: *Death Valley Junction. Stück und Materialien*. Frankfurt a. M.: Suhrkamp 2000.

Oswald, Georg M.: *Alles was zählt*. München: Hanser 2000.

Özdamar, Emine Sevgi: *Das Leben ist eine Karawanserei, hat zwei Türen, aus einer kam ich rein, aus der anderen ging ich raus*. Köln: Kiepenheuer & Witsch 1992.

Özdamar, Emine Sevgi: *Sonne auf halbem Weg. Berlin-Istanbul-Trilogie*. Köln: Kiepenheuer & Witsch 2006.

Passig, Kathrin: *Standardsituationen der Technologiekritik*. Berlin: Suhrkamp 2013.

Peltzer, Ulrich: *Bryant Park*. Zürich: Ammann 2002.

Peters, Christoph: *Ein Zimmer im Haus des Krieges*. München: btb 2006.

Petersdorff, Dirk von: *Wie es weitergeht. Gedichte*. Frankfurt a. M.: Fischer 1992.

Pletzinger, Thomas: *Bestattung eines Hundes*. Köln: Kiepenheuer & Witsch 2008.

Pollesch, René: *Kill your Darlings. Stücke*. Reinbek: Rowohlt 2014.

Pollesch, René: *www-slums*. Reinbek: Rowohlt 2003.

Popp, Steffen: Poesie als Lebensform – Anmerkungen zu Ann Cotten, Daniel Falb und Ulf Stolterfoht. In: *Bella Triste* 18 (2007).

Popp, Steffen: Dankrede zum Peter-Huchel-Preis. http://peter-huchel-preis.de/media/docs/2014_dankrede_steffen%20popp.pdf (2014).

Popp, Steffen: Gedichte – Was mit Begriffen? In: Avanessian u. a. (2014), 19–31.

Poschmann, Marion: *Geliehene Landschaften. Lehrgedichte und Elegien*. Berlin: Suhrkamp 2016.

Rabinovici, Doron: *Andernorts*. Berlin: Suhrkamp 2010.

Rinck, Monika: *Risiko und Idiotie. Streitschriften*. Berlin: kookbooks 2015.

Röggla, Kathrin: really ground zero. Die meisten New Yorker wirken derzeit wie stillgestellt. Die Normalität hat derzeit immer noch hysterische Züge. Szenen aus dem Ausnahmezustand. In: *taz. Die tageszeitung* v. 14. 9. 2001.

Röggla, Kathrin: *really ground zero. 11. September und Folgendes*. Frankfurt a. M.: Fischer Taschenbuch 2001.

Röggla, Kathrin: *wir schlafen nicht*. Frankfurt a. M.: Fischer 2004.

Roth, Gerhard: *Der Berg*. Frankfurt a. M.: Fischer 2000.

Roth, Patrick: *Johnny Shines oder Die Wiedererweckung der Toten. Seelenrede*. Frankfurt a. M.: Suhrkamp 1993.

Ruge, Eugen: *In Zeiten des abnehmenden Lichts*. Reinbek: Rowohlt 2011.

Schalansky, Judith: *Der Hals der Giraffe*. Berlin: Suhrkamp 2011.

Scheuer, Norbert: *Die Sprache der Vögel*. München: Beck 2015.

Schimmelpfennig, Roland: *Trilogie der Tiere*. Frankfurt a. M.: Fischer 2007.

Schulze, Ingo: *Simple Storys*. Berlin: Berlin Verlag 1998.
Sebald, W. G.: *Austerlitz*. München: Hanser 2001.
Sebald, W. G.: *Luftkrieg und Literatur. Mit einem Essay zu Alfred Andersch*. Frankfurt a. M.: Fischer 1999.
Seel, Daniela: *Was weißt du schon von Prärie?* Berlin: kookbooks 2015.
Seiler, Lutz: *im felderlatein*. Berlin: Suhrkamp 2010.
Seiler, Lutz: *Kruso*. Berlin: Suhrkamp 2014.
Stanišić, Saša: *Wie der Soldat das Grammofon repariert*. München: Luchterhand 2006.
Stolterfoht, Ulf: Noch einmal: Über Avantgarde und experimentelle Lyrik. In: *Bella Triste* 17 (2007), 189–200.
Stolterfoht, Ulf: *Neu-Jerusalem*. Berlin: kookbooks 2015.
Strauß, Botho: Der Aufstand gegen die sekundäre Welt. Bemerkungen zu einer Ästhetik der Anwesenheit (Nachw.). In: George Steiner: *Von realer Gegenwart. Hat unser Sprechen Inhalt?* München 1990, 303–320.
Strauß, Botho: Anschwellender Bocksgesang. In: *Der Spiegel* v. 8.2.1993, 202–207. http://www.spiegel.de/spiegel/print/d-13681004.html.
Strauß, Botho: Der letzte Deutsche. In: *Der Spiegel* v. 2.10.2015, 122–124. http://www.spiegel.de/spiegel/print/d-139095826.html.
Streeruwitz, Marlene: *Entfernung. 31 Abschnitte*. Frankfurt a. M.: Fischer 2006.
Streeruwitz, Marlene: *Die Schmerzmacherin*. Frankfurt a. M.: Fischer 2011.
Streeruwitz, Marlene: *Poetik*. Frankfurt a. M.: Fischer 2014.
Stuckrad-Barre, Benjamin von: *Soloalbum* [1998]. Köln: Kiepenheuer & Witsch [7]2009.
Tawada, Yōko: *Wo Europa anfängt*. Tübingen: Konkursbuchverl. 1991.
Tawada, Yōko: *Talisman*. Tübingen: Konkursbuchverl. 1996.
Tawada, Yōko: *Verwandlungen. Prosa, Lyrik, Szenen & Essays*. Tübingen: Konkursbuchverl. 1998.
Tawada, Yōko: *Das nackte Auge*. Tübingen: Konkursbuchverl. 2004.
Tawada, Yōko: *Sprachpolizei und Spielpolyglotte*. Tübingen: Konkursbuchverl. 2007.
Tellkamp, Uwe: Was war die DDR? In: *Frankfurter Allgemeine Zeitung* v. 16.8.2007.
Tellkamp, Uwe: *Der Turm*. Frankfurt a. M.: Suhrkamp 2008.
Vertlib, Vladimir: *Das besondere Gedächtnis der Rosa Masur*. Wien: Deuticke 2001.
Wagner, David: *Leben*. Reinbek: Rowohlt 2013.
Wagner, Jan: *Regentonnenvariationen*. Berlin: Hanser Berlin 2014.
Walser, Martin: *Ein springender Brunnen*. Frankfurt a. M.: Suhrkamp 1998.
Wolf, Christa: *Reden im Herbst*. Berlin/Weimar: Aufbau 1990.
Wolf, Christa: *Was bleibt*. Frankfurt a. M.: Suhrkamp 2007 (zuerst Berlin/Weimar: Aufbau 1990 sowie Frankfurt a. M.: Luchterhand 1990).
Wolf, Julia: *Alles ist jetzt*. Frankfurt a. M.: Frankfurter Verlagsanstalt 2015.
Wolf, Uljana: Beitrag 8. In: *Timber!* (2011). https://timberpoetologie.wordpress.com/2011/12/07/beitrag-8-uljana-wolf/.
Wolf, Uljana: *Meine schönste Lengevitch*. Berlin: kookbooks 2011.
Wolfram, Gernot: *Das Wüstenhaus*. Frankfurt a. M.: DVA 2011.
Zaimoglu, Feridun/Trojanow, Ilija: *Ferne Nähe. Tübinger Poetik-Dozentur 2007*. Künzelsau: Swiridoff 2008.
Zaimoglu, Feridun: *Kanak Sprak. 24 Misstöne vom Rande der Gesellschaft*. Hamburg: Rotbuch 1995.
Zaimoglu, Feridun: *Isabel*. Köln: Kiepenheuer & Witsch 2014.
Zeh, Juli: *Adler und Engel*. Frankfurt a. M.: Schöffling 2001.
Zeh, Juli: *Die Stille ist ein Geräusch. Eine Fahrt durch Bosnien*. Frankfurt a. M.: Schöffling 2003.

Sekundärliteratur

Ablass, Stefanie: Ökonomisierung des Körpers. Interdependenzen von ökonomischer und physischer Sphäre im Wirtschaftsroman. In: Zemanek/Krones (2008), 163–177.
Ackermann, Kathrin/Greif, Stefan: Pop im Literaturbetrieb. Von den sechziger Jahren bis heute. In: Arnold/Schäfer (2003), 55–68.
Adelson, Leslie A.: Against Between. Ein Manifest gegen das Dazwischen [2001]. In: Langenohl u. a. (2015), 125–138.
Agamben, Giorgio: *Homo Sacer. Die souveräne Macht und das nackte Leben*. Frankfurt a. M.: Suhrkamp 2002 (italien. 1995).

Agamben, Giorgio: *Das Offene. Der Mensch und das Tier.* Frankfurt a. M.: Suhrkamp 2003 (italien. 2002).

Agamben, Giorgio: *Ausnahmezustand.* Frankfurt a. M.: Suhrkamp 2004 (italien. 2003).

Agamben, Giorgio: *Nacktheiten.* Frankfurt a. M.: Fischer 2010 (italien. 2009).

Akademie, Schwedische: Der Nobelpreis in Literatur des Jahres 2004 – Pressemitteilung. http://www.nobelprize.org/nobel_prizes/literature/laureates/2004/press-d.html (2004).

Alber, Jan/Iversen, Stefan/Nielsen, Henrik Skov/Richardson, Brian: Unnatural Narratives, Unnatural Narratology. Beyond Mimetic Models. In: *Narrative* 18/2 (2010), 113–136.

Amann, Wilhelm/Mein, Georg/Parr, Rolf (Hg.): *Globalisierung und Gegenwartsliteratur. Konstellationen, Konzepte, Perspektiven.* Heidelberg: Synchron 2010.

Anz, Thomas: *»Es geht nicht um Christa Wolf«. Der Literaturstreit im vereinigten Deutschland.* München: Edition Spangenberg 1991; erw. Neuausg. Frankfurt a. M.: Fischer 1995.

Anz, Thomas: Westwärts. Hanns-Josef Ortheils *Abschied von den Kriegsteilnehmern.* In: *Die Zeit* v. 2.10.1992.

Arnold, Heinz Ludwig (Hg.): *Blech getrommelt. Günter Grass in der Kritik.* Göttingen: Steidl 1997.

Arnold, Heinz Ludwig (Hg.): *DDR-Literatur der neunziger Jahre.* München: Ed. text + kritik 2000.

Arnold, Heinz Ludwig (Hg.): *Literarische Kanon-Bildung.* München: Ed. text + kritik 2002.

Arnold, Heinz Ludwig (Hg.): *Theater fürs 21. Jahrhundert.* München: Ed. text + kritik 2004.

Arnold, Heinz Ludwig (Hg.): *Literatur und Migration.* München: Ed. text + kritik 2006.

Arnold, Heinz Ludwig/Beilein, Matthias (Hg.): *Literaturbetrieb in Deutschland.* München: Ed. text + kritik [3]2009.

Arnold, Heinz Ludwig (Hg.): *Rainald Goetz.* Unter Mitarbeit von Charis Goer. München: Ed. text + kritik 2011.

Arnold, Heinz Ludwig/Schäfer, Jörgen (Hg.): *Pop-Literatur.* München: Ed. text + kritik 2003.

Assheuer, Thomas: Auf dem Gipfel der Freundlichkeiten. Jürgen Habermas und Kardinal Ratzinger diskutierten über Religion und Aufklärung. In: *Die Zeit* v. 22.1.2004.

Assmann, Aleida: *Der lange Schatten der Vergangenheit. Erinnerungskultur und Geschichtspolitik.* München: Beck 2006.

Assmann, Aleida: *Geschichte im Gedächtnis. Von der individuellen Erfahrung zur öffentlichen Inszenierung.* München: Beck 2007.

Assmann, Aleida: *Ist die Zeit aus den Fugen? Aufstieg und Fall des Zeitregimes der Moderne.* München: Hanser 2013.

Assmann, David-Christopher: »Nicht Fiction, sondern Action«. F. C. Delius' *Der Königsmacher* oder: Beschädigt der Literaturbetrieb die Gegenwartsliteratur? In: Bierwirth u. a. (2012), 241–262.

Assmann, David-Christopher: *Poetologien des Literaturbetriebs. Szenen bei Kirchhoff, Maier, Gstrein und Händler.* Berlin/Boston: de Gruyter 2014.

Avanessian, Armen/Hennig, Anke/Popp, Steffen (Hg.): *Poesie und Begriff. Positionen zeitgenössischer Dichtung.* Zürich/Berlin: diaphanes 2014.

Bannasch, Bettina/Waldow, Stephanie (Hg.): *Lust? Darstellungen von Sexualität in der Gegenwartskunst von Frauen.* München 2008.

Bareis, J. Alexander: Zwischen Berlin und Reykjavík. Zu Ankünften und der »Ästhetik des Augenblicks« in Judith Hermanns Erzählungen. In: Gymnich u. a. 2008, 129–140.

Barner, Wilfried (Hg.): Geschichte der deutschen Literatur von 1945 bis zur Gegenwart. München: Beck [2]2006.

Bartels, Gerrit: Damit kann man arbeiten. In: *taz. Die tageszeitung* v. 4.7.2000. http://www.taz.de/1/archiv/archiv-start/?ressort=ku&dig= 2000/07/04/a0112&cHash= 603c7934a6.

Barth, Ulrich: *Religion in der Moderne.* Tübingen: Mohr Siebeck 2003.

Barthes, Roland: Der Tod des Autors [1968]. In: Roland Barthes: *Das Rauschen der Sprache.* Frankfurt a. M.: Suhrkamp 2005, S. 57–63.

Baßler, Moritz: *Der deutsche Pop-Roman: Die neuen Archivisten.* München: Beck 2002.

Baßler, Moritz/Curtis, Robin/Drügh, Heinz/Geer, Nadja/Hecken, Thomas/Jacobs, Mascha/Pethes, Nicolas/Sabisch, Katja (Hg.): *Pop. Kultur und Kritik* [Zeitschrift]. 1 (2012).

Baumann, Zygmunt: *Flüchtige Zeiten. Leben in der Ungewissheit.* Hamburg: Hamburger Edition 2008.

Baumgart, Reinhard: Wüst gedacht, brav gemacht. Provokationen von gestern. Urs Allemann und sein Prosacoup *Babyficker.* In: *Die Zeit* v. 11.12.1992. http://www.zeit.de/1992/51/Wuest-gedacht-brav-gemacht.

Bay, Hansjörg/Struck, Wolfgang (Hg.): *Literarische Entdeckungsreisen. Vorfahren, Nachfahrten, Revisionen.* Köln u. a.: Böhlau 2011.

Bay, Hansjörg: Wo das Schreiben anfängt. Yōko Tawadas Poetik der Migration. In: Arnold (2006), 109–120.

Bayer, Frauke Géraldine: Gelebter Mythos als Garant der Unsterblichkeit. Formen individueller und kollektiver Fontane-Verehrung in Günter Grass' Roman *Ein weites Feld*. In: *Textpraxis* 2/1 (2011), http://www.uni-muenster.de/Textpraxis/frauke-bayer-gelebter-mythos-als-garant-der-unsterblichkeit.

Beilein, Matthias/Stockinger, Claudia/Winko, Simone (Hg.): *Kanon, Wertung und Vermittlung. Literatur in der Wissensgesellschaft*. Berlin/Boston: de Gruyter 2012.

Beilein, Matthias: Aufklärung in der Dunkelzone der Verlagsarbeit. In: Beilein/Arnold (2009), 24–37.

Bender, Jesko: Den kommenden Terror erzählen. Ulrich Peltzers Bryant Park. In: Fleming/ Schütte (2014), 141–156.

Berger, Peter: The desecularisation of the world. In: Peter Berger (Hg.): *The Desecularisation of the World. Resurgent Religion and World Politics*. Washington: Eerdmans 1999, 1–18.

Berka, Sigrid (Hg.): *Botho Strauß und die Debatte um den Bocksgesang. Weimarer Beiträge* 40 (1994), H. 2.

Beßlich, Barbara/Grätz, Katharina/Hildebrand, Olaf (Hg.): *Wende des Erinnerns? Geschichtskonstruktionen in der deutschen Literatur nach 1989*. Berlin: Erich Schmidt 2006.

Bhabha, Homi K.: *Die Verortung der Kultur*. Tübingen: Stauffenburg 2000 (engl. 1994).

Biendarra, Anke S.: Autorschaft 2.0. Mediale Selbstinszenierungen im Internet (Deutschland/USA). In: Amann u. a. (2010), 259–280.

Biendarra, Anke S.: Engagierte Literatur? Überlegungen zu den sich verändernden Rollen von Intellektuellen im wiedervereinigten Deutschland – zehn Jahre danach. Eine vergleichende Betrachtung. In: Schluchter/Quint (2001), 292–311.

Biendarra, Anke S.: *Germans Going Global. Contemporary Literature and Cultural Globalization*. Berlin/Boston: de Gruyter 2012.

Biendarra, Anke S.: Prekäre neue Arbeitswelt. Narrative der New Economy. In: Schöll/Bohley (2011), 69–82.

Biendarra, Anke S.: Terézia Mora, *Alle Tage*. Transnational Trauma. In: Marven/ Taberner (2011), 46–61.

Bierwirth, Maik/Johannsen, Anja/Zeman, Mirna (Hg.): *Doing contemporary literature. Praktiken, Wertungen, Automatismen*. München: Fink 2012.

Birkner, Nina/Geier, Andrea/Helduser, Urte (Hg.): *Spielräume des Anderen: Geschlecht und Alterität im postdramatischen Theater*. Bielefeld: transcript 2014.

Blamberger, Günter: Poetik der Unentschiedenheit. Zum Beispiel Judith Hermanns Prosa. In: *Gegenwartsliteratur* 5 (2006), 186–206.

Bluhm, Lothar: Verdrängungsdiskurse in den Literaturstreits der neunziger Jahre. In: Neuhaus/Holzner (2007), 568–576.

Blumenberg, Hans: *Die Legitimität der Neuzeit* [1966]. Erneuerte Ausgabe. Frankfurt a. M.: Suhrkamp 1988.

Blumenkamp, Katrin: In der Nische. In: Arnold/ Beilein (2009), 191–199.

Bogdal, Klaus-Michael: Klimawechsel. Eine kleine Meterologie der Gegenwartsliteratur. In: Erb (1998), 9–31.

Bohley, Johanna: Zur Konjunktur der Gattung Poetikvorlesung als »Form für Nichts«. In: Schöll/Bohley (2012), 227–242.

Böhmer, Daniel-Dylan: Befreiung aus der Befindlichkeitsprosa. In: Spiegel online v. 21.3.2003. http://www.spiegel.de/kultur/literatur/junge-autoren-befreiung-aus-der-befindlichkeitsprosa-a-241052.html.

Bönisch, Dana: In der Gegenbilder-Falle. Die Literatur sucht noch. Alle Versuche, 9/11 in Romanen zu erfassen, scheitern jedenfalls bislang. In: taz. *Die tageszeitung* v. 10.9.2008.

Borgards, Roland: Evolution als Experiment. Dietmar Daths *Die Abschaffung der Arten*. In: Roland Borgards/ Nicolas Pethes (Hg.): *Tier – Experiment – Literatur 1880–2010*. Würzburg: Königshausen & Neumann 2013, 219–232.

Borgards, Roland (Hg.): *Tiere. Kulturwissenschaftliches Handbuch*. Stuttgart: Metzler 2015.

Borgstedt, Thomas: Wunschwelten. Judith Hermann und die Neuromantik der Gegenwart. In: *Gegenwartsliteratur* 5 (2006), 207–232.

Börsenverein des Deutschen Buchhandels: *Buchkäufer und -leser 2015. Profile, Motive, Einstellungen*. Frankfurt a. M. 2015. Zusammenfassung unter http://www.boersenverein.de/sixcms/media.php/1117/Buchk%C3 %A4ufer_und_leser_2015_Pressemappe.pdf.

Böttiger, Helmut: *Nach den Utopien. Eine Geschichte der deutschsprachigen Gegenwartsliteratur*. Wien: Zsolnay 2004.

Böttiger, Helmut: Schlegel, Benjamin und der Pausenclown. In: Arnold/Beilein (2009), 97–110.

Braidotti, Rosi: *The Posthuman*. Cambridge: Polity 2013.

Braun, Michael: »Anschwellender Bocksgesang« und die Folgen. Anmerkungen zur Botho-Strauß-Debatte. In: Langguth (1997), 264–279.

Braun, Michael: *Die deutsche Gegenwartsliteratur.* Stuttgart: UTB 2010.

Braungart, Wolfgang/van Laak, Lothar (Hg.): *Gegenwart Literatur Geschichte. Zur Literatur nach 1945.* Heidelberg: Winter 2013.

Braungart, Wolfgang: Gegenwärtigkeiten der Literatur. Notizen zur Einführung. Am Beispiel dreier Gedichte Eduard Mörikes, Uwe Kolbes und Dirk von Peterddorffs. In: Braungart/van Laak (2013), 9–26.

Bremer, Ulrike: *Versionen der Wende. Eine textanalytische Untersuchung erzählerischer Prosa junger deutscher Autoren zur Wiedervereinigung.* Osnabrück: Rasch 2002.

Brittnacher, Hans Richard/May, Markus (Hg.): *Phantastik: Ein interdisziplinäres Handbuch.* Stuttgart, Weimar: Metzler 2013.

Brittnacher, Hans Richard: Der verspielte Untergang. Apokalypsen bei Alban Nikolai Herbst. In: Schnell (2008), 29–42.

Brodowsky, Paul/Klupp, Thomas (Hg.): *Wie über Gegenwart sprechen? Überlegungen zu den Methoden einer Gegenwartsliteraturwissenschaft.* Frankfurt a. M.: Lang 2010.

Brüns, Elke: Dunkelkammer und schwarzes Loch. Die Suche nach dem Berlin-Roman. In: Caduff u. a. (2005), 141–149.

Brüns, Elke: *Nach dem Mauerfall: Eine Literaturgeschichte der Entgrenzung.* München: Fink 2006.

Bubis, Ignatz/Lehming, Malte: »Schönhuber ist ein Fälscher«. Der Vorsitzende des Zentralrates der Juden verzichtet auf eine Klage. In: *Der Tagesspiegel* v. 2.4.1994.

Bude, Heinz: ›Generation‹ im Kontext. Von den Kriegs- zu den Wohlstandsgenerationen. In: Ulrike Jureit/ Michael Wildt (Hg.): *Generationen: Zur Relevanz eines wissenschaftlichen Grundbegriffs.* Hamburg: Hamburger Edition 2005, 28–44.

Burdorf, Dieter: *Einführung in die Gedichtanalyse.* 3., akt. u. erw. Aufl. Stuttgart: Metzler 2015.

Burdorf, Dieter: *Geschichte der deutschen Lyrik. Einführung und Interpretationen.* Stuttgart: Metzler 2015.

Busch, Günther/Ruge, Elisabeth/Wittstock, Uwe (Hg.): *Literatur im Abseits – und wie sie herauskommt.* Frankfurt a. M.: S. Fischer 1993. *Neue Rundschau* 104 (1993) H. 3.

Busch, Günther/Ruge, Elisabeth/Wittstock, Uwe.: Editorial. In: Busch u. a. (1993), 5–6

Butler, Judith: *Frames of War: When Is Life Grievable?* London, New York: Verso 2009.

Butler, Judith: *Gender Trouble. Feminism and the Subversion of Identity.* New York: Routledge 1990. Deutsch *Das Unbehagen der Geschlechter.* Frankfurt a. M.: Suhrkamp 1991.

Butler, Judith: *Precarious Life. The Powers of Mourning and Violence.* London, New York: Verso 2004.

Caduff, Corinna/Vedder, Ulrike (Hg.): *Chiffre 2000. Neue Paradigmen der Gegenwartsliteratur.* Paderborn/München: Fink 2005.

Caemmerer, Christiane/Delabar, Walter/Meise, Helga (Hg.): *Fräuleinwunder literarisch. Literatur von Frauen zu Beginn des 21. Jahrhunderts.* Frankfurt a. M.: Lang 2005.

Casanova, José: *Public Religions in the Modern World.* Chicago: University of Chicago Press 1994.

Castells, Manuel: *Jahrtausendwende. Teil 3 der Trilogie Das Informationszeitalter.* Opladen: Leske + Budrich 2003 (engl. 1998).

Chiellino, Carmine (Hg.): *Interkulturelle Literatur in Deutschland. Ein Handbuch.* Stuttgart: J. B. Metzler 2007.

Cohen-Pfister, Laurel/Vees-Gulani, Susanne (Hg.): *Generational Shifts in Contemporary German Culture.* Rochester, NY: Camden House 2010.

Crouch, Colin: *Postdemokratie.* Frankfurt a. M.: Suhrkamp 2008.

d' Haen, Theo/Goerlandt, Iannis (Hg.): *Literature for Europe?* Amsterdam, New York: Rodopi 2009.

Dath, Dietmar/Oehmke, Philipp: Schreiben, wie die Welt sein sollte. Der Schriftsteller Dietmar Dath über die Zwangsläufigkeit der Finanzkrise, die Verbindung von Marx und Darwin und die Chancen, durch Literatur die Gesellschaft zu verändern. In: *Der Spiegel* v. 26.9.2009.

Davie, Grace: *Europe: The Exceptional Case. Parameters of Faith in the Modern World.* London: Darton, Longman & Todd 2002.

Deiters, Franz-Josef/Eke, Norbert Otto (Hg.): *Terror und Form. Terror and Form.* Freiburg: Rombach 2014.

Deleuze, Gilles: Postskriptum über die Kontrollgesellschaften. In: ders.: *Unterhandlungen 1972–1990.* Frankfurt a. M.: Suhrkamp 1993, 254–262.

Deutsche Akademie für Sprache und Dichtung: Urkundentext zur Verleihung des Georg-Büchner-Preises an Rainald Götz. Darmstadt 2015 (http://www.deutscheakademie.de/de/auszeichnungen/georg-buechner-preis/rainald-goetz/urkundentext).

Dieckmann, Christoph: Abendlicht. Eine Predigt für und wider den Mythos DDR. In: *Die Zeit* v. 26.2.1993.

Diederichsen, Diedrich: *Der lange Weg nach Mitte. Der Sound und die Stadt*. Köln: Kiepenheuer & Witsch 1999.

Diederichsen, Diedrich: Maggies Agentur. Das Theater von René Pollesch. In: Stefan Tigges (Hg.): *Dramatische Transformationen: Zu gegenwärtigen Schreib- und Aufführungsstrategien im deutschsprachigen Theater*. Bielefeld: transcript 2008, 101–110.

Diederichsen, Diedrich: Laudatio auf René Pollesch zur Verleihung des Else-Lasker-Schüler-Preises 2012 für das dramatische Gesamtwerk. In: Pollesch, René: *Kill your Darlings. Stücke*. Reinbek: Rowohlt 2014, 7–14.

Dietz, Georg: Die Methode Kracht. In: *Der Spiegel* v. 13.02.2012, 100–103. http://www.spiegel.de/spiegel/print/d-83977254.html.

Ditschke, Stephan: »Ich sei Dichter, sagen sie«. Selbstinszenierungen beim Poetry Slam. In: Grimm/Schärf (2008), 169–184.

Döbler, Katharina: Frische Luft! Wie viel Welthaltigkeit braucht die Literatur? In: *Die Zeit* v. 12.06.03. http://www.zeit.de/2003/25/L-Glosse_25.

Düffel, John von/Schößler, Franziska: Gespräch über das Theater der neunziger Jahre. In: Arnold (2004), 42–51.

Dürr, Claudia/Zembylas, Tasos: Konfliktherde und Streithähne. Grenzzonen und Strategien im Literaturbetrieb. In: Neuhaus/Holzner (2007), 75–88.

Durst, Uwe: *Theorie der phantastischen Literatur*. Tübingen, Basel: Francke 2001.

Eibl, Karl: Von der Unwahrscheinlichkeit der Lyrik und weshalb es sie trotzdem gibt. Teil 1: Das Bezugsproblem und Religion als Standardlösung. In: *KulturPoetik* 13/1 (2013), 5–25.

Eigler, Friederike: *Gedächtnis und Geschichte in Generationenromanen seit der Wende*. Berlin: Erich Schmidt 2005.

Eigler, Friederike: Nostalgisches und kritisches Erinnern am Beispiel von Martin Walsers *Ein springender Brunnen* und Monika Marons *Pawels Briefe*. In: Elke Gilson (Hg.): *Monika Maron in Perspective: »Dialogische« Einblicke in zeitgeschichtliche, intertextuelle und rezeptionsbezogene Aspekte ihres Werkes*. Amsterdam, New York: Rodopi 2002, 157–180.

(Einhundert) 100 Schriftsteller: Freiheit, die wir meinen. In: *Süddeutsche Zeitung* v. 24.07.2006. www.sueddeutsche.de/kultur/ein-aufruf-von-schriftstellern-fuer-billers-esra-freiheit-die-wir-meinen-1.416073.

Eke, Norbert Otto/Elit, Stefan (Hg.): *Deutschsprachige Literatur(en) seit 1989*. Berlin: Erich Schmidt 2012. Sonderheft der ZfdPH 131/2012.

Emmerich, Wolfgang: *Kleine Literaturgeschichte der DDR*. Erw. Neuausgabe. Berlin: Aufbau 2007.

Erb, Andreas (Hg.): *Baustelle Gegenwartsliteratur. Die neunziger Jahre*. Opladen: Westdt. Verl. 1998.

Erll, Astrid: *Kollektives Gedächtnis und Erinnerungskulturen. Eine Einführung*. Stuttgart, Weimar: Metzler 2005.

Ernst, Thomas: ›User Generated Content‹ und der Leser-Autor als ›Prosumer‹. Potenziale und Probleme der Literaturkritik in Sozialen Medien. In: Kaulen/Gansel (2015), 93–111.

Ernst, Thomas: Ein Nobelpreis für die Subversion? Aporien der Subversion im Theater Elfriede Jelineks. In: Inge Arteel/Heidy Margrit Müller (Hg.): *Elfriede Jelinek – Stücke für oder gegen das Theater?* Brüssel: KVAB 2008, 193–202.

Ernst, Thomas: Jenseits von MTV und Musikantenstadl. Popkulturelle Positionierungen in Wladimir Kaminers *Russendisko* und Feridun Zaimgolus *Kanak Sprak*. In: Arnold (2006), 159–166.

Ernst, Thomas: *Literatur und Subversion: Politisches Schreiben in der Gegenwart*. Bielefeld: transcript 2013.

Ertel, Anna Alissa: *Körper, Gehirne, Gene. Lyrik und Naturwissenschaft bei Ulrike Draesner und Durs Grünbein*. Berlin/New York: de Gruyter 2011.

Esposito, Elena: *Die Fiktion der wahrscheinlichen Realität*. Frankfurt a. M.: Suhrkamp 2007.

Ezli, Özkan: Von der Identitätskrise zu einer ethnografischen Poetik. Migration in der deutsch-türkischen Literatur. In: Arnold (2006), 61–73.

Falcke, Eberhard: Der elende Kapituminismus. Ein mitfühlender Brief an die Hauptfigur in Marlene Streeruwitz' Roman ›Entfernung‹. In: *Die Zeit* v. 28.9.2006.

Falcke, Eberhard: Ein Walzer in Afghanistan. Dirk Kurbjuweit hat einen glänzenden Roman über das Leben deutscher Soldaten am Hindukusch geschrieben. In: *Die Zeit* v. 7.4.2011.

Fäßler, Peter E.: *Globalisierung. Ein historisches Kompendium*. Köln: Böhlau (UTB) 2007.

Finzi, Daniela: *Unterwegs zum Anderen? Literarische Er-Fahrungen der kriegerischen Auflösung Jugoslawiens aus deutschsprachiger Perspektive*. Tübingen: Francke 2013.

Fischer, Ernst: Marktinformation und Lektüreimpuls. Zur Funktion von Bücher-Charts im Literatursystem. In: Arnold/Beilein (2009), 200–218.

Fiske, John: *Understanding Popular Culture*. London u. a.: Unwin Hyman [3]1998.

Fleming, Paul/ Schütte, Uwe (Hg.): *Die Gegenwart erzählen. Ulrich Peltzer und die Ästhetik des Politischen*. Bielefeld: transcript 2014, 141–156.

Förster, Nikolaus: *Die Wiederkehr des Erzählens. Deutschsprachige Prosa der 80er und 90er Jahre*. Darmstadt: Wiss. Buchges. 1999.

Foucault, Michel: *Der Wille zum Wissen: Sexualität und Wahrheit 1*. Frankfurt a. M.: Suhrkamp 1977.

Foucault, Michel: *Die Ordnung der Dinge: Eine Archäologie der Humanwissenschaften*. Frankfurt a. M.: Suhrkamp 1971.

Franck, Georg: *Ökonomie der Aufmerksamkeit. Ein Entwurf*. München: Hanser 1998.

Frank, Dirk: *Popliteratur. Für die Sekundarstufe*. Stuttgart: Reclam 2003.

Frei, Norbert: *1945 und wir. Das Dritte Reich im Bewußtsein der Deutschen*. München: Beck 2005.

Fricke, Harald: *Gesetz und Freiheit. Eine Philosophie der Kunst*. München: Beck 2000.

Fuchs, Anne: *Phantoms of War in Contemporary German Literature, Films and Discourse*. Houndsmills: Palgrave Macmillan 2008.

Fuchs, Elinor: *The Death of Character. Perspectives on Theatre after Modernism*. Bloomington: Indiana University Press 1996.

Fukuyama, Francis: Das *Ende der Geschichte. Wo stehen wir?* München: Kindler 1992 (engl. 1992).

Fulda, Daniel: Zeitreisen. Verbreiterungen der Gegenwart im populären Geschichtsroman. In: Horstkotte/Herrmann (2013), 189–211.

Gadamer, Hans-Georg: *Wahrheit und Methode. Grundzüge einer philosophischen Hermeneutik*. Tübingen: Mohr [6]1990.

Gansel, Carsten/Herrmann, Elisabeth (Hg.): *Entwicklungen in der deutschsprachigen Gegenwartsliteratur und Medien nach 1989*. Göttingen: V&R 2012.

Gansel, Carsten/Kaulen, Heinrich (Hg.): *Kriegsdiskurse in Literatur und Medien nach 1989*. Göttingen: V&R unipress 2011.

Gansel, Carsten/Kaulen, Heinrich: Kriegsdiskurse in Literatur und Medien von 1989 bis zum Beginn des 21. Jahrhunderts. In: Gansel/Kaulen (2011), 9–12.

Geisenhanslüke, Achim: Altes Medium – neue Medien. Zur Lyrik der neunziger Jahre. In: Kammler/Pflugmacher (2004), 37–49.

Geist, Peter: Asphodelen im Kühlschrank. Poetische Urszene und Lyrik der Neunziger. In: *Neue deutsche Literatur* 3 (1999), 168–172.

Gendolla, Peter: Still Standing. Zur Geschichte und aktuellen Tendenzen der Netzliteratur. In: Korte (2013), 76–95.

Gerigk, Anja: Postmodernes Erzählen auf Leben und Tod. Die Aporie der Zweideutigkeit in Brigitte Kronauers Roman *Teufelsbrück*. In: *Sprachkunst* XXXVIII/1 (2007), 67–88.

Gerstenberger, Katharina: Fictionalizations. Holocaust Memory and the Generational Construct in the Works of Contemporary Women Writers. In: Laurel Cohen-Pfister/Susanne Vees-Gulani (Hg.): *Generational Shifts in Contemporary German Culture*. Rochester, NY: Camden House 2010, 95–114.

Geulen, Eva: *Giorgio Agamben zur Einführung*. Hamburg: Junius 2005.

Giddens, Anthony: *Konsequenzen der Moderne*. Frankfurt a. M.: Suhrkamp 1995 (engl. 1990).

Grabienski, Olaf/Huber, Till/Thon, Jan-Noël: *Poetik der Oberfläche. Die deutschsprachige Popliteratur der 1990er Jahre*. Berlin/Boston: de Gruyter 2011.

Graves, Peter J.: Karen Duve, Kathrin Schmidt, Judith Hermann. »Ein literarisches Fräuleinwunder?« In: *German life and letters* 55 (2002) H. 2, 196–207.

Greiner, Ulrich: Der Potsdamer Abgrund. Anmerkungen zu einem öffentlichen Streit über die »Kulturnation Deutschland«. In: *Die Zeit* v. 22.6.1990.

Greiner, Ulrich: Der Seher auf dem Markt. In: *Die Zeit* v. 22. April 1994. http://www.zeit.de/1994/17/der-seher-auf-dem-markt.

Grimm, Erk: Go West? Lyrik, Literaturbetrieb und ostdeutsche Identität in den neunziger Jahren. In: *glossen* 10/Sonderausgabe *Bestandsaufnahme: Zur deutschen Literatur nach der Vereinigung* (2000), http://www2.dickinson.edu/glossen/heft10/grimm.html.

Grimm, Gunter E./Schärf, Christian (Hg.): *Schriftsteller-Inszenierungen*. Bielefeld: Aisthesis 2008.

Gritsch, Kurt: *Peter Handke und »Gerechtigkeit für Serbien«. Eine Rezeptionsgeschichte*. Innsbruck: StudienVerlag 2009.

Grub, Frank Thomas: *›Wende‹ und ›Einheit‹ im Spiegel der deutschsprachigen Literatur. Ein Handbuch*. 2 Bde. Berlin/New York: de Gruyter 2003.

Gumbrecht, Hans Ulrich: *Unsere breite Gegenwart*. Berlin: Suhrkamp 2011.

Gymnich, Marion/Nünning, Ansgar/Nünning, Vera (Hg.): *Points of arrival. Travels in time, space, and self. Zielpunkte. Unterwegs in Zeit, Raum und Selbst*. Tübingen: Francke 2008.

Hage, Volker: Ganz schön abgedreht. In: *Der Spiegel* v. 22.3.1999, 244–246.

Hage, Volker: Die Enkel kommen. In: *Der Spiegel* v. 11.10.1999, 244–254 (=Hage 1999a).

Hage, Volker: Die Enkel wollen es wissen. In: *Der Spiegel* v. 17.3.2003, 170–173.

Hage, Volker: *Letzte Tänze, erste Schritte. Deutsche Literatur der Gegenwart.* München: DVA 2007.

Hage, Volker: Zeitalter der Bruchstücke. Am Ende der achtziger Jahre: Es gibt eine deutsche Gegen-wartsliteratur – zwölf Bemerkungen zur zeitgenössischen Erzählkunst [1988]. In: Moritz/Köhler (1998), 28–41.

Hamann, Christof/ Honold, Alexander (Hg.): *Ins Fremde schreiben. Gegenwartsliteratur auf den Spu-ren historischer und fantastischer Entdeckungsreisen.* Göttingen: Wallstein 2009.

Hammelehle, Sebastian: Buchpreis-Gewinner Eugen Ruge: Ein allzu geradliniger Gewinner. *Spiegel Online* v. 11.10.2011. http://www.spiegel.de/kultur/literatur/buchpreis-gewinner-eugen-ruge-ein-allzu-geradliniger-gewinner-a-791098.html.

Hartwig, Ina: Bilder für jetzt. In: *Die Zeit* v. 14.10.2010. http://www.zeit.de/2010/42/Gegenwartslite-ratur-3.

Hartwig, Ina: Ich-Krater. Literatur nach dem 11. September – am Nullpunkt? In: *Frankfurter Rund-schau* v. 4.4.2002.

Hecken, Thomas/Kleiner, Marcus S./Menke, André: *Popliteratur. Eine Einführung.* Stuttgart: Metzler 2015.

Helbig, Holger: Ausnahmezustand. Zur Literatur der Wende. In: Norbert Otto Eke (Hg.): *»Nach der Mauer der Abgrund«? (Wieder-)Annäherungen an die DDR-Literatur.* Amsterdam: Rodopi 2013, 213–228.

Hennig, J.: Gegenwart. In: Joachim Ritter (Hg.): *Historisches Wörterbuch der Philosophie. Bd. 3: G-H.* Basel/Stuttgart: Schwalbe 1974, 136–138.

Heppekausen, Sarah: In den Krieg gezogen: Situation Rooms – Bei der Ruhrtriennale laden Rimini Protokoll zur Beschäftigung mit Waffen ein. *nachtkritik.de* (2013) http://www.nachtkritik.de/in-dex.php?option=com_content&view=article&id= 8432:situation-rooms-bei-der-ruhrtriennale-laden-rimini-protokoll-zur-beschaeftigung-mit-waffen-ein&catid= 38:die-nachtkritik&Ite-mid= 40.

Herrmann, Leonhard: Kulturgeschichten des Wissens: Das ganze 20. Jahrhundert im Rückblick – fik-tive Gelehrtenbiografien von Michael Köhlmeier und Marcel Beyer. In: *KulturPoetik* 11/2 (2011), 240–257.

Herwig, Henriette/Seidler, Miriam (Hg.): *Nach der Utopie der Liebe? Beziehungsmodelle nach der ro-mantischen Liebe.* Würzburg: Ergon 2014.

Heydebrand, Renate von (Hg.): *Kanon, Macht, Kultur. Theoretische, historische und soziale Aspekte äs-thetischer Kanonbildung.* Stuttgart: Metzler 1998.

Hirsch, Marianne: *Family Frames. Photography, Narrative and Postmemory.* Cambridge, MA: Harvard University Press 1997.

Hirsch, Marianne: The Generation of Postmemory. In: *Poetics Today* 29/1 (2008), 103–128.

Hodgin, Nick/Pearce, Carolin (Hg.): *The GDR Remembered: Representations of the East German State since 1989.* Rochester, NY: Camden House 2011.

Hoffman, Eva: *After Such Knowledge: Memory, History, and the Legacy of the Holocaust.* New York: Public Affairs 2004.

Hoffmann, Torsten/Kaiser, Gerhard: (Hg.): *Echt inszeniert. Interviews in Literatur und Literaturbetrieb.* Paderborn: Fink 2014.

Hoffmann, Torsten/Kaiser, Gerhard: Echt inszeniert. Schriftstellerinterviews als Forschungsgegen-stand. In: Hoffmann/Kaiser (2014), 9–25.

Hoffmann, Torsten: *Konfigurationen des Erhabenen. Zur Produktivität einer ästhetischen Kategorie in der Literatur des ausgehenden 20. Jahrhunderts.* Berlin/New York: de Gruyter 2006.

Hofmann, Michael: Neue Tendenzen der deutschsprachigen Dramatik. In: Kammler/Pflugmacher (2004), 51–60.

Höhn, Hans-Joachim: *Postsäkular: Gesellschaft im Umbruch – Religion im Wandel.* Paderborn: Schö-ningh 2006.

Holzmeier, Carolin: Die Netzwerker im Literaturbetrieb. In: Arnold/Beilein (2009), 47–58.

Horn, Eva: *Zukunft als Katastrophe.* Frankfurt a. M.: Fischer 2014.

Horstkotte, Silke/Herrmann, Leonhard (Hg.): *Poetiken der Gegenwart. Deutschsprachige Romane nach 2000.* Berlin/Boston: de Gruyter 2013.

Horstkotte, Silke: *Nachbilder: Fotografie und Gedächtnis in der deutschen Gegenwartsliteratur.* Köln/ Weimar/Wien: Böhlau 2009.

Hummelt, Norbert: Schreiben lernen. Der Leipziger Weg. In: Arnold/Beilein (2009), 59–71.

Huntington, Samuel Philips: *Kampf der Kulturen: Die Neugestaltung der Weltpolitik im 21. Jahrhun-dert* [1996]. München: Siedler 1998.

Huyssen, Andreas: *Twilight Memories. Marking Time in a Culture of Amnesia.* New York/London: Rout-ledge 1994.

Irsigler, Ingo/Jürgensen, Christoph (Hg.): *Nine Eleven. Ästhetische Verarbeitungen des 11. September 2001.* Heidelberg: Winter 2008.

Jahn, Bernhard: Familienkonstruktionen 2005. Zum Problem des Zusammenhangs der Generationen im aktuellen Familienroman. In: *Zeitschrift für Germanistik* 3 (2006), 581–596.

James, Edward/Mendlesohn, Farah (Hg.): *The Cambridge Companion to Science Fiction.* Cambridge: Cambridge University Press 2003.

Janke, Pia (Hg.): *Die Nestbeschmutzerin. Jelinek & Österreich.* Salzburg: Jung und Jung 2002.

Janke, Pia: Reizfigur: »Die Nestbeschmutzerin«. In: *Der Standard* v. 8.10.2004.

Johannsen, Anja K.: »Zuviel zielwütige Kräfte?« Der Literaturveranstaltungsbetrieb unter der Lupe. In: Bierwirth u. a. (2012), 263–281.

Jürgensen, Christoph: Unwirkliche Städte, unwirkliches Ich. In: Schnell (2008), 99–111.

Jürgensen, Christoph: Würdige Popularität? Überlegungen zur Konsekrationsinstanz ›Literaturpreis‹ im gegenwärtigen literarischen Feld. In: Horstkotte/Herrmann (2013), 285–302.

Kaiser, Gerhard: *Geschichte der deutschen Lyrik von Goethe bis zur Gegenwart. Ein Grundriß in Interpretationen.* Bd. II: Von Heine bis zur Gegenwart [1988]. Frankfurt a. M.: Insel 1996.

Kaiser, Gerhard: *Resurrection. Die Christus-Trilogie von Patrick Roth. Der Mörder wird der Erlöser sein.* Tübingen/Basel: Francke 2008.

Kaldor, Mary: *Neue und alte Kriege.* Aktualisierte Neuauflage. Frankfurt a. M.: Suhrkamp 2007 (engl. 1999).

Kämmerlings, Richard: *Das kurze Glück der Gegenwart. Deutschsprachige Literatur seit '89.* Stuttgart: Klett-Cotta 2011.

Kammler, Clemens/Pflugmacher, Torsten (Hg.): *Deutschsprachige Gegenwartsliteratur seit 1989. Zwischenbilanzen – Analysen – Vermittlungsperspektiven.* Heidelberg: Synchron 2004.

Kaulen, Heinrich/Gansel, Christina: *Literaturkritik heute. Tendenzen – Traditionen – Vermittlung.* Göttingen: V&R unipress 2015.

Kessler, Florian: Afghanistan in der Literatur. Krieg in Banalien. In: *Die Zeit* v. 18.11.2013.

Kettenacker, Lothar (Hg.): *Ein Volk von Opfern? Die neue Debatte um den Bombenkrieg 1940–45.* Berlin: Rowohlt Berlin 2003.

Keuchel, Susanne/Wagner, Ernst: Poly-, Inter- und Transkulturalität. In: *Kulturelle Bildung online,* 2013. https://www.kubi-online.de/artikel/poly-inter-transkulturalitaet.

Klappert, Annina: Gegenwartsliteratur unter anderem. Epochenkonstruktionen als Reihe. In: Brodowsky/Klupp (2010), 47–72.

Klessinger, Hanna: *Postdramatik: Transformationen des epischen Theaters bei Peter Handke, Heiner Müller, Elfriede Jelinek und Rainald Goetz.* Berlin/New York: de Gruyter 2015.

Kodalle, Klaus-Michael/Rosa, Hartmut (Hg.): *Rasender Stillstand. Beschleunigung des Wirklichkeitswandels. Konsequenzen und Grenzen.* Würzburg: Königshausen & Neumann 2008.

Köhler, Andrea, Moritz, Rainer (Hg.): *Maulhelden und Königskinder. Zur Debatte über die deutschsprachige Gegenwartsliteratur.* Leipzig: Reclam 1998

König, Michael: *Poetik des Terrors. Politisch motivierte Gewalt in der deutschen Gegenwartsliteratur.* Bielefeld: transcript 2015.

Kopp-Marx, Michaela (Hg.): *Der lebendige Mythos: Das Schreiben von Patrick Roth.* Würzburg: Königshausen & Neumann 2010.

Korte, Hermann (Hg.): *Zukunft der Literatur.* München: Ed. text + kritik 2013.

Korte, Hermann: »Wenn ein staat ins gras beißt, singen die dichter«: DDR-Lyrik der neunziger Jahre. In: Arnold (2000), 122–144.

Korte, Hermann: *Deutschsprachige Lyrik seit 1945.* Stuttgart: Metzler 2004.

Korte, Hermann: Ein neues Jahrzehnt des Gedichts? Deutschsprachige Lyrik der neunziger Jahre. In: *Der Deutschunterricht* 51/4 (1999), 21–36.

Korte, Hermann: *Zurückgekehrt in den Raum der Gedichte. Deutschsprachige Lyrik der 1990er Jahre.* Münster: LIT 2004.

Kraft, Thomas (Hg.): *Aufgerissen. Zur Literatur der 90er.* München: Piper 2000.

Kraft, Tobias: *Literatur in Zeiten transnationaler Lebensläufe. Identitätsentwürfe und Großstadtbewegungen bei Terézia Mora und Fabio Morábito.* Magisterarbeit. Universität Potsdam, 2006. publishup.uni-potsdam.de/files/1207/kraft_magister.pdf

Krebs, Dieter: »Weder das Verbot noch die Genehmigung als Geschenk«. Interview mit Christoph Hein. In: *BZ* v. 4./5.11.1989.

Kreienbrock, Jörg: Literaturwissenschaft. In: Niedererger/Schink 2011, 162–169.

Krösche, Kai: Lieber Roland Schimmelpfennig: Das Reich der Tiere – Roland Schimmelpfennig inszeniert sein Stück am Wiener Akademietheater und der Kritiker schreibt ihm einen wütenden Brief. In: *nachtkritik.de* vom 25.2.2015. http://www.nachtkritik.de/index.php?option=com_content&view=article&id= 10628:2015–03–02–08–10–04&catid= 80:burgtheater-wien&Itemid= 84.

Krumrey, Birgitta/Vogler, Ingo/Derlin, Katharina/Goslar, Tim-Florian (Hg.): *Realitätseffekte in der deutschsprachigen Gegenwartsliteratur. Schreibweisen nach der Postmoderne?* Heidelberg: Winter 2014.

Kuhlbrodt, Jan: wortkaninchen aus ashberys hut: Zu den neuen Gedichten von Uljana Wolf. In: *Signaturen* (2013). http://signaturen-magazin.de/uljana-wolf--meine-schoenste-lengevitch.html/.

Künzel, Christine/Hempel, Dirk (Hg.): *Finanzen und Fiktionen. Grenzgänge zwischen Literatur und Wirtschaft.* Frankfurt a. M.: Campus 2011.

Lamping, Dieter: *Das lyrische Gedicht. Definitionen zu Theorie und Geschichte der Gattung.* Göttingen: Vandenhoeck & Ruprecht 1989.

Lang, Tilman/Homann, Meike: Guckt Du nur oder liest du auch? In: Arnold/ Beilein (2013), 219–233.

Langenhorst, Georg (Hg.): *Patrick Roth – Erzähler zwischen Bibel und Hollywood.* Münster: LIT 2005.

Langenhorst, Georg: *»Ich gönne mir das Wort Gott«: Gott und Religion in der Literatur des 21. Jahrhunderts.* Freiburg: Herder 2009.

Langenohl, Andreas/Poole, Ralph/Weinberg, Manfred (Hg.): *Transkulturalität. Klassische Texte.* Bielefeld: transcript 2015.

Langguth, Gerd (Hg.): *Die Intellektuellen und die nationale Frage.* Frankfurt/New York: Campus 1997.

Langner, Beatrix: Salto postmortale. Sechzehn Thesen über die verspäteten Klassiker der DDR-Literatur: Christa Wolf und Volker Braun. In: Arnold (2000), 48–61.

Leeder, Karen (Hg.): *Schaltstelle. Neue deutsche Lyrik im Dialog.* Amsterdam: Rodopi 2007.

Lehmann, Hans-Thies: Die Gegenwart des Theaters. In: Erika Fischer-Lichte/Doris Kolesch/Christel Weiler (Hg.): *Transformationen. Theater der neunziger Jahre.* Berlin: Theater der Zeit 1999, 13–26.

Lehmann, Hans-Thies: *Postdramatisches Theater* [1999]. Frankfurt a. M.: Verlag der Autoren [6]2015.

Lehmkuhl, Tobias: Nicht für den Moment, mein Herr – Das *Jahrbuch der Lyrik* im 25. Jahr. In: *Neue Rundschau* 3 (2003), 173–177.

Lemke, Thomas: *Biopolitik zur Einführung.* Hamburg: Junius 2007.

Liebrand, Claudia: »Im Deutschen […] mag ich den Faust nicht mehr lesen«. Goethes Konzept von Weltliteratur. In: Amann u. a.(2010), 17–28.

Links, Christoph: *Das Schicksal der DDR-Verlage. Die Privatisierung und ihre Konsequenzen.* Berlin: Links 2009.

Lobsien, Verena O.: *Jenseitsästhetik. Literarische Räume, letzte Dinge.* Berlin: Berlin University Press 2012.

Löffler, Sigrid: Im Sog der Stromlinie. In: *Literaturen* H. 1/2 (2008), 6–13.

Lorenz, Matthias N. (Hg.): *Narrative des Entsetzens. Künstlerische, mediale und intellektuelle Deutungen des 11. September 2001.* Würzburg: Königshausen & Neumann 2004.

Lorenz, Matthias N.: Nach den Bildern – 9/11 als »Kultur-Schock«. Vorwort. In: Lorenz (2004). 7–16.

Lübbe, Hermann: *Im Zug der Zeit. Verkürzter Aufenthalt in der Gegenwart.* Berlin: Springer [3]2003.

Lücke, Bärbel: Zu *Bambiland* und *Babel*. Essay. In: Elfriede Jelinek: *Bambiland*. Frankfurt a. M.: Suhrkamp 2004, 229–270.

Luckhurst, Roger: *Science Fiction.* Cambridge: Polity 2005.

Lukács, Georg: *Die Theorie des Romans. Ein geschichtsphilosophischer Versuch über die Formen der großen Epik* [1916]. München: dtv 1994.

Lützeler, Paul Michael: *Bürgerkrieg global. Menschenrechtsethos und deutschsprachiger Gegenwartsroman.* München: Fink 2009.

Maresch, Rudolf: Zeit für Utopien. In: Rudolf Maresch/Florian Rötzer (Hg.): *Renaissance der Utopie. Zukunftsfiguren des 21. Jahrhunderts.* Frankfurt a. M.: Suhrkamp 2004, 7–20.

Margalit, Avishai: *Ethik der Erinnerung. Max Horkheimer Vorlesungen.* Frankfurt a. M.: Fischer 2000.

Martus, Steffen: *Werkpolitik. Zur Literaturgeschichte kritischer Kommunikation vom 17. bis zum 20. Jahrhundert. Mit Studien zu Klopstock, Tieck, Goethe und George.* Berlin/New York: de Gruyter 2007.

Marven, Lyn/Taberner, Stuart (Hg.): *Emerging German-Language Novelists of the Twenty-First Century.* Rochester, NY: Camdem House 2011.

März, Ursula: Ewige Mittelstandsparty. In: *Die Zeit* v. 7.10.2010. http://www.zeit.de/2010/41/Gegenwartsliteratur.

Matthes, Frauke: »Ich bin ein Humanistenkopf«. Feridun Zaimoglu, German Literature, and Worldness. In: *Seminar* 51 (2015) H.2, 173–190.

Maurer, Kathrin: Im Zwischenraum der Sprachen. Globalität in den Texten Yōko Tawadas. In: Amann u. a. (2010), 323–332.

McClure, John A.: *Partial Faiths. Postsecular Fiction in the Age of Pynchon and Morrison.* Athens: University of Georgia Press 2007.

Mendlesohn, Farah: Introduction. Reading science fiction. In: James/Mendlesohn (2003), 1–12.

Moritz, Rainer: Charlotte Roche verirrt sich im Feuchtgebiet. In: *Die Welt* v. 15.2.2008. http://www.welt.de/kultur/article1678008/Charlotte-Roche-verirrt-sich-im-Feuchtgebiet.html.

Moritz, Rainer: In Kölner Hand. Verlagsmonokultur beim Literarischen Quartett. In: *Neue Züricher Zeitung* v. 23.02.2016. http://www.nzz.ch/feuilleton/buecher/in-koelner-hand-1.18699431.

Müller, Burkhard: Der Tod als zuletzt häufiges literarisches Thema. In: *Süddeutsche Zeitung* v. 28.4.2013.

Müller, Heiner: Porträt des Künstlers als junger Grenzhund. Laudatio auf Durs Grünbein zur Verleihung des Georg-Büchner-Preises. Deutsche Akademie für Sprache und Dichtung (1995) http://www.deutscheakademie.de/de/auszeichnungen/georg-buechner-preis/durs-gruenbein/laudatio.

Müller, Ralph: Narrativität vs. Interaktivität. Zur Gattungsdifferenzierung von Hyperfiction und Computergames. In: *Diegesis* 3 (2014), H. 1, 24–39.

Münkler, Herfried: *Die neuen Kriege.* Reinbek: Rowohlt 2002.

Mytze, Andreas (Hg.): *Droht der deutsche Einheitsstaat?* Berlin: Zimmermann 1990. *Europäische Ideen* 14, H. 72.

N. N.: Die Gewaltige Schuld. In: *Der Spiegel* v. 18.4.1994, 168–170.

N. N.: Gegenwart. In: *Deutsches Wörterbuch von Jacob und Grimm und Wilhelm Grimm. Vierten Bandes Erste Abteilung. Zweiter Theil. Gefoppe – Getreibs.* Bearbeitet von Rudolf Hildebrand und Herrmann Wunderlich. Leipzig: Hirzel 1897, 2281–2292.

N. N.: Matthias Matting: Für Selfpublisher ist ein gesunder Markt ohne Monopole genauso wichtig wie für die Verlage. [Interview mit Matthias Matting]. In: *Buchmarkt.de*, 24.01.2016. http://www.buchmarkt.de/content/64839-matthias-matting-fuer-selfpublisher-ist-ein-gesunder-markt-ohne-monopole-genauso-wichtig-wie-fuer-die-verlage.htm 2016.

Nagelschmidt, Ilse/Feldbacher, Sandy/Müller-Dannhausen, Lea (Hg.): *Zwischen Inszenierung und Botschaft. Zur Literatur deutschsprachiger Autorinnen ab Ende des 20. Jahrhunderts.* Berlin: Frank & Timme 2006.

Negt, Oskar (Hg.): *Der Fall Fonty.* Ein weites Feld *von Günter Grass im Spiegel der Kritik.* Göttingen: Steidl 1996.

Neuhaus, Stefan/Holzner, Johann (Hg.): *Literatur als Skandal. Fälle – Funktionen – Folgen.* Göttingen: Vandenhoeck & Ruprecht 2007.

Neuhaus, Stefan: Wem die Glocke klingt. Felicitas Hoppe führt ihre Leser nach Portugal, nach Indien und in die Irre. In: *literaturkritik.de*, April 2003. http://literaturkritik.de/public/rezension.php?rez_id=5828.

Nickel, Gunther: Legitimation und Aufgaben einer wissenschaftlichen Beschäftigung mit der Literatur der Gegenwart. In: Brodowsky/Klupp (2010), 119–136.

Nieberle, Sigrid: *Gender Studies und Literatur. Eine Einführung.* Darmstadt: WBG 2013.

Niederberger, Andreas/Schink, Philipp (Hg.): *Globalisierung. Ein interdisziplinäres Handbuch.* Stuttgart: Metzler 2011.

Nora, Pierre: *Zwischen Geschichte und Gedächtnis.* Berlin: Wagenbach 1990 (frz. 1984).

Nünning, Ansgar (2008): Zur mehrfachen Präfiguration/Prämediation der Wirklichkeitsdarstellung im Reisebericht. Grundzüge einer narratologischen Theorie, Typologie und Poetik der Reiseliteratur. In: Gymnich (2008), 11–32.

Opitz, Michael/Hofmann, Michael (Hg.): *Metzler Lexikon DDR-Literatur.* Stuttgart: Metzler 2009.

Ortmann, Sabrina: *Netz Literatur Projekt. Entwicklung einer neuen Literaturform von 1960 bis heute.* Berlin: Berlinerzimmer.de 2001.

Owen, Ruth J.: *The Poet's Role. Lyric Responses to German Unification by Poets from the GDR.* Amsterdam, New York: Rodopi 2001.

Pabst, Stephan: *Post-Ost-Moderne. Poetik nach der DDR.* Göttingen: Wallstein 2016.

Pavis, Patrice: Writing at Avignon. Dramatic, Postdramatic, or Post-Postdramatic. In: *Theatre Forum* 37 (2010), 92–100.

Pełka, Artur/Tigges, Stefan (Hg.): *Das Drama nach dem Drama. Verwandlungen dramatischer Formen in Deutschland seit 1945.* Bielefeld: transcript 2011.

Pełka, Artur: *Körper(sub)versionen. Zum Körperdiskurs in Theatertexten von Elfriede Jelinek und Werner Schwab.* Frankfurt a. M. u. a.: Peter Lang 2005.

perlentaucher.de: Link des Tages: Günter Grass, die SS, das Bekenntnis. 16.08.2006. www.perlentaucher.de/link-des-tages/guenter-grass-die-s-s-das-bekenntnis.html.

Pewny, Katharina: *Das Drama des Prekären. Über die Wiederkehr der Ethik in Theater und Performance.* Bielefeld: transcript 2011.

Pewny, Katharina: Theatrum Europaeum Precarium. Rimini Protokolls Dramaturgie der Ökonomie. In: Schößler/ Bähr (2009), 39–56.

Plachta, Bodo: *Literaturbetrieb*. Paderborn: Fink 2008.

Plath, Jörg: Die Literatur in digitalen Zeiten. In: Korte (2013), 29–41.

Platthaus, Andreas: Deutscher Buchpreis für Lutz Seiler. Eine zweifelhafte Entscheidung. In *FAZ Online* v. 6.10.2014. http://www.faz.net/aktuell/feuilleton/buchmesse/themen/der-deutsche-buchpreis-2014-geht-an-lutz-seiler-13192404.html.

Platthaus, Andreas: Schriftsteller, ans Telefon! In: *Frankfurter Allgemeine Zeitung* v. 31.1.2014.

Poppe, Sandra/Schüller, Thorsten/Seiler, Sascha (Hg.): *9/11 als kulturelle Zäsur. Repräsentationen des 11. September 2001 in kulturellen Diskursen, Literatur und visuellen Medien*. Bielefeld: transcript 2009.

Porombka, Stephan: Gegenwartsliteraturwissenschaft. Von der interpretativen Mumien-Betrachtung zur Operation am offenen Herzen. In: Brodowsky/Klupp (2010), 73–89.

Porombka, Stephan: Weg von der Substanz. Hin zu den Substanzen. Literaturkritik 2.0 ff. In: Beilein u. a. (2012), 293–304.

Porombka, Wiebke: Bei dieser Gewalt verschlägt es dem Autor die Sprache. In: *FAZ* v. 13.2.2014.

Previšić, Boris: *Literatur topographiert. Der Balkan und die postjugoslawischen Kriege im Fadenkreuz des Erzählens*. Berlin: Kadmos 2014.

Primavesi, Patrick: Orte und Strategien postdramatischer Theaterformen. In: Arnold (2004), 8–25.

Prinz, Kirsten: »Mochte doch keiner was davon hören« – Günter Grass' *Im Krebsgang* und das Feuilleton im Kontext aktueller Erinnerungsverhandlungen. In: Astrid Erll/Ansgar Nünning (Hg.): *Medien des kollektiven Gedächtnisses. Konstruktivität – Historizität – Kulturspezifität*. Berlin/New York: de Gruyter 2004, 179–194.

Purtschert, Patricia/Schär, Bernhard C.: Postkolonialismus. In: Niederberger/Schink (2011), 374–379.

Radisch, Iris: Vom Mi, Ort der Seele. In: *Die Zeit* v. 21.08.2003. http://www.zeit.de/2003/35/Glosse-Lit-35.

Radisch, Iris: Zur Lage der Literatur. In: *Die Zeit* v. 30.9.2010. http://www.zeit.de/2010/40/Gegenwartsliteratur.

Reich-Ranicki, Marcel: ... und es muß gesagt werden. In: *Der Spiegel* v. 21.8.1995, 162–169. http://www.spiegel.de/spiegel/print/d-9208344.html.

Reinhäckel, Heide: *Traumatische Texturen. Der 11. September in der deutschen Gegenwartsliteratur*. Bielefeld: transcript 2012.

Richardson, Brian: *Unnatural Voices: Extreme Narration in Modern and Contemporary Fiction*. Columbus: The Ohio State UP 2006.

Rohde, Carsten/Schmidt-Bergmann, Hansgeorg (Hg.): *Die Unendlichkeit des Erzählens. Der Roman in der deutschsprachigen Gegenwartsliteratur seit 1989*. Bielefeld: Aistheses 2013.

Rosa, Hartmut: *Bewegung und Beharrung in modernen Gesellschaften. Eine beschleunigungstheoretische Zeitdiagnose*. In: Kodalle/Rosa (2008), 3–21.

Roselt, Jens: Mit Leib und Linse: Wie Theater mit Medien arbeiten. In: Arnold (2004), 34–41.

Said, Edward W.: *Orientalismus*. Frankfurt a. M. u. a.: Ullstein 1981 (engl. 1978).

Santner, Eric L.: *On Creaturely Life. Rilke, Benjamin, Sebald*. Chicago: University of Chicago Press 2006.

Schäfer, Jörgen: »Neue Mitteilungen aus der Wirklichkeit«. Zum Verhältnis von Pop und Literatur in Deutschland seit 1968. In: Arnold/Schäfer (2003), 55–68.

Schiffrin, André: *Verlage ohne Verleger. Über die Zukunft der Bücher*. Berlin: Wagenbach 2000 (frz. 1999).

Schirrmacher, Frank: Abschied von der Literatur der Bundesrepublik. In: *Frankfurter Allgemeine Zeitung* v. 2.10.1990.

Schirrmacher, Frank (Hg.): *Der westliche Kreuzzug. 41 Positionen zum Kosovo-Krieg*. Frankfurt a. M.: DVA 1999.

Schirrmacher, Frank (Hg.): *Die Walser-Bubis-Debatte. Eine Dokumentation*. Frankfurt: Suhrkamp 1999.

Schlaffer, Heinz: *Die kurze Geschichte der deutschen Literatur*. München: Hanser 2002.

Schluchter, Wolfgang/Quint, Peter E. (Hg.): *Der Vereinigungsschock. Vergleichende Betrachtungen zehn Jahre danach*. Weilerswist: Velbrück 2001.

Schmidt, Thomas E.: In die Prada-Tasche gemurmelt. In: *Die Zeit* v. 12.09.2002. http://www.zeit.de/2002/38/200238_pop-journ.xml.

Schmitz, Helmut: *On Their Own Terms. The Legacy of National Socialism in Post-1990 German Fiction*. Birmingham: University of Birmingham Press 2004.

Schmitz-Emanz, Monika/Lindemann, Uwe/Schmelling, Manfred (Hg.): *Poetiken. Autoren, Texte, Begriffe*. Berlin/Boston: de Gruyter 2011.

Schneider, Johannes: Bits über Bücher. Literaturblogger in Deutschland. In: *Der Tagesspiegel* v. 09.11.2012. http://www.tagesspiegel.de/kultur/literaturblogger-in-deutschland-bits-ueber-buecher/7365192.html#kommentare.

Schnell, Ralf: *Geschichte der deutschsprachigen Literatur seit 1945*. Stuttgart: Metzler ²2003.

Schnell, Ralf (Hg.): *Panoramen der Anderswelt / Expeditionen ins Werk von Alban Nikolai Herbst. die horen* 231 (2008).

Schöll, Julia/Bohley, Johanna (Hg.): *Das erste Jahrzehnt. Narrative und Poetiken des 21. Jahrhunderts.* Würzburg: Königshausen & Neumann 2011.

Schößler, Franziska/Bähr, Christine (Hg.): *Ökonomie im Theater der Gegenwart. Ästhetik, Produktion, Institution.* Bielefeld: transcript 2009.

Schößler, Franziska: Albert Ostermaier – Medienkriege und der Kampf um Deutungshoheit. In: Arnold (2004), 81–100.

Schößler, Franziska: *Augen-Blicke. Erinnerung, Zeit und Geschichte in Dramen der neunziger Jahre.* Tübingen: Narr 2004.

Schößler, Franziska: *Drama und Theater nach 1989. Prekär, interkulturell, intermedial.* Hannover: Wehrhahn 2013.

Schößler, Franziska: *Einführung in die Gender Studies.* Berlin: Akademie 2008.

Schößler, Franziska: Ökonomie als Nomos des literarischen Feldes. Arbeit, Geschlecht und Fremdheit in Theatertexten und Prosa seit 1995. In: Tommek/Bogdal (2012), 229–244.

Schröter, Dirk: *Deutschland einig Vaterland. Wende und Vereinigung im Spiegel der zeitgenössischen deutschen Literatur.* Leipzig/Berlin: Kirchhof & Franke 2003.

Schulze, Gerhard: *Die Erlebnisgesellschaft. Kultursoziologie der Gegenwart.* Frankfurt a. M.: Campus 1992.

Schumacher, Eckhard: *Gerade Eben Jetzt. Schreibweisen der Gegenwart.* Frankfurt a. M.: Suhrkamp 2003.

Schütz, Erhard H./Wegmann, Thomas (Hg.): *Literatur.com. Tendenzen im Literaturmarketing.* Berlin: Weidler 2002.

Schwan, Werner: Günter Grass. Ein weites Feld – mit Neugier und Geduld erkundet. In: *Poetica* 28 (1996), 432–464.

Seibt, Gustav: Mit bessern Nerven als jedes Tier. Das Neue kommt über Nacht. Der Dichter Durs Grünbein, der naturgeschichtliche Blick von der Berliner Weltalltag. In: *FAZ* v. 15.3.1994.

Seiler, Sascha: *»Das einfache wahre Abschreiben der Welt«. Pop-Diskurse in der deutschen Literatur nach 1960.* Göttingen: Vandenhoeck & Ruprecht 2006.

Sieg, Christian: Von Alfred Döblin zu Terézia Mora. Stadt, Roman und Autorschaft im Zeitalter der Globalisierung. In: Amann u. a. (2010), 193–208.

Simon, Jana: Shermin macht Theater. In: *Die Zeit* v. 24.09.2014. http://www.zeit.de/2014/39/gorki-theater-berlin.

Simonis, Annette: *Grenzüberschreitungen in der phantastischen Literatur.* Heidelberg: Winter 2005.

Šklovskij, Viktor: Die Kunst als Verfahren [1916]. In: Jurij Striedter (Hg.): *Russischer Formalismus. Texte zur allgemeinen Literaturtheorie und zur Theorie der Prosa.* München: Fink 1981, 4–35.

Sloterdijk, Peter: *Was geschah im 20. Jahrhundert?* Berlin: Suhrkamp 2016.

Spivak, Gayatri Chakravorty: *Death of a Discipline.* New York: Columbia University Press 2003.

Stegemann, Bernd: Nach der Postdramatik. In: *Theater heute* 10/2008, 14–21.

Stein, Stephan: Laienliteraturkritik – Charakteristika und Funktionen von Laienrezensionen im Literaturbetrieb. In: Kaulen/Gansel (2015), 59–76.

Steinfeld, Thomas: *Riff. Tonspuren des Lebens.* Köln: Du Mont 2000.

Stepath, Katrin: *Gegenwartskonzepte. Eine philosophisch-literaturwissenschaftliche Analyse temporaler Strukturen.* Würzburg: Königshausen & Neumann 2006.

Streim, Gregor: Differente Welt oder diverse Welten. Zur historischen Perspektivierung der Globalisierung in Ilija Trojanows Roman *Der Weltensammler.* In: Amann u. a. (2010), 73–89.

Sturm-Trigonakis, Elke: *Global playing in der Literatur. Ein Versuch über die Neue Weltliteratur.* Würzburg: Königshausen & Neumann 2007.

Suvin, Darko: *Metamorphoses of Science Fiction. On the Poetics and History of a Literary Genre.* New Haven/London: Yale University Press 1979.

Taberner, Stuart: *German Literature of the 1990s and Beyond. Normalization and the Berlin Republic.* Rochester, NY: Camden House 2005.

Taylor, Charles: *Ein säkulares Zeitalter.* Frankfurt a. M.: Suhrkamp 2009 (eng. 2007).

Ther, Philipp: *Die neue Ordnung auf dem alten Kontinent. Eine Geschichte des neoliberalen Europa.* Berlin: Suhrkamp 2014.

Tigges, Stefan (Hg.): *Dramatische Transformationen. Zu gegenwärtigen Schreib- und Aufführungsstrategien im deutschsprachigen Theater.* Bielefeld: transcript 2008.

Tigges, Stefan/Pewny, Katharina/Deutsch-Schreiner, Evelyn (Hg.): *Zwischenspiele. Neue Texte, Wahrnehmungs- und Fiktionsräume in Theater, Tanz und Performance.* Bielefeld: transcript 2010.

Titzmann, Michael: Epoche. In: *Reallexikon der deutschen Literaturwissenschaft.* Hg. von Klaus Weimar u. a. Bd. 1: A-G. Berlin/New York: de Gruyter ³2007, 476–480.

Todorov, Tzvetan: *Einführung in die fantastische Literatur*. München: Hanser 1972.

Tommek, Heribert/Galli, Matteo/Geisenhanslüke, Achim (Hg.): *Wendejahr 1995. Transformationen der deutschsprachigen Literatur*. Berlin: de Gruyter 2015.

Tommek, Heribert: Das allgegenwärtige Lager und die gestische Stille: Reinhard Jirgls dystopisches Raunen. In: Viviana Chilese/Heinz-Peter Preußer (Hg.): *Technik in Dystopien*. Heidelberg: Winter 2013, 93–109.

Tommek, Heribert: *Der lange Weg in die Gegenwartsliteratur. Studien zur Geschichte des literarischen Feldes in Deutschland von 1960 bis 2000*. Berlin/Boston: de Gruyter 2015.

Töteberg, Michael: Jour fixe. Agenten, Autoren, Amazon. Bericht von einer fiktiven Verlagskonferenz. In: Korte (2013), 51–58.

Trilcke, Peer: Der 11. September 2001 in deutschen und US-amerikanischen Gedichten. Eine Sichtung. In: Irsigler/Jürgensen (2008), 89–113.

Unsichtbares Komitee: *Der kommende Aufstand*. Hamburg: Nautilus 2008.

van Laak, Lothar: Gegenwärtigkeit und Geschichte als Kategorien der Gegenwartsliteratur. In: Braungart/van Laak (2013), 121–132.

Vandenrath, Sonja: Zwischen LitClubbing und Roundtable. Strategien von Literaturhäusern. In: Schütz/Wegmann (2002), 172–175.

Vint, Sherryl: *Science Fiction. A Guide for the Perplexed*. London: Bloomsbury 2014.

Vogt, Jochen: *Erinnerung ist unsere Aufgabe. Über Literatur, Moral und Politik 1945–1990*. Opladen: Westdeutscher Verlag 1991.

Wehdeking, Volker: Einleitung. Wende und Einheit im Gedicht (1990–2000). In: Volker Wehdeking (Hg.): *Mentalitätswandel in der deutschen Literatur zur Einheit (1990–2000)*. Berlin: Erich Schmidt 2000, 13–28.

Wehdeking, Volker/Corbin, Anne M. (Hg.): *Deutschsprachige Erzählprosa seit 1990 im europäischen Kontext. Interpretationen, Intertextualität, Rezeption*. Trier: WVT 2003.

Weidermann, Volker: Die Wörter sind unter uns. In: *FAZ* v. 17. Februar 2002.

Weigel, Sigrid: On the »Topographical Turn«. Concepts of Space in Cultural Studies and Kulturwissenschaften. A Cartographic Feud. In: d'Haen/Goerlandt (2009), 61–78.

Welzer, Harald/Moller, Sabine/Tschuggnall, Karoline: *»Opa war kein Nazi«. Nationalsozialismus und Holocaust im Familiengedächtnis*. Frankfurt a. M.: Fischer 2002.

Weninger, Robert: *Streitbare Literaten. Kontroversen und Eklats in der deutschen Literatur von Adorno bis Walser*. München: Beck 2004.

Wichner, Ernest: Laudatio zur Verleihung des Peter-Huchel-Preises an Oskar Pastior (2001). http://peter-huchel-preis.de/preistraeger/2001-oskar-pastior/.

Winkler, Willi: Untermieter im eigenen Kopf. In: *Süddeutsche Zeitung* v. 17.5.2010. http://www.sueddeutsche.de/kultur/autorin-helene-hegemann-untermieter-im-eigenen-kopf-1.51981.

Winko, Simone: Literatur-Kanon als *invisible-hand*-Phänomen. In: Arnold (2002), 9–24.

Wittstock, Uwe: *Nach der Moderne. Essay zur deutschen Gegenwartsliteratur in zwölf Kapiteln über elf Autoren*. Göttingen: Wallstein 2009.

Wohlrab-Sahr, Monika/Karstein, Uta/Schmidt-Lux, Thomas: *Forcierte Säkularität. Religiöser Wandel und Generationendynamik im Osten Deutschlands*. Frankfurt a. M./New York: Campus 2009.

Zanetti, Sandro: Welche Gegenwart? Welche Literatur? Welche Wissenschaft? Zum Verhältnis von Literaturwissenschaft und Gegenwartsliteratur. In: Brodowsky/Klupp (2010), 13–29.

Zemanek, Evi/Krones, Susanne (Hg.): *Literatur der Jahrtausendwende. Themen, Schreibverfahren und Buchmarkt um 2000*. Bielefeld: transcript 2008.

Žižek, Slavoj: *Was ist ein Ereignis?* Frankfurt a. M.: S. Fischer 2014.

Zymner, Rüdiger: *Lyrik. Umriss und Begriff*. Paderborn: mentis 2009.

13.2 | Personenregister

Das Register führt alle Autorinnen und Autoren literarischer Texte auf, die im Text erwähnt werden.